분석심리학적
모래놀이치료 2판

장미경 저

Analytical Psychological
SANDPLAY THERAPY (2nd ed.).

학지사

⟨Woman Clothed with the Sun⟩
(Alice Pike Barney, 1904)

2판 머리말

 7년 만에 『분석심리학적 모래놀이치료』의 개정판을 내어놓습니다. 기존 초판의 미흡함과 부족함을 최대한 보완하려고 노력하였으나 여전히 부끄럽기는 마찬가지입니다. 조금 더 사례를 포함시켜서 개념과 이론의 이해를 도모하고자 하였습니다. 책 한 권에 문자로 내담자들과의 작업 그리고 관련된 이론을 담아내는 것이 쉽지 않다는 것을 다시 한번 느낍니다. 비록 한 권의 책이지만 모래놀이치료를 공부하시거나 임상을 하시는 분들에게 하나의 작은 길잡이가 되기를 바라는 마음입니다. 내담자들과 어두운 터널에 있는 것처럼 느껴질지라도 마음의 빛을 따라가다 보면 끝이 나온다는 것을 믿으며 걸어가시길 바라는 마음으로 맺습니다.

 개정판을 출판할 수 있도록 허락해 주신 학지사 김진환 사장님과 꼼꼼한 편집을 해 주신 박선민 선생님께 깊이 감사드립니다.

2024년 7월
장미경

고통을 겪지 않는 생명은 이 세상에 그 어떤 생명도 없을 것이다. 그리고 그 고통을 견디지 못하는 생명을 신은 창조하지 않았을 것이다. C. G. 융(Jung)은 아마도 그래서 고통을 이렇게 말한 것 같다. "오늘까지 내게 있어 신은 나의 의지에 거칠고 부주의하게 반하는 모든 것, 나의 주관, 계획, 의지, 의도를 뒤집어 엎고 더 좋거나 나쁜 것을 향한 삶의 과정을 변화시키는 모든 것의 이름이다."(『Good Housekeeping Magazine』, 1961. 12.) 신이 생명에게 고통을 허락한 이유는 신도 그러하기 때문일 것이다. 즉, 신 자신도 고통받고 고통을 자신의 일부로 받아들이기 때문일 것이다. 만약 이 세상에 고통이 없다면 모든 생명의 삶에는 의미가 없을 것이다. 다행히 신은 고통만 창조한 것이 아니라 그 고통을 견디는 법과 고통이 지나가게 하는 법도 창조했다. 모래놀이치료자를 비롯한 모든 치료자(종교치유자와 일상에서 옆 사람을 위로하며 살아가는 모든 평범한 치유자를 포함)는 인간의 고통과 늘 함께하며 그 고통을 견디고 살아가는 법을 함께 나누고 몸으로 실천하며 사는 사람들이다. 그것이 인간이 창조된 이유일 것이기 때문이다.

이 책을 통해 모래, 놀이, 치유를 말하고자 노력하였으며, 모래놀이의 인간관을 비롯한 철학과 이론, 모래놀이치료 임상 실제에서 무엇을 해야 하는지와 무엇을 하지 말아야 하는지를 이야기하고자 하였다. 치료자와 치료자의 인격을 말하지 않고 기법과 자격증만을 이야기하는 자아중심적 세상에서, 이와 반대편에 있는 별로 인기 없는 이야기를 하고자 한다. 그 이야기가 얼마나 성숙하게 이루어지고 얼마나 의사소통 가능한 방법으로 전달될 수 있는지는 장담할 수 없지만…… 10년쯤 후에는, 아니 그보다 훨씬 더 지난 후에는 이 책의 내용에 대해 낯이 뜨거워짐을 경험하게 되겠지만, 오늘 이 순간의 최선을 말하고자 한다.

최근 많은 사람이 모래놀이치료에 매료되고 있지만 모래놀이치료라는 심리치료에 속하는 이론, 철학, 실제 그리고 무엇보다 모래놀이치료를 다른 심리치료적 접근과 구별해 주는 상징에 관해 일목요연하게 말하는 책을 필요로 한다는 전제하에, 이 책에서는 크게 모래놀이치료의 기본 요소, 모래놀이치료가 기반을 두고 있는 분석심리학의 기본 개념, 실제적인 모래놀이치료 과정, 모래놀이치료의 해석을 위한 상징의 의미 창조 등을 다루었다. 더 나아가 모래놀이치료를 하기 위한 일반적인 심리치료의 과정을 함께 다루었으며, 각 장의 주제를 나타내고 있는 사례를 가능한 한 다양하게 제시하고자 하였다.

분석심리학을 이론적 근거로 하는 모래놀이치료는 체험의 중요성을 강조한다. 기법이나 자신의 능력만으로가 아닌 자신의 삶을 통해 진정한 치유자가 되고자 하는 모래놀이치료자들과 옆에서 고통을 함께해 준 사랑하는 모든 이에게, 고통 속에서 태어난 그리고 앞으로 더 많은 고통의 인내가 필요할 이 책이 조금이나마 도움이 되었으면 하는 마음이다.

마지막으로 부족한 이 책의 출판을 허락해 주신 학지사 김진환 사장님과 철저한 편집을 해 주신 황미나 선생님께 감사드린다.

2017년 4월
우주의 먼지 한 알갱이같이 작고 미천한 생명들이
신의 섭리를 품고 그 섭리대로 최선을 다해 살아가는 탄천변에서

차례

제1장

분석심리학 이론과 모래놀이치료

1. 심리치료와 모래놀이치료

1) 인간과 정신

(1) 인간과 정신

심리치료 이론의 인간관은 이론에 기반한 실제 임상이 지향하는 방향을 결정한다. 모래놀이치료의 핵심 이론 중 하나인 분석심리학에서는 인간을 정신과 육체로 분리된 이분법적 존재로 보지 않는다. 또한 더 나아가 '신(인간의 근원, 자기, 본질적 존재성)'과 인간의 관계, 삶과 죽음의 관계, 심리적 성장과 노화 그리고 재생이라는 관점에서 변화하는 인간을 본다. 다른 말로 표현하면 인간을 발달하고 노쇠하는 유한한 존재이자 영적이고 초월적인 존재로 보는 인간관이다.

심리 또는 심리학(psychology)의 어근인 고대 그리스어 'psyche'는 그 의미가 심혼, 정신 등으로 번역되며, 지금도 'psyche'는 기원전의 그리스어와 같은 의미를 갖고 있다. 고대 그리스에서 이 말은 '영혼, 마음, 영, 숨결, 생명' 그리고 '신체에 내재된 보이지 않는 역동 원리 또는 신체를 움직이는 총체'라는 의미였다(Online Etymology Dictionary 홈페이지). 융(Jung)의 분석심리학에서 심혼/정신이라는 단어는 인격의 전체성을 향한 타고난 역동 그리고 치유 능력을 가진 내재된 자기조절 체계를 말한다.

이 책에서 말하는 정신은 'mentality' 측면만이 아니라 그것을 포함하면서 영적이고 집단무의식적 측면을 포함하는 융의 심리학의 정신, 즉 심혼(psyche)이다. 융 심리학 개념에 따라 그린 정신의 다이어그램([그림 6-1])을 보면 융은 정신을 3차원으로 된 구조로 본다는 것을 알 수 있다. 이에 대해 스타인(Stein, 1998, p. 101)은 심혼/정신을 구조보다는 물질과 영(spirit) 사이의 공간에 위치하는 것, 다시 말해 본능과 영의 대극 사이에 존재하는 현상(사건이나 경험이라고 말할 수도 있다)으로 보았다. 비록 혼이라는 단어가 그리스어의 '영혼(soul)'에서 유래하였지만 현대인에게 현실의 삶과 영혼 사이의 연결성의 존재는 잊혀져 왔다. 그러나 융은 자신을 '인간 영혼이라는 미지의 미스터리의 개척자, 탐구자'라고 불렀다. 이것은 융에게 '크나큰 역사적 중요성'을 갖는다. 그의 이론은 융 개인의 '영혼에 대한 직접 경험'에 뿌리를 두고 있기 때문이다. 융학파가 자신들의 치유작업을 '영혼의 작업'이라고 여기는 이유도 여기에 있다. 융분석가인 힐먼(Hillman, 1992)도 '영혼'을 어떤 구조라기보다는 반영적인 조망으로 보았다. 그의 개념에서 영혼은 중간 공간 또는 제3의 공간을 창조하는 힘, 즉 개인과 사건 사이를 중재하고 연결하는 힘이다. 삶에서 일어나는 사건들은 개인과 아무 의미가 없는 사건들이 아니다. 이 중재 또는 연결을 통해 개인은 사건들이 삶에 대해 갖는 의미와 방향성을 이해하게 된다. 힐먼은 더 나아가 영혼을 종종 생명의 원리, 심지어 신성성과 동일시했다. 기본적으로 영혼은 삶의 사건의 의미를 깊게 하고, 단순 사건을 경험으로 나아가게 하는 것이지만 겉으로는 드러나지 않는 요소이다. 또한 영혼은 상징적 수준에서 기능하며, 상징적 수준에서 기능한다는 말은 인간 본성 가운데 하나인 상상력에 의한 것임을 의미한다. 상상은 명상, 꿈, 이미지, 판타지, 모래장면 등을 통해서 경험할 수 있다. 영혼, 즉 무의식은 상상이라는 방법을 사용해서 의식과 소통한다. 더 구체적으로 상상은 무의식의 메시지를 상징에 투사하게 하고 의식은 이를 알고자 한다. 결론적으로 '모래놀이치료'는 심혼의 메시지를 상상이라는 인간 본성을 통해 알고자 하는 심리치료적 접근이라고 할 수 있다(Weinberg, 2010).

2) 치료

치료(therapy)라는 단어는 고대 그리스어 'therapeia' 혹은 'therapeuein'에서 유래했다. 이 단어는 '간호' '치료' '기다림' 등을 의미했으며, 고대에는 이 단어에 '신을 향한 봉사'의 의미도 포함되어 있었다. 즉, '정신'과 '영혼' 둘 다 영적이고 초월적인 것과 연결되어 있음을 알 수 있다. 또한 흥미로운 점은 유럽 언어에서 '치료'를 의미하는 많은 단어(프랑스어 guerir, 이탈리아어 guarir, 고대 스페인어 guarir, 고대 영어 ward off, prevent, defend 등)가 '전체 만들기' 개념과 연관되어 있다는 것이다(Online Etymology Dictionary).

치료와 밀접히 관련된 개념은 바로 역동(dynamic)이다. '역동'은 17, 18세기에 프랑스어, 독일어, 그리스어에서 기원한 것으로 비교적 신생어이며, '힘을 만들어 내는 동작을 포함한' '힘 있는'이라는 의미를 갖고 있다. 19세기에는 이 의미에 '적극적' '영향력의' '활동적인'이라는 은유적 의미가 추가되었다(Online Etymology Dictionary). 역동은 '정적인 것'의 대극이다. 융학파의 분석작업과 모래놀이치료를 정신역동적 심리치료로 정의한다면, 이것은 치료자가 인간 심혼/정신의 부분으로서 무의식과 의식의 역동과 요소를 모두 인식해야 함을 의미한다. 이런 역동을 통해 치료자는 내담자 심혼의 지혜와 치료자 자신에 대한 개인적인 이해를 확장하면서 인간 정신에 하여 개입하여 내담자의 성장과 치유를 촉진할 수 있게 된다. 또한 이러한 심리치료는 개인이 갖고 있는 심리적 대극 간 또는 심혼의 보상(compensation) 작용의 에너지 흐름에 유동적으로 영향을 받는 것이다. 보상작용은 의식이 추구하는 삶의 방향과 태도가 한쪽으로 치우쳤을 때 균형을 잡으려고 하는 집단무의식의 원형적 기능이다. 보상 기능이 작동하는 대극 쌍의 예에는 의식과 무의식, 자아와 자기, 내면과 외부 세계, 영(spirit)과 자연, 영과 물질, '삶의 증진'과 '삶에 대한 위협', '내담자와 치료자' '더 이상 유효하지 않은 삶의 태도와 새로운 삶의 태도' 등등이 있다. 융학파의 꿈분석과 모래놀이치료 과정에서 일어나는 대극 합일의 과정을 통해 인격이 전체성 또는 온전성의 형태를 향해 가는 것을 볼 수 있다. 이것은 무의식 상태인 인격의 다양한 측면이 의식화되면서 전체 인격으로 통합되어 가는 과정이다. 정신역동적 심리치료 과정에서 이것은 내담자와 치료자 사이의 관계의 발달과 치료동맹을 통해 내담자가 힘을 받는다고 느낄 때 일어난다. 치료자와 내담자의 관계, 특히 이 관계에 대한 치료자의 태도에 대해 융(1966/1993)은 다음과 같이 언급했다. "만약 다른 개인을 심리학적으로 대하고 싶다면…… (치료자는) 우월한 지식에 대한 모든 권리와 권위, 영향을 미치고자 하는 모든 욕구를 포기해야 한다."(p. 5) 융의 이 원칙이 갖는 의미를 모래놀이치료에 적용한다면, 치료자는 내담자의 모래장면의 의미를 결론지으려고 하지 말아야 하고, 내담자에게 맞는 치유의 길을 정확히 알고 있다고 확정하지 말아야 하며, 빨리 변화할 것이라고 단정하지 말아야 한다. 이는 '알지 못함(무의식, 심혼)'으로부터 스스로 의미가 떠오를 때까지 기다려야 함을 의미한다. 록하트(Lockhart, 1987)는 '알지 못함(무의식적 상태)'을 치료자와 내담자의 정신을 통해 심혼이 말하는 것을 듣도록 치료자를 부르는 에로스적(수용적, 관계적, 여성적) 순간으로 기술했다. 내담자에게서 일어나는 심혼 과정의 목격자이자 동반자로서 치료자는 내담자가 누구인지 그리고 그가 만든 모래장면의 의미가 무엇인지 이해하는 시간을 가질 준비를 해야 한다(Weinberg, 2010).

3) 모래놀이치료

다음의 글은 모래놀이치료가 무엇인지 분명하고도 아름답게 묘사하고 있다.

지나치게 큰 가치와 의미를 두는 언어와 합리성을 잠시 떠나 모래놀이치료가 제공하는 말 없음의 길을 따라 자신을 표현하는 방법, 즉 의식의 마음을 잠잠하게 함으로써 무의식에게 표현할 수 있는 기회를 주어 치유와 변화가 일어나게 하는 방법이 모래놀이치료이다. 언어의 의식적 정신은 침묵의 순간을 때로는 무가치감과 불안으로 경험한다. 그러나 침묵은 모든 가능성을 담고 있어 그 가능성을 믿는다면, 즉 침묵으로 표현하는 우리 자신의 측면을 신뢰한다면 그것은 반드시 우리를 배신하지 않을 것이다. 모래장면 만들기가 끝났을 때 치료자는 단지 "어떠셨어요?"라고만 묻는다. 그것은 치료자가 말 없음으로 내담자에게 내면으로 침잠할 수 있도록 그리고 설명보다는 경험을 말할 수 있도록 격려하는 것이다. 머리에서 머리로 가는 것은 머리에 머물지만 의미 있는 경험은 움직임과 변화를 가져온다. 자신이 만든 모래장면에 대해 내담자가 잘 모르겠다고 할 때 경험이 없는 치료자는 설명하고자 하는 유혹에 빠지기 쉽다. 그러나 그러한 경우조차 우리의 내면에 시간을 주고 기다린다면 그 의미가 떠오르는 것을 경험할 수 있다(Steinhardt, 2013).

모래놀이치료는 우연한 계기를 통해 얻게 된 영감에 의해 탄생하였다. 『The Time Machine』(1895)과 『War of the Worlds』(1898)의 저자인 웰스(Wells)는 그의 어린 두 아들과 놀이를 하면서 자녀들이 거실 바닥에 오늘날의 모래놀이 장면 같은 장면을 만들고 이야기를 창조해 나가는 것을 흥미롭게 보게 되었고, 이 경험을 『Floor Games』(2004)라는 책으로 출판하였다. 바로 그의 경험을 담은 이 책이 모래놀이치료의 탄생에 영감을 주었다(Mitchell & Friedman, 1994). 더 정확히 말하자면 웰스가 자신의 자녀들과 놀이하는 과정에서 자녀들이 거실 바닥에 놀잇감들을 배열하는 어떤 기준이 있으며, 장면과 관련된 이야기를 만들어 낸다는 것에서 영감을 얻어서 이것을 아동심리치료에 응용한 것이 모래를 사용한 초기 형태의 접근이라고 할 수 있다. 영국의 정신분석가이자 아동심리치료자인 로웬펠드(Lowenfeld, 1935/1991)도 오늘날 이루어지고 있는 모래놀이치료의 태동에 영향을 주었다. 로웬펠드는 아동을 위한 심리치료 방법으로 놀이치료의 한 형태로서 놀이의 투사 기능에 모래의 촉감을 추가해 자신만의 치료를 시작했다.

로웬펠드가 개발한 기법을 '세계기법(World Technique)'이라고 한다. 교육심리학자였던 보이어(Bowyer)는 『로웬펠드의 세계기법(The Lowenfeld World Technique)』(1970)이라는 제목의 책에서 세계기법을 아동에게 적용한 효과를 기술한 바 있다. 그러나 정신분석가였던 로웬펠드는 고전적인 정신분석이론에 따라 전이 관계의 발생을 예방하기 위해 중립적 관계를 유지하는 방법의 일환으로 세션마다 치료자를 바꾸었다. 이것은 오늘날의 심리치료가 전이와 역전이를 치료의 중요한 매개로 사용한다는 점을 고려하면 지금과는 매우 다른 접근이었다고 할 수 있다. 완전한 중립적 관계란 존재하지 않기 때문이며, 존재한다고 해도 완전한 중립적 관계에서는 관계의 변화가 일어날 수 없기 때문이다.

오늘날의 모래놀이치료를 탄생시킨 사람은 칼프(Kalff)이다. 스위스에서 융의 분석심리학을 공부한 칼프는 융의 권유로 런던에 가서 로웬펠드에게 공부한 후 융심리학에 기초한 모래놀이치료를 발전시켰다. 그녀는 만들기, 그리기, 놀이하기 등의 이미지 만들기 작업이 하나의 치료 방법이 될 수 있다는 융의 신념을 받아들이고 로웬펠드의 세계기법을 접목시켜서 새로운 장르의 아동심리치료 접근을 발전시켰다. 융은 창조적 행위에 대한 프로이트(Freud)의 해석을 확장하여 창조행위자가 창조한 이미지와 창조행위자 사이의 관계를 강조했다. '적극적 상상(active imagination)'이라고 불리는 융의 기법은 인간의 내면에는 미처 인식하지 못한 감정과 관념으로 충만해 있으며, 판타지(이미지)가 자유롭게 흐르는 것을 창조행위자의 자아가 관찰하고 나면 바로 이 인식하지 못했던 감추어진 무의식 내용들이 의식될 수 있다고 보는 관점에서 만들어진 것이다. 모래놀이치료에 대한 칼프의 관점은 이러한 융의 개념들을 전제로 한 것이다. 자유롭고 보호받는 공간(free and protected space)을 제공하면 내담자는 자신의 내면에 흐르는 상상의 판타지(이미지)를 모래장면으로 창조하게 되고 그 결과 판타지로 표현된 무의식의 메시지를 이해하게 된다. 무의식의 의식화는 치유, 인격의 확장과 성숙이라는 창조적 결과를 가져온다.

칼프가 융심리학과 인연을 맺게 된 계기는 융의 딸인 바우만(Baumann)과 운명적인 만남을 갖게 된 것이었다. 그녀의 권유로 칼프는 스위스의 융연구소(C. G. Jung Institute)에서 융분석가 과정을 공부하게 되었다. 그 과정에서 융의 부인인 (엠마) 융(Jung)에게 교육분석을 받았다. 또한 칼프는 그 당시 스위스에서 유일하게 아동심리치료를 한다는 것 때문에 융의 관심을 받게 되었고, 융은 그녀의 친구이자 조언자가 되었다. 로웬펠드의 세계기법과 구분하여 칼프의 접근을 모래놀이치료라고 부른다. 칼프의 모래놀이치료의 창시로 인해 아동 정신의 원형적 요소, 정신 내적 요소 그리고 아동의 일상생활 환경을 아동심리치료에 접목할 수 있게 되었다.

발달의 측면에서 분석심리학은 자아-자기 축(ego-Self axis)의 발달을 강조한다. 어린 시절의 자아-자기 축의 연결은 자아발달, 즉 자기로부터 자아의 분화를 의미한다. 자아는 타인과 구분되는 존재로 자신을 지각하게 하며 동시에 주변 세계 및 주변 사람들과 영향을 맺고 살아가게 하는 기능을 한다. 그러나 지나치게 리비도가 대인관계, 사회적 성취 또는 집단적으로 바람직하게 여기는 것을 추구하는 데 쏠리게 되면 이 자아-자기 축의 연결은 단절되고 자아는 건강한 기능을 잃게 된다. 이 때 자기원형(Self archetype)의 작용에 의해 자아(ego)와 자기(Self)의 연결이 시도되며, 이 과정은 일생 동안 여러 차례 반복될 수 있다. 즉, 자기에너지와 자아가 재연결되면 아동의 정서가 균형을 잡아 안정되는 경향이 있고, 단절되었던 성격의 측면들이 통합되며, 그 결과로서 일상의 생활에 질서가 잡힌다. 성격의 정서 조절 기능이 강해지는 것이다. 의식, 즉 자아의식이 한쪽 방향으로 치우치는 성향을 갖고 있기 때문에 일생에 걸쳐 자아-자기 축의 연결이 단절되는 경향이 있고, 모래놀이치료 과정에서 자기원형에너지의 배열에 의해 자아-자기 축의 재연결 과정이 촉진된다는 측면에서 모래놀이치료는 아동뿐 아니라 성인에게도 적용된다. 그러한 이유로 오늘날 수많은 성인 내담자가 모래놀이치료를 받고 있다.

칼프는 하나의 심리치료 접근으로서 모래놀이치료를 발전시키는 과정에서 동양의 사상을 접목하게 되었다. 자신의 심리치료 접근과 이론 설정을 위해 방향을 재설정하고 변화시켜야 하는 시점에서 그녀의 작업이 동양과의 연결성을 의미하는 아시아에 관한 두 개의 꿈을 꾸게 된다. 이후 달라이 라마와 그의 추종자들이 1959년에 티베트에서 추방당하자 그녀는 난민인 티베트 라마승 초닥을 자신의 집에 8년 동안 머물게 하면서 편안한 거처를 제공하였다. 이 개인적 관계는 달라이 라마의 개인 교사를 포함한 다른 수많은 티베트 수도승과의 만남을 갖는 계기가 되었고, 달라이 라마와도 여러 차례 만나는 계기로 이어졌다.

칼프는 스위스 취리히에 있는 융연구소에서 융심리학을 공부하였으며, 이스라엘의 텔아비브에서 분석 활동을 했던 저명한 융분석가이자 발달이론가인 노이만(Neumann)에게 깊은 영향을 받았다. 칼프는 노이만이 구성한 인간 정신의 발달단계를 자신의 대담자들과의 모래놀이치료 작업에서 발견했다. 노이만(1973)의 발달단계에 따르면, 생애 첫해에 인격의 전체성(즉, 자기의 경험)은 어머니의 자기(Self)에 담겨 있다. 이 단계는 노이만의 '모-자녀 단일체(mother-child unity)'의 단계인데, 첫해가 지나면 정상적인 유아는 어머니로부터 자기를 분리하기 시작한다. 만 2~3세 무렵에 자기(Self)는 유아의 무의식 내에서 공고화되기 시작하며, 이는 아동으로 하여금 더욱 독립적이고 어머니와의 개인적 관계를 더욱 경험하게 한다. 어머니와의 분리 및 자기(Self)의 공고화 단계인 이 시기에 아동의 그림에서 전체성(주로 원의 형태)의 상징이 나타나는 것도 그러한 이유이다. 이 신비로운 원과 사각형의 상징들은 인간의 타고난 잠재력으로 충만한 원초적 이미지들이며, 그것들이 표현되면 자기의 활성에 영향을 미친다. 그래서 어린 아동이 최초로 그리게 되는 원초적 형태가 원 모양인 것 같다. 매우 초보적인 형태의 원이지만 이 원은 자아가 발달해 나올 수 있는 자기에너지가 배열되고 있다는 증거일 것이다. 이러한 자기 상징들이 발현되면 이 상징의 신비한 내용들이 정서적인 것으로 느껴진다. 처음에는 자아분화가 이루어지지 않은 자기에너지의 배열이며, 분화되지 않은 모-자녀 단일체 상태이지만 성인이 되면서 자아가 있는 상태에서 단일체의 상태를 추구하고 경험한다. 어떤 사람들은 성인이 된 후 이러한 경험을 종교를 통해 하기도 한다. 다시 말하면 어린 시절의 자기배열은 아동기뿐 아니라 이후의 건강한 자아발달을 위한 전제 조건이 되는 경험이다. 치료자가 지적·영적 측면을 포함한 전체 인격의 발달 가능성을 담아 주는 '자유롭고 보호적인 공간'을 만들 수 있다면 모래놀이치료에서 내담자의 자기(Self) 에너지가 배열되고 발현될 수 있다(Kalff, 1966; Mitchell & Friedman, 1994).

내담자가 모래장면을 창조해 갈 때 치료자는 상징의 사용과 배치를 목격한다. 내담자와 치료자 사이의 연결이라는 것은 치료자가 상징의 의미에 조율할 수 있을 때 상징적으로 모-자녀 단일체를 재형성하는 것이다. 다른 말로 공동의 치료동맹, 상호주관적 관계, 치료적으로 공명하는 관계의 형성이며, 이는 치유력을 만들어 낸다. 이러한 치유력은 치료자가 모래장면과 내담자에게서 통찰한 것을 언어로 표현하지 않을 때조차 생겨날 수 있다. 어떤 시점에 이르면 모래장면과 "내담자의 실제 삶의 연결의 측면에서 해석된다.

즉, 내담자가 쉽게 이해할 수 있는 방식으로 내담자에게 해석될 수 있는 시점이 온다. 이것은 내담자의 내면의 문제가 외적 문제와 동시에 발생하는 때와 시점이 언제인지 알게 한다. 내면의 문제는 외적 삶에서 문제를 갖게 하기 때문이다. 이 발견은 그 자체로 다음 발달단계로 이어지게 한다."(Kalff, 1966; Mitchell & Friedman, 1994)

마켈(Markell, 2002)에 의하면, 칼프는 모래놀이치료에 융의 개념 외에 기독교는 물론이고 불교의 개념을 포함시켰는데, 마켈은 칼프가 만들어 낸 개념, 특히 불교적인 영향과 융의 개념을 다음과 같이 통합적으로 요약하였다.

- 어느 쪽으로도 치우치지 않은, 몸을 통한 정신과 물질의 통합
  이것을 위해 다음의 것들이 필요할 수 있다.
  － 정신의 육화
    정신적 · 종교적 · 지적 · 사회적 삶에 치중해 있는 사람의 경우에는 신체적 삶의 중요성을 간과함으로써 신체의 욕구를 돌보지 않거나 건강 등에 문제가 발생할 수 있다. 정신의 육화라는 것은 정신적 · 지적 · 이성적 삶만이 아닌 신체와 통합된 삶을 살아가는 것을 말한다. 아동이라면 학습에만 시달리는 것이 아니라 놀이할 수 있어야 하며, 성인이라면 일과 성취에만 매달리지 않고 눌러 왔던 자신만을 위한 건강한 삶을 살아야 한다. 실현되지 않은 자신만을 위한 삶은 갈망, 동경, 이미지, 막연한 '향수'의 형태로 존재한다.
  － 육체의 정신화
    본능적 · 육체적 삶에 치중한 경우에는 정신적, 지적, 영적으로 이를 초월할 필요가 있다. 아동의 경우에도 조절되지 않는 감정이나 충동은 정신화되어 승화, 초월될 필요가 있다. 성인도 마찬가지이다.
- 명상적 · 숙고적 측면에서 침묵의 중요성
  모래놀이치료에서 침묵은 명상, 숙고의 의미를 갖고 있으며, 이것은 지나치게 분주하고 성취지향적인 또는 자아의식이 가득한 자아의 틀과 집착을 내려놓는 과정이다. 자아의 틀, 즉 자아의 경험, 판단, 이미 정해진 방향성 등을 어느 정도 내려놓을 때 내면, 무의식의 깊은 곳에서 자아에게 보내는 메시지를 들을 수 있다.

• 정신의 외부와 정신의 내면 세계 사이의 지속적 관계

   내면 세계, 즉 무의식 정신의 메시지에 귀 기울이지 않으면 내면의 것은 바깥 세계로 투사되고 자아는 불평, 원망, 불안, 두려움 등을 느끼며 고통을 받게 된다. 투사를 거두어들이고 내면의 메시지에 집중하는 것 그리고 그것이 삶에 미치는 영향을 지속적으로 숙고하는 것이 정신의 외부 세계와 내면 세계 사이에 지속적 관계를 유지하는 방법이다.

• 외부 세계에서의 변화를 예고하는 내적 이미지의 출현

   육체와 정신, 물질과 정신은 분리된 것이 아니라 하나로 연결된 것임을 고려하는 것이 동시성(synchronicity)의 개념이다. 동시성의 원리에 따라 외부 세계에서의 변화를 예고하는 내적 이미지가 상상의 판타지 형태로 떠오를 수 있다. 그래서 우리는 자아가 잘못된 판단을 내리는 것이 아니라 꿈, 모래놀이치료에서 떠오른 상상이 투사된 상징 이미지의 안내에 따라 삶의 중요한 결정들을 내린다.

• 개인적, 초개인적으로 깊이 느껴지는 의미 있는 경험들

   개인은 각자의 삶에서 개인적으로 의미 있는 경험들을 하게 될 뿐만 아니라 때로는 영적 · 종교적 차원에서 의미 있다고 느껴지는 초개인적 · 원형적 경험을 하게 되며, 이는 인격의 성숙에 큰 영향을 미친다.

• 신성한 수준에서 일어나는 에너지의 변화

   초개인적 · 원형적 의미를 가진 경험들은 이 세상에 자아보다 훨씬 크고 삶의 방향을 이끌어 가는 본질적이고 신성한 존재 또는 신성한 에너지를 느끼게 한다. 신성한 수준이라고 하면 지나치게 종교적이고 추상적인 것이라고 생각하는 사람이 많다. 그러나 신성함의 경험은 누구에게나 일어날 수 있는 것이며 자신에 관한 내적 작업에 몰입할 때에도 경험할 수 있는 것이다. 자신에게 떠오른 이미지나 상상이 쓸데없고 의미 없는 것이 아니라 궁극에는 의미가 있으며, 지금까지 겪어 온 사건과 경험들 속에서 자신의 삶을 안내해 온 것이 존재하며, 모든 사건과 경험의 의미가 연결된다는 것을 깨닫는 순간에 많은 사람은 자아보다 더 큰 어떤 존재가 자신의 삶을 이끌고 왔음을 깨달았으며 그것은 신성한 경험이었다고 말한다.

융심리학 이론에 근거한 모래놀이치료에서는 모래상자 바닥을 파란색으로 칠한 모래

상자를 사용한다. 칼프는 49.5×72.5×7cm 사이즈의 모래상자를 테이블 위에 올려놓고 사용했다. 자연과 인간 세상에 존재하는 모든 것, 즉 세상에 존재하는 상징적·종족적·종교적 대상물 등을 포함한 모든 상징 모형을 선반에 준비했다. 내담자는 이 중에서 자유롭게 선택하여 모래장면을 만들 수 있으며, 그 외에 자연물이나 천, 줄, 종이 등의 물건도 사용했다. 이러한 모형들을 사용하는 이유는 익숙한 현상(모형)에 집단무의식을 연결하려는 심혼의 경향성 때문이다. 칼프의 이론과 경험을 중심으로 한 모래놀이치료를 칼피안(Kalffian) 모래놀이치료라고 한다.

오늘날 모래놀이치료는 융분석을 공부한 사람들뿐 아니라 정신과 의사, 심리학자, 사회사업가 등 다양한 치료자가 단독으로 또는 다른 치료법과 연계하여 사용하는 기법이 되었다. 칼프는 언어로 이루어지는 분석을 돕기 위한 이미지 만들기 작업의 일환으로 모래놀이치료를 사용했으나, 현재는 모래놀이치료를 단독으로 사용하기도 하고, 모래놀이치료의 보조적 방법으로 언어적 치료를 병행하기도 하며, 그 반대의 방법으로 사용하기도 한다.

모래놀이치료의 치료 목표는 물론 심리적 어려움의 치유이며, 더 나아가 우리 자신이 내면 세계와 우리의 주변 세계, 즉 우리의 자연인 본성 세계와 문화적 세계 사이에서 평화로운 균형과 조화를 이루도록 하는 데 있다(Steinhardt, 2013, p. 45). 모래놀이치료 작업에서 치료자는 다음의 몇 가지 작업을 한다. 첫째, 내담자가 모래장면의 창조, 새로운 인격 창조 과정에서 느낄 수 있는 창조적 불확실성(creative uncertainty)에 편안해질 수 있게 한다. 둘째, 모래놀이치료에서 중요시하는 우리 자신의 신체 본능을 경험하게 하게 한다. 셋째, 모래를 통해 흐르는 신비를 느끼며 피규어를 자유롭게 선택하고 신체 본능의 안내를 따르게 하며 마지막으로, 모래장면의 의미를 체득하도록 돕는다(Steinhardt, 2013, p. 22). 이러한 과정을 통

[그림 1-1] 도라 칼프의 모습 1

[그림 1-2] 도라 칼프의 모습 2

해 내담자와 치료자는 모래놀이치료에서 신성성(numinosity)과 치유를 경험한다. 치유적 힘을 갖고 있는 이 신성함과 치유는 "개인적 · 비계획적 · 비인지적 · 직관적 통찰뿐 아니라 실상적이고 신성한 신비감을 가져다준다."(Steinhardt, 2013, p. 121)

2. 분석심리학의 기본 개념

여기서는 모래놀이치료가 기반으로 하고 있는 융학파 분석심리학의 기본 개념에 대해 살펴보고자 한다.

1) 원형과 집단무의식

모래놀이치료에서 강조하는 상징을 이해하기 위해서는 융의 분석심리학 개념에 대한 기본적인 이해가 필요하다. 분석심리학에서 무의식적인 것, 특히 원형(archetype)적인 것은 이미지를 만들어 내고, 이미지는 상징에 투사되어 우리의 무의식이 의도하고 영향을 미치는 바를 의식이 간접적으로 이해할 수 있게 되기 때문이다.

융은 모든 인간이 공통으로 소유하고 있는 정신의 가장 근본적인 기저로서의 집단무의식의 개념을 발달시켰다. 집단무의식(collective unconscious)은 모든 인간에게 공통적이며 개인적인 것을 초월하는 정신의 구조로서 원형으로 구성되어 있다. 집단무의식의 개념은 융과 프로이트를 구분해 주는 대표적인 개념이다. 프로이트는 문화와 관습에서 부정적으로 여겨져서 억압된 것들(예: 성적 본능, 공격성)로 무의식이 형성된다고 보았지만, 이는 융에게는 개인무의식의 개념에 가까운 것이다. 융은 개인의 역사와 경험을 초월한, 인류가 생겨난 이래로 모든 인류에게 존재해 온 더 근원적이고 보편적인 무의식이 존재한다고 보았는데 그것이 집단무의식이다.

집단무의식을 이루고 있는 원형은 원형 그 자체가 아닌 이미지의 형태로, 집단무의식으로부터 일깨워져 의식이나 개인무의식에 배열된다. 원형이 중요한 이유는 고태적 · 원시적 에너지의 성격을 띠고 있는 원형 이미지 형태 또는 청사진에 비유될 수 있는 이 원형에너지가 사람들의 행동과 삶에 보편적으로 영향을 미치기 때문이다. 융은 원형이 유전되는 정신의 구조라고 생각했다. 어떤 종류의 지각, 관념, 행위를 발달시키기 위해 필요한 내적 소인이 유전에 의해 다음 세대로 전달된다. 이 유전적 근거는 특정한 상징이나 행동 패턴 그 자체가 아니라, 어떤 상징이나 행동 패턴이 발현될 수 있게 하는 가능성이라는 측면의 유전적 근거(form)이다(Jung, 1984/2002). 본능처럼 실현되고자 하는 충동을 가진 원형은 자기장처럼 개인의 무의식적 행동의 방향을 정하고, 정신적 재료가 상징적 이미지로 표현되게 한다. 그러나 상징은 결코 원형을 완벽하게 나타낼 수는 없다. 그것은 무의식, 특히 집단무의식이 완전히 의식될 수 없고 의식화되어서도 안 되는 이유와 맥락을 같이한다.

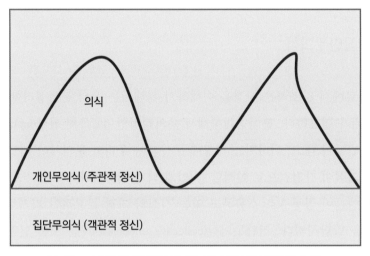

[그림 1-3] 융의 무의식의 개념을 빙산에 비유한 그림

원형에너지가 이미지와 함께 배열되어 상징에 투사되면 정서가 발생하고, 정서는 신체와 정신, 의식과 무의식, 영과 물질, 선과 악 같은 대극 사이를 연결하여 인격의 통합을 이루는 기능을 한다. 즉, 모래상자에 피규어를 사용해서 어떤 장면을 만들면 내담자는 어떤 정서를 느끼고 그 정서를 통해 내면 세계에 존재하는 것들을 의식한다. 정서를 동반한 의식화는 치유와 통합을 가져온다. 원형에너지의 배열은 항상 양극을 갖고 있어서 대극적이다. 모든 원형 자체는 대극적이어서 긍정적이고 삶을 증진하는 측면과 부정적이고 삶을 파괴하는 측면을 갖고 있다. 따라서 어느 쪽의 에너지가 삶에 더 배열되는가에 따라서 개인의 삶이 달라진다. 예를 들어, 부정적 모성원형 측면의 에너지가 삶에

더 배열되어 있는 사람은 부정적 모성콤플렉스를 갖고 있으며, 그러한 사람은 세상, 사람, 상황 등을 자신에게 호의적이지 않다고 지각한다.

앞서 설명한 바와 같이 원형은 개인무의식이 아닌 집단무의식에 자발적으로 발생하며, 문화나 유전에 의해 바뀌는 것이 아니다. 따라서 원형은 후천적으로 만들어지는 것이 아닌 '선재하는(a priori) 유기체 원리'이며 우리의 본성에 내재한다. 1948년에 쓰인 초기(1909) 에세이 『The Significance of the Father in Destiny of the Individual』 제3판 서문에서 융은 원형 패턴에 대해 정상적인 인간 상황의 여러 가지가 '각인(imprinted)되어' 있는 인격의 '타고난 구조'라는 표현을 사용했는데, 이것도 역시 원형의 작용 원리가 삶의 작용 원리임을 보여 준다. 예를 들어, 사랑에 빠지는 것과 같은 '원형적 상황들'은 그것을 원형이라고 부르든지, 본능이라 부르든지 간에 그는 인간 정신의 선험적(a priori) 조건화(conditioning) 요인에서 파생된다고 했다. 그리고 그는 이런 상황들이 인류의 긴 역사에서 반복적으로 발생해 왔다는 사실로써 이 각인을 설명했다. 개성화도 반복적으로 발생해 온 원형의 작용 패턴이다. '패턴'이라는 표현은 원형이 일정한 방향으로 우리의 삶을 안내할 때 사용되는 표현이다. 융은 "위버새가 그러는 것처럼 우리는 (내면의)패턴을 따른다"라고 강조했으며, 그는 "원형이 타고난 것이라는 가정은 전통에 의해 물려받는 것이라는 가정보다 수많은 이유로 훨씬 더 타당하다."(Jung, 1964/1988)고 주장했다. 때로 우리는 자신이 그렇게 하고 있는 것조차 모르면서 융이 말한 그 힘에 이끌리어 어떤 패턴화된 행위를 한다. 다만 자연, 문화와 같은 사회 환경에서 오는 정보에 의해 구체화되고 정교해진다. 타고난 구조로서 원형은 인간성이 시대를 거듭할수록 천천히 진화하고, 인간 본성의 법칙뿐 아니라 상징 이미지를 형성한다. 싸울 때 멱살을 잡는 것과 같은 '정상적인 인간 상황들'에서부터 로미오와 줄리엣의 사랑 같은 각 인간 상황에 해당하는 단일의 원형이 있지만, 하나의 원형에 해당하는 삶에서의 '경험적 표현'은 수없이 많다. 즉, 하나의 원형으로 인한 수많은 활동과 사고 패턴이 있을 뿐 아니라 하나의 원형 패턴에 해당하는 수많은 원형 이미지가 있다. 수많은 원형 이미지는 그 원형의 '시각화' 또는 '인격화'라고 할 수 있다(Walker, 2013). 예를 들어, 모성원형은 헤아릴 수 없이 많은 상징으로 표현될 수 있으며, 싸움 원형은 더 헤아릴 수 없이 많은 상징으로 표현될 수 있다.

원형 자체는 결코 의식화될 수 없으며 우리가 경험하는 것은 원형 자체가 아닌 원형 이미지이고, 원형 이미지가 갖고 있는 에너지이다. 워커(Walker, 2013)는 프로이트가 근친상간이나 오이디푸스 같은 최초의 원형을 발견한 사람이라고 보았으며, 융은 그 외에 다른 원형을 발견했다고 언급했다. 예를 들면, 모성원형, 부성원형, 어린이원형, 아니마원형, 아니무스원형, 영웅원형, 트릭스터원형, 자기원형 등이다.

융(1970, p. 13)은 원형 개념의 이해를 돕기 위해 소금 수용액에 들어 있는 결정체의 격자 구조와 같이 보이지 않는 존재에 비유했다. 눈에 보이지는 않지만 우리의 삶과 행동에 영향을 미치기 때문이다. 융은 특히 눈송이를 예로 들었다. 모든 눈송이의 모양은 눈이 내리는 지역의 습도, 온도, 풍속 등의 환경 조건 때문에 그 모양에 있어 같은 것이 없고 모두 다르다. 하지만 모두 육각형의 대칭이라는 기본 구조를 갖고 있다는 점에서는 동일한데, 이 육각형 모양을 원형 패턴에 비유할 수 있다. 눈송이가 여러 기후 조건 속에서 내리듯이 인류에게 원형 패턴은 가족 내, 문화 내 그리고 세상 내에서의 다양한 조건을 가진 맥락 속에서 발달한다.

융의 원형 개념은 약 2400여 년 전 고대 그리스의 철학자인 플라톤이 『티마이오스(Timaeus)』에서 언급한 '세계혼(World Soul)', 즉 아니마 문디(Anima Mundi)의 개념에서 영향을 받았다. 이 문헌에 따르면 우주를 구성한 이는 자기와 닮은 존재를 구형(球形)의 모양으로 만들었다. 이 구는 모든 방향으로부터 같은 거리에 있으며 자기동일성의 프랙탈 구조를 가진 전체이다. 이 구라는 완전한 존재의 중심에 혼이 자리 잡게 한 다음에 둥글게 회전하게 했으며, 그것 외의 다른 것은 전혀 필요 없게 만들었다. 혼은 몸의 주인이며, 몸은 혼의 다스림을 받는다. 이에 따라 물체의 성질을 갖는 모든 것을 안에서 짜 맞추기 시작하여 이것의 중심이 혼의 중심과 만나게 하고 서로 어우러지게 했다. 이렇게 해서 만들어진 전체를 별만큼 많은 수의 혼으로 나누어 각각의 혼을 각각의 별에 분배해 주었다. 즉, 인간 각자가 우주의 혼을 갖게 되었다. 『티마이오스』에 의하면 혼은 강렬한 감각적 느낌, 즐거움과 괴로움, 욕망, 두려움, 격정 같은 정서를 동반한다. 플라톤은 아름다운 것은 불균형을 이루지 않는다는 것과 몸과 마음(혼) 균형의 중요성을 강조했다. 외부의 자극들이 너무 강해서 혼을 담고 있는 그릇(몸)을 이끌어 가고, 혼의 회전을 방해하면 질병에 걸리게 되고, 어리석은 상태로 다시 하데스(지하, 죽음)에게 돌아가게 된다(Plato, 2000, pp. 82-121).

어떤 종류의 원형이 있는가에 대해서는 이견이 있다. 각각의 여러 원형이 존재한다는 의견과 하나의 원형에 여러 측면이 있다는 의견이 가장 대표적이다. 어떤 관점에서 보든

의식과 의식의 중심인 자아(ego)를 발달시키는 역할을 하는 자기(Self)는 원형 가운데 가장 대표 원형이다. 자기(Self)는 의식과 무의식을 포함한 전체 정신의 중심이다. 의식과 무의식이 서로 대극인 것처럼 자아와 자기는 서로 대극적이다. 자기는 정신 내부에 작용하는 경험의 조직자이며 성격 발달의 중심이다.

가장 중심 원형인 자기원형을 제외한 대표적 원형에는 모성원형이 있다. 모든 사람에게는 개인의 어머니가 있다. 그러나 모든 어머니는 다 달라서 모든 사람이 자신의 어머니에 대한 개인적 경험을 가지고 있으며, 그 경험은 다른 사람이 경험한 어머니 경험과 다를 수도 있고 같을 수도 있다. 모성원형은 인간 정신의 발달과 그로 인한 성격 발달을 이루어 내게 하고 사회와 문화가 형성되고 유지되게 하는 모성적 측면이다. 또한 개인의 어머니가 자녀를 모성적으로 돌보는 것도 어머니가 갖고 있는 모성원형적 측면 때문이며 자녀가 부모를 떠난 후에도 스스로를 돌볼 수 있는 성인으로 자라는 것도 자녀 안에 있는 모성원형적 측면 때문이다. 모성원형의 배열로 인한 모성 이미지는 마음속에 담겨 있으며, 꿈, 예술 그리고 모래놀이 등을 통해 의식화된다. 그러나 모든 원형이 이중적, 즉 대극적 측면을 갖고 있는 것처럼 모성원형 또한 이중적 특성을 갖고 있다. 어머니는 모든 밝은 면으로 인해 자비롭고 양육적이고 보호적인 존재로 이미지화될 수 있다. 반면에 모성원형의 부정적 측면으로 인해 어머니는 사악하고 삼키고 파괴적인 것으로 이미지화 될 수 있다.

이 세상의 모든 어머니는 이 두 면이 혼합되어 있다. 모성 이미지는 각자 자신의 어머니, 할머니, 여신 또는 여왕, 산, 동굴, 보아뱀, 즉 거대한 뱀 등에 투사될 수 있다. 어머니가 상징적으로 표현될 때 그 상징이 개인의 어머니로부터 이미지가 멀면 멀수록 더 많은 원형적 내용이 나타나는 것이라고 할 수 있다. 사람 상징으로 나타난 어머니보다는 곰이나 여신 상징으로 나타난 어머니가 더 원형적 내용을 담고 있을 수 있다. 원형적 모성 이미지가 개인의 어머니에게 전적으로 투사될 경우에 개인의 어머니가 갖고 있는 특성과는 거리가 멀어 전적으로 나쁘거나 전적으로 좋거나 절대적인 특성을 띠게 되어 개인의 어머니의 특성을 분리하여 보기 어렵다. 어머니 상징이 원형적 이미지를 많이 가지고 있다면 그 개인은 어머니에 대한 현실적 경험이 부족하다거나 분화와 경계가 부족할 수 있음을 나타나고 있다.

그렇다면 원형에너지가 흐르고 있는 것을 어떻게 알 수 있을까? 사회적 맥락에서의 삶을 통해 그리고 자신의 삶과 다른 사람들의 삶을 통해 삶에 영향을 주는 패턴을 인식하게 된다. 일견 달라 보이는 각자의 삶에 보편적으로 동일한 삶의 패턴이 흐르고 있는 것을 알 수 있다. 이러한 보편적 삶의 흐름은 또한 신화, 동화, 예술, 꿈, 모래놀이 등을 통해서도 알 수 있다. 세부적으로는 조금씩 다르지만 보편적이고 일관된 삶의 방향, 변화의 흐름, 상징의 사용 등을 볼 수 있기 때문이다. 치료 장면에서 관찰하거나 상담과 관련하여 이루어진 연구들을 살펴보는 것을 통해서도 보편적인 원형에너지가 흐르고 있음을 알 수 있다. 어머니원형을 예로 들면, 어머니에게서 태어나고, 어머니가 되고, 어머니의 삶을 관찰하면서 어머니의 삶이 어떻게 흐르는지를 알게 하는 연구들이 있다. 특히 애착 주제를 포함해서 아동 발달에 대해 연구자와 이론가들이 보여 주는 발달단계나 발달 흐름 같은 발달 패턴도 원형 패턴이 인간의 삶에 존재함을 알 수 있게 한다. 이론가들은 수학 원리가 변함없는 것처럼 원형 원리도 변함없다고 주장한다.

2) 자기 원형과 개성화 과정

자기(Self)는 개인의 힘의 근원이자 자아 콤플렉스(ego complex)의 구조화(분화)를 촉진하고 안내하는 창조 원리이며, 정신의 자기조절(Self-regulation)과 자기중심화(Self-centering) 능력의 근원이다. 인류가 생긴 이래로부터 원형은 존재해 왔고 유전자를 통해 전달되기 때문에 자기원형은 과거, 현재, 미래에 존재하는 개인의 성격의 근원 및 뿌리라고 할 수 있다. 자기의 상징들은 신체 깊은 곳에서 발생하며, 개인의 물질성(신체)을 자각하게 하는 의식의 구조를 만들어 낸다. 보편적으로 인간성에 영향을 미치는 원초적 패턴으로서 '태어나기 전에 결정된 행동과 기능 방식'이라고도 한다. 문화와 환경의 차이에 따라 다른 이미지, 본능, 신체적 반응을 불러일으킬 수 있다. 즉, 문화적 요인들이 원형 이미지의 표현을 수정할 수 있다. 예를 들어, 예수나 크리슈나는 둘 다 신성한 자기원형의 상징이며 종교 문화에 따라 예수 또는 크리슈나로 상징화된다. 자기에너지와 연결되면 개인은 깊고 감동적인 신비한 기운을 체험하거나, 매우 특별한(즉, 신성한) 힘을 갖고 있다는 것을 느끼게 되거나, 자신(자아)보다 더 큰 전체와 관계 맺고 있다는 느낌을 갖게 된다.

모든 원형이 그런 것처럼 자기원형은 의식을 조절하거나 수정하거나 동기화시켜서 의식 내용에 관여할 수 있으며, 그 결과로서 경험, 형성, 행동의 변화가 일어난다. 그러나 자기원형을 포함한 모든 원형은 기본 형태가 없고(인간의 의식이 알 수 있는 것 이상의 것이기 때문에) 오로지 대략적으로만 이해될 수 있는 것이다. 그러면서도 에너지의 가능성과 배열을 일으킨다. 콤플렉스의 뿌리이기도 한 원형은 이미지를 만들어 내고, 이미지는 상징에 투사되어 상징을 통해 의식이 간접적으로 원형에너지의 의미를 알게 한다. 자기원형은 자아, 즉 자아 콤플렉스의 뿌리이다.

개성화 과정(individuation process)은 자기(Self)원형의 역동적 측면을 말하는 것으로, 자기원형의 에너지와 자아가 연결되면 개인이 변화되고 개인이 작동하고 있는 체계가 변화한다. 개성화는 개인이 갖고 있는 어려움이나 한쪽으로 치우친 사회화의 결과를 극복하고 가능성을 발휘하도록 하여 개인의 독특함을 분화시키는 과정이라고 할 수 있다. 이 과정은 세미한 갈망, 동경, 알 수 없는 공허, 대상이 분명하지 않은 향수, 외로움 등으로 경험되거나 동시성적 상황 등을 통해 의식에 예고된다. 다른 말로 개인 인격의 전체 측면이 발현되도록 하는 과정이다.

이러한 과정은 의식과 무의식 간의 지속적인 직면적 대화의 과정을 의미하며, 이 과정은 상징으로 통합된다. 이 통합 과정은 원형에너지가 배열되면 무의식에서 나온 상징이 의식에 제시되고, 모양이 이루어지고, 이해되는 과정이며, 그 과정에서 정서가 발생한다. 이는 결국 무의식을 의식화하게 되는 과정으로서 상징은 개인 자신과 타인에 대한 태도와 행위에 영향을 준다. 이 모든 과정의 궁극적 목표는 앞서 언급한 개성화이다. 개성화는 다른 말로 자기(Self) 실현의 과정이며, 자신 및 타인과의 합일감을 갖게 하는 과정이다. 이는 인격의 전체성(wholeness)을 이루어 가는 의미 있는 과정으로, 타고난 독특함의 측면에서 '진정으로 그 자신'이 되어 가는 것이다. 개성화 과정에는 두 가지의 주요 측면이 있다. ① 내적 · 주관적 통합 과정, ② 객관적 관계성의 과정, 즉 의존성을 극복하는 자율성의 발달 및 타인과 관계 맺을 수 있는 능력의 발달이 바로 그것이다.

개성화 과정은 현재의 개인을 정의해 주고 의미를 주었던 것들(예: 태도, 가치, 이념, 감정 등)에 대한 지속적인 의문의 제기 그리고 그것들의 '희생'을 촉진하고 새로운 의미들을 찾는 과정이다. 개성화 과정은 주로 그림자, 아니마/아니무스, 페르소나 관련 문제, 세상에 드러내기를 원하는 이미지를 통합한다. 그러나 완전한 개성화는 유토피아적인 것으로, 완전한 개성화를 이루고자 하는 개인의 의도에도 불구하고 도달이 불가능한 것이다.

  융은 한 개인의 온전하고 독특한 잠재력을 향해 또는 일생에 걸친 개인의 전체성을 향해 전개되는 내재된 경향성을 믿었다. 이러한 전개는 개인적 투쟁과 내적 대극이나 긴장이 통합되도록 돕고, 인격의 다양한 측면과의 의식적 관계를 발달시키는 과정을 통해 확장되는 의식화를 뜻한다. 간단히 말해서 이성적인 의식은 반드시 비이성적인 무의식이 이미지를 통해 의식에게 말하는 것을 알아야 한다는 것이다. 그 과정은 의식화와 더불어 그동안 타인에게 행했던 투사를 거두어들이는 것을 포함한다. 또한 꿈이나 모래놀이치료, 명상 활동 또는 어떤 삶의 사건들에 상징적 이미지로 나타나는 원형에너지에 참여하고 이것이 보내는 메시지에 대한 이해를 얻는 것이다(Stein, 2006/2015).

  융은 이러한 노력의 결과에 대해 환경의 영향에 의해 좌우되며, 신체 및 정신적 소인을 갖고 있는 개성화 과정으로 개념화하였으며, '개성화' 과정을 정신의 전체성을 이루려는 과정이라고 불렀다(Stevens, 2003, pp. 82-83). 인간은 어느 정도는 항상 신체적 요소와 신체적 과정의 영향을 받는 반면, 어느 정도는 그러한 생물학적 결정론과 무의식으로부터 자유로울 수 있는 능력을 갖고 있는데, 그것이 가능한 이유는 자아 기능이 정신적 형식과 이미지 형식, 즉 무의식에서 배열되는 이미지 상징의 '영(spirit)'에 의해 동기화되기 때문이다(Stein, 1998). 이러한 정신적 형식과 이미지들은 개인에게 종종 '신성한(numinous)' 특성을 갖고 있다고 느끼게 한다. '신성한 경험'은 신비로움과 정서적으로 충만함이며, 때로는 경외감, 경탄, 두려움이라는 주관적인 경험이기도 하다(Otto, 1958). 융은 특히 신성한 특성을 가진 정신적 형식과 이미지들이 한편으로는 개인의 삶과 존재에 관해 큰 관념과 비전을 갖게 하지만, 다른 한편으로는 자아를 사로잡아서(자아가 집단무의식의 이미지로부터 오는 관념과 비전을 동일시할 경우에 개인은 과대성을 제약하는 현실 적응이 어렵게 된다. 위대한 개인을 알아 주지 않는 '비관적' 현실) 팽창과 정신적 문제를 가져올 수도 있다고 했다. 그러나 자아가 충분히 강할 때 그 기능으로서 반영, 선택, 행동을 통해 본성적 욕구들을 제한하거나 지지할 수 있다.

  개성화 과정은 융이 의식의 중심이라고 부른 자아의식과, 무의식과 의식을 모두 포함한 정신의 중심인 자기와의 관계 발달을 말한다. 이 관계는 '자아-자기 축(ego-Self axis)'이라고 불리기도 하는데, 이 필연적 연결성의 목적은 자아가 무의식에 지속적으로 연결되도록 함으로써 자아가 통합적 기능을 유지하도록 하는 것이다. 융은 개성화 과정의 궁극적 목표는 개인이 집단적인 '남자 혹은 여자'로부터 분리되어 독특한 본성의 개인이 되는 것이라고 했다. 독특한 개인이 되는 것과 자신이나 다른 사람의 기대에 맞추려는 욕구 사이에서 갈등을 느끼는 사람에게는 이 과정이 어렵게 느껴진다. 특히 원형 이미지가 무의식에서 올라올 때 그것에 대해 전혀 모른 채 그 이미지에 직면하게 되면 더 어려워진다. 제임스(James)는 자신의 저서 『종교적 경험의 다양성』에서 톨스토이가 자신의 내면으로부터 진정한 자신의 삶을 살라는 개성화에의 소명을 받은 경험을 기술했다. 쉰 살쯤 되었을 때 톨스토이는 마치 그가 '어떻게 살아야 하는지' '무엇을 해야 하는지 모르는', 그가 정지라고 부른 혼란스러운 순간을 경험하기 시작했다. 톨스토이는 자신에게 '죽고 싶다'는 오래된 열망 같은 것이 있다고 표현했다. 그는 자신이 무엇을 원하는지 몰랐고 삶이 두려웠다. 삶에서 여전히 무엇인가를 원함에도 불구하고 삶을 멈춰야 할 것 같다고 했다. 그의 이런 내적 변화상태는 삶의 바깥 상황들이 잘되어 가고, 그가 완전히 행복했던 때에 일어났다. 사랑하는 아내와 자녀, 큰 재산, 사람들의 존경과 칭송, 어느 때보다 상태가 좋은 건강 등 모든 것이 잘되어 가고 있었고 순조로웠다. 그러나 무엇인가가 그를 삶으로부터 끌어냈다. 그것은 바로 그의 내면에 있는 자기(Self)로부터의 부르심이었다. 외적인 것만을 추구하고 살아온, 한쪽으로 치우친 삶으로부터 '죽고', 진짜 삶을 살으라는 소명이었다. 이것은 알 수 없는 불안, 갈망, 갈등 등으로 나타났다(Blake, 2009).

모래놀이치료에서 목격되는 내담자들의 개성화 과정에 대해 브래드웨이(Bradway, 1994)는 외상을 경험한 내담자들은 치유를 먼저 경험하는 경향이 있으며, 그런 다음에 중단되었던 발달 과정이 재개된다고 언급했다. 그러나 그녀는 이 과정이 반드시 치유, 성장이라는 순서로만 발생하는 것은 아니며 동시에 일어나기도 한다는 점을 덧붙였다.

3) 개인무의식

개인무의식(personal unconscious)은 집단무의식과 구별되는 개인적 무의식의 층이다. 개인무의식은 한때 의식했던 내용이지만 망각했거나 태어나서 살아가는 과정에서 사회문화적 가치와 상반되는 내용들이 억압된 고통스러운 기억이 저장된 곳으로 아직은 의식의 문턱에 이를 만큼 강력하지 않은 내용들로 구성되어 있다. 예를 들어, 학대적인 부모에게서 무가치하고 쓸모없다는 폭언을 듣고 자란 사람에게는 그의 긍정성과 괜찮은 사람이라는 가치는 그림자의 상태로 개인무의식에 들어 있을 가능성이 높다. 융분석가인 존슨은 싫어하는 사람들의 특성을 열거해 보면 자신의 그림자를 알게 될 것이라는 다소 과장되어 있지만 흥미로운 언급을 하기도 했다(Johnson, 1994). 개인무의식은 그림자와 콤플렉스로 구성되어 있다(다음 '콤플렉스'와 '그림자' 참조).

4) 콤플렉스

콤플렉스(complex)라는 단어는 포함, 감쌈 등의 의미를 갖고 있다. 분석심리학적으로 콤플렉스는 견디기 어려운 환경적 요구, 기대 또는 사건에 의해 촉발된, 정서적 의미의 핵심을 둘러싸고 뭉쳐 있는 정신에너지의 중심이다. 정서적 형태(감정 톤)로 경험하는 적극적인 에너지의 중심이며 의식에 의해 통제되지 않는다. 어린 시절에 형제와 외모를 비교당하며 외모와 관련된 콤플렉스와 열등감이 생겨난 사람을 예로 들어 보자. 외모콤플렉스가 있는 사람이 취업 면접에서 불합격하였을 때 그 원인이 외모 때문이라고 생각하고 좌절과 열등감에 빠져 있고 그 감정이 강렬하다면 의식적 노력으로 그 감정을 바꾸기가 어렵다. 일시적으로 바꿀 수 있다고 해도 조금 시간이 지나 어떤 단서나 상황에서 다시 외모콤플렉스가 배열될 가능성이 높다. 그런데 문제는 대부분의 상황에서 외모콤플렉스가 개인의 감정 상태를 사로잡는다는 것이다. 콤플렉스가 의식에 배열되면 콤플렉스와 연관된 기분과 정서가 유지되며 강렬하기 때문이다. 물론 콤플렉스의 종류에 따라 배열되는 정서의 강도는 다를 수 있다. 콤플렉스는 주요 외상 사건과 그 이후의 사소한 부정적 경험의 재발로 인해 발생하며, 콤플렉스를 일으키는 단서나 상황이 점점 확장, 일반화하는 경향이 있다, 앞서의 외모콤플렉스도 면접을 보는 상황에서 생겨난 것이 아님에도 불구하고 면접 상황으로까지 확장되었으며, 그 외에도 대인관계 등의 상황으로 일반화된다. 따라서 콤플렉스는 위기와 관련된 영역이며, 결과적으로 변화의 근원으로서의 새로운 발달과 기능을 방해한다.

콤플렉스를 의식화하지 못하면 투사의 형태로 의식 표면에 떠오르고 다른 사람과 상황에 투사된다. 면접 상황에서의 실패 원인 귀결이 그 예이다. 정서와 연상의 확장(일반화)이 클수록 콤플렉스는 강력해지며, 긍정적인 다른 힘들이 더욱 젖혀지거나 억압된다. 즉, 콤플렉스가 배열되면 자아의 기능이 일시적으로 약화되고 콤플렉스 감정이 자아 기능을 사로잡기 때문에 현실이나 진실에 대한 객관적 정보가 존재해도 자아 기능의 약화로 인해 그것을 보기가 어렵다. 특정한 콤플렉스를 갖고 있는 사람들은 콤플렉스를 일으키는 상황에 대한 민감성이 있으며, 자신뿐 아니라 다른 사람의 콤플렉스에도 민감하다.

콤플렉스 때문에 동일한 주제가 삶의 주제로서 반복적으로 활성화되고 꿈과 판타지를 통해 내적으로 경험되며 다른 사람들에게 투사된다. 예를 들면, '내가 무능한가?' '내가 도전받고 있는 것인가?' '내가 이 좋은(또는 나쁜) 행운(또는 불행)에 걸맞은 사람인가?' '항상 나한테만 이런 일이 일어나는 것일까?' 등이다. 문제는 콤플렉스의 영향 하에 있을 때 상황에 대한 과장된 정서에 사로잡히는 경향이 있다는 것이다. 이러한 경향은 상황을 객관적으로 보지 못하게 만들고 왜곡된 지각을 하게 함으로써 그 개인의 성숙한 삶을 방해한다. 때로는 연령 등의 발달과 관련될 수도 있다. 예를 들면, 중년에는 연령이나 죽음의 이슈가 상황보다 과장되게 경험되어 일상적 삶에 방해가 될 수 있다.

콤플렉스를 의식화할 수 있다면 또는 이미 의식하고 있는 콤플렉스를 일정 부분 변화시킬 수 있다면 개인의 삶을 풍요하게 할 수 있다. 콤플렉스는 에너지를 담고 있기 때문에 자아 콤플렉스와 연결된다면(의식된다면) 콤플렉스에 묶여 있는 에너지가 자유로워져서 삶을 보다 생명력 있고 생기 있게 만드는 에너지로 활용될 수 있다.

당연히 개인의 콤플렉스는 모래놀이치료 장면에도 투사된다. 모래놀이치료를 하면서 콤플렉스가 투사되는 피규어나 장면을 알게 되고, 현실 생활에서 콤플렉스가 어떻게 투사되는지 그리고 그 투사가 개인에게 어떤 어려움을 일으키는지를 이해하고 완화하려는 노력을 하게 된다.

5) 자아(자아 콤플렉스)와 의식성

엄격히 구분하자면 융심리학에서 자아는 자아 콤플렉스(ego complex)의 줄인 말이다. 콤플렉스가 배열되면 콤플렉스로 인한 감정이 그 개인의 전부인 냥 느껴지는데, 자아도 자아가 의식하고 있는 것이 전부라고 지각하기 때문에 자아도 파편화된 콤플렉스와 유사하게 작동한다는 의미에서 자아콤플렉스라고 부른다. 자아는 우리가 자신을 자신으로 지각하게 하고 판단하고 결정하는 주체라고 여기는 부분이다. 그렇기 때문에 우리는 흔히 자아(ego)가 인격의 전부인 것처럼 느끼지만 그것은 자아중심적 태도 때문일 뿐 자아는 전체 인격의 중심이 아닌 의식적 인격의 중심이다. 자아의 근원은 자기(Self)이다.

의식성과 자아는 다른 개념이다. 의식성은 어린 나이에도 존재하며 점차 확장되지만 자신을 타인과 독립된 개체이자 행동과 판단의 주체로 인식하는 것은 자아이며, 따라서 나이가 어릴수록 자아는 그 기능이 약하다. 영유아기에는 자아 기능이 거의 없다. 평생 동안 자아가 기능하는 데 필요한 에너지는 자기로부터 온다. 자아는 평생 동안 자기와 지속적인 관계를 가지는데, 인생 전반부에는 외부 적응을 위해 자아를 발달시키며 외부 적응의 측면에서 자아 기능이 중요해진다. 즉, 아동기를 포함하는 생의 전반부에는 정신적 리비도가 삶의 의미, 진정한 존재 등의 심리 내면적인 것보다 관계, 학교, 직장, 사회적 성취 등과 같은 외부를 향한다. 결과적으로 다른 개인들과 구분되는 존재로서 학교나 직업, 조직 문화, 인간관계, 문화 등 사회에 대한 적응이 이루어진다.

콤플렉스 부분에서 언급한 것처럼, 자아가 콤플렉스인 이유는 다른 기타 콤플렉스와 유사하기 때문이다. 감정 톤을 가진 콤플렉스는 일시적으로 자아의 기능을 약화시키고 약한 자아를 사로잡아 마치 자아처럼 기능하여 그 순간에 감정과 정체성이 개인에게 전부인 것처럼 느껴지게 만들기 때문이다. 그러나 콤플렉스는 파편화된 의식 조각이 자아의 역치를 건드리는 순간에만 작용한다. 이와 유사하게 자아는 자아가 지각하고 인식하는 것이 그 개인의 전부인 것처럼 인식하는 경향이 있다. 그러나 무의식의 의식화를 통해 인격의 확장이 일어나면 자아는 인격의 전부가 아니라는 것을 인식하게 된다.

6) 아니마/아니무스

인류는 오랫동안 이성에 대한 경험을 해 왔고 그 결과로 여성성·남성성 원형을 갖고 있다. 아니마(Anima)는 남성의 집단무의식에 존재하는 여성성 원형이며, 아니무스(Animus)는 여성의 집단무의식에 존재하는 남성성 원형이다. 아니마/아니무스는 의식과 무의식 사이를 중재하는 원형 이미지의 형태로 투사되며, 종종 이성에게 투사되는 경향이 있다. 투사가 일어나면 정서적 반응과 내적 이미지를 자극하여 이성에 대한 특정한 이미지를 갖게 된다. 그런 의미에서 이성을 사랑한다는 것은 그 실존보다는 종종 투사된 이미지를 사랑하는 것이다. 자신의 남성성이나 여성성에 대한 의식이 없을수록 이 구분은 약해진다. 투사를 거두어들일수록 투사된 이미지와 실제 인물 간의 간격이 좁아지며 좋은 관계를 형성할 수 있는 가능성이 높아진다.

융은 아니무스의 이미지가 갖고 있는 에너지에 대하여 아니무스는 여성에게 존재하는 영적 힘, 정신적 · 지적 · 진취적 힘이며, 외적인 성취를 추구하는 정신에너지라고 보았다. 그러나 아니무스의 발달이 잘 이루어지지 않은, 즉 아니무스 이미지에 대한 의식화가 잘 이루어지지 않은 여성은 여성적 삶에 대한 거부, 남성적 삶에 대한 동일시, 자신의 능력, 적성, 성취에 대한 과소평가, 지나친 성취 지향, 이성과의 관계 형성의 어려움 등의 문제를 갖게 될 위험이 있다. 아니마는 남성에게 존재하는 관계적 · 에로스적 · 정서적 상징이다. 단순하고 강한 남성성을 지향하는 문화는 남성의 감정과 정서를 남성답지 못한 것으로 간주하기 때문에 남성의 감정은 종종 표현하기 어렵거나 무시당한다. 자신의 내적 감정, 즉 아니마를 수용하고 감정과 관계 맺기를 잘하지 못하는 남성은 외부 세계에서도 이성 또는 타인들과 관계 형성에 어려움을 겪을 수 있고, 아직 모성적 아니마 수준에서 관계를 시도하게 된다. 이러한 시도는 건강한 관계 형성의 실패로 끝나게 될 가능성을 높인다.

모래놀이치료에서 아니마/아니무스는 양성 모두가 지각하고 경험할 수 있는 이미지에 투사된다. 또한 남성과 여성 인간에게 직접 투사될 뿐 아니라 판타지적 인물로 경험될 수 있다[예: 남성-여신, 님프(신화 속 난쟁이), 요정, 인어, 마녀, 애니메이션의 소녀, 매춘부 등, 여성-성자, 신비한 이방인, 매력적인 사고자, 빛을 주는 신].

7) 그림자

그림자(shadow)는 개인무의식에 속하는 내용이다. 그림자는 자아가 자신의 일부로 수용할 수 없어 억압한 우리 자신의 또 다른 측면을 말한다. 즉, 우리가 알고 있는 자아 이상 또는 사회적 가치와 일치하지 않는 것이 억압된 것이다. 억압된 것은 밖을 향해 타인에게 투사되려는 힘을 가지고 있다. 예를 들어, 이기적인 사람을 몹시 싫어하는 사람은 자아의식이 자신의 것으로 받아들이기 힘든 이기적 태도를 그림자에 갖고 있을 가능성이 높다. 그래서 자신은 이기심의 측면에서 순수하며 다른 사람들이 이기적이라고 지각한다. 그런데 의식되지 않은 만큼 강력해진 그림자는 이기적이지 않은 사람이 어느 날 갑자기 매우 이기적인 행동을 하게 만든다. 그림자가 우리 안에 있다는 것을 인정하고 수용할 수 있다면 우리는 생명력 넘치는 에너지에 접근할 수 있다. 이타적이어야 한다는 강박관념이 개인의 의식을 강박적으로 지배하고 이기적인 사람들과 거리를 두는 데 소모되었던 리비도가 그림자를 통합하고, 그림자를 살아내는 데 사용됨으로써 인격의 확장과 성숙이 일어나기 때문이다. 이 과정 역시 개성화 과정의 일부이며, 개성화 과정을 통해 우리가 의식적으로 반대하는 것이 우리 자신의 정신 안에 존재하고 있는 것이라는 것을 이해하게 된다.

그림자의 실현 또는 통합을 방해하는 것 중 하나는 페르소나이다. 기존의 이타적인 사람이라는 페르소나를 유지하는 데 바람직하지 않다고 판단되는 개인의 특성들은 억압되기 때문이다. 겉으로 드러난 페르소나를 동일시하는 정도와 그림자의 억압 정도는 일치한다. 페르소나를 지나치게 동일시하여 자아가 페르소나와는 다른 진정한 감정과 태도가 있다는 것을 인식하지 못하면 그림자는 그만큼 짙어진다. 따라서 그림자와 페르소나는 서로 보상적 관계에 있다고 할 수 있으며, 둘 사이의 갈등은 개인에게 심리적 문제를 일으킬 수 있다. 그림자를 통합하는 방법에는 몇 가지가 있다. 먼저, 그림자의 존재 자체를 받아들이고 그것을 진지하게 탐색한다. 그런 다음 자신의 그림자의 특성과 의도를 인식한다. 이는 기분, 판타지, 충동 등에 주의를 집중함으로써 가능하다. 마지막으로 인식한 그림자의 내용을 회피하지 않고 받아들이는 긴 시간이 필요하다. 그림자에 대한 책임은 자아에 있다. 우리 자신에게 그림자적 측면이 있다는 것을 인식하는 것만으로는 그림자가 통합되지 않는다.

그림자를 인식하는 것은 비교적 쉽지만 그림자를 받아들이고 그림자와 함께 그림자를 살아내는 일은 또 다른 것이다. 앞의 이기심 그림자의 예를 든다면, 어린 시절 싸우고 미워하기도 하면서 지냈던 형제의 갑작스런 죽음은 죽은 형제에게 자신이 가졌던 이기심과 미움 때문에 그 형제가 죽었다는 무의식적 죄책감을 불러일으킬 수 있다. 성장하면서 그는 자신의 미움이 또 다른 누군가의 갑작스런 사라짐을 일으키지 않도록 하기 위해 미워하거나 이기적으로 거절하지 않는 착한 사람으로 살려고 노력한다. 그러는 사이에 바람직하지 않은 이기심과 미움은 억압된다. 이 사람에게 그림자를 살아내는 것은 이기심이 나쁜 것만은 아니며 자신의 욕구와 그 욕구를 표현하는 것은 정당한 것임을 깨닫고 그것을 실현하는 것이다. 다행스러운 것은 그림자는 부정적이고 바람직하지 못한 측면만 있는 것이 아니기 때문에 힘들여 살아내려고 노력할 가치가 있다는 것이다. 그것은 지금까지 의식되지 못했거나 묻혀 있었던 본능, 능력, 긍정적·도덕적 특성 등을 포함한다.

[그림 1-4] 그림자의 변화 과정을 상징적으로 보여 주는 에드바르트 뭉크(Edvard Munch)의
<바닷가의 두 여자(Two Women on the Beach)>

8) 페르소나

페르소나(Persona)는 본래 연극에서 배우들이 썼다가 벗었다가 하는 가면을 뜻하는 용어였다. 가면은 진짜 얼굴을 가리고 보호하는 기능을 한다. 즉, 자신이 타인 또는 사회에 보여 주고 싶은 얼굴, 또는 사회 또는 타인들이 바람직하게 여기는 모습에 해당한다. 페르소나를 자아와 분리시키지 못하는 사람들은 페르소나를 다른 사람과 다름을 강조하는 개성(individuality)과 동일시하는 경향이 있다. 사회적 역할 또는 이상적 역할을 지나치게 동일시하면 거기에는 진정한 개인이 존재하기 어려워진다. 분석심리학적으로 페르소나는 자유 의지로 선택할 수 있는 외부 세계와의 관계 기능이라고 할 수 있다. 그러나 외부 세계는 특정한 페르소나만을 보상함으로써 그 페르소나의 주인이 외부 세계가 보상한 특정 페르소나를 동일시하게 만든다. 지나친 페르소나 동일시는 자아가 의식하지 못할 수도 있기 때문에 자유 선택이 아닐 수도 있다. 보상이란 칭찬, 인정, 명예, 권력, 돈과 같은 것이다. 따라서 페르소나는 신경증의 원인이 될 수 있다. 자아의식성이 페르소나를 얼마만큼 동일시하는가에 따라 무시되어 온 내면의 삶(그림자, 아니마, 아니무스로 인격화된)이 보상의 형태로 활성화된다. 여러 증상의 형태로 경험되는 그 결과는 개성화 과정을 자극할 수 있다.

3. 분석심리학에서 정신의 작용 원리: 보상 원리

정신의 작용 원리이자 기능으로 융이 제안한 개념은 보상(compensation) 개념이다. 융의 보상 개념은 균형(balancing), 조정(adjusting), 보완(supplementing)을 의미한다. 그는 보상 기능은 심리적 과정에 경험적으로 입증할 수 있는 것이며 신체의 자가 조정과 유사한 기능이라고 주장했다. 보상 기능에 의해 균형, 조정, 보완하고자 하는 것은 바로 의식의 편향성이다(Samuels et al., 1986). 한쪽으로 치우친 의식의 일방향적 태도를 보상함으로써 균형을 맞추고자 하는 정신 원리에 의한 기능이다. 편향된 의식의 지향에 의해 억압된 내용은 무의식 상태가 되고, 억압된 무의식 내용은 자아의식성과 대극을 이루게 된다. 의식의 편향성과 무의식으로의 억압이 문제가 되는 것은 의식의 편향성이 심해서 의식의 활동을 방해할 때이다. 다른 말로 하면 억압된 무의식 내용이 꿈, 자발적인 이미지 또는 증상의 형태로 드러나기에 충분한 에너지를 가졌을 때이다. 보상 과정이 발생하는 목적은 의식의 태도와 무의식의 태도를 다리처럼 연결하는 것이다. 물론 보상 원리는 개인무의식에만 해당하는 것은 아니다. 타고난 원형적 무의식은 의식의 편향성을 바로잡아 전체를 이루기 위해 개인무의식과 의식에 계속 메시지를 보낸다. 단순히 억압된 내용에만 국한되는 것만이 아니라는 의미이다.

구체적으로, 이 다리의 역할을 상징이 한다. 의식화되고자 하는 무의식 내용은 이미지의 형태로 떠오르고, 이미지가 투사된 것이 상징이다. 상징 자체가 의식에 영향력을 갖는 것은 아니며 의식에 동화되고 통합되어야 그 효과를 갖는다. 즉, 의식과 무의식이라는 대극합일, 즉 초월적 기능이 발생해야 한다. 예를 들어, 매우 어린 시절부터 부모의 일관성 있는 돌봄을 받지 못하고 자주 양육자가 바뀌는 경험을 했던 사람이 대인관계에서 항상 거리감을 경험한다고 가정해 보자. 그의 불평은 항상 사람들이 자신에게 거리를 둔다는 것이고 세상은 자신에게만 따뜻하지 않다는 것이다. 그러나 정작 거리를 두는 사람은 그 자신이었고 거리감 때문에 주변 사람들은 그에게 선뜻 다가서지 못한다. 이 사람이 의식해야 하는 것은 자신이 거리를 두고 있다는 것이며 자신이 사랑받지 못하는 존재가 아니라는 것이다. 상징은 무의식이 보상 원리의 실현을 위해 사용하는 메시지 전달 방법이다. 꿈이나 모래놀이치료에서 그는 따뜻함, 친밀함을 추구하지만 멀리 돌아서 있는 상징을 발견하거나 너무 가까이 있어서 그가 가까이 가지 못하고 있다는 것을 보여 주는 상징을 발견하게 될 것이다. 보상 원리에 따라 작동하는 상징 작업을 통해 그는 세상이 자신을 사랑한다는 것, 아무도 의도적으로 거리를 두지 않는다는 것, 정작 자신이 거리를 두고 있다는 것을 깨닫고 자신보다 더 큰 존재의 사랑을 받는다는 존귀한 존재 체험을 할 때 그는 자신의 고통을 초월한다. 그 과정에서 상징은 지속적으로 무의식이 전하는 균형, 조정, 보완의 의미를 전달할 것이다.

앞서 언급한 것처럼, 보상은 일반적으로 의식 활동이 한쪽 태도로 치우치는 것을 무의식의 조절 기능이지만 신경증적 장애가 있는 경우에 무의식은 의식 상태와 극명한 대조를 이루면서 보상 과정 자체가 중단된다. 예를 들어, 정신의 미성숙한 측면이 심하게 억압되면 무의식 내용이 의식이 갖고 있는 목표를 압도하고 그 의도를 파괴한다. 예를 들어, 자신의 그림자가 보내는 메시지를 계속 무시하면 그 그림자는 그 개인을 압도하고 우울증이나 불안증에 빠지게 하거나 평소와는 달리 그림자에 사로잡힌 행위를 하게 만든다. 따라서 심리치료의 목표는 보상 기능이 다시 작용하고 의식이 그 메시지를 통찰함으로써 무의식적 내용이 삶으로 실현될 수 있도록 하는 것이다(Jung, 1971). 융에 의하면, 무의식의 보상적 관점은 의식이 갖고 있는 관점과는 다르기 때문에 예상치 못한 방향으로 나타난다. 가장 극적인 보상 작용을 융은 에난치오드로미아(Enantiodromia)라고 불렀다. 백팔십도로 방향이 바뀌는 것이다. 융이 기술한 것처럼 '즉각적으로 과도하게 진행되고 필연적으로 보상을 요구하는 모든 과정'(Jung, 1954/1993a)이다. 그러나 심리치료에서는 에난치오드로미아적 보상보다는 매우 미묘한 형태로 보상 작용이 일어난다. 융은 이에 대해 내담자가 자신의 세계에서 관계를 잘 맺지 못하고 살아간다면 분석가(치료자)와의 유대가 강화되어 나타날 것이라고 기술했다. 이 강화된 유대 관계는 내담자가 현실에 대한 잘못된 태도에 대한 보상 작용이다. 이것은 또한 전이를 의미한다(Jung, 1954/1993a).

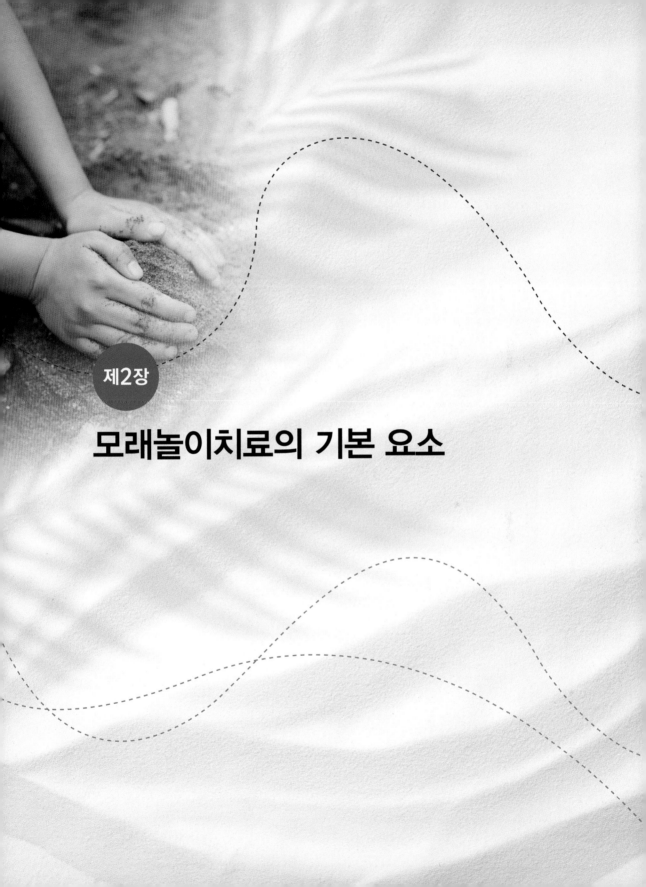

제2장

모래놀이치료의 기본 요소

모래놀이치료의 치유적 효과는 여러 가지의 요소의 상호작용에 의해 발생한다. 우선, '모래놀이'라는 말이 나타내는 바와 같이 모래와 놀이라는 요소가 있다. 또한 여기에는 모래놀이자(내담자) 그리고 모래놀이자의 모래놀이를 함께하는 모래놀이치료자가 있다. 또한 모래, 모래상자, 물, 피규어, 내담자와 치료자의 신체적 실존과 같은 물리적인 요소들 그리고 의식화되고자 하는 무의식과 무의식이 보내는 메시지를 알고자 하는 의식이 있다. 의식과 무의식 사이의 상호작용이 이루어질 수 있게 하는 것은 창조적 '침묵'의 경청과 상상이다. 그리고 가장 중요한 것은 모래놀이자(내담자)와 모래놀이치료자 사이의 관계 요소이다.

1. 모래, 모래상자, 물: 자연 요소들

'왜 모래인가?'라는 의문을 제기하지 않을 수 없다. 모래 외에 모래와 유사한 고운 입자의 인위적이거나 자연적인 물질들이 있기 때문이다. 모래 대신 곡식을 생각해 볼 수도 있고, 인공적으로 제조한 가루를 생각해 볼 수도 있다. 그러나 모래는 그러한 것들과 달리 지구를 형성하는 물질이며, 어머니 대자연의 땅을 구성하기 때문에 다른 물질들과 의미가 다르다. 특히 모래는 바위가 액체화된 것으로서 영겁의 시간이 흘러 바위가 모래가 되었기 때문에 모래 한 알 한 알이 지구의 역사를 간직하고 있다. 즉, 모래는 지구라는 행성의 본질적 요소인 원질료, 즉 프리마 마테리아(prima materia)라고 할 수 있다. 원질료는 아직 어떤 구체적인 형태를 띤 것으로 분화, 발달하기 이전의 본래의 모습이며 모든 가능성을 갖고 있는 것이다. 흙은 생명을 만들어 내고 키워 간다는 점에서 문화 이전의 가능성을 담고 있음의 상징이라고 할 수 있다. 인간 정신의 변화 과정의 대표적 상징인 연금술에서 말하는 분화 이전의 원질료 상태, 즉 왜곡되지 않은 우리의 심혼 자체이다. 이 원질료는 종종 꼬리를 물고 있는 원 모양의 뱀의 형상으로 상징화된다. 이와 달리 쌀이나 곡식은 일시적이고 제한적이어서 일정 기간이 지나면 썩어 사용할 수 없을뿐더러 지나치게 양육적이고 모성적이기 때문에 지난한 내담자의 변화 과정을 다 담아내기에 한계가 있다.

지구의 본질적 요소들 가운데 또 하나는 물이다. 물에는 여러 가지 종류의 물이 있다. 어두운 물, 음울한 물, 거친 물, 소용돌이치는 물, 출렁이는 물, 평화로이 흐르는 물, 유유히 흐르는 물, 맑은 물, 초대하는 물 등 여러 가지의 물이 존재한다. 그중 바다나 강은 더 깊은 무의식의 상징으로서의 물을 의미할 수 있다. 깊은 땅속과 깊은 바다 속에는 상징적으로 보물이 있다. 인간 정신은 이 깊은 곳의 보물, 즉 삶의 궁극적 의미를 찾아 나선다. 이러한 땅과 물, 땅과 하늘, 즉 의식과 무의식이 만나는 경계 공간이 바로 모래놀이 공간이다.

[그림 2-1] 남대서양과 인접한 아프리카 나미비아의 나미브 사막의 모습

　이러한 모래놀이 공간에 피규어를 선택하여 놓는 것은 모래와 물, 피규어에 정신적 의미를 투사하는 것이며, 그 결과 무의식의 보이지 않고 알려지지 않은 내용들을 눈으로 보고 이해할 수 있다. 이 과정을 통해 정신의 낡고 오래되고 타성에 젖은 부분이 죽고 새로운 부분이 탄생, 성장하는 과정을 반복한다.

2. 손

　손은 때로 비밀을 드러내며 말보다 더 분명히 말한다. 손은 또한 상처를 극복하거나 치유하는 데 필요한 에너지를 뚫어 소통하게 만든다. 인지적으로 알지 못하는 것을 손을 통해 알게 된다. 융(Jung, 1984/2002)은 "종종 지성이 헛되이 풀지 못한 신비를 우리의 손이 해결한다."라고 하였다. 그런 의미에서 내담자의 손이나 몸에 경청한다는 것은 단순히 청각적으로 소리를 지각하는 경험이 아니라 내담자 안에서 발생하는 복잡한 과정에 경청하는 것이라고 할 수 있다. 치료자의 경청이라는 것은 자아의식의 영향을 잠시 보류한 채 주의(attention)를 의식으로부터 돌려 무의식의 기억이 떠오르도록 개방적 태도를 취하는 것이다. 자아중심적이고 판단적이며 획일화된 태도를 내려놓는 것이며, 내면의 정서, 감정, 이미지의 형태로 치료자에게 역전이가 출현할 수 있는 정신적 비어 있음(void)의 상태를 활성화하는 것이다. 의식은 의식적, 논리적, 지적, 경험적으로 상징의 의미를 밝혀 내고자 하지만 여기서의 경청은 그것을 뛰어넘어 몸의 자세, 몸의 움직임과 제스처를 통해 내담자의 비언어적 의사소통까지 수용하는 것이다. 다시 말하면 언어에 청각적으로 경청하고, 눈, 귀, 피부, 위장, 심장 그리고 머리를 포함한 치료자의 전 존재로 내담자의 전 존재에 경청하는 것이다. 이것은 생애 초기의 어머니와 영아 사이의 의사소통과 매우 유사하다. 이것을 신체 부위에 비유하면, '위장(배)으로 경청하기'는 공감에 상응하는 것이며, '심장으로 경청하기'는 역전이에 상응하는 것이고, '머리로 경청하기'는 해석에 해당할 것이다.

[그림 2-2]
<축복의 손(Blessing Hands)> (Jenny Badger Sultan)
출처: 제니 베저 술탄 홈페이지 (http://www.jennybadgersultan. com).

[그림 2-3] 30대 초반 남자 내담자의 마지막 세션에서의 모래장면

마지막에 자기 자신임을 선언하는 의미의 손자국을 모래 위에 찍었다. 그의 손은 남성적이고 독립적이며 자율적인 의식성의 발달 그리고 그 자신의 본질적인 정체성의 선언이다. 이는 모든 작업이 모래놀이치료에서 그의 손을 통해 이루어졌음을 의미한다.

손, 즉 몸에 경청하기 위해서는 조용한(침묵의) 경청/조용한 긴장/비어 있음(void)의 상태(불확실하고, 알 수 없고, 이해할 수 없고, 일관성 없음으로 인해 발생하는 불안을 치료자가 인내해야 한다)가 치료 세션 중에 필요하며, 이는 '성급하게 상징의 의미를 해석하려는 태도

(의식의 태도)'를 자제해야 함을 의미한다. 내담자가 손으로 모래상자에 만든 세계에 대해 해석하기에 앞서 그리고 내담자로부터 언어적 연상을 듣기에 앞서 내담자의 손이 표현한 것을 치료자가 온몸과 마음으로 경청해야 한다.

손의 중요성은 대뇌의 기능에 대한 신경과학 연구에서도 확인할 수 있다. 대뇌에서 신체를 담당하는 부위들의 면적 크기의 비율을 그림으로 표현하면 [그림 2-4]와 같은데, 손이 차지하는 면적이 가장 넓어 손의 기능이 인간 신체에 매우 중요한 것임을 알 수 있다. 그 모습은 마치 중세시대의 연금술에서 유래한 작은 인간 호문쿨루스(Homunculus), 즉 진정한 인간과 유사하다.

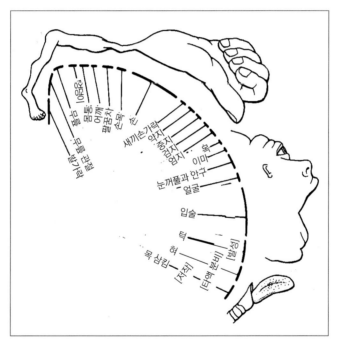

[그림 2-4] 펜필드(Penfield)와 라스무센(Rasmussen)이 만든 피질소인
출처: 위키미디어 커먼스 홈페이지(https://commons.wikimedia.org).

손과 창조성의 관계는 예술가들도 경험해 왔던 것이다. 예술가들에게는 손이 예술 창조에 갖는 중요성이 잘 알려져 있다. 건축가인 팔라스마(Pallasmaa, 2011)는 그의 저서 『육화된 이미지: 건축에서의 해석과 이미지(The Embodied image: Imagination and imagery in archetecture)』에서 상징 및 상상이 어떤 원리로 생겨나며 예술가들이 그것을 창조 작업에 어떻게 활용하는지 잘 보여 주었는데, 이때의 상징과 상상은 모래놀이치료 작업에서 말하는 상징 및 상상의 원리와 부분적으로 일치한다. 그는 "모든 예술의 효과와 영향은 지적인 이미지를 통해 불러일으키고 중재되고 경험되는 것"이라고 기술하였다. 여기서 '지적 이미지'란 단순히 학습과 경험에 의해 알게 된 의식적 이미지가 아니다. 그의 '지적'이라는 표현은 정서적, 감각적, 무의식적인 것을 포함하는 것이다. 그는 이 이미지들이 '세계의 육화(flesh of the world)', 즉 삶의 경험으로 구체화/실현되는 것이며, 실현되는 과정에서 다시 이미지들이 생겨나며, 결국 이 경험은 우리 자신의 일부가 된다. 즉, 이미지들이 경험으로 구체화되고 살아간다. 예술적 이미지들은 그 자체의 삶과 삶의 실재를 갖고 있으며, 합리와 논리보다는 기대하지 않은 연상을 통해 발전한다. 모래놀이치료도 같은 원리로 작용하며 상징 이미지를 다룬다. 의식이 아닌 깊은 무의식에서 발생한 이미지들이 모래상자와 피규어에 투사되고 삶으로 살아지며 이 과정에서 이미지들이 다시 발생한다. 결국 이 경험들은 우리 자신의 일부가 된다.

이미지들은 보통 눈에 보이는 시각적인 것으로만 생각되지만, 심오한 이미지들은 다중감각적인 것이며 삶으로 구체화되고 정서적인 방식으로 나타난다. 단순히 모래상자에 피규어를 가져다놓는다고 해서 시각적인 것만으로 의미가 생겨나는 것이 아니다. 팔라스마에 의하면, 건축은 공간과 지형에 관련된 학문으로 분석되고 가르치지만, 이미지가 갖는 정신적 영향력은 경험의 여러 측면과 차원을 하나의 내면화되고 기억되는 것으로 통합하는 이미지 자체의 특성에서 생겨난다. 그러한 이미지 자체의 특성 때문에 물질에 정신과 상상이 융합되고, 그 결과로 건축이든 예술이든 창조물이 완성된다는 것이다. 상상은 그저 단순하고 우연한 것이 아니라는 것이다. 모래놀이치료도 마찬가지이다. 모래상자에 만들어진 어떤 장면에는 개인의 원형적 특성들, 그의 경험 그리고 경험과 관련된 정서가 투사된다.

자신의 또 다른 저서인 『생각하는 손(The Thinking Hand)』(Pallasmaa, 2010)에서 팔라스마는 손의 여러 본질적 특성, 손의 생물학적 진화, 문화의 조성 과정에서의 손의 역할, 손과 도구의 합일 그리고 눈-손-정신의 융합이 기술을 발전시키는 방식, 궁극적으로 신체와 감각이 기억에 미치는 영향과 창조 작업에서 손이 하는 역할 등에 관해 기술하였다. 건축가인 그는 모래장면의 창조에 견줄 수 있는 건축물의 건축 과정에서 이미지가 어떻게 생겨나고 그것이 물질 세계에서 어떻게 구체화되는지를 정확히 이해하고 있다고 할 수 있다. 그는 단지 하나의 감각, 즉 시각에 주로 의지해서 건축물을 만드는 것에 의문을 품었다. 그의 또 다른 저서인 『피부의 눈(The Eyes of the Skin: Architecture and the Senses)』(Pallasmaa, 2012)에서 특히 그는 우리의 의식성이 간과하는 피부 감각, 즉 우리의 몸에 육화되어 있는 이미지에 집중하였다. 그는 이미지 상징은 만들어지는 것이 아니라 발견되는 것임을 정확히 이해하였다. 이것은 융이 상징은 만들어지는 것이 아니라 발견 되는 것이라고 언급한 것과 정확히 일치한다(Jung, 1985/2004). 이미지 상징은 그 자체의 자율적 삶을 갖고 있고, 이 세상에서 구체적인 인간 경험으로 구체화/육화되고 살아지는 것이어서 눈에 보이는 것으로 이미지가 국한될 수 없음을 강조한 것이다. 시각뿐 아니라 그 외의 여러 감각을 통해 육화/구체화되는 이미지들은 그 이미지가 떠오른 개인에게 특 별한 감정을 일으키기 때문에 의미를 갖는다. 우리의 내면 세계를 변화시키는 것은 지성 과 의식성이 아니라 정서이다. 시각적 이미지 없이 손의 작용에 따라 만든 모래장면이 개인에게 큰 의미를 갖는 이유도 여기에 있다.

　이미지를 발견하는 방법에 대해 팔라스마는 융과 마찬가지로 상상을 강조하였다. 그 는 상상, 특히 시적 상상의 방식으로 상징이 발견된다고 보았다. 융이 여러 차례 강조한 바와 같이, 현대인의 문화는 상상을 비과학적이고 객관적이지 않으며 원시적인 것으로 치부한다. 그렇기 때문에 많은 시간과 노력을 기울일 만한 것이 못 된다는 것이다. 그러 나 정서는 이미지를 통해 표현되며, 인류의 집단정신(원형적 정신)은 인류가 발전시키고 경험해 온 것 그리고 선험적으로 알고 있는 것들을 이미지로 표현한다. 이러한 이미지의 출현이 의미를 갖는 이유는 이미지가 떠오를 때 강렬한 정서를 불러일으키기 때문이다. 그것이 집단정신의 원형(archetype)이 자신을 표현하는 방식이기 때문이다. 앞에서도 언 급한 바와 같이, 정서의 출현은 심리적 변화를 일으킨다.

　모래놀이치료는 우리의 정신 세계를 다중감각적인 방식으로 건축하는 심리치료 접근 이며, 이는 상상 이미지를 사용하기 때문이다. 인간의 상상의 산물 중 하나인 신화에 대 해 융은 "나는 이제 신화가 무엇인지 깨달았으며, 그 이상을 알게 되었다. 인간은 창조 의 완성에 반드시 필요한 존재이며, 신과 함께 세상의 제2 창조자이다."라고 기술하였다 (Jaffe, 1962/2003, p. 293). 즉, 상상은 손을 통해 집단무의식의 이미지를 물질 세계에 육 화, 즉 삶으로 구체화한다. 이미지가 구체화된 모래상자의 상징이 의식의 중심인 자아가 무의식의 메시지를 의식화하고 통합하게 하며, 그 결과 외상의 치유와 인격의 성숙이 일어난다는 의미에서 인간의 삶은 '신(또는 내면의 본질)'의 창조 작업에 참여하기 위해, 즉 신의 창조를 삶으로 온전히 구체화(육화)하기 위해 존재한다. 신이 창조자이기 때문에 신의 형상대로 만들어진 인간이 인격의 창조 작업에 참여하는 것은 당연한 것이다. 그런 의미에서 융은 분명하지 않은 무의식적 내용을 가시적 형상을 통해 분명하게 볼 수 있는 모습으로 만들어야 할 필요성이 생기며, 손으로 하는 창조 작업을 통해서 그렇게 될 수 있다고 믿었다. 그래서 그는 "오랫동안 우리의 이성이 찾으려고 헛수고한 비밀을 손이 완성한다."(Jung, 1984/2002, p. 361)라고 하였던 것이다. 손은 시각과 같은 우세한 감각이 놓치는 것을 무의식적으로 그리고 신체적으로 감각한다. 우리의 살(flesh), 즉 신체인 우리의 자연이 그것을 지각하는 것이다. 또한 이성이 기억하지 못하는 것을 우리의 신체가 기억하는 것이다. 요약하면 신체가 기억하는 것이 상상이라는 방식을 통해 이미지 상징으로 창조되고, 우리의 의식은 그 상징의 의미를 이해하고자 노력한다. 그러나 노력이라는 것은 의식 중심의 표현일 뿐, 사실은 이해하게 되는 것도 무의식, 즉 '신(또는 내면의 본질)'의 자비에 의해서이다.

이런 현상은 모래놀이치료 세션에서 매일 경험되는 것이다. 내담자가 어떤 피규어를 선택할지, 어떤 장면을 만들지 이성적으로 알지 못하면서도 손에 이끌리어, 정서에 이끌리어 피규어에게 선택받고 상상에 의해 모래장면을 만들고 나서야 그것이 어떤 의미인지를 이성이 이해하게 되는 경험이다. 그런 의미에서 손은 우리를 다른 세계와 연결하는, 즉 우리의 무의식 세계와 신체적·물질적·의식적 세계를 연결하는 수단이 된다. 팔라스마(2010)는 인류 문화의 형성과 이미지의 육화 과정에서 작용하는 손의 역할을 다음과 같이 요약하였다.

최근의 인류학·의학 연구와 그 이론들을 보면 손이 인간 지능의 진화, 언어와 상징적 사고력의 진화에 생식 역할까지 했다는 것을 알 수 있다. 움직이는 손의 놀라운 다재다능성, 학습 능력 그리고 독립적인 손의 기능은 우리가 생각하는 것처럼 인간 뇌의 발달로 생겨난 결과가 아니라 오히려 손의 진화의 결과로 인간 뇌의 놀라운 진화가 일어났다. 아리스토텔레스는 인간이 지적이기 때문에 손을 갖고 있다고 언급하는 실수를 범하였다. 손을 갖고 있기 때문에 인간이 지적이라고 한 아낙사고라스(Anaxagoras)의 말이 더 옳을 것이다(Pallasmaa, 2010, pp. 32-33).

[그림 2-5]
40대 초반
여자 내담자의
마지막 세션에서의
모래장면

자아-자기 축을 중심으로 피규어가 원형으로 배치되어 있고, 내담자 쪽으로 열린 부분에 내담자의 손이 놓여 있다. 결국 손이 이 모래장면의 원을 완성하였다.

3. 놀이와 이야기

융은 자신의 내적인 개인적 삶과 외적인 직업적 삶에서 놀이의 중요성을 인식하고, 자신이 처한 위기의 시기에 정신을 유지하기 위해 취리히 호숫가에서 모래놀이를 했다. 롤로프(Roloff, 2014)는 놀이정신 그리고 놀이가 만들어 내는 마음의 가벼움을 융의『레드북(The Red Book)』(Jung, 2009a)에서의 '심층의 정신(spirit of the depths)'을 인용하여 다음과 같이 설명하였다. "전체 삶은 웃음과 경배에서 결정된다."(Jung, 2009b, p. 122) 웃음과 놀이가 만들어 내는 가벼움은 변화의 경험에 마음을 개방하는 열쇠이다.

융이 취리히 호숫가에서 했던 모래놀이와『레드북』에서 보여 준 변화를 위한 작업 과정은 모래놀이치료 과정과 밀접하게 일치하는 부분이 있다. 런던대학(University College London)에서 융의 역사를 강의하는 샴다사니(Shamdasani) 교수는 모래놀이치료와 융의 작업을 비교하는 강의를 한 적이 있다. 그는 이를 위해 융의『레드북』에서의 1917년 4월 25일 자신의 판타지를 묘사하기 위해 만든 조각 및 이미지와 함께 아트마빅투(Atmaviktu)의 이야기를 인용했다(Johannes, 2014). 샴다사니는 "모래놀이치료 외의 다른 어떤 심리치료에서 노인이 곰이 되고, 곰이 수달이 되며, 다시 곰이 바보가 되고, 바보가 수달이 될 수 있는지 그리고 자기(Self)의 핵이 필레몬(Philemon)으로 상징화될 수 있느냐."고 질문했다. 그는 모래놀이치료가 사실상 이미지의 해석이나 분석보다는 의식의 문턱 아래 (무의식)에 살아 있는 피규어들과 시작했던 대화에 더 가깝다고 주장하였다. 융은 "상징이 나를 변화시킨다."(Jung, 2009b, p. 190)는 것과 숙고(contemplation)를 통해 그것에 '가라앉을(sink into)' 수 있을 때 상징이 변화한다는 것을 발견했다. 그것은 융이 영혼의 안내라고 부른 상징적 방식이다(Jung, 2009b, p. 62). 샴다사니의 주장은 모래놀이치료가 심리적 치유를 위해 오는 사람들을 격려하면서 직접적으로 피규어와 상징을 사용하고, 비해석적 방법을 사용하는 것이 타당함을 확인해 준 것이라고 할 수 있다. 모래놀이치료에 대한 샴다사니의 이 설명은 모래놀이치료가 살아 있는 심오한 작업임을 지지하는 것이다. 또한 그는 모래놀이치료가 융이 "그의 무의식에 대한 가장 어려운 실험"(Jung, 2009b, p. 24)에서 대면하게 된 피규어에 대한 경험 그리고 영혼의 풍요가 이미지 속에 존재함을 발견한 융의 개인적 경험과 밀접히 관련되어 있음을 언급하였다.

고대로부터 많은 사상가와 학자는 인간이 하는 놀이에 관해 언급해 왔다. 쉴러(Schiller)는 인간은 놀이할 때에만 완전한 인간이라고 하였다. 융은 "상상력의 창조적 활동은 '아무것도 아닌 존재'라는 매임으로부터 인간을 자유롭게 해 주며, 인간을 놀이하는 상태로 상승시켜 준다."(Jung, 1954/1993f, p. 46)고 했다. 하나의 인간으로서 아동뿐 아니라 성인조차도 창조적 존재가 될 수 있는 것 그리고 전인격을 사용할 수 있게 되는 것은 놀이할 때뿐이다. 그리고 인간이 자기(self)를 발견하게 되는 것은 놀이할 때와 같이 오직 창조적일 때뿐이다(Winnicott, 1971).

놀이에는 신성함의 의미가 내포되어 있다. 신성한 놀이를 의미하는 산스크리트어의 릴라(lila)는 성스러운 절대자의 창조적 놀이를 통해 우주를 포함한 모든 세계가 생겨났음을 뜻하는 말이다. 이 개념은 놀이가 창조 행위와 연결되어 있음을 함축하고 있다. 인간은 놀이를 통해 인간 안에 내재되어 있는 신성, 즉 인격의 전체성을 창조해 간다는 의미에서 놀이는 신의 창조 행위를 재연하는 것이다. 이것은 은유적으로 신의 창조 작업에 동참하는 것이다(장미경, 이여름, 2021).

놀이는 기도, 예술, 춤, 사랑, 명상처럼 자아중심적인 의식성을 버리고 내면의 신성한 창조성을 만나게 하며, 깊은 무의식의 본질을 만나게 함으로써 자아의식성의 갈등이 치유 받게 하고, 더욱 창조적인 방향으로 삶을 살아가게 하는 것이며, '신'이 허락한 치유와 삶의 방법이다. 그러나 그것은 융의 언급처럼 어린아이처럼 낮아질 때 할 수 있다.

놀이 역사가인 에벌리(Eberle, 2014)이 제시한 놀이의 특성을 몇 가지로 요약하면 다음과 같다.

- **기쁨**: 놀이에는 순수한 기쁨이 따른다. 놀이와 일을 구분하는 가장 큰 기준 중 하나가 바로 놀이에 따르는 기쁨이다. 같은 행위라도 기쁨이 따르지 않는 것은 놀이가 아니라 일이다.
- **열광**: 놀이에 따르는 기쁨의 최고 상태라고 할 수 있는 것으로서 열광하는 것이다. 아동과 성인 모두가 즐기는 놀이 중 하나인 스포츠에 열광하는 것을 그 예로 들 수 있다.
- **순간의 향유**: 과거나 미래에 집중하는 것이 아니라 오히려 과거와 미래를 완전히 잊어버리고, 지금 그리고 여기에서 일어나고 있는 것에 집중하고 그것을 누리는 것이다. 과거에 대한 후회나 미래에 대한 불안 같은 정서적 어려움에 매이는 것이 아니라 놀이하는 그 순간을 향유하는 것이다.
- **강렬한 흡입력**: 몰입과 같은 의미라고 할 수 있다. 몰입을 통해 자아의식을 잊게 되는데, 이는 강력한 치유력을 갖고 있다.
- **시각 집중력의 강화와 시야의 축소**: 놀이는 자연스럽게 집중과 몰입을 가져오며, 놀이에 몰입할 때 주변 것들에 대한 시각적 자극은 차단되고 몰입을 가져오는 놀이 자체에만 시각적으로 집중하게 된다.
- **자신과 주변을 상관하지 않음**: 염려, 근심, 불안 등에 시달리는 자아로부터의 해방이라고 할 수 있다. 타인과 세계뿐 아니라 자기 자신마저 잊게 한다. 불교에서는 몰아와 몰입, 즉 완전한 집중의 순간을 삼매(三昧)라고 한다. 수피교도들은 이러한 상태를 '파나(fanah)'라고 부르며, 이는 개인의 자아의 완전한 파괴의 순간이다. 이 순간에 작은 자아는 사라지고 큰 자아를 만나는데, 이는 자아를 벗어나 자기(Self)를 만나는 것과 유사한 개념으로 보인다.
- **신체적 욕구에 대한 주의 감소**: 몰입과 주의집중, 열광 등은 배고픔 같은 신체적 욕구도 잊게 만든다. 식사 시간이 지났는데도 배고픔을 모르고 열광적으로 몰입하여 놀이한 경험을 누구나 갖고 있을 것이다.
- **무한성(timelessness)**: 자신과 세계를 잊은 몰입의 순간에는 시간이 정지한다. 또 다른 기준의 의미의 시간인 카이로스적 시간, 즉 의미의 시간만이 존재한다. 의미의

시간은 순서대로 흐르는 크로노스적 시간과는 다르다.

- **과정성**: 이성적이고 논리적인 정신은 항상 결과가 무엇인지에 집중한다. 따라서 종종 많은 사람이 모래놀이치료의 상징들을 다 해석했을 때 치유의 효과가 있을 것이라고 생각하지만 놀이가 갖고 있는 치유력은 모래놀이 과정 자체에도 치유력이 있음을 의미한다.
- **에너지의 방출과 편안한 이완감**: 정신과 신체의 에너지는 소통과 흐름을 필요로 하며, 특히 부정적 정서를 지닌 에너지는 적절하게 방출될 필요가 있다. 에너지의 방출은 긴장의 해소와 편안한 느낌을 준다.

이러한 특징을 지닌 놀이를 내담자들의 모래놀이치료에서 종종 목격할 수 있다. 내담자들은 종종 모래놀이치료에서 신성함의 세계를 경험했다고 보고한다.

모래놀이치료 장면에서 놀이는 내담자들이 만드는 이야기의 형태로 나타나기도 한다. 내담자들은 판타지적인 이야기를 만들거나 제삼자적 관점에서 자신의 이야기를 상상을 활용해서 말하기도 한다. 이러한 이야기들은 동화와 유사한 것으로, 의식적 내용보다는 무의식적 내용의 표현인 경우가 더 많다. 그렇다면 이 이야기들은 상징과 같은 맥락의 것으로서 상징 해석과 동일한 방식으로 다룰 필요가 있다. 언어가 단순히 기호로서의 의미만 가질 때는 상징이라고 할 수 없지만, 그것이 무의식적 내용을 반영하는 경우에는 상징이라고 할 수 있다.

4. 의식과 무의식

모래놀이치료에서는 의식과 무의식의 관계가 가장 중요하다. 모래놀이치료 작업을 하는 이유가 바로 무의식을 의식에 통합시켜서 의식의 범위를 확장하고 자아를 새롭게 하는 것이기 때문이다. 무의식의 의식화를 위해 상징을 활용하는 이유는 무의식이 상징으로 그 자신을 표현한다는 전제를 갖고 있기 때문이다.

의식은 말 그대로 우리가 인식하고 의식하는 것이다. 더 구체적으로 자아(ego)에 대한 정신적 내용의 관계를 유지하는 기능 또는 활동을 의식이라고 하며, 의식과 무의식을 모두 포함하는 정신과는 개념적으로 구분된다. 자아는 의식적 정신의 중심이다. 대극의 구분 없는, 즉 무의식과의 구분 없는 의식은 존재하지 않는다(Jung, 1959/1990c, par. 178). 융에 의하면, 의식은 스스로를 만들어 내지 못하며 알 수 없는 깊은 곳, 즉 무의식에서 생겨난다. 어린 시절부터 의식은 점진적으로 깨어나는 것이며, 전 생애를 통해 잠에 비유되는 무의식 상태로부터 매일 아침 깨어난다. 이것을 상징언어를 사용하여 표현하면, 무의식이라는 원시적 자궁에서 매일 태어나는 어린아이와도 같다. 의식은 무의식의 영향을 받을 뿐 아니라 무수히 많은 자발적인 관념과 갑작스러운 사고의 번뜩임 형태로 무의식으로부터 끊임없이 생겨난다(Jung, 1978/1990, par. 935).

이에 비해 무의식(unconscious)은 정신에서 의식하지 못하는 것, 즉 엄밀히 말하자면 의식이 아닌 것이다. 융에 의하면, 무의식은 모든 것의 극단적인 유동적 상태이다. 특히 융의 개인무의식은 개인이 알고 있는 모든 것이지만 의식이 그 순간에 생각하지 못하는 것, 한때 의식했지만 그 순간은 망각한 모든 것, 감각했지만 의식적 정신이 주목하지 않는 모든 것이다. 무의식 상태이기 때문에 정신 안에서 모양을 잡아 가는 미래의 것이며, 언젠가 의식될 것들이다. 이 모든 것이 무의식의 내용이다(Jung, 1960/1981a, par. 382). 그러나 무의식이 점점 의식화되어 간다고 해서 광대한 무의식이 고갈되지는 않는다. 무의식은 단순히 알려지지 않았거나 프로이트학파의 무의식 개념인 단순히 억압된 의식적 사고와 정서의 저장고가 아니라 의식화될 또는 의식화되어야 하는 내용을 포함한다(Sharp, 1991).

처음으로 무의식을 체계적으로 설명한 사람은 잘 알려진 바와 같이 프로이트(Freud)이다. 물론 그 이전부터 철학적 관점에서 무의식 개념이 존재했다. 프로이트의 무의식에 대한 관점은 의식에서 받아들일 수 없는 것, 특히 유아적인 내용들이 억압되어 무의식이 만들어지는 것이다. 억압이 일어나는 이유는 도덕적 이유로서 근친상간 충동 등과 같이 아동기부터 부모를 비롯한 주변의 중요한 인물들에게 받아들여지지 않았기 때문이다. 그러한 관점에서 분석의 목표는 억압된 내용을 의식화해서 삶 속에 승화시키는 것이다. 따라서 프로이트의 무의식 개념은 무의식이 억압된 내용들로 구성되기 때문에 제한적이며 따라서 무의식을 모두 의식화하는 것이 가능하다고 가정할 수 있다. 그러나 융의 무의식 내용은 모두 의식화될 수 있는 것이 아니다. 융의 무의식 개념은 무의식 내용이 개인이 태어나서 생성된 것만으로 이루어져 있지 않기 때문이다. 이것은 특히 융의 집단무의식(collective unconscious)의 개념을 말한다. 융의 개인무의식 개념은 프로이트의 무의식 개념과 유사하지만, 집단무의식은 개인무의식과는 구분되는 타고난 요소들을 포함하는 인간 정신의 구조적 층이다. 융은 집단무의식에 관한 이론을 개인적 경험에 근거해서는 설명할 수 없는 심리적 현상의 편재성(ubiquity)으로부터 가져왔다. 요약하면 프로이트와 융의 무의식 개념 간의 비교와 일치하게 융의 무의식적 판타지는 두 개의 범주로 분류된다. 첫 번째 범주는 개인적 경험과 관련되어 있으며, 잊었거나 억압된 내용으로 개인적 경험과 확실히 관련되어 있다. 두 번째 범주는 꿈을 포함한 개인적 특성을 부분적으로 지닌 판타지로서 개인의 과거와 환원적으로 연결되어 있는 경험으로 설명될 수 없다. 따라서 개인적으로 습득한 것이 아니다. 이러한 판타지 이미지들은 의심할 여지없이 신화적 유형에 가장 가깝게 비유될 수 있다. 이 두 번째 유형의 사례들이 너무 많이 존재하기 때문에 집단무의식적 토대가 있다고 가정할 수밖에 없다고 융은 언급하였다. 앞서 기술한 바와 같이, 융은 이 두 번째 무의식을 집단무의식이라고 명명하였다(Jung, 1959/1990b, par. 262).

집단무의식은 신화적 이미지나 원시적 이미지들로 구성되어 있는데, 그 이유는 무의식이 꿈과 판타지를 끊임없이 만들어 내기 때문이다(Jung, 1960/1981d). 신화는 일종의 집단무의식의 투사라고 할 수 있다. 그런 이유로 모든 민족의 신화들은 집단무의식으로부터 자연발생적으로 만들어진 진정한 창조이다. 융에 의하면, 집단무의식은 두 가지 방법으로 이해될 수 있다. 하나는 앞서 언급한 신화에 대한 연구이고, 또 다른 하나는 개인 분석을 통해서이다(Jung, 1960/1981d, par. 325). 특히 분석 과정에서 개인무의식의 내용을 더 많이 인식할수록 집단무의식을 구성하는 이미지와 모티브의 풍부한 층들이 드러난다. 그러한 과정에서 작고, 과민하고, 개인적인 자아의 세계에 더 이상 갇혀 있지 않고 더 넓은 객관적 흥미의 세계에 자유롭게 참여하는 의식성이 생겨난다. 이런 식으로 확장된 의식성은 더 이상 무의식의 반대 성향에 의해 보상되거나 교정되어야 했던 수많은 자아중심적이고 취약한 개인적 소원, 두려움, 희망, 양가감정이 아니다. 그것은 개인을 묶어 주는, 해체할 수 없는 더 큰 세계, 정신의 근원적 세계, 집단무의식과 교류하게 하면서 동시에 일상의 외부 세계와 관계하게 하는 기능 등으로 불리는 자기(Self)이다(Jung, 1984/2004).

흥미롭게도 무의식은 의식화되고자 하는 경향성뿐 아니라 그 상태에 머물고자 하는 퇴행적 경향성을 동시에 갖고 있다. 즉, 무의식은 이중적 특성을 갖고 있다. 의식 또한 유사한 경향을 갖고 있다. 무의식의 내용을 알고자 하는 경향이 있지만 동시에 알고 싶어 하지 않는 경향을 갖고 있다. 이런 퇴행적 경향성은 영웅의 여정을 주제로 다루는 모래놀이치료 사례나 관련 문헌에서 볼 수 있다. 또한 자신의 문제를 해결하고 자신을 알아가는 과정에 참여한 내담자들이 이에 대해 양가감정을 가지고 문제를 다루기 싫어하거나 거부하는 태도에서도 볼 수 있다. 이런 경향은 의식화가 고통 없이 이루어지지 않기 때문에 발생한다.

5. 상상

많은 사람이 '상상한다'라고 말하는데, '~한다'라는 표현은 자아의 의도적인 행위를 강조하는 말이다. 엄밀한 의미에서 상상은 '되어지는' 또는 '떠오른' 것이다. 융은 럴랜드(Ruland)의 말을 인용하여 "상상은 인간 내면의 별이거나 천상의 혹은 천상을 초월한 몸이다."(Jung, 1985/2004, pp. 78-79)라고 하였다. 사실 이 표현은 매우 아름다운 말이면서 합리와 논리를 따지는 자아에게는 매우 낯선 표현일 수 있다. 융은 연금술 과정을 인간 정신의 변화 과정에 대한 비유로 설명하면서 연금술 과정에서 상상이 하는 역할에 대해 설명했다. 융은 "상상인 판타지 과정은 실체가 없는 허깨비가 아니라 어떤 신체적인 것, 절반은 정신적인 '미묘한 몸체(subtle body)'로 생각해야 한다."(Jung, 1985/2004, p. 79)라고 하였다. 그가 인용한 럴랜드의 표현처럼 상상은 우리 안에 아름답게 빛나는 '별'이며, 자아의식성 또는 자아의 의도를 넘어서 있는 우리 내면의 진실된 것이다. 별은 어두운 밤에 길을 인도하는 초월적이고 영적인 것이며, 미묘한 몸체는 우리가 인간적이고 본성적인 측면을 벗어나지 않게 한다는 의미를 담고 있기 때문에 상상은 우리의 삶을 안내하는 마음의 빛이며 실제적인 것이다. 무의식이 활성화되면 상상이 생기는데, 활성화된 무의식은 반드시 물질적인 것에 투사된다. 그러므로 상상은 생명이 있는 육체적인 힘과 동시에 심혼적인 힘에서 나오는 진한 추출물이다(Jung, 1985/2004, p. 81). 참된 상상(vera imagination)은 무의식의 것을 의식에 알리고 삶으로 구체화하게 만드는 힘을 갖고 있다(Jung, 1985/2004, p. 47).

융은 상상의 힘에 의지하여 환자를 치료하는 방법을 만들었다. 적극적 상상(active imagination)이 그것이다. 그는 환자들에게 꿈의 이미지나 연상을 자유로운 상상 활동으로 확장하거나 개발하는 과제를 주었다(예: 글쓰기, 조각하기, 그림 그리기 등). 이것은 개인의 소질이나 재능에 따라 다양한 방법으로 이루어졌다. 시간이 지나면서 융은 환자들의 상상 활동에서 특정한 모티브와 형식 요소들이 나타난다는 것과 이것들이 많은 사람에게서 반복적으로 나타나는 것을 관찰하였다. 카오스, 이원성, 밝음과 어둠, 위아래, 좌우 대극, 대극들을 초월하는 제3의 것, 사각과 십자 모양 같은 사위성, 구나 원, 에너지가 중심으로 집중되는 중심화, 방사선적 배열 등을 발견한 것이다. 이러한 기본 형상을 나타내는 구체적인 형태는 헤아릴 수 없을 정도로 많이 존재한다. 다른 방법과 함께 이러한 발견에서 융은 인간 행동의 보편성을 가져오는, 그리고 그것을 상상의 형태로 드러내는 어떤 기본 구조(원형)가 있음을 감지하였다.

우리는 우리가 지각 및 공유하고 있는 물질적 · 신체적 세계에서 살아가고 있는 것만큼이나 기억, 꿈, 상상의 주관적 세계에서도 살고 있다. 우리의 세계는 우리에게 주어졌지만 역설적이게도 이 상상 이미지는 고도로 자율적이다. 그것은 마음 외부에 존재하는 외적 원인을 통해 생겨나지 않고 무의식이라는 특별한 경로와 예측할 수 없는 연상의 방법을 통해 생겨난다. 많은 내담자는 연상을 하면서 자신이 생각하지 못했던 것을 기억해 내거나, 감정을 느끼거나, 통찰에 이르거나, 해결책을 찾아낸다.

보들레르(Baudelaire)는 말하기를, 상상은 우리 세계의 근원이며 상상은 세계를 창조한다고 하였다. 지적으로 알고 있는 것은 아무것도 아니며, 상상하기는 모든 것이라는 것이다. 상상 이미지는 여러 측면을 갖고 있다. 우리의 정신이 어떻게 작동하고 우리가 왜 이미지에 강한 정서를 부여하는지를 이해하기 위해 예술적 이미지에 접했을 때 또는 단순히 상상할 때 우리의 정신에서 정말로 무슨 일이 일어나는지를 분석해야 하고, 그것을 구체화해야 한다. 모래놀이치료는 상상 이미지를 작업하고, 상상 이미지 작업이 우리의 정신과 정서 안에서 일어나는 일을 다루며, 그것을 삶으로 구체화하고자 하는 심리치료이다.

이미지는 우주에 대한 비전을 그리고 마음, 인간, 사물의 비밀을 전달한다. 이미지는 일깨워지며(evocative), 정서적이고, 의미 있는 감각 경험이다. 그것은 여러 층으로 이루어져 있으며, 연상적이고 역동적이며 기억 및 내적 욕구와 지속적으로 상호작용한다. 이미지는 단순히 사물에 대한 것이 아니라 사물의 실재가 나타나는 방식이다. 예를 들어, 보르헤스(Borges, 2000)에 의하면 "사과의 맛은 사과라는 과일 자체가 아니라 접시에 담겨 있는 사과의 맛이다." 시의 경우도 유사한데, 시는 책에 인쇄된 문자에 의미가 있는 것이 아니라 시인과 독자가 만나는 데 그 의미가 있다. 시 자체에서 의미가 생겨나는 것이 아니며, 본질적인 것은 각자의 읽음에서 생겨나는 신체적 정서, 즉 의미이다. 그 결과로 시라는 예술 이미지는 완전히 구체화되고 물리적인 세상에서 정서적 방식으로 존재하게 된다. 달리 표현하면, 이미지는 단순히 우리 일상의 삶의 바깥에 있는 시각적·청각적 사진이나 상징적·언어적 존재가 아니기 때문에 예술, 문학, 건축과 같은 영역의 작품은 예술 이미지의 중재를 통해 만든 이의 몸에서 생겨나며, 그것을 보는 사람의 경험을 통해 신체로 되돌아온다. 예술 이미지는 인간성 전체를 놀이하게 만들고, 그 자체 대한 신체감각을 갖게 한다.

인간은 모든 이미지를 이해하려는 경향을 갖고 있다. 모호한 이미지나 형태 없는 그림에조차 우리는 '피조물 같은 생명력'을 주어 그것을 이해한다. 우연히 만들어진 잉크 점 같은 의미 없는 이미지에 대해서도 우리는 자동적으로 의미를 주려고 한다. 예를 들어, 미쇼(Michaux)의 형태 없는 그림에서도 우리는 근육 동작이나 행위 패턴을 찾으려고 한다. 형태 없는 시각 형태에 대해서도 실제 세계와 삶의 현상으로 경험한다. 그것이 어떤 영역의 예술이든 이미지의 완전성과 통합성은 무의식적 지각과 유기적 응집성 및 생물학적 본질에 대한 이해로부터 생겨난다. 이미지는 단순한 감각적 지각이 아니라 의미 없음에 의미를 부여하는 자동적이고 무의식적이며 생물학적 성향을 갖고 있다. 인간의 생물학적 원리를 알기 위해 인간 신체를 구성하고 있는 물질들을 분류하면 더 이상 의미 없는 특정 단백질과 신경전달물질, 호르몬에 불과하다. 삶의 의미를 만들어 내는 인간의 신체는 단순히 그러한 물질들의 상호작용이 아니라 어떤 원리에 의해 인간의 삶에 의미를 만들어 낸다. 양자이론도 이러한 관점을 지지한다. 양자물리학에서도 인간의 삶, 사물의 창조와 존재를 이해하기 위해 본질적인 물질과 원리를 찾으려는 노력이 이루어졌지만 궁극에는 단순한 물질로만 분리되는 것을 경험하였다. 의미 없는 물질들의 조합이 유기적으로 기능하는 인간 신체를 만들어 내고 인간의 삶에 의미를 부여한다.

팔라스마(2011, pp. 71-74)도 콜라주 이미지 개념을 통해 의미 없는 이미지들을 조합하여 의미를 만들어 내려는 인간의 성향을 예로 언급하였다. 모래놀이치료 작업과 유사한 콜라주는 서로 관련 없고 의미 없어 보이는 것들을 조합하여 의미를 창조하는 예술 작업 형태이다. 그것은 마치 의미 없는 신체 물질을 의미 있는 것으로 만드는 것과 유사하다. 이미지를 만들어 내는 상상은 바로 그런 것이다. 서로 연관성 없어 보이는 재료를 가지고 의미를 만들어 내며, 의미는 강력한 정서를 만들어 낸다. 상상 이미지가 육화, 즉 구체화된 것이다.

6. 치료적 침묵

내담자의 과거 경험에 따라 침묵은 내담자에게 불편한 것일 수도 있고 편안한 것일 수도 있다. 그러나 일반적으로 심리치료에서 침묵은 내담자가 자신의 감정과 생각을 정리해 볼 수 있는 기회를 준다고 알려져 있다. 정신분석에서는 침묵을 무의식이 의식화되는 것에 저항하는 부정적인 것으로 보는 경향이 있다. 그러나 자신을 언어로 적절히 표현하지 못하거나 감정에 둔감한 사람은 종종 침묵 상태에 빠지기도 하며, 침묵에서 벗어나려고 하기도 하지만 저항의 관점에서 그것을 보기보다는 그것 자체가 내담자에 대해 많은 것을 말해 준다고 생각한다면 단순한 저항이라고 보기 어렵다.

모래놀이치료에서는 침묵의 중요성과 긍정성을 특히 강조한다. 설사 내담자의 침묵이 저항을 의미한다고 하더라도 침묵으로 저항을 표현하는 내담자를 침묵을 통해 이해할 수 있으므로 사실 침묵은 많은 의미를 갖고 있다. 아마도 침묵을 이해하는 첫걸음은 언어만이 유일한 의사소통 방법이라거나 표현 방법이라고 생각하는 치료자 자신의 편견을 버리는 일일 것이다. 훈련받은 치료자라면 이성적으로는 언어만이 유일한 수단이라고 생각하지 않겠지만, 치료자 자신의 감정과 몸은 언어만을 유일한 것으로 여기는 경우가 많다. 모래놀이치료에서 침묵은 정당한 차원을 갖고 있는 소통의 방법이다. 그 침묵은 신성한 것이고, 내담자 존재를 담아 주는 것이며, 완전히 알려지지 않은 신비한 것이다. 본래 우리의 문화는 언어로 표현된 것을 넘어서 존재하는 관계의 의미를 강조하는 문화였으나, 서양적인 것이 우리의 삶과 가치관의 많은 부분을 대체하면서 우리는 다시 침묵의 의미를 언어를 통해 되돌아보아야 하는 상황이 되었다.

분석심리학적으로 침묵은 여러 가지 의미를 갖고 있다. 먼저, 침묵은 알려지지 않은 신비한 것이면서, 그 의미는 동시에 아직 분화되지 않은 상태를 의미할 수 있다. 무엇인가가 정신에서 의식화되기 이전의 비분리 상태, 즉 인격 창조와 분화 이전의 카오스 상태에 비유될 수 있다. 대부분의 내담자가 의미를 모른 채 어떤 정서에 이끌려서 피규어를 고르고 모래장면을 만들면서 침묵한다. 모래놀이치료자는 이때 절대로 내담자에게 침묵하라고 하지 않는다. 이때의 침묵은 내담자의 심혼이 선택한 것이다. 이때의 침묵은 에너지와 신성함이 충만한 새벽 동트기 직전의 강력한 침묵으로 경험된다. 따라서 치료자는 함께 침묵할 필요가 있다. 이때의 침묵은 정체와 저항이 아니라 무엇인가가 보이지 않게 움직이고 에너지를 발휘하고 있는 창조의 시작이기 때문이다. 유사하게 어린아동들에게는 언어의 개화기라고 불리는, 폭발적으로 언어가 발달하는 시기가 있다. 이 개화기 이전의 아동들은 침묵 상태에 있는 것처럼 보인다. 일종의 카오스이지만 그때의 카오스는 단순한 혼돈이 아니라 두말할 나위 없이 동트기 직전에 모든 것을 다 담고 있는 가능성으로 충만한 순간이다.

침묵은 언어로 표현되는 세계 너머의 달의 이면과 같은 어두운 세계에 비유될 수 있다. 내담자와 치료자가 언어로 표현되지 않은 무의식의 세계에 무엇으로 접근해야 할지를 알게 하는 중요한 순간이다. 우리의 무의식의 내용은 언어가 아닌 정서로 표현되는 경향이 있으며, 자아가 논리적으로 정리해 내는 것보다 더 긴 시간을 필요로 하기도 한다. 따라서 우리는 침묵이라는 소통 방식을 통해 무의식의 재료들이 의식에 배열될 수 있는 시간을 주어야 한다. 따라서 침묵은 기다림과 깊이 관련되어 있다. 이러한 과정은 이전에 언급한 바와 같이, 어린 시절의 소통 방식과 유사하다. 아기는 언어 없이 침묵 속에서 부모의 목소리 억양과 톤, 몸짓, 눈빛만을 가지고 일생에 걸쳐 중요한 영향을 주는 애착 관계를 맺는다. 부모는 이때 언어를 사용하는 것 같지만, 아기가 반응하는 것은 부모의 언어 내용이 아니라 부모가 사용하는 목소리 억양과 톤, 몸짓, 눈빛 등이다. 언어가 없는 그 시간은 아기의 저항의 시간도 아니고 불필요한 시간도 아니다. 아기의 정신 속에서는 강력한 역동들이 일어나고, 에너지로 충만하며, 곧이어 동틀 또 다른 세계를 준비하고 있다.

야진스키(Jasinski, 2014)에 의하면, 침묵은 우리가 만들어 내는 것이 아니라 태초부터 영원히 존재하는 것이기 때문에 우리는 침묵을 발견할 수 있을 뿐이다. 침묵이 소음으로부터 방해받지 않도록 보호하는 것이 어쩌면 치료자가 할 일일 것이다. '신'은 태초의 어둠(흑암)과 고요 속에서 세상을 창조했다고 한다.

침묵은 공간과 시간 차원이 없는 무차원의 것이며, 사실 상징으로 표현되기 어려운 것이다(Jasinski, 2014). 표현된다고 하더라도 그것은 침묵에 대한 부분적인 표현에 불과할 뿐이다. 그렇다고 해서 침묵이 완전히 이해된다면 그것의 신비성과 신성성은 사라질 것이다. 완전히 이해될 수 없는 것이기에 의미가 있는지도 모른다. 그런 의미에서 야진스키는 침묵은 원형(archetype)이 아니라고 하였다. 그렇다면 침묵은 무엇인가? 그에게 침묵은 원형에너지가 배열되게 하는 순행(circumambulation)과정을 의미한다. 정신의 발달과정은 직선적 과정이 아니라 나선형적 형태의 순행하는 과정이다. 그는 침묵은 처음과 마지막이라는 영속성의 측면에서 원형적 특성을 지녔지만 번개나 폭풍 같은 현상일 뿐이라고 했다. 그렇다면 침묵은 아마도 원형이 이미지를 통해 배열되기 위한 기초 현상일 것이다. 그래서 침묵이 표현될 수 있는 이미지가 없고, 원형이 이미지를 통해 상징으로 표현될 때에도 침묵은 여전히 존재하며, 배열된 원형에너지가 의미를 갖도록 침묵이 받치고 있는 것일 것이다.

야진스키의 다음의 진술은 그러한 관점을 지지하는 것으로 보인다. 그는 침묵의 상징성을 언급한다고 생각되는 문헌들을 다음과 같이 요약하였다(Jasinski, 2014). 기존의 문헌들이 주로 침묵과 연결시킨 것은 점이다. 이때의 점은 항상 존재하는 특성과 관련이 있다. 두 번째는 가로선이다. 가로선은 연결, 함께함을 의미한다. 세 번째는 수직선이다. 수직선은 부정적 또는 긍정적 의미의 구분, 분리를 의미한다. 긍정적으로는 성장을 위한 세포의 분열과 같은 통합의 진전을 위한 전제 조건으로서의 분화를 의미하고, 부정적으로는 통합의 결핍을 의미하는 단절, 분열, 혼자임, 고립 등을 의미한다. 그런데 이 점과 선들은 모두 3차원을 만들기 위해 반드시 필요한 요소들이다. 두 선은 십자 형태를 이룰 수 있고, 이 십자에는 무수히 많은 점이 있기 때문이다(Jasinski, 2014). 침묵으로 인해 의미와 형태가 생겨나는 것을 점으로 인해 형태와 차원이 생겨나는 것에 비유한 것이다.

야진스키에 의하면, 헤르메스는 침묵과 관련된 원형적 피규어 중 하나이다. 헤르메스는 침묵하라는 의미로서 입술 위에 손가락을 올려놓고 있는 묘사로 잘 알려져 있다. 헤르메스가 그러한 이미지로 묘사된다는 것은 매우 역설적이다. 왜냐하면 헤르메스는 언어 및 의사소통과 관련된 전령의 신이기 때문이다. 전령사로서의 헤르메스는 침묵과 언어라는 두 가지 영역에 모두 속하는 것이다. 그런 의미에서 헤르메스는 신들 사이의 전령이면서 동시에 대극적인 것들(침묵과 소통, 빛과 어둠, 지식과 무지 등)을 연결의 상징이다. 그것은 마치 어둠과 빛이 교차하는 황혼 또는 새벽, 즉 경계의 상징과 같다. 모래놀이치료는 바로 경계(의식과 무의식의 경계)에서 일어나는 과정이다. 경계 경험은 불안을 일으킬 수 있고 지루함을 가져올 수도 있지만 그것을 인내한 결과는 값진 것이다. 사실 내담자가 심리치료를 받기로 결심한 것은 그 사람 안에 배열된 침묵 때문이다. 왜냐하면 융이 언급한 바와 같이, 인격의 발달과 통합은 자신의 내면과의 지속적인 직면적 대화를 통해 이루어지기 때문이다. 내면과의 대화를 위해서는 자아가 내는 소음과 분주함을 떠나 내면의 침묵에 경청할 것을 필요로 한다.

침묵은 모래놀이치료의 초기 단계에서만 필요한 것은 아니다. 그것은 치료 과정의 어느 단계에서도 일어날 수 있다. 치료 과정에서 이러한 침묵이 필요한 순간을 아주 명확한 언어로 설명하고자 한다면, 그것은 내담자와 치료자의 연금술 용기(用器)를 파괴하는 순간이라고 할 수 있다. 융은 이에 대해 다음과 같이 언급하였다. "빛과 어둠 사이에서 발생하는 것은…… (빛과 어두움) 두 편 모두에서 공유되는 것이며, 더 지혜로운 것 없이 왼편뿐 아니라 오른편에서도 판단될 수 있다. …… 또한 그것은 우리가 공격적이지 않은 공감을 통해서만 이해할 수 있는 여명을 재경험하게 한다. 그러나 지나친 명확함은 단지 파괴적일 뿐이다."

모래놀이치료 장면에서 이 침묵은 정점(still-point) 경험 시에도 경험될 수 있다. 정점의 경험은 시공간을 초월한 경험이며, 따라서 언어로 설명하기 어려운 경험이다. 그때는 침묵만이 존재하나, 그때의 침묵에서 경험하는 것은 우리 삶의 일상적인 지각을 넘어 더 큰 존재에 대한 인식을 가져오는 경이, 놀람, 감동, 충만감이며, 갈등, 슬픔, 고뇌, 고통을 치유하는 해방과 초월의 순간이다. 이것은 지금까지 익숙했던 것, 편한 것, 옳은 것이라고 여겼던 세계에서 다른 세계를 만나는 순간이다. 역치(threshold), 즉 문턱을 넘어가는 경험이다.

심리치료나 분석 경험은 내담자에게 일종의 입문(initiation)의 경험이다. 입문은 한 단계에서 다음 단계로, 또는 한 세계에서 다음 세계로 들어가는 것이다. 어떤 원시 부족이든 성인식 같은 실제 입문 의식에서 입문하는 자를 침묵과 어둠 그리고 홀로 있음에 처하게 한다. 그것이야말로 침묵에 있게 하는 것이다. 그렇다면 역시 침묵을 통해 기다려 주는 것이 내담자의 성장을 위해 필요하다. 또한 의식적으로 그리고 언어적으로 지나치게 명료한 것은 전이/역전이가 일어날 수 있는 기회를 차단한다. 전이 감정은 모호하고 불명확할 때 일어나는 경향이 있다. 즉, 무의식일 때 투사의 가능성이 커지는 것이며, 전이의 재경험을 통해 변화를 이룰 수 있게 된다. 의식성의 약화 없이는 콤플렉스 에너지가 배열될 수 없기 때문이다. 그러한 모호함을 침묵을 통해 제공함으로써 내담자가 경계의 영역에 들어갈 수 있게 해야 한다.

[그림 2-6] 연금술 문헌에서의 헤르메스
침묵의 의미로 헤르메스는 손가락을 입술에 대고 있다.
출처: 이용이언닷컴 홈페이지(www.e-jungian.com).

왜 침묵을 기다려야 하는지 엘리엇(Elliot, 1971)은 잘 알고 있었던 것 같다.

> 내 영혼에게 말했다. 침묵하라. 그리고 너 자신에게 어둠을,
> 극장에서처럼 신의 어둠을 허락하라.
> 빛이 꺼지고, 장면이 바뀌었기 때문에
> 날개의 우묵한 곳으로, 어둠 위에 내리는 어둠의 움직임으로.
> 내 영혼에게 말했다. 침묵하라. 희망 없이 기다리라.

희망은 잘못된 것에 대한 희망일 수 있으므로.

사랑 없이 기다리라. 사랑은 잘못된 것에 대한 사랑일 수 있으므로.

아직 믿음이 있다. 그러나 믿음, 사랑 그리고 희망은 모든 것을 기다린다.

생각 없이 기다리라. 너는 생각할 준비가 안 되어 있기 때문이다.

⋮

어둠은 빛이 되고 침묵은 춤이 된다.

출처: Elliot (1971), pp. 27-28.

따라서 임상 장면에서 치료자는 내담자에게 침묵할 수 있도록 해 주어야 한다. 그것은 모든 것을 담아 주고, 내담자가 스스로의 과정을 창조해 나갈 수 있도록 담아 주는 치료자의 용기(用器)이기도 하면서 내담자 자신의 용기(用器)이기도 하다. 그렇게 시간을 줄 때 창조를 위한 암흑의 침묵 속에서 무엇인가가 서서히 나타나기 시작할 것이다. 어떤 생각, 감정, 이미지가 나타나기 시작하는 것이다. 연금술적으로 말하자면, 치료자와 내담자가 연금술의 용광로에서 먼저 하나로 녹아들고 그다음에 서서히 분화하는 것이라고 할 수 있다. 이때 치료자가 따라야 할 것은 아마도 치료자 자신의 직관일 것인데, 직관은 어둠 속에서 가장 잘 작동한다. 물론 직관과 치료자 자신의 순수한 역전이를 구분하는 조심스러움이 있어야 하지만 기본적으로 중요한 것은 내담자, 치료자 자신 그리고 치료 과정에서 작용하는 우리 안의 본질적인 부분에 대한 믿음이다.

7. 치료자 그리고 치료자의 태도

시겔(Siegel, 2007)은 치료자의 태도와 관련하여 '느껴짐을 느끼는 것(feeling felt)'에 관해 언급했는데, 이것은 우리가 더 큰 전체(분석심리학적으로는 자기이며, 종교적으로는 신의 세계)의 일부분임을 느끼는 것과 관련된 느낌이다. 표현을 그대로 직역하면 '다른 존재에게 느껴짐을 느끼는 것'이라고 할 수 있다. 그리고 어머니와 아기의 관계처럼 치료자와 내담자의 관계는 내담자에게 지극히 중요한 정서적 공명과 정서적 경험을 하게 한다. 시겔(siegel, 1999)은 어머니와 자녀 사이의 강력하고, 친밀하고, 비언어적인 의사소통을 설명하면서 "치료자에게 느껴짐을 느낌"이라는 표현을 사용했다. 눈맞춤, 얼굴 표정, 목소리의 톤과 리듬, 신체 움직임, 접촉과 같은 빠르고 비의식적인 상호 행동을 통해 어머니와 아기는 이상적으로 조율과 공명을 경험한다. 이 분야에서 이루어진 연구들을 보면 이러한 상황에서 강력한 어머니의 우뇌와 아기의 우뇌 간에 관계와 소통이 이루어진다는 것을 알 수 있다. 부모–자녀 관계에서 '서로에게 느껴짐을 느끼는' 즐거운 정서적 상호작용은 종의 유지에 있어 진화적으로 유리하며, 이것의 유전은 사회화와 공감적 관계를 가능하게 한다.

이를 모래놀이치료에 적용하면 공감적이고 침묵하는 모래놀이치료자의 존재 안에서 내담자는 '치료자에게 느껴짐의 느낌'을 경험한다. 내담자가 안전하고 보호받는 공간에 있다는 심리적·신체적·의식적·무의식적 느낌을 갖도록 하기 위해, 즉 내담자가 치료자에게 '자신이 느껴지고 있음을 느끼는' 경험을 하도록 하기 위해 모래놀이치료자가 모래놀이치료 세션 중에 치료와 내담자를 향해 갖고 있어야 하는 태도는 '수용적, 공감적, 담아 주는, 보호하는, 돌보는, 침묵하는, 판단적이지 않은, 지시적이지 않은, 해석적이지 않은, 명상적'과 같은 단어들로 요약될 수 있을 것이다. 그러나 무엇보다 중요한 것은 치료자 자신에 대한 민감성이다. 치료자는 자신을 예리한 도구와도 같이 내담자의 얼핏 작고 무의식적인 것까지 민감하게 느낄 수 있도록 훈련함이 필요하다.

공감은 심리치료에서 매우 중요한 부분이다. 먼저, 공감(empathy)은 동정 또는 연민(sympathy)과 분명히 다른 것이다. 동정 또는 연민이라는 뜻을 갖고 있는 'sympathy'라는 단어는 '같이'라는 의미의 접두사 'sym'과 '느낌'이라는 뜻의 'pathos'라는 어근에서 파생되었다. 결론적으로 '공동의 느낌, 의식' '동조적 느낌을 갖는' '느낌의 영향을 받는' 등의 의미를 갖고 있다(Online Etymology Dictionary 홈페이지). 이것을 내담자와 치료자의 관계에 적용한다면 치료자가 내담자가 느끼는 것과 '같은 감정에 영향을 받거나' '동조적 감정'을 갖는 것으로서 두 사람 사이의 경계가 없어지는 경험이다. 즉, 치료자가 내담자를 위한 경계 또는 공간을 유지하지 못하는 것이라고 할 수 있다.

그러나 공감이라는 의미를 갖고 있는 영어의 'empathy'라는 단어는 'in'과 'feeling'이 합해진 것에서 유래했다(Online Etymology Dictionary 홈페이지). 코헛(Kohut)는 공감(empathy)을 '다른 사람의 내적 삶 속으로 들어가 자신을 느끼고 생각하는 능력'이라고 정의하였으며, 다른 말로 내담자의 정신으로 '들어가 느끼는' 것이라고 할 수 있다(Kohut,

1977). 이것의 의미는 느낌을 포함하고 있지만, sympathy가 의미하는 것처럼 같은 연민이나 동정의 영향을 의미하는 것은 아니다. 때로 어떤 사람은 공감을 느끼지 못하거나 공감을 표현하지 못한다. 공감은 삶에서 모범이 될 만한 사람의 태도를 경험했을 때 발달시킬 수 있는 태도라고 할 수 있다. 여러 가지 이유로 모든 사람이 다 공감을 발달시킬 수 있는 것은 아니지만 인간은 모두 공감을 발달시킬 수 있는 원형적 패턴을 가지고 있다. 그런 의미에서 치료자의 공감 능력은 훈련에 의해 개발될 수 있는 태도라고 할 수 있다.

인간의 공감 능력은 신경생물학적 근거를 가진 태도이다. '거울뉴런(mirror neuron)'이 공감 발달과 관련되어 있다고 알려져 있는데, 거울뉴런이 공감 발달의 능력을 제공한다는 것은 이탈리아 연구자들에 의해 이루어진 원숭이 실험에서 처음으로 발견되었다 (Gallese, Eagle, & Migone, 2007). 거울뉴런은 출생 시부터 기능하며, '신체, 즉 대뇌에 내재해 있는 시뮬레이션' 기능이라고 할 수 있다. 월린(Wallin, 2007)에 따르면, 거울뉴런의 기능은 뇌에서 다른 사람의 행동을 '복제하거나 흉내 내는 것'이다. 그가 연구에서 강조하는 점은 타인의 의도뿐 아니라 사람들의 정서나 신체감각도 관찰하고 있는 사람의 거울뉴런을 활성화시킨다는 것이다(Wallin, 2007, p. 77). 처음에 우리는 단순하게 오감을 통해 다른 사람으로부터 신호를 받는다. 그리고 나면 거울뉴런은 다른 사람의 의도를 인식하고 섬피질(insula)을 활성화시키며, 섬피질은 우리의 신체 및 정서 상태, 즉 변연계 상태를 다른 사람에게서 본 것과 맞추기 위해 변화시켜서 타인의 감정과 의도를 의식적으로 인식하고 어떤 행동을 취하게 된다. 이러한 현상을 '정서적 조율(emotional attunement)'이라고 부른다. 타인과의 공명은 조율의 기능적 결과이며, 다른 사람과의 관계에서 '느껴짐을 느끼는' 경험을 서로 할 수 있도록 해 준다.

야코보니(Iacoboni, 2009)와 그의 이탈리아 동료 연구자들은 공감의 역동성을 세 단계로 정의하였다. 내적 수용(우리의 내면 상태를 내적으로 지각하는 것), 해석 그리고 귀인이 그것이다. 결과적으로 우리 자신 안에서 일어나는 것을 이해함으로써 타인에게서 일어나고 있는 것을 이해하게 된다.

거울뉴런은 운동능력에 관여하며 다른 사람의 행동을 관찰, 모방하여 의도적 행동을 하도록 한다. 그리고 거울뉴런은 다른 사람의 얼굴 표정을 모방하는 능력도 갖고 있다. 지적 차원에서만 이해하는 것이 아니라는 것이다. 갈레세, 이글과 미곤(Gallese, Eagle, & Migone, 2007)은 이에 대해 다음과 같이 언급하였다.

(두 사람 사이에) 동일한(또는 공유적인) 신체 상태를 만들어 내는 대뇌에 내재한 시뮬레이션 기능에 의해 타인의 정서가 구성되고, 경험되고, 직접적으로 이해된다. 경험적 이해를 가능하게 하는 것은 관찰자와 관찰 대상자가 공유하고 있는 신경 원리의 활성화이다 (p. 133).

관찰, 모방 또는 실행의 측면에서 보았을 때 자신과 타인에 대한 표상은 내적이거나 외적일 수 있다. 때로 이러한 표상은 정서 상태, 행동, 사회적 · 정서적 · 인지적 사고의 역기능적인 내적 조절을 의미할 수 있으며, 이는 만족스럽지 못한 사회적 관계나 빈약한 자기 인식을 가져온다. 거울뉴런은 정신뿐 아니라 신체 수준에서도 타인의 정신에서 일어나는 일을 상상하고 이해하게 해 준다. 그리고 그것에 조율하고, 공명하고, 공감하게 한다. 맥길크리스트(McGilchrist, 2010)도 거울뉴런은 신체적 · 심리적 이해를 포함하는 기능을 갖고 있다고 했다(p. 111). 거울뉴런은 대뇌반구 중 어느 한곳에만 존재하는 것이 아니라 그 기능은 다르지만 좌우 반구 모두에 분포하는 것으로 알려져 있다. 모방하는 행동이 도구적이거나 혹은 대상 중심적이라면 그것은 좌뇌 전두엽의 거울뉴런의 기능이다. 좌뇌 전두엽은 말하기를 관장하는 영역이다(예: 브로카 영역). 모방하는 행동이 비도구적이라면, 즉 타인을 이해하고 공감하는 능력과 관계된다면 그것은 우뇌의 관자놀이와 전두엽에 있는 거울뉴런이 관여하는 것이다.

이러한 측면에서 보았을 때 내담자와의 세션에서 모래놀이치료자는 내담자의 언어적 언급이나 내담자의 표현에 대한 지적 이해에만 의지하지 않고 내담자와의 관계에서 치료자가 느끼는 신체적 반응 역시 내담자를 이해할 수 있는 중요한 방법임을 짐작할 수 있다. '신체적 역전이'라고 할 수 있는 치료자 자신의 신체 반응을 민감하게 이해함으로써 그 순간에 내담자가 느끼는 것을 이해할 수 있게 된다. 역으로 내담자도 치료자가 언어로 표현하지 않았더라도 치료자의 심리적 · 신체적 상태를 이해할 수 있다는 의미이기도 하다. 따라서 치료자가 신체와 정신으로 치료 세션과 내담자와의 관계에 참여하지 않는다면, 즉 전인으로 참여하지 않는다면 내담자가 이를 느낄 수 있다. 이러한 원리는 침묵을 통해서도 서로 느낄 수 있음을 의미하며, 침묵을 통해 내담자를 이해할 수 있고 내담자는 자신이 치료자에게 '느껴짐을 느낀다'는 의미이기도 하다.

8. 전문 지식

지식은 심리치료와 관련된 전반적인 지식, 훈련 그리고 특정 심리치료 접근과 관련된 특정한 여러 지식을 말한다. 지식은 내담자의 문제, 치료 과정 등을 이해하는 데 중요한 요소이며, 더 나아가 내담자라는 인간의 본질을 이해하는 데 반드시 필요한 도구와 같은 것이다. 이러한 지식은 기본적으로 심리치료자가 갖추어야 할 지식이며, 모래놀이치료에 있어 그 기반이 되는 분석심리학적 지식 및 기타 인간 발달에 관한 이론을 반드시 필요로 한다. 그러나 우리는 흔히 지식이 가장 중요하고 심리치료의 효과를 좌우하는 것이라고 생각하는 경향이 있다. 물론 지식은 중요한 것이지만 지식만으로는 심리치료의 효과에 결정적 영향을 주지 못한다.

9. 내담자와 치료자 사이: 상호작용의 장

모래놀이치료에서 치료자와 내담자의 관계는 단순히 2인 관계의 차원을 넘어서 모래상자를 사이에 두고 이루어지는 관계를 통해 두 사람이 모두 관여하는 또는 두 사람이 공동으로 속한 제3의 공간에서 형성된다(Weinrib, 1983/2004). 모래놀이치료는 언어적 언급과 사고를 중요시하는 치료 접근과 달리 제3의 공간에서 모래놀이자(내담자)와 치료자 사이에 흐르는 에너지를 강조한다. 에너지는 치료자의 의식과 내담자의 의식 수준에서 흐를 뿐만 아니라 치료자의 무의식과 내담자의 무의식 사이에서도 흐르게 된다. 에너지가 흐른다는 것은 태도, 신념, 판단, 긍정적·부정적 감정, 감각, 지각 등의 공유가 있다는 것이다. 이 흐름의 궁극적 목표는 제3의 공간, 즉 치료적 장(field)을 통해 치료자가 내담자의 무의식을 의식화해서 내담자가 치료자를 통해 자신의 무의식을 의식하게 하는 것이다.

이러한 에너지 흐름은 때로 치료자와 내담자가 서로의 꿈, 내담자의 피규어 사용 등을 통해서도 알 수 있다. 꿈의 경우에 무의식의 메시지가 꿈에 나타나고, 꿈 해석을 통해 무의식 수준의 상호작용을 이해하게 된다. 치료자가 꾸는 내담자에 관한 꿈은 치료자와 내담자의 관계에서 일어나고 있는 일에 대한 단서를 주거나 내담자에 대한 치료자의 역전이 감정 또는 치료자의 정서적 이슈를 드러낼 수 있다. 이 상호작용의 장에는 무의식으로부터 생겨나는 주제나 갈등이 있다. 이것은 내담자나 치료자 모두에게서 생겨날 수 있으며, 이것의 상호작용에 의해 상호작용의 장이 내담자의 치유에 긍정적 방향으로 작용하기도 하고 부정적 방향으로 작용하기도 한다.

모래놀이치료의 중요한 특징이라고 할 수 있는 것이 치료자의 상상의 힘이라고 할 수 있다. 내담자가 의식하지 못한 것 또는 내담자가 언어로 표현하지 않은 것에 대해 치료자가 상상한 것과 내담자가 상상한 것이 내담자의 무의식에 대해 그리고 치료자가 의식하지 못하는 내담자와 치료자의 관계의 작용 방향에 대해 많은 단서를 줄 수 있다. 그 이유는 상상이란 무의식이 자신을 표현하는 방법이기 때문이다. 무의식은 때로 신체감각적 경험을 수반하면서 판타지적 이미지를 통해 자신을 표현한다.

이는 심리치료 관계의 상호주관성(intersubjectivity)과 관련된 개념이며 분석심리학에서는 치료적 직관(intuition)이라는 용어를 사용하여 이를 표현한다. 모래놀이치료에서는 칼프가 이를 모-자녀 단일체라는 용어로 표현했다(Kalff, 1991). 대상관계 심리치료의 투사적 동일시(projective identification)도 부분적으로 유사한 개념이라고 할 수 있을 것이다. 쇼어(Schore, 2014)는 상호주관성을 신경학적으로 내담자의 우뇌와 치료자의 우뇌 사이의 상호작용에 의해 신체적, 암묵적, 무의식적으로 알게 되는 서로의 상태라고 정의하였다. 생후 2년 동안에 인간의 뇌는 우뇌가 먼저 발달하며 좌뇌는 그 이후에 발달한다. 이 2년 동안에 유아는 어머니 또는 주양육자와 언어 이외의 방법을 사용하여 의사소통하며, 이는 이미지 및 신체감각적인 정서의 형태로 신체와 뇌의 신경회로에 저장된다. 우뇌가 사용하는 의사소통 수단은 눈 맞춤, 몸짓, 동작, 자세, 신체 접촉, 목소리의 억양과 톤, 말의 속도와 리듬 같은 매우 감각적이고 신체적인 것들이며, 좌뇌가 발달하고 언어가 발달하기 시작한 이후에서야 우뇌가 담당하는 신체적·정서적·비언어적·암묵적·무의식적 정서가 언어로 표현되고 의식화되기 시작한다.

더 중요한 개념은 상호작용하는 두 사람의 대뇌 안에서 신경학적인 변화가 두 사람의 대뇌에 동시적으로 일어난다는 것이다(Zhang et al., 2020; Schore, 2022; xiaoyan & Zhang, 2002). 다른 장에서 설명한 것처럼 이를 동기화 또는 동시화(synchrony, synchronization)라고 한다. 동시화 원리는 상호작용하는 2인 관계에서 한 사람이 상대방의 언어표현 뿐 아니라 목소리의 억양, 얼굴 표정, 몸짓, 눈 맞춤 등을 통해 단서를 받아들이고, 그것에 맞춰 자신의 행동, 감정 등을 조절하며, 상대방의 뇌까지 조절하는 원리를 말한다. 이러한 대뇌 간의 상호작용 원리는 먼저 뇌에서 무의식적으로 발생하고 시간이 지나면서 의식하게 된다. 신체적 · 비언어적 · 무의식적 표현은 우뇌의 소통 방식이며 대인관계뿐 아니라 심리치료에서도 안전하고 치유적인 환경을 무의식적으로 형성하는 데 기여하는 것으로 알려져 있다(Scaer, 2005, pp. 167-168). 따라서 심리적으로 잘 조율하는 치료자의 우뇌는 내담자의 각성 리듬, 정서 상태를 신체적 역전이를 통해 이해한다. 즉, 내담자의 얼굴 표정, 말의 속도와 운율, 몸짓의 의사소통에서 오는 정서 반응을 자신의 신체를 통해 이해하며 그에 따른 신체적 정서반응을 한다. 치료자와 내담자 사이에 정서적 공명이 일어나고 있다는 것은 신경생물학 연구에서도 확인할 수 있다. 비침습적 측정 기구인 근적외선 분광기(functional near infra-rare spectroscopy)를 사용해서 세션 진행 중인 치료자와 내담자의 대뇌 혈중 산소포화도의 동시적 변화를 연구한 연구자들에 따르면, 경험이 많은 치료자와 내담자 쌍에서 동시적 변화, 즉 동시화가 일어났다(Zhang et al., 2018, 2020). 모래놀이치료 중인 치료자-내담자의 대뇌 혈중 산소포화도에서도 동시화가 일어났다(장미경 외, 2023). 특히 모래놀이치료에서 이루어진 연구에서 주목할 만한 것은 언어를 사용하지 않고 침묵 속에서 모래장면을 만들 때에도 치료자-내담자의 우뇌와 좌뇌 모두에서 동시화가 발생했다는 것이다(장미경 외, 2023).

대부분의 심리치료가 그러한 것처럼 긍정적인 변화에 필수적인 것인 관계를 기반으로 한다. 모-자녀 단일체는 어린 시절 부모와 자녀 사이의 애착 형성에 근거한 표현이면서 동시에 모성원형 또는 자기원형(Self Archetype)과의 연결, 즉 참여신비(participation mystique)이다. 이 연결성의 회복은 내적 감정의 치유 가능성을 의미한다. 모래놀이치료에서 치료의 근거로서 치료자가 내담자와 형성하고자 하는 것은 치료자와 내담자의 관계에서 모-자녀 단일체 경험 또는 참여신비 경험이다(Kalff, 1991). 이 경험은 언어를 넘어서는 깊은 공감으로 경험되는 경향이 있다. 이것을 경험한 내담자는 궁극적으로 구체적 대상 없이도 스스로 이것을 자신의 내면에서 경험할 수 있게 된다.

그러나 생애 초기에 여러 가지 이유로 정서적 · 물리적 모성 박탈의 애착 결핍이나 불안정한 애착이 생기면 우뇌와 좌뇌의 의사소통이 단절되고 우뇌의 정서가 파편화되어 의식화, 언어화할 수 없게 되며, 심한 경우에는 해리(dissociation)라는 가장 원시적 방어기제를 통해 처리된다. 이렇게 처리된 파편화된 정서는 신체적 · 행동적 분출(acting-out)

또는 재연(enactment)을 통해 표현되며, 이는 그 개인의 삶에 부정적 결과를 초래할 수 있다. 치료실 내에서 나타나는 외부 사건들 또한 내담자와 치료자의 상호작용의 장에 영향을 미칠 수 있다. 융에 의하면, 인간 정신과 물질은 별개의 것이 아니며, 인과관계가 없어 보이는 것들 사이에 존재하는 인과관계로서 두 사람의 상호작용과 일치하는 외부 사건들이 발생하여 상호작용의 장에 영향을 미칠 수 있다. 융은 이러한 개념을 동시성(synchronicity)이라고 명명하였다(Jung, 1984/2004). 동시성은 융이 사이코이드(psychoid)라고 명명한 개념을 통해서도 이해될 수 있다. 사이코이드는 실질적으로 모든 원형에 적용할 수 있는 개념으로, 본질적으로 알려지지 않았지만 정신과 신체 사이의 경험 가능한 연결성을 나타내는 개념이다(Jung, 1984/2004, par. 496). 심리적 세계와 생리적 세계가 하나의 동전의 양면을 구성하고 있는 것과 같다. 인간의 사이코이드 수준은 특징상 중립적이며 완전히 신체적인 것도 아니고 심리적인 것도 아닌 제3의 것이다(Samuels et al., 1986). 융에 따르면, 사이코이드는 본질적으로 맹목적인 본능과 의지(선택의 자유) 사이의 갈등이다. 다른 말로 하면 인간의 정신과 신체는 이분법적으로 구분되지 않으며 결국 두 측면을 갖고 있는 하나의 동전과 같은 존재라는 것이다. 그렇다면 정신 외부에서 일어나는 일과 정신 내면에서 일어나는 일이 한 현상의 다른 측면에 불과하므로 물질 세계로 드러나는 모래놀이치료 작업이 심리적 의미를 갖게 된다.

10. 정신의 타고난 치유력

모래놀이치료의 치유의 기본 가정은 인간 정신에 타고난 치유력이 있다는 것이다. 융에 의하면 인간의 정신은 내적 균형, 질서, 치유적 본성을 타고난다. 정신의 타고난 치유력은 자신의 깊은 중심인 자기(Self)와의 연결, 즉 자아-자기(ego-Self) 관계의 강화를 통해 발휘된다. 자기(Self)는 모든 대극을 포함하고 있으며 대극 간의 긴장으로 인한 갈등적 감정을 통합하는 힘을 갖고 있다. 자아는 자신이 그 개인의 중심이고 개인의 전체라고 지각하지만 실제로 자아가 움직일 수 있는 힘을 제공하는 것은 자기(Self)이다. 이러한 타고난 정신의 치유력은 판타지, 꿈, 모래놀이, 그 밖에 기타 표현예술 등에서 창조적 상상을 통해 이미지로 표현되어 상징에 투사된다. 우리는 이 투사된 상징의 의미 해석을 통해 무의식의 어떤 에너지가 배열되었는지 알 수 있게 되는데, 이러한 상징적 표현이 정신적 혼돈에 패턴과 의미를 준다.

11. 모래상자와 피규어

결론부터 말하자면, 모래놀이치료에서 사용되는 피규어는 모두 상징이다. 물론 모래상자, 물 등도 모두 피규어 상징이다. 상징은 한마디로 보이지 않는 것이 보이는 것으로 드러나는 것이다. 따라서 상징은 두 가지 차원을 갖고 있다(Kast, 1992, pp. 10-15). 한 가지 차원은 외적인 것, 눈에 보이는 것, 물리적인 것, 의식적인 것이고, 또 다른 차원은 내적인 것, 눈에 보이지 않는 것, 무의식적인 것, 영적인 것이다. 따라서 외적인 것, 눈에 보이는 것, 물리적인 것이 내적인 것, 눈에 보이지 않는 것, 무의식적인 것, 영적인 것을 드러낸다고 할 수 있다. 따라서 결과적으로 보이는 것과 보이지 않는 실재를 연결하는 것이 상징의 기능이다. 연결 기능을 통해서 의미 없었던 단순하고 물리적인 것에 불과한 것이 의미를 갖게 된다.

그러면 각 상징이 갖고 있는 의미, 즉 상징이 연결시키고 있는 의미를 어떻게 파악할 수 있는가? 그것은 상징에 투사하고 있는 내면의 의미를 발견하는 것이다. 의미에는 보편적인 것과 지극히 개인적인 의미가 있을 수 있다. 스위스의 융분석가인 카스트(Kast, 1992)는 이를 설명하기 위해 한 예를 들었다. 부부 갈등으로 상담을 받으면서 오랜 시간 동안 힘든 시기를 견뎌 온 부부가 계속 함께 살기로 결정한 후 부인이 새로운 관계를 위해 다이아몬드 반지를 갖고 싶다고 했다. 그녀는 '새로운 별'의 인도를 따라야만 새로운 관계가 잘될 것 같았다. 이때 다이아몬드 반지는 그들의 관계를 인도해 줄 '새로운 별'이었다. 이때 부인이 다이아몬드 반지에 대해 갖고 있는 태도는 상징적 의미를 부여하는 상징적 태도라고 할 수 있다. 그러나 남편은 그녀의 오래된 패턴이 다시 발동하는 것으로만 여기고 이 요청을 무시했다. 또 다른 예를 보면, 어느 중년 부인이 갑자기 결혼 관계에 대해 불안을 느끼기 시작했다. 불안을 느끼게 된 이유는 그녀가 어떤 이유로 결혼반지를 잃어버렸기 때문이었다. 이때에도 반지는 부인에게 매우 상징적인 물건이다. 결혼을 지속시키는 의미의 상징이라고 할 수 있다. 이 역시도 상징적 태도라고 할 수 있다.

그러나 동일한 물건이 모든 사람에게 동일한 의미를 갖는 것은 아니어서 그 의미의 이해가 복잡해질 수 있다. 물론 상징 사전을 찾아보면 많은 사람이 갖고 있는 상징적 의미를 볼 수 있다. 그러나 상징 사전에 있는 어떤 의미는 개인적으로 아무런 의미가 없는 것인 경우도 종종 있다. 누군가에게는 다이아몬드 반지가 아름다움이나 부, 탐욕 등의 상징일 수 있고, 또 다른 사람에게는 불행의 상징일 수 있다. 또 다른 내담자의 모래장면을 예로 들어 보면, 모래상자에 한 건물이 있는데 건물 1층은 60대 여성이 주인인 식당이 있고 2층은 동물들이 자유롭게 사는 곳이었다. 거기에 세를 얻으러 온 여자 피규어도 있다. 이 여자 피규어는 내담자 자신이었으며 그녀의 연상과 그녀가 처한 상황을 고려할 때 지나치게 지적이고 이성적이었던 여성은 자신의 신체와 본성적인 삶을 위해 음식을 공급하는 모성적 여성성과 동물로 상징되는 본성적인 삶이 필요하다는 무의식의 메시지를 상징한다. 물론 동물들을 자유롭게 초원으로 돌려보내는 작업도 필요할 것이다. 개인이 특정한 피규어에 어떤 감정을 느끼거나 의미를 부여하는 이유나 동기 등에 대한 이해가 선행되어야 피규어가 연결시키고 있는 의미에 대한 진정한 이해를 할 수 있다.

모래상자의 크기는 대략 72×57×7cm로 약간의 직사각형 형태를 이루고 있다. 이 크기의 모래상자를 사용하는 이유는 상자 전체를 보기 위해 옆으로 머리를 움직일 필요 없이 한눈에 모래상자 전체를 볼 수 있는 크기이기 때문이다. 원형(圓形)처럼 전혀 대극의 긴장이 존재하지 않는 형태는 내담자의 갈등을 알아보기가 힘들며 제한된 크기 경계 내에서의 긴장의 집중은 모래놀이자(내담자)가 감정적으로 압도되거나, 너무 산만해지거나, 치료실의 요소들에 대해 지나치게 파괴적이지 않게 하는, 조절적이고 보호적인 요소로서의 역할을 하게 한다.

모래상자 내부에는 상자의 벽을 포함하여 파란색을 칠한다. 파란색에도 연한 파란색부터 진한 파란색까지 몇 가지의 종류가 있으며 선택할 수 있다. 모래상자는 또한 방수가 되어야 한다. 내담자가 물을 사용하기 때문이다. 모래가 전혀 들어 있지 않은 빈 상자를 준비해 두어도 유용하게 사용할 수 있다.

기능적인 면에서 모래상자는 모래와 물 같은 자연 요소가 녹아들 수 있는 그릇, 즉 컨테이너(container) 역할을 한다. 심리적으로는 자유롭고 보호받는 공간(free and protected space)이라고 할 수 있다. 모래상자에 피규어를 사용하는 것에는 일정한 규칙이 없으며, 상상에 대한 개방적 태도를 가지고 상상 속에 떠오른 이미지나 의식적 내용을 모래상자에 표현하게 된다.

　모래상자는 정신 외적 세계와 정신 내적 세계가 함께 등장하는 공간이라고 할 수 있다. 무의식으로부터 나온 이미지를 모래상자에 투사하기 때문에 무의식에서 나오는 이미지를 볼 수 있고, 따라서 무의식적 내용을 의식화할 수 있다. 무의식에 있는 내용들은 때로 어둡고 무서운 이미지로 나타날 수 있는데, 이러한 이미지들과 내담자가 갖고 있는 갈등적 에너지 또는 갈등적 감정들이 담길 수 있는 공간으로서 기능을 한다. 즉, 내담자는 정신에너지를 모래상자에 투사하며, 내담자로 하여금 모래놀이를 문자 그대로 그리고 은유적으로 내담자의 전체성에 더 가깝게 만들며, 내담자로 하여금 내면에서 통합의 감정을 느끼게 한다.

　많은 사람이 모래놀이치료에서 피규어가 가장 중요하다고 생각하는 경향이 있다. 그러나 '모래놀이치료'라는 표현에서 알 수 있듯이 피규어는 모래보다 상대적으로 덜 중요한 요소이다. 물론 피규어는 우주에 존재하는 삼라만상을 상징한다. 피규어를 우뇌의 언어라는 관점에서 본다면 가능한 한 많은 피규어가 있어야 내담자가 자신의 내면을 표현하기 쉽고 치료자 역시 이해하기가 쉽다. 그러나 피규어가 부족하다고 해서 모래놀이치료의 효과가 줄어드는 것은 아니다. 다만 이해하는 데 시간이 조금 더 걸린다.

12. 모래놀이치료와 몸

　모래놀이치료 과정에서 신체적, 정서적으로 작업하는 내담자들은 종종 낯설고 강력한 정서를 느낀다고 표현한다. 모래에서 손에 의해 이루어지는 이 원초적 에너지와의 연결 그리고 원초적 에너지를 구체화한 이미지와의 연결에 의해 의식과 무의식 사이, 신체와 정신 사이에 살아 있는 연결이 이루어진다(Markell, 2002, p. 59). 모래놀이치료에서 치료자가 몸에 대한 인식을 활용하는 것이 중요한 이유는 자신의 신체와 먼저 관계를 맺은 후에 무의식과 관계를 맺을 수 있다는 개념을 전제로 하기 때문이다. 외상 심리치료, 애착, 정서 조절과 관련된 영역의 연구들에서도 심리치료에 신체적 접근을 통합하는 것이 효과적임을 강조한다(Schore, 2003; Van der Kolk, McFarlane, & Weisaeth, 2007). 모래놀이치료는 움직임이 포함되어 있는 치료이고 직관적으로 내담자의 신체적 경험을 다루며 신체와 관련된 상징과 원형을 다룬다. 신체적 경험에 대한 치료자의 인식은 공동 전이, 정서적 상태, 신체를 통해 표현되는 전언어적 재료를 확인하는 데 필수적인 것이다. 신체감각을 통해 치료자는 "정서와 원형적 상상 사이의 지속적이고 상호적인 관계"(Chodorow, 2001)를 인식하게 된다. 모래놀이치료에서 이러한 것들을 인식하기 위해서는 조용히 내담자의 작업을 경청해야 한다. 치료자 자신의 정신과 신체에서 일어나는 일을 조율하면서 내담자에게 공감적이어야 하며, 자유롭고 보호적인 장을 제공해야 하고, 눈으로만 지켜보는 존재가 아닌 온전한 전인적 존재로서 치료 장면에 존재해야 한다. 그럼으로써 건강과 성장을 위한 추동이 치유와 개성화의 과정을 활성화시킬 수 있다(Bradway, 1994, p. 10). 와이먼(Wyman, 1991)은 이것을 다음과 같이 표현했다.

> 무의식적 재료의 신체 표현을 작업하는 것의 주요 목표 중 하나는 내담자가 신체 수준에서 직접적인 상징 형성의 경험을 할 수 있도록 하는 통로를 제공하는 것이다(p. 12).

모래는 내담자에게 움직이게 하고 창조하게 한다. 무의식으로의 문이 열려 있어서 상징적인 표현과 강력한 정서가 촉감적·시각적·청각적·후각적인 감각을 일깨운다. 손은 접촉을 느끼고 습함, 건조함, 따듯함, 차가움, 부드러움, 빠져나감 등의 감각을 경험한다. 또한 손으로 두드리고, 누르고, 쓰다듬고, 잡고, 던지는 등의 움직임을 만든다. 이 모든 신체적·감각적 느낌과 동작들은 모두 상징 형성 과정이며, 상징 형성을 통해 우리는 열려 있는 무의식의 세계로 들어가 무의식 재료들을 의식화하고 인격의 확장에 이르게 된다.

그야말로 몸은 진정으로 세계의 중심이며, 창조, 기억, 상상, 통합이 일어나는 장소로서의 의미의 중심이다(Pallasmaa, 2012, p. 145). 심한 외상은 심한 좌절, 불안, 신체화 증상을 일으키며, 이러한 정서는 처음에 이미지 작업을 할 수 없게 만든다. 그런 경우에 내담자는 피규어보다는 모래와 손의 접촉이라는 작업을 먼저 하면서 촉감 작업에서 상징 형성으로 이어지는 과정을 거친다.

외상이 심한 내담자가 처음부터 이미지가 떠오르지 않을 때 감각적 인식이나 신체 경험은 취약한 자아를 강화하고, 개인무의식을 활성화시키며, 그럼으로써 이전에 차단되거나 부정시되었던 원형에너지 및 이미지와 접촉하도록 도움을 받는다. 앞서 언급한 것처럼, 감각 접촉에 의한 개인적 또는 원형적 에너지는 처음에 바로 이미지의 형태로 떠오르지 않고 감정, 고통, 불안 등의 형태로 나타날 수 있으며, 이후에 구체적 이미지와 연결될 수 있다.

시돌리(Sidoli, 2000)는 어린 시절에 관계 외상이 심각했던 내담자들과의 작업을 통해 몸의 경험의 중요성을 설명하였다. 어머니가 여러 가지 이유로 인해 유아의 정서적 욕구를 충분히 돌보지 못할 때 정신적 · 정서적 고통을 분화시키도록 돕는 사람이 없으므로 유아의 신체가 고통을 담아 주는 용기 역할을 하게 되면서 정신신체화 증상이 생긴다고 주장했다(p. 97). 이러한 현상은 어린 시절에 방임을 경험한 내담자가 이유를 알 수 없는 우울과 불안 그리고 신체화 증상을 갖고 있는 것과 일치한다. 정신화되지 못한 정서적 욕구는 신체 증상의 형태로 일시적으로 돌봄을 받게 될 수 있다. 아플 때는 최소한 관심을 준다.

남자 아동에 비해 여자 아동이 신체화하는 경향이 더 강한 것으로 알려져 있다. 여자 아동의 경우에 여자 영웅은 공격성의 방향을 스스로에게 향하고 자신의 신체를 공격하는 경향이 있다(Sidoli, 2000, pp. 97-98). 따라서 그런 아동은 어른이 되어서도 '착한 아이'가 되어 자신을 희생시키고 타인의 욕구를 만족시켜 주는 데 헌신한다. 그러나 충족되지 못한 정서적 돌봄에 대한 유아적 욕구는 여전히 신체 안에 남아 있어 그것은 어떻게든 표현되려고 한다. 시돌리(2000)에 의하면 정신신체화 증상을 갖고 있는 내담자는 어머니의 돌봄 기능(containing function)이 어린 시절에 닫혀 버리거나 금지되어 결과적으로 그 기능이 분화될 수 없었던 사람들이다(p. 101).

시돌리는 두 극(한 극은 본능적 충동과 추동으로, 또 다른 극은 판타지의 형태로 자신을 표현한다)을 갖고 있는 무의식적 존재로서 원형을 표현한 융의 원형 개념에 일치하게 신체화 경향이 있는 내담자는 원형 경험의 두 극이 신체와 정신으로 분열되어 있다고 가정했다. 본능적 부분은 신체에 남아 있고, 영적/초월적 부분은 정신 외부에 존재하는 이미지가 되어 이미지가 갖고 있는 상징적 의미를 이해하지 못한다(Sidoli, 2000, p. 104). 신체화 증상이 심한 내담자는 판타지가 결핍되어 있는 것을 볼 수 있다(Sidoli, 2000, p. 107). 상징의 의미를 이해할 수 있는 상상 능력의 결핍이다. 융은 "…… 그것이 기꺼이 삶으로 체화되지 않는다면 그것은 부정적인 신체화 증상 및 공포증으로 나타날 것이다."(Jung, 1984/2002, pp. 50-62)라고 하였다.

제3장

원형, 본능, 상징 그리고
모래놀이치료

1. 원형, 본능, 상징

  원형은 인간 정신의 원초적이고 구조적인 요소로서 행동의 준비 시스템이며 동시에 이미지와 감정이다. 원형은 뇌 구조와 함께 유전되며 인간의 심혼/정신으로 발달하는 측면이다. 본능과의 관계에 있어서 원형은 본능에 붙어 있는 부분이며, 따라서 원형은 본질적으로 정신의 대지적 측면이다. 원형은 모든 시대, 모든 문화, 모든 사람에게 공통적으로 존재하는 객관적인의 근원이다. 원형은 그 자체로는 표현될 수 없지만 원형이 발휘하는 영향은 원형 이미지와 주제로 식별할 수 있다. 원형은 의식의 내용이 되는 다른 모든 것과 마찬가지로 관념과 이미지로 나타나며 감정을 수반한다(Jung, 1960/1981a, par. 435). 따라서 원형 이미지를 통한 원형적 영향의 의식화는 의식적 정신의 확장을 가져온다. 융(Jung)뿐 아니라 노이만(Neumann, 1954)도 원형의 발현이 각 세대마다 반복되는 동시에 역사적 반복을 통해 인간 의식의 확장을 가져온다고 보았다. 원형심리학파의 창시자인 힐먼(Hillman)은 융의 연구에서 원형 개념을 가장 근본적인 것이라고 하면서 우리가 세계를 인식하고 관계 맺는 방식을 안내하는 심혼 기능이라고 기술했다(1975). 다른 말로 하면 원형 패턴은 성격에서 실현되기를 기다리는 힘이다. 성격의 실현은 전체성, 즉 각 존재의 고유성을 실현하는 것을 의미한다.

  원형은 무한한 변형이 가능하고, 개인의 경험에 따라서 그 표현이 달라지며, 전통이나 문화적 기대에 의해 강화되는 경향이 있어서 원형의 힘이 발현되면 저항하기 어려운 강력하고도 압도적인 에너지를 발휘한다. 원형은 영향력을 발휘하고 현실에 대해 눈을 감게 하고 의지를 사로잡는다. 원형적으로 산다는 것은 제한 없이 산다는 것, 즉 팽창 상태를 의미한다. 그러나 어떤 것에 원형의 표현과 투사는 그것의 대극성(과거와 현재, 개인적인 것과 집단적인 것, 전형적인 것과 독특한 것)이 작용할 수 있는 기회를 주기 때문에 대극에 대한 인식으로 인해 현실성을 통합할 수 있게 한다. 예를 들어, 사랑에 빠지는 것은 원형적 사건이고 강력한 끌림이 있으며 사랑의 절대성이라는 사회문화적인 기대에 의해 그 의미가 강화될 수 있다. 그러나 사랑의 대상에 대한 강력한 끌림은 상대 개인의 구체적 특성을 무시하는 투사의 팽창 상태를 일으키지만 또한 강력함은 개인의 현실적 실존을 보게 하는 계기가 될 수 있다.

1) 원형과 본능의 관계

근본적으로 원형과 본능은 동전의 양면과 같이 동일한 것의 두 가지 측면이면서 동시에 본능과 원형은 대극 쌍이며 복잡하게 얽혀 있어서 때로는 구분하기가 쉽지 않다. 원형은 정신으로 발달하는 측면이고 본능은 본능의 상태를 지속한다. 정신적 과정이 항상 정신적인 것만은 아니고 본능적인 부분이 작용하지만 특정 순간 또는 특정 정신 현상이 정신적인 것인가 또는 본능적인 것인가는 항상 분명하지 않다. 분명한 것은 정신적 과정이 정신과 본능 사이를 흐르는 에너지의 균형이라는 것이다. 좀 더 쉽게 얘기하면, 예를 들어 우리가 무엇인가를 판단, 평가 또는 해석하는 것은 일견 정신적인 것에 속하는 것으로 보이지만 항상 그렇지는 않다. 객관적인 것으로만 보이는 정신의 판단에는 사실 본능적·신체적 측면의 영향이 작용한다. 분명한 것은 정신적인 것과 본능적인 것 사이에 에너지의 흐름과 이 흐름의 균형이 존재하며 그것의 결과로 정신적 과정이 발생한다는 것이다. 융의 흥미로운 예를 통해 먼저 원형과 본능을 구분해 보기로 하겠다. 융은 본능과 원형의 작용을 설명하기 위해 소크라테스의 예를 들었다. 소크라테스에게 왼쪽으로 돌아서라고 속삭인 소크라테스의 데몬(demon)에 관한 유명한 이야기가 있는데, 그 덕분에 그는 폭주하는 돼지 떼에 짓밟히는 것을 피할 수 있었다(Jung, 1984/2002, par. 58). 그는 마음속에서 데몬이 말하는 것을 이해했기 때문에 이것을 단순히 본능적인 목소리가 아니라 원형적 현상이라고 부를 수 있다. 융은 만약 소크라테스가 그 목소리의 의미를 모른 채 맹목적으로 가던 길에서 다른 길로 갔다면 그 목소리는 맹목적인 본능일 뿐이었다고 설명했다. 그런 의미에서 본능은 자동적인 외적 행동 방식이고 원형은 내적 의미를 파악하는 성향이라고 할 수 있다. 이것을 우리는 직관이라고도 부른다.

원형적 수준으로 연결하지 못하고 본능 수준에 머물거나 원시종교의 정령 숭배 수준으로 머문 예에 대해서도 융은 기술했다. 융(1943/1948)은 그의 저서 『메르쿠리우스의 영(The Spirit of Mercurius)』에서 나이지리아 에코이족의 원주민 오지라는 사람이 토종 오지 나무가 자신을 부르는 소리에 잠에서 깨어 그 부름에 저항하지 못하고 자신의 숙소를 탈출하려던 이야기를 기술했다. 오지 이야기는 융이 〈애모리 탈봇(Amaury Talbot)〉(1912)에서 가져온 것이다.

> 내가 도착하자 오지 씨는 몸부림을 멈추고 나무가 부르고 있으니 당장 가게 해 달라고 간청했다. 그게 무슨 말이냐는 질문에 그는 이렇게 대답했다. '…… 저처럼 [오지] 나무의 이름을 가진 모든 사람에게는 일 년 중 특정 시간에 부름이 옵니다. 우리가 어디에 있든 나무가 부르는 소리를 들으면 밤이든 낮이든 즉시 출발하여 나무가 자라고 있는 곳까지 달려가야 합니다. 나무에 도착하기 전에는 그 어디에 머물러서도 안 됩니다. 저는 오늘밤에 매우 피곤해서 일찍 잠자리에 들었습니다. 잠결에 제 나무가 "오지" "오지"라고 부르기 시작했습니다! 잠에서 깨어났지만 여전히 나무가 부르는 소리가 들렸습니다. 그래서 저는 일어나서 어둠 속을 뛰어갔습니다 …… 그들이 저를 막으려고 하면 나무가 점점 더 크게 불렀습니다. 그래서 저는 그들과 싸워 도망쳐 제 나무로 갔습니다. 그게 다예요.'

이 예는 내면에서 강력한 끌림의 부름이 있지만 그것을 자신의 내면의 목소리로 인식하지 못하고 자연물인 나무가 실제로 영을 가지고 있고 그것이 부른다고 생각해서 밤낮 상관없이 나무에 끌려 뛰어간 아프리카 원주민의 경험에 관한 것이다. 본능을 원형 즉 정신적 차원으로 연결하지 못한 것이다.

현대인들은 대부분 이성적이고 논리적인 판단에 의지하며 신체와 정서가 미치는 영향을 간과하거나 그 가치를 무시한다. 융은 그렇게 구분하는 것, 즉 평가하거나 해석하는 것은 오직 의식적 마음의 관점이나 상태일 뿐이라고 하였다. 의식성이 지나치게 본능적 기초로부터 멀어지면 정신 안의 자기조절 과정이 활성화되어 균형을 잡으려고 하게 된다. 즉, 보상(compensation) 기능이 작동한다. 균형을 잡는 과정은 꿈이나 모래놀이치료 같은 상징 작업에서 본능을 나타내는 동물 상징으로 나타나는 경향이 있다. 융은 뱀 꿈을 예로 들었다. 뱀은 본능 세계의 표상이며, 특히 심리적으로 최소로만 접근될 수 있는 생명력 넘치는 과정이다. 뱀 꿈은 때로 의식적 마음의 태도와 본능 사이의 불일치를 나타내며, 뱀은 갈등의 위협적 측면의 인격화일 수 있다(Jung, 1956/1990c, par. 615). 즉 감정, 정서 등의 영향을 무시하고 지적ㆍ이성적 요소에만 의지할 경우에 무의식적 감정은 더 강력한 힘을 갖게 되고 의식에 두려움, 불안의 요소로 작용한다.

융에 의하면, 원형과 본능 사이에는 사이코이드(psychoid, 정신양 또는 정신 비슷한 것) 요소가 존재한다. 이것은 원형적 측면이 갖고 있는 신체적ㆍ본능적 측면이면서 동시에 본능적 측면이 갖고 있는 원형적 요소이다. 다른 말로 표현하면, 원형이 정신적 측면으로 발달하는 부분이라고 한다면 사이코이드는 정신도 신체 본능도 아닌 제3의 것이며 정신과 신체 본능을 연결한다. 이것은 정신과 본능이 동전의 양면이라는 표현을 다시 생각나게 한다(Jung, 1960/1981a, par. 380). 때문에 원형 자체가 의식되는 것이 아니라 원형으로 인해 만들어지는 표상, 즉 이미지, 상징을 통해 원형이 미치는 힘을 부분적으로 의식하게 된다. 융은 싸이코이드의 요소를 가진 원형을 정신적 스펙트럼상에서 눈으로 볼 수 없는 자외선 부분(Jung, 1984/2002, pp. 79-82), 즉 본능과 대비되는 정신적 부분을 의미한다고 했다. 이러한 개념은 우리가 익숙한 대로 신체와 정신을 이분법적으로 나눈다면 이해하기 어려운 개념이다. 신체에 들어 있는 정신 그리고 정신에 작용하는 신체를 생각한다면 마켈(Markell, 2002)이 모래놀이치료에서 궁극적으로 추구하는 정신의 육화 그리고 신체의 정신화의 의미를 조금 더 이해할 수 있다. 즉, 인간 정신의 발달 과정은 몸을 통한 정신과 물질의 통합으로서 더 구체적으로 정신의 육화, 신체의 정신화 과정이다. 정신과 물질이 하나의 같은 세계 안에 포함되어 있고, 서로 끊임없이 접촉하고 있으며, 결국 둘 다 비가시적인 초월적 요소들에 근거하고 있기 때문에 물질과 정신이 하나의, 즉 동일한 것의 서로 다른 두 가지 측면이다(Markell, 2002, p. 81).

본능적 측면은 생물학적으로 유전되는 것으로만 생각하기 쉽지만 맥도웰(McDowell, 2001)은 본능적 측면에 대해 원형적인 것에서 이미지가 스스로 조직되어 나오는 선험적 현상이 유전되는 본능이라고 하였다. 이는 사이코이드 또는 원형적 이미지의 기저에 있는, 즉 원형 이미지에 선행하는 관념이라고 융이 개념화한 것을 언급하고 있는 것으로 보인다. 그러나 본능이 유전된다고 말할 때 정확히 어떤 요소가 유전된다는 것인지 의문이 생긴다. 탐구를 시작하기 위해 유전자에 관한 과학적 정보를 살펴보자.

영국의 융분석가이자 정신과 의사인 녹스(Knox, 2003)는 '몇 가지 본능적 행동 패턴'만

유전될 뿐, 복잡한 정신적 이미지, 초월적 실체, 융이 말한 원형의 상징적 의미들은 유전되지 않는다고 주장하였다. 녹스의 주요 논점은 32,000개의 유전적 하부 조직이 무한한 범위의 상징과 다른 세부 정보들을 부호화하기에는 너무 적다는 것이다. 즉, 유전적 하부 조직은 "경제적으로 사용된다."(McDowell, 2001) 녹스는 이러한 과학적 자료를 바탕으로 유전자는 이미지와 의미를 전달한다기보다는 종의 생존을 위한 몇 가지 행동 패턴의 촉매제라고 주장하였다. 녹스는 '주의정향성(attention orientation)'을 예로 들었다. 정기적이고 예측 가능한 환경 자극에 대한 반응으로 두뇌가 정보를 순차적으로 조직할 때 유전자에 의해 행동 패턴이 시작된다는 증거를 인용했다. 그녀는 이 '추상적 패턴 혹은 지침'이 의식화되기 어려운 형태의 유전자 코드의 직접적 표현이라고 보았다(Knox, 2001). 이것은 특정한 환경에서 생존을 확실하게 할 수 있는 특정한 사건과 경험에 주의를 기울이고 선택하는 것이다. 이러한 잠재성은 실제 경험을 하기 이전부터 존재한다. 비록 융의 저작들 간에 다소 불일치되는 점이 있지만, 융은 전체적으로 일반화된 이미지가 유전되는 것이 아니라 이미지 형태의 경향성과 잠재성을 물려받는 것이라는 인지학자들의 주장에 동의했다(McDowell, 2001). 결론적으로 이미지를 만들어 내는 원형 또는 경향성을 물려받는 것이며, 이것이 본능이라는 것이다.

맥도웰(2001)은 좀 더 구체적으로 그러한 잠재성의 특성과 모든 역동체계의 성장과 기능을 지배하는 원리에 대해 연구했다. 그는 자기조직화(self-organization)에 초점을 두고 이 자기조직화 원리가 자기조직으로 하여금 좀 더 복잡한 수준의 배열로 향하게 한다는 연구(Holland, 1998)를 인용했다. 맥도웰은 성격을 '본능적 욕구, 정서, 감정, 감각 지각, 이미지, 사고, 희망, 기억들'로 구성된 자기조직체계로 보았으며, 이 자기조직체계가 그가 말하는 자기이다(McDowell, 2001). 맥도웰의 이 자기조직체계는 점진적으로 통합되는 인격의 조직이 나타나게 하는 잠재성이다. 즉, 자아와 자기가 점진적으로 연결되는 것이다. 또한 맥도웰은 모든 원형이 인격 조직의 잠재성을 향하게 된다고 주장했다. 자기조직체계는 환경으로부터 자원을 취하고, 민감하게 적응하고, 그 자원들을 자신의 구조 속으로 통합한다. 이것은 점진적으로 복잡하고 통합된 형태로 나아가는 지속적인 과정이라고 할 수 있는데, 이것은 포드햄(Fordham, 1969)의 해체 및 재통합의 개념과도 일치한다.

원형과 본능의 관계에 대한 융의 설명을 [그림 3-1]과 같이 간명하게 요약할 수 있다.

본능과 원형은 눈으로 볼 수 없는 것이며 신체에서 그것들을 느낄 수 있고 행동과 이미지를 통해 나타난다. 융은 원형이 인생을 특정한 패턴으로 경험하게 하는 타고난 소인이라고 생각했다. 원형은 전 인류에게 보편적인 '고대의' 그리고 '영속적인' 정신의 층인 집단무의식에 뿌리를 두고 있다. 다른 말로 원형은 개인의 성격 이상의 것이다. 또한 융은 원형은 유전되는 것이라고 했다. 원형에 대한 이러한 종류의 논의들은 종종 본능과 원형 사이의 차이가 모호한 것처럼 보이게 한다. 그러나 융은 본능은 신체로 나타나고 원형은 정신으로 나타난다고 했다. 그는 본능과 원형의 차이를 명확히 하기 위해 광선 스펙트럼을 은유로 사용했는데([그림 3-1] 참조), 이 모형은 무의식의 측면을 간접적으로나마 알게 한다. 이 모형을 보면, 본능과 원형이 대극 혹은 보완적 관계에 있으며 분리된 것이 아니라 연속선상에 존재하는 가능성임을 알 수 있다. 본능은 생리적인 충동에 기초한 '행동의 전형적 방식'이고, 원형은 지각의 전형적 방식이다(Van de Castle, 1994).

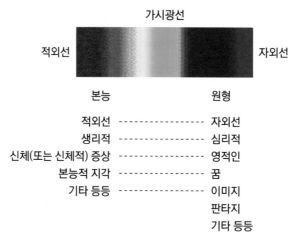

[그림 3-1] 본능과 원형의 관계를 비유한 광선 스펙트럼

출처: Harris (2001).

사실, 원형과 본능은 동전의 양면이라는 표현에서 알 수 있듯이, 한쪽 극은 본능으로 남아 있고 또 다른 극은 정신화된다. 스펙트럼을 통해 분사된 빛은 일곱 가지 색을 지니며, 양 끝, 즉 적외선과 자외선은 눈으로 볼 수 없는 빛이다. 다만, 본능적이고 생리적인 측면에 비유되는 적외선은 눈에는 보이지 않지만 열 때문에 느껴진다. 또한 빨강과 주황은 매우 유사한 색이며, 주황과 노랑 또한 거의 유사한 색이다. 그러나 계속 진행하면 빨

강과 보라는 완전히 다른 색이 된다. 어디가 경계인지는 알 수 없으나 어느 지점에서 한쪽은 보다 생리적, 신체적이며 또 다른 한쪽은 심리적, 영적이며 꿈, 개념, 이미지, 판타지, 기타 상징을 통해 드러난다.

융은 이에 대해 심리학적으로 본능의 이미지로서의 원형은 인간의 전체 특성이 얻고자 애쓰는 영적 목표라고 언급하였다. 영적 목표는 모든 강이 흘러가는 바다이며, 영웅이 용과의 싸움을 통해 얻고자 씨름하는 상급이다(Jung, 1960/1981a, par. 414).

원형 이미지는 콤플렉스를 통해 개인적 수준에서만 나타나는 것이 아니라 전체 문화를 통해 집단적으로도 나타난다. 융은 원형의 내용과 효과를 새롭게 이해하려고 하는 것이 각 시대의 과업이라고 생각했다. 우리 시대의 기후 위기로 인한 이상기후는 단순히 기상이변이라는 물리적 설명을 넘어 인간에게 원형적으로 어떤 의미와 내용을 갖고 있는가에 관한 논의가 그 한 예일 것이다. 융은 인간의 본능을 창조성, 성찰(reflection), 활동성, 성욕, 배고픔이라고 정의하였다. 그렇게 정의한 이유는 그가 의식의 통제를 받지 않는 모든 에너지 과정이 본능적이라고 보았기 때문이다. 융은 특히 본능 유형 가운데 창조성을 중요하게 여겼다. 이 창조성의 본능은 우리 전체 인격의 창조를 위한 방향으로 작동한다.

2) 원형과 상징의 관계

융은 상징에 매료되었으며 내적 세계를 창조적이고 혁신적인 방식으로 개념화하였다. 그는 놀이하기, 글쓰기, 조각하기, 그림 그리기, 적극적 상상 등의 상징 이미지 작업을 하면서 자신의 무의식과의 연결을 통해 드러나는 패턴과 통찰을 인식하게 되었는데, 그가 인식한 패턴과 통찰은 모래놀이치료에서 창조되는 것과 매우 유사하다. 이러한 유사성은 모래놀이치료의 힘과 중요성으로서 모래놀이치료를 더욱 매력적이게 한다. 융은 "합리적 진실과 비합리적 진실의 합일은 상징에서 발견되며, 그 이유는 합리적인 것과 비합리적인 것의 합일이 상징의 본질이기 때문이다."라고 언급하였다. 합리적 사실과 비합리적 사실을 품어 합일시키는 것이 상징의 본질이라는 것이다. 의식은 합리적 사실과 관련되며 비합리적 사실은 무의식과 관련된다. 그러나 비합리적이라는 표현은 의식의 관점에서 무의식의 내용을 보는 것일 뿐 비합리적인 것이 열등하다거나 신뢰할 수 없는 것이라는 의미는 전혀 아니다. 그는 알 수 없는 힘에 이끌리어 돌에 조각을 하거나 글을 새겨 넣으면서 의식과는 다른 그러면서도 동시에 내면에 존재하는 더 커다란 존재를 인식하게 되었다. 많은 내담자가 모래놀이치료에서 알 수 없는 힘에 이끌리어 피규어를 선택하고 이유를 모르면서 어떤 모래장면을 만들고 시간이 지나면서 그것이 자신의 삶에 깊은 의미를 가진 내면의 메시지라는 것을 깨닫는다. 이 '알 수 없는 힘'은 무의식이 보내는 '비합리적 사실'이다.

샴다사니(Shamdasani)는 융의 "이미지 작업(practice of the image)이 무의식에서 생겨나는 상징 및 이미지와의 오랜 작업이며, 모래장면을 지나치게 빨리 해석하지 않는 모래놀이치료의 방법과 매우 유사하다."(Shamdasani, 2014)라고 하였다. 샴다사니는 이런 식으로 이미지와 함께하는 것이 무의식을 경험할 수 있는 가장 직접적인 방법이라고 생각했다. 융처럼 샴다사니는 상징적 이미지의 풍부함과 의미는 충분한 시간 속에서 생겨난다는 것을 강조했다. 그는 모래놀이치료가 전이에 근거한 융학파의 분석보다는 융의 개성화 과정의 본질에 더 가깝다고 생각했다. 물론 상징적 이미지에 대한 이해와 통합은 늘 깊은 여정이다.

'상징'은 '같음'과 같은 뜻으로, '함께 던져짐'의 의미를 갖는 그리스어 'symbolon'에 그 어원을 두고 있다. 거울을 반으로 잘라 두 사람이 서로 나누어 가진 후 헤어지게 되더라도 누군가 이 거울을 보여 주면 본래 그것의 주인이 보낸 사람으로 인정하는 신뢰의 의미를 가졌다. 그리고 독일어 'sinnbild'에서 기원했는데, 'bild'의 의미는 '이미지'이다. 상징의 의미를 이해할 수 있는 인지능력과 상징 이미지와 함께 발생하는 정서의 합일을 통해 상징 이미지는 그 의미와 형태를 얻게 된다. 당연히 상징은 원형에서 기원한다. 원형은 그 자체로 자신을 의식 세계에 표상하는 것이 아니라 이미지의 형태로 원형에너지를 배열시킨다. 원형에너지가 배열시킨 이 이미지는 개인적, 문화적으로 관련 있는 상징에 투사되고 상징에 투사된 내용을 보고 원형에너지의 내용이 무엇인지 알 수 있게 된다. 그러한 의미에서 상징은 의식과 무의식을 연결한다.

상징이 의식과 무의식을 연결한다는 것을 다른 말로 하면 서로 대극적인 것을 연결한다는 의미이다. 예를 들면, 주제, 태도, 신념, 문제 또는 관계에 관한 견해 중 어느 부분은 의식되고 다른 한 극은 무의식 상태일 경우, 무의식에 있는 극은 의식되고자 하는 성향을 갖게 되고 무의식에 있는 대극에너지가 의식에 접근할수록 정신에는 갈등적 에너지가 쌓이게 된다. 원형에너지의 배열은 정서를 불러일으키기 때문이다. 예를 들어, 자기를 드러내면 안 되고 참아야 한다는 전통적 가치관과 태도를 강하게 갖고 있는 사람은 대극적, 무의식적으로 자신의 삶을 살고자 하는 내적 충동을 가지고 있다. 이 충동이 점점 강해져서 의식의 문턱까지 올라오면 그 개인의 심적 상태는 갈등에 빠지게 된다. 그러나 이러한 갈등은 부정적인 것이 아니라 변화와 성장, 새로워짐을 위한 창조적 에너지라고 할 수 있다. 두 극 사이의 긴장과 갈등은 무의식에 있던 대극이 의식에 올라와 에너지의 크기가 서로 동일해질 때가 가장 크다. 두 대극 사이에 흐르는 창조적 에너지는 갑작스러운 통찰이나 섬광을 가져와 의식화되고 삶에 새로운 의미를 만들어 낸다. 그런 의미에서 상징은 대극을 연결하여 합일하는 기능을 갖고 있다고 할 수 있다. 합일, 통합의 방향으로 나아가게 밀어붙이는 자기원형이 존재하기 때문에 그림자의 통합, 여성성/남성성의 통합, 개성화를 향한 삶을 살아가게 된다.

융에 의하면 상징은 자발적으로 발생하며, 치유적이고 삶에 대한 태도와 가치를 변화시키는 힘을 가지고 있다. 이 힘은 의식을 무의식의 상징과 연결하는 기능을 한다. 시를로(Cirlot)의 『상징사전』에도 상징은 다음과 같이 언급되어 있다. "상징의 본질은 상징이 동시에 다양한 측면을 표현한다는 것에 있으며(대극이나 극을 포함하는), 의식이 스스로 해결할 수 없는 대극 간의 긴장 상태에 있을 때 상성이 나타난다."(Cirlot, 2014) 또한 엘리아데(Eliade, 1969)는 상징을 이해한 사람이란 객관 세계에 대해 자신을 개방할 뿐 아니라 동시에 개인이 처한 상황에서 출발하여 우주의 이해에 도달하는 데 성공한 사람이라고 하였다. 상징으로 인해 개인적 경험이 깨어나고 갈등을 초월하는 영적 행위로 변화된다.

웨인리브(Weinrib, 1983/2004)는 이러한 개념을 모래놀이치료와 연결시켜서 모래놀이치료는 무의식의 원형에너지가 표현되는 "상징적이고 창조적인 활동이다. …… 모래놀이치료는 상상을 자극하고, 신경증적으로 고착된 에너지를 해방시키며, 그 에너지를 창조적 통로로 이동시킨다. 그래서 그 자체로 치유적이다."(p. 23)라고 묘사했다. 모래놀이치료에서 피규어와 사물들은 대극 간을 이어 주는 기능을 하는 상징으로서 작용한다. 그러나 원형을 표상하는 상징은 원형을 완전히 남김없이 표상하지 못한다는 점에서 항상 원형보다 작다고 할 수 있다. 원형은 보편적인 것이지만 상징은 개인적 · 문화적 · 인종적 · 종교적 영향에 좌우된다. 예를 들어, 어머니를 표상하는 피규어 상징은 개인이나 문화에 따라 다를 수 있다.

원형은 상징 이미지의 형태, 즉 꿈, 모래놀이, 백일몽, 예술 등의 형태로 나타난다. 이때 나타나는 패턴들은 인간이 어떤 종류의 지각, 관념, 행위를 발달시킬 수 있도록 하는 타고난 소인이라고 할 수 있다. 이러한 원초적 에너지 패턴 또는 청사진은 전 생애에 걸쳐 보편적으로 인간에게 영향을 미친다. 예를 들어, 원형작용의 결과로 생겨난 모성콤플렉스는 평생 동안 다른 관계와 환경에 투사되어 개인이 맺어 가는 관계와 감정에 영향을 미친다. 비교적 긍정적인 모성콤플렉스를 가진 사람은 대인관계와 환경을 수용적이고 지지적인 것으로 지각하면서도 지나친 의존성을 피함으로써 건강한 삶을 살아간다. 이 에너지 패턴들 또는 청사진은 삶의 경험에 의해 활성화되며, 무의식적 행동을 활성화하고, 정신적 내용에 질서를 부여한다. 건강하고 지지적인 부모 경험은 부모 원형에너지의 배열을 자극하여 긍정적인 부모콤플렉스가 생겨나게 한다. 원형의 영향은 또한 개인의 무의식적 행동에 방향을 주고 정신적 내용이 상징적 이미지화하도록 하는 자기장과도 같다. 원형은 정서적 에너지를 갖고 있고, 신체와 정신, 의식과 무의식, 영과 물질, 선과 악 같은 여러 가지 대극을 연결한다. 따라서 원형 패턴은 양극성, 대극성이며, 삶을 증진하는 긍정적 측면과 삶을 파괴하는 부정적 측면을 모두 갖고 있다. 매우 부정적인 모성콤플렉스를 갖고 있는 사람은 관계와 세상을 착취적이고 불공평한 것이라고 지각하고 평생 피해의식이나 적대감, 소외감에 시달리며 살 수 있다.

상징 능력의 발달과 관련하여 애착이론을 언급하지 않을 수 없다. 상징은 원형을 표상한 것인데, 애착이론과 연결 짓는다면 볼비(Bowlby, 1988)의 '내적 작동 모형' 그리고 꿈이나 백일몽으로 무의식에서 자발적으로 발생하는 것들과 연결 지을 수 있을 것이다. 볼비(1988)의 내적 작동 모형은 2세 중반부터 3세 사이의 유아에게서 형성된다. 유아의 내적 작동 모형은 물리적 세계, 어머니 및 중요한 타인들, 자신에 대한 기대, 자신과 타인 사이의 상호작용에 관한 복잡한 표상 자료를 포함한다. 내적 작동 모형은 유사한 경험들이 여러 번 반복된 결과로 발달하며 내적 작동 모형의 발달 시기는 여러 번의 반복 기회를 제공하는 사회적 환경 내에서 이루어지는 뇌 발달에 좌우된다. 내적 작동 모형은 애착체계 내에서 발달하는데, 애착체계는 유아가 주로 어머니 그리고 부차적으로 타인들과 기대를 형성하고 상호작용을 평가하는 것을 가능하게 한다(Schore, 1994). 한 가지 장점은 내적 작동 모형이 어머니의 부재 시에도 새로운 경험을 해석하고 행동하는 것에 대한 무의식적 근거를 제공함으로써 유아를 미래의 상호작용으로 안내하는 것이다. 그러므로 내적 작동 모형은 유아에게 이후의 다른 발달 목적을 위해 자유롭게 사용할 에너지 보존의 관점에서 유익하다.

이 내적 작동 모형은 쇼어(Schore, 1994)의 아동발달 개념과 상당히 유사한 면이 있다. 좋거나 나쁜 어머니 이미지는 갑자기 의식화되는 것이 아니다. 내적 작동 모형은 다중 감각 경험을 통해 시간이 가면서 발달한다. 본래 어머니 표상은 후각-촉각-얼굴 형태를 취하는 것으로 알려져 있다. 출생 후 2~9개월에는 어머니 이미지에 대한 표상에서 근감각 표상이 주로 지배적이다. 1세 말 무렵이 되어 뇌의 전두엽이 중요한 통합적 기능을 담당할 만큼 충분히 발달하면 어머니의 조절 기능이 내재화되기 시작한다. 이 시점에서 아동은 시각적·사회적 상호작용의 맥락 안에서의 정서적·인지적 구성 요소를 갖고 있는 일종의 '전 상징적(pre-symbolic) 표상'으로 패턴들을 인식하고 저장할 수 있게 된다. 이 초기 단계의 상징 능력의 발달은 유아의 외적 환경에서 안정적 자극으로 기능하는 어머니의 눈과 얼굴에 특히 좌우된다. 다중 감각 정보의 형성은 결과적으로 유아로 하여금 유아의 내면에서 외부 대상(이 경우에 어머니)을 인식하도록 한다. 즉, 어머니에 대한 내면의 이미지가 발달한다. 유아가 18개월 무렵이 되면 상징적 환기기억이 발달하는데, 이것은 유아가 어머니의 내적 이미지를 환기해 내게 된다는 것을 의미한다. 환기기억을 통해 시각 자극에 대한 인지적 평가와 이전에 저장된 코드와 얼굴들을 스캔하고 맞추며, 표정의 의미를 해석하고, 어머니의 부재 시 미래에 사용할 정보를 해독하고 저장하며, 전 언어 사고를 가능하게 하는 표상을 형성한다. 시간이 흐르면서 이 과정은 더 많은 절차를 포함하고 점점 더 복잡한 표상체계와 통합된다. 이 시점에서 뇌의 우반구의 성숙과 장기기억의 발달은 특히 정서의 자기조절을 위한 대처 전략의 생성을 통해 대인관계에서 적절한 행동을 하게 하는 상징적·상호작용적 표상을 저장하고 인출하여 사용할 수 있게 한다. 내적 상징 표상이 풍부해지면 상황의 즉각성에 덜 의존하는 이미지, 즉 보다 질서정연하고, 예측 가능하며, 유연한 삶으로 인도하는 이미지로 충만하게 된다. 내적 작동 모형이나 쇼어의 발달이론이 인지적 평가와 표현의 의미 해석을 포함하고 있기 때문에 비록 외부세계의 사건이나 사람에 대한 반복 경험에 따라 내적 이미지가 만들어지기는 하지만 그렇다고 내적 이미지가 외부 세계의 어떤 사람이나 사건의 정확한 복제는 아니다. 여기에는 분석심리학에서 말하는 원형의 영향이 작용하고, 원형의 영향은 개인이 환경에서 경험하는 것들과 상호작용하면서 개인 및 개인이 속한 문화와 관련된 이미지 형성으로 이어진다. 따라서 상징은 보편적 의미와 개인 및 문화적 의미라는 이중적 속성을 갖는다.

2. 원형과 모래놀이치료

1) 모성원형과 모래놀이치료

모래놀이치료 훈련에서 모성을 상징하는 피규어를 하나씩 고르라고 하면 사람마다 각기 다른 피규어를 골라 온다. 그중에는 사람 피규어도 있고, 사물 피규어도 있지만 그 피규어를 고른 이유에 대한 연상을 들어 보면 몇 가지 공통점이 있다는 것을 발견하게 된다. 모성에 대한 공통적인 연상은 따듯하고, 양육적이고, 성장시키고, 먹이고, 보호하고, 헌신적인 이미지이다. 처음 골라 온 모성 이미지와 반대 이미지를 가진 모성을 상징하는 피규어를 고르라고 하면 사람들은 흔히 잡아먹고, 방해하고, 차가운 이미지의 피규어를 고르는 경향이 있다. 이 예에서 알 수 있듯이, 모성원형을 포함한 모든 원형은 이중적 측면을 갖고 있다. 긍정적 측면의 모성원형에너지는 여성적인 마술적 권위, 상식적 이해를 초월하는 지혜와 정신적 숭고함, 자애로움, 돌보는 것, 유지하는 것, 성장시키고 풍요롭게 하고 영양을 공급하는 제공자, 마술적 변화와 재생의 모체, 도움을 주는 본능이나 충동, 비밀스러운 것이다. 부정적 모성원형에너지는 감추어진 것, 어둠, 심연, 죽은 자의 세계, 삼켜 버리고 유혹하고 독살하는 것, 두려움을 유발하는 것, 피할 수 없는 것, 성장을 방해하고 퇴행시키고 잡아먹는 차가운 측면을 갖고 있다(Jung, 1984/2002, pp. 202-203). 또한 융에 따르면, 모성원형은 세 가지의 본질적 측면을 갖고 있다. 돌보고 기르는 자비, 열광적 정서, 지하계적인 어둠이 그것이다(Jung, 1984/2002, p. 203). 물론 내담자와의 모래놀이치료 세션에서 어떤 상징으로 이러한 부분들이 표현될 것인가는 개인의 경험에 따라 달라진다.

이전에 언급한 바와 같이, 모든 원형이 그렇듯이 원형에너지의 이중성 중 어떤 측면이 더 발현 또는 배열될 것인가는 개인의 경험에 의해 결정된다. 즉, 원형적 발현은 외적인 자극 없이는 일어나지 않는다(Neumann, 1973). 또한 남성에게 있는 여성적 원형

(아니마)에 대한 융의 개념에 실제 관계가 영향을 미친다는 점을 고려할 때(Wehr, 1987), 원형에너지의 발현은 자동적 과정이 아니라고 할 수 있다. 그것이 자동적 발현 과정이라면 외적, 집단적 또는 사회문화적 영향 그리고 개인의 의지는 무용지물이 될 수밖에 없다. 따라서 아동발달의 측면에서 아동이 지각하는 부모와의 관계는 아동의 인격 발달을 원형에너지 배열 또는 발현에 중요한 측면이라고 할 수 있다. 모래놀이치료 장면에서 등장하는 피규어나 형태가 모성에너지의 어느 측면을 나타내고 있는가를 보는 것은 아동발달 이해에 중요한 의미를 가지며, 그것이 파괴적인 측면을 갖고 있는지 아니면 긍정적 측면을 갖고 있는지, 인간의 모습에 가까운지 또는 사물의 모습을 하고 있는지를 보는 것이 중요하다. 동물, 괴물, 여왕, 마녀, 여신 등의 모습에 가까울수록 더욱 원형적 특성을 갖고 있다고 할 수 있다(Jung, 1984/2002, p. 264). 원형적 특성이 많을수록 내담자는 삶에서 적절하고 현실적인 관계 유지를 하기 어려울 가능성을 시사한다. 내담자가 어머니에 대해 갖고 있는 심리가 긍정적이든 부정적이든 개인의 어머니가 지나치게 큰 중요성을 갖고 있다는 인상을 준다면, 그것은 그 개인이 어머니의 개인적 특성보다는 원형적 모성 이미지를 투사하고 있을 가능성이 크기 때문이다(Jung, 1984/2002, p. 204). 내담자의 정신적 성장 과정에서 모성원형적 특성과 개인의 어머니의 개인적 특성을 구분하는 것은 매우 중요하다. 이 분화가 이루어지지 않으면 일견 부정적이거나 긍정적인 측면이 지나치게 강하거나 경직된 형태로 개인의 어머니나 상담자에게 투사되거나 기타 다른 인물에 투사되어 관계를 복잡하고 힘들게 만들 수 있다. 원형 이미지를 투사하면 할수록 개인의 정신적 독립은 어려워진다. 물론 초기 발달단계에서는 원형 이미지가 개인의 어머니에게 자연스럽게 투사되며, 아동의 스스로 돌보는 능력의 발달을 위해 그러한 과정이 정신 발달 과정상 반드시 필요하다.

　원형에너지의 발달에 영향을 주는 외적 환경의 모성적 영향은 개인의 어머니에게만 국한되는 것은 아니다. 생애 초기인 매우 어린 시절부터 성인기에 이르기까지 어머니 외의 주변 여성들, 모성성에 대한 사회와 시대의 문화도 영향을 미친다. 과거 전통적이고 가부장적인 사회에서 여성에게 어머니로서의 희생과 역할을 강조하던 시대와는 달리 현대 사회는 여성의 사회 활동이나 자기실현을 중요시하고 있고, 그 영향으로 자녀에 대한 정서적 돌봄이 소홀해지거나 방임되는 경우가 과거에 비해 더 많이 발생하고 있다. 그러한 결과로서 아동이 심리정서적 문제를 갖는 비율도 커지고 있다. 또한 장시간 부모를

떠나 대리 양육자와 있는 아동에게 모성 대리 인물과 아동의 비율, 모성 대리 인물의 성
격적 특성, 함께 있는 시간의 길이 등이 어떻게 영향을 미칠 수 있는지도 중요한 부분
이다.

이러한 모성원형의 특성과 개인에게서 모성원형의 발달 분화 과정은 여러 민담을 통
해서도 볼 수 있다. 예를 들면, 우리나라 제주도에 전해지는 설문대할망 전설을 들 수 있
다. 그녀는 땅과 제주도를 창조한 우리나라 태모신의 상징이다. 설문대할망은 그 치맛자
락에 흙을 퍼 날라 오름들을 창조했다고 전해진다. 그러나 그녀는 토속신앙이나 전설 속
의 인물로 사라졌다. 역사사회학자들은 남신을 모시는 부족과 설문대할망 같은 여신을
모시는 부족 간의 다툼에서 남신을 모시는 부족이 승리하면서 패배한 부족의 여신이 격
하되는 과정에서 토속신앙으로만 남게 되었다고 설명하지만, 상징적 그리고 계통 발생
적으로 볼 때 그것은 절대적으로 중요한 모성원형과의 단일체 상태에서 벗어나 자아의
식성(ego consciousness)이 분화해 가는 과정을 상징한다고 할 수 있다.

〈표 3-1〉은 노이만(Neumann, 1963/1991)의 『대모(The Great Mother)』에서 발췌한 모성
원형을 나타내는 상징들의 예인데, 이는 모성을 신체 영역에 비유하여 분류한 것이다.
1차적 특성을 지닌 모성상징들과 달리 변환적 특성까지 지닌 모성상징들은 그 안에 담
겨 있는 것(즉, 상징적 자녀인 의식성)을 변환시키는 기능을 강조하고 있다. 이것은 씨앗과
그것을 성장시키는 자양분을 모두 포함하고 있는 의미를 가진 표현인 모체(matrix) 또는
모성적 무의식이라는 의미에 잘 맞는다.

〈표 3-1〉 모성원형 상징의 예

특성	신체 영역	주요 기능	관련 상징
1차적	배/자궁	담아 줌 (containment)	동굴, 심연, 자궁, 배, 무덤, 깊은 곳, 관, 석류, 씨앗, 냄비, 콩, (제우스에게 젖을 먹인) 염소의 뿔, 돼지 (다산), 조개, 오징어, 부엉이, 통, 상자, 바구니, 가슴, 물통, 자루, 몸, 주머니
1차적	배/자궁	보호	요람, 배, 마차, 관, 산, 언덕, 피난 동굴, 사원, 테메노스, 오두막, 집, 마을, 도시, 격자, 울타리, 벽, 문, 드레스, 코트, 베일, 그물, 방패, 헬멧
1차적/변환적	배	담아 줌/창조적	닫힌 상태의 항아리, 솥, 오븐, 증류관

1차적/변환적	배/가슴	담아 줌/먹임/ 베풂/기부	열린 상태의 용기, 그릇, 성배, 술잔

출처: Neumann (1963/1991).

[그림 3-2] 모성원형의 상징 중 하나인 대지의 여신 가이아

[그림 3-3] 11세 남자 아동 내담자가 만든 첫 번째 세션의 모래장면

원형에너지에 의해 아동의 자아가 압도당할 가능성이 있어 아동의 판타지적 놀이를 중단시켜야 했다. 매우 경직되어 가짜 자기 상징처럼 보이는 포켓몬 본부는 무의식의 범람을 감당할 힘이 없어 보인다.

[그림 3-4] 경계선 성격장애 어머니에게서 자란 7세 아동 내담자의 모래장면들

[그림 3-4]의 4장의 사진 중 첫 번째 사진의 모래장면은 심한 경계선 성격장애 어머니 와 살고 있던 7세 아동이 첫 세션에서 만든 것이다. 이 장면에는 울타리를 강조한 공간 안 에서 안전하게 있고 싶어 하는 그리고 침범 당하지 않고 싶어 하는 모습이 보인다. 그러나 밖에는 뱀 여인으로 상징되는 부정적 모성 피규어가 지키고 있다. 모래놀이치료를 시작하 면서 어머니가 긍정적으로 변하는 모습을 보고 내담자의 상상의 방 앞을 지키고 있는 부 정적 모성 이미지가 없어지고 뱀을 집어 들고 있는 여신으로 대체되었다. 뱀을 두려워하 지만 손에 잡았다는 것은 부정적인 원형적 모성을 극복할 긍정적 모성을 상징한다. 그러 나 긍정적 모성은 아직 인간 수준, 현실에 존재하는 수준이 아님을 알 수 있다. 또한 뱀 모 성 대신에 내담자의 감정을 담아 줄 수 있는 모성을 상징하는 그릇 세 개가 모래가 담긴 채 상징적으로 놓여 있고, 신상들은 아동 내담자의 신성한 공간을 지키고 있다. 더 나아가 울 타리 안에는 아동의 자기(Self)에너지를 상징하는 구형의 피규어들이 들어 있다. 아동은 건 강한 자아(ego)를 발달시키기 위해 긍정적인 자기(Self)에너지를 필요로 하며, 이것의 달성 을 위해 감정을 담아 주고 견뎌 주는 것인 모성적 에너지가 필요함을 의미한다. 그러나 이 후의 세션(두 번째 모래 사진)에서는 무의식의 범람을 상징하는 장면이 나타나고 있다. 원 형적 모성의 현실적 · 구체적 상징인 아동의 어머니는 안정적인 감정을 오랫동안 유지하 여 자신의 감정을 스스로 담아내고 자녀의 감정을 담아 줄 수 있는 능력이 부족하였으며, 아동 내담자 역시 감정을을 견디는 것이 잘 안 되었기 때문이다. 세 번째 모래 사진에서 아 동은 물의 범람으로부터 살아남기 위해 애써 한쪽에 모래를 쌓고 배를 띄워 빠지지 않으 려고 하고 있다. 아동 내담자는 여러 번의 시도 끝에 힘들여서 모래 모형물을 쌓아 올렸지 만 물이 너무 많아서 금방이라도 무너져 내릴 것처럼 연약해 보인다. 그럼에도 불구하고 아동은 네 번째 모래장면에서 가운데에서 모래 모형물을 작업하고 있다. 자기(Self) 배열 을 위해 중심화 작업을 하고 있는 것이다. 그 크기가 너무 거대한 것은 정서적 외상으로 인한 자기애적 성향에서 기인한 것으로 보인다. 아동은 한 시간 내내 이 모형물을 만드 는 데 에너지를 다 쏟았고 여러 번 실패했다. 역시 물이 너무 많아서 한쪽이 무너져 내리 는 등 원하는 정확한 모양을 만들지 못했다. 아동은 자기(Self)의 상징인 빛나는 구형 피 규어를 모래에 숨기기를 간절히 원했다.

[그림 3-5] 12세 여자 아동의 모래장면

이 모래장면은 물 위에 투영된 형광등 빛이 카메라의 각도에 따라 다르게 보이는 것을 찍은 것으로, 때로는 동시성적으로 우연을 가장한 형상이 내담자의 상태를 정확하게 말해 주는 경우도 있다. 이 아동 내담자는 어린 시절부터 부모의 갈등으로 모성 박탈을 경험한 아동의 모래장면으로 가운데 비친 전등의 투영이 마치 성모 마리아가 어린 양을 품고 있는 듯한 형상이다. 아동의 손은 자신에게 결핍되었던 모성적 돌봄을 모래놀이치료에서 배열된 모성원형에너지를 통해 받고 있다.

[그림 3-6] 20대 후반 여자 내담자의 모래장면

피규어들은 일견 평화로워 보이나 거친 모래 표면은 그녀의 내면의 해결되지 않은 모성콤플렉스로 인한 감정적 압도감을 보여 주는 것으로 보인다. 또한 지네, 전갈, 거미 등 각종 벌레는 그녀에게 긍정적 존재로만 보이는 어머니에 대한 무의식적인 부정적 감정, 즉 부정적 모성콤플렉스를 보여 준다.

[그림 3-6]은 너무 오랫동안 긍정적으로만 남아 있어서 부정적으로 기능하는 모성콤플렉스를 발견한 20대 후반의 여자 내담자가 만든 모래상자이다. 감옥은 어린 시절에는 유효하였지만 성장하면서 나와야 하는 모성에너지이며 그것을 감옥으로 표현하였다는 것은 모성에너지에 갇혀 있음을 상징한다. 감옥 오른쪽의 가파른 바위 언덕은 달성하기 힘

든 자아의식성의 발달을 상징한다. 왼쪽에 있는 포켓몬 본부는 인위적인 자기(Self)를 상징하는 것으로 보인다. 겉으로는 성숙한 것 같지만 내적으로는 미숙하고 경직된 상태에 머물러 있음을 보여 준다. 이러한 내적 상태는 외부 세계로 독립해 가는 것을 방해하면서 동시에 무의식적으로는 독립을 갈망하게 한다. 성취하기 어려운 독립적인 자아발달은 가파른 절벽을 올라가고 있는 거북이로 상징화되어 있다. 이 세션에서 내담자는 비행기가 향하고 있는 감옥의 문을 열면서 자신이 갇혀 있었으며 갇혀 있기를 원했다는 것을 깨달았다. 긍정적으로 보였던 부정적 모성콤플렉스를 깨달은 것이다.

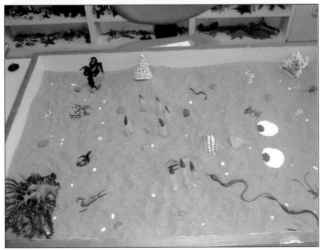

[그림 3-7] 14세 여자 내담자의 모래장면

[그림 3-8] 30세 여자 내담자의 모래장면

[그림 3-7]도 부정적 모성콤플렉스를 갖고 있던 여자 청소년의 모래장면이다. 어린 시절부터 신체장애로 인해 모성을 상징하는 신체자기의 발달에 어려움이 있었던 내담자는 모성원형, 즉 신체를 상징하는 모래사막 속에서 나오고 있는 강력한 신체를 만들었다. 이 신체는 그녀의 병든 몸처럼 아름답지는 않지만 그녀의 몸과 달리 매우 강력한 내적 인격을 상징한다. 비록 자신의 몸은 마귀할멈이라는 놀림을 받을 만큼 기괴하지만 그녀의 내적 인격은 이 기괴함을 받아들이고 자신만의 강함을 발달시켰다.

[그림 3-8]은 30세 여성이 만든 모래장면이다. 독립과 성장을 방해하고 관계에서의 의존과 집착을 가져오는 부정적인 원형적 모성에너지가 가운데 자아의 씨앗을 갖고 있는 자기에너지의 배열을 방해하는 끔찍한 거미와 뱀으로 상징화되어 있다. 이 부정적 모성에너지는 중심의 자기에너지가 나오지 못하도록 중심을 향해 기어가고 있다. 중심의 존재가 힘을 갖도록 하기 위해 세션 도중에 나비, 금물병, 보석 등 다른 피규어를 그 주변에 놓았다. 중심에 있는 구는 자기를 상징하며, 또한 자기에서 분화하려고 하는 자아가 그 안에 들어 있다.

2) 부성원형과 모래놀이치료

부성원형이 무엇인지 이해하기에 앞서 아버지라는 단어의 어원을 먼저 이해하면 부성원형이 갖고 있는 에너지가 무엇인지 이해하는 데 도움이 될 것이다. 어원은 오랜 시간 전부터 그 언어를 발전시켜 온 사람들의 전형적이고 대표적인 이미지를 간직하고 있기 때문이다. 아버지의 어원은 '빛으로 나아가게 인도하는 사람'이라는 의미를 갖고 있다. 분석심리학적으로 빛은 외부 세계, 의식 세계, 통찰 등을 상징하는 것으로 아버지는 자녀를 외부 세계, 의식 세계로 안내하는 존재이다. 이는 노이만이 자신의 정신 발달단계에서 자아 발달의 마지막 단계를 아버지의 세계, 태양 자아에 비유한 것과 유사한 맥락이다.

또한 부성원형에 관해 논의하기에 앞서 먼저 부성의 개념을 이야기하는 것이 필요할 것으로 보인다. 그 기능과 역할이 상대적으로 더 명확한 모성원형 개념에 비해 부성원형 개념은 여러 가지 논쟁점이 있고 사회문화적·시대적 가치와 태도의 영향을 많이 받는 개념이기 때문이다. 지금까지 부성에 대한 대부분의 설명은 부성의 남성적 측면들을 주로 강조하고 있다. 그러나 다른 학자들의 설명에 의하면 부성은 또한 여성적·모성적 측면도 포함하고 있는 것을 알 수 있다(Jung, 1984/2002; Gurian, 1993; Stevens, 1982; Colman & Colman, 1988; Wyly, 1989). 이러한 주장은 최근의 연구에 의해서도 지지된다. 미국의 국립과학학술원(National Academy of Science) 회지에 실린 연구에 의하면, 아버지 역시 어머니만큼 강한 '부모정신'으로 어머니를 대신할 수 있다. 미국 오리건주립대학교 연구팀이 행한 실험에서 자녀를 양육하는 내용을 담은 비디오를 보여 준 뒤 남녀 각각의 뇌에서 정서적 네트워크와 심리작용과 관련 있는 뇌 부위의 활동을 스캐닝했다. 직접 아이를 양육하고 있는 남성의 경우에는 모성애가 발휘될 때 나타나는 여성의 뇌 반응과 매우 유사한 반응이 나타났다(서울신문, 2014. 7. 30.). 어머니가 부재할 때는 이러한 '능력'이 더 강화되었다. 이러한 연구 결과는 부성원형에도 모성적 측면이 있다는 것을 뒷받침한다. 내담자에게 적용했을 때 한 측면의 부성원형적 에너지만 있을 수도 있지만 대부분은 복합적인 측면을 갖고 있을 것이며 이 복합적 측면이 현실의 삶과 관계에 어떻게 투사되고 있는지를 보는 것은 매우 중요하다.

부성원형은 학자들에 따라 다음과 같은 피규어들로 상징화될 수 있다.

- **융**(Jung, 1984/2002): 노현자(old wise man)로서의 아버지, 마법사, 의사, 성직자, 교사, 교수, 조부, 권위적인 인물
- **스티븐스**(Stevens, 1982): 연장자 또는 노인으로 인격화된 아버지, 왕, 하늘 아버지, 법의 제정자, 신념의 수호자, 하늘, 태양, 번개, 바람, 남근, 무기 등
- **와일리**(Wyly, 1989): 제우스의 번개, 에로스의 화살, 아론의 지팡이로 표상되는 남근 에너지
- **구리안**(Gurian, 1993): 왕, 왕자, 전사, 마법사, 연인, 탐험자로서의 아버지
- **콜맨과 콜맨**(Colman & Colman, 1988): 콜맨과 콜맨은 부성원형을 매우 구체적으로 설명하였다. 다양한 측면의 부성 개념을 이해하는 것은 모래놀이치료 장면에서 나타날 수 있는 내담자의 부성원형적 측면을 이해하기 위해 필요하다. 치료자 자신의 부성 개념이 협소하다면 내담자의 다양한 측면의 부성콤플렉스를 이해하기 어려울 것이다. 부성원형적 이미지가 내담자의 모래장면에 어떻게 나타나는지를 이해한다면 내담자가 어린 시절의 아버지와의 관계를 통해 배열된 그리고 치료자와의 관계를 통해 배열된 부성원형적 이미지를 이해할 수 있을 것이다. 개인이 아버지를 어떤

존재로 지각하고 있는가 하는 것은 그 개인이 갖고 있는 개인 아버지에 대한 경험과 더불어 부성원형의 투사이기 때문이다. 물론 아버지 쪽뿐만 아니라 어머니의 남성적 측면의 영향과 투사도 함께 작용한 결과이다. 콜맨과 콜맨이 제시한 부성원형의 유형을 요약 및 제시하면 다음과 같다.

(1) 대지적 아버지(earth father)

매일매일의 자녀 양육의 일부분으로 친근하고 양육적인 활동을 포함한 가족 경계 내에서 발생하는 기능과 관련된 부성으로서 땅속 깊이 어둡고 풍요한 곳에 살아 있는 고태적 부성원형에너지이다. 가부장적이고 전통적인 부권 중심의 사회에서는 잘 드러나지 않는 부성이다. 대지적 부성에 대한 가정이 타당할 수 있음은 고대의 이집트 신화에서도 볼 수 있다. 이집트 신화에서는 부성적 신인 겝(Geb)이 대지적 부성으로 상징되며, 모성원형은 하늘의 신인 누트(Nut)로 상징화된다. 대지적 부성은 대지의 순환적인 생명력에서 힘을 끌어온다. 즉, 계절, 삶과 죽음의 주기, 식물, 동물, 인간의 번식과 관련된 원형으로서 목자와 숲의 신인 판(그리스)과 파우누스(로마), 포도 넝쿨의 신인 바카스 등을 예로 들 수 있다. 부활과 관련된 신성한 나무를 돌보는 정원의 신인 아도니스, 십자가 형태의 나무에서 죽은 예수, 에덴동산의 아담도 대지적 부성원형 상징의 예에 속한다고 할 수 있다.

(2) 하늘 아버지(sky father)

지역사회와 가족 경계의 교차에서 발생하는 부성원형이며, 가족의 생존에 필요한 것을 제공하는 보호적·제공적 기능을 하는 부성 이미지이다. 이러한 부성의 특성은 제공하고 판단하고 보호하는 역할을 하는 것이며 일상의 자녀 양육과는 거리가 멀다. 이 때문에 이러한 부성은 주장적, 공격적, 경제적, 전투적이다. 그래도 자녀의 미래, 성적, 학교에서의 지위, 신체적 용감무쌍과 관련된 부성보다는 여전히 가족의 경계 내에서 가족을 부양하는 아버지이기는 하다. 이러한 부성은 정서, 감정, 직관, 비합리성 같은 측면들을 부인하며, 자녀와의 실생활에서의 상호작용에서 구체적인 양육의 역할을 하지 않는다. 하늘 아버지의 가장 큰 역할은 경계에 있으므로 어머니의 내면 세계와 지역사회라는 외부 세계 사이에 다리를 제공한다. 오늘날 우리 사회의 나이 든 세대의 남성들에게 주로 배열되어 있는 부성적 특성이다.

(3) 창조자 아버지(creator father)

생명 창조 과정을 독특하게 경험하는 부성적 측면이다. 새 생명을 만들어 내는 가능성이 활성화되는 경험, 즉 전형적인 창조적 행위로 경험되는 부성이다. 여기서 창조라는 표현은 인간이 부모로서의 행동을 하는가 하지 않는가와는 직접적으로 상관이 없다. 상징적으로 의식, 자기지각, 심지어 외부 세계를 향한 태도를 시기적절하게 변화시키고 성장해 가는 힘, 즉 창조하는 힘을 만들어 내는 원형에너지라는 의미에서의 창조이다. 대지적 아버지이면서 동시에 창조자 아버지는 대지를 만들어 내는 원초적인 창조자로서의 부성원형 이미지이다. 그 예로 노르웨이의 신인 이미르(Ymir)를 들 수 있다. 그는 겨드랑이로 노래했으며, 그가 죽은 후 그의 몸은 대지를 창조하기 위해 사용되었다. 호주 원주민의 드림타임 전설에서는 카로라가 그 예인데, 그는 겨드랑이로 자식을 낳았다. 제우스가 머리로 아테나를 낳은 것도 이러한 부성원형적 측면의 상징화일 것이다. 자식을 낳았다는 것은 성숙한 인격의 형성을 상징하는 표현이다.

(4) 왕 아버지(royal father)

왕 아버지는 땅과 하늘의 기능을 닮고 싶어 하며, 가족의 내적·외적 욕구를 돌보는 종합 자녀 양육 체계에 해당하는 부성원형에너지이다. 따라서 부인을 자녀 양육의 파트너로 여기지 않으며 신조차 아버지를 지배해서는 안 된다고 주장한다. 전통적으로 여성에게 속하는 모든 기능을 갖고 있는 종합적 존재이다. 상대 파트너를 여성적 힘을 갖고 있는 진정한 대지의 여신으로 여기지 않기 때문에 여성 파트너를 정치적 교육을 받거나 개인적 힘을 전혀 갖지 않은 순진하고 순수한 처녀로만 여긴다. 따라서 왕 아버지는 파트너를 자식처럼 여기며 엄격한 규칙의 적용을 주장한다. 이것은 문화적 상징인 용에 상응하는 인간의 모습이다. 동양에서 용은 단일체이며, 인간과 비인간적 세계로부터 온 긍정적 측면과 부정적 측면을 모두 가지고 있는 '전체 신(whole god)'이다. 용의 힘은 보호적이고 양육적인 존재인 대지뿐 아니라 하늘까지 닿아 있다. 창조적 힘과 파괴적 힘을 다스리며, 지하/지상, 남자/여자, 보호/지킴을 조합한 존재이다. 16세기와 17세기의 유럽에는 완전히 만들어진 사람이 아버지의 정자 속에 들어 있다는 신념이 있었고 어머니는 단지 일시적으로 그것을 담고 있는 용기에 불과했다. 이러한 관념에는 부성이 양육자, 보호자일 뿐 아니라 상담자와 안내자이다. 아버지가 이런 부성원형적 에너지를 갖고 있으면 가족 안에 존재하는 부모는 바로 이러한 왕 아버지뿐이다. 이런 부성원형에너지를 가진 자녀도 마찬가지로 이런 부성원형적 이미지를 아버지나 권위자에게 투사할 수 있다.

(5) 양자 관계적 아버지(dyadic father)

양자 관계적 아버지의 특성은 상징적으로 힌두교의 남신 시바와 여신 샤크티의 관계에서 잘 드러난다. 땅과 하늘의 부모이며 친근한 양육자, 보호자, 제공자이다. 이러한 부성은 파트너와 부모 역할을 나누고 싶어 하며, 집단적 정체성을 풍요롭게 하기 위해 함께 일하기를 선택한다. 전체 양자 관계는 두 사람의 단순한 합보다 기능적으로 더욱 복잡하다. 양자 관계적 자녀 양육은 '둘의 연합'을 의미하는 삭망(그믐과 보름)의 개념과 연결되어 있다. 즉, 두 개는 단순히 하나로 합쳐지는 것이 아니라 똑같은 힘을 갖고 함께 작업한다. 대극의 합일이 새롭고 더욱 가치 있는 존재를 만들어 내는 변화를 일으킬 수 있다고 보는 연금술의 원리와 같은 맥락이라고 할 수 있다. 삭망도 이에 대한 비유일 수 있는데, 삭망은 합일(유사함)과 두 개의 대극(다름)을 나타내며 그것의 융합을 통해 새로운 제3의 존재를 만들어 낼 가능성을 나타낸다. 양자 관계 부모는 땅/하늘, 허용/엄격, 진지/즐거움, 지성/정서, 남자/여자 등으로 분화된다. 양자 관계 파트너십의 실제적 특성인 역할 변화의 융통성, 서로 간의 협력, 자녀를 삶에서 똑같은 가능성을 갖고 있는 존재로 인식하는 등의 양상을 보인다.

3) 부성원형과 모성원형의 관계 그리고 모래놀이치료

(1) 대모와 영적 아버지의 관계

구체적인 자연 존재의 출현인 대모는 모든 생명이 태어나는 풍요의 자궁이며, 모든 생명이 돌아가는 어두운 무덤이다. 이것의 기본 속성은 번성시키는 것과 잡아먹는 능력이다. 그것은 마치 최초의 늪에 있는 어머니 자연과도 같은 우리 안에 내재되어 있는 본성적 측면이다. 생명은 끊임없이 번식하고 끊임없이 삼켜지는 것이 자연의 이치이다. 대모가 개인을 번성시킨다면 그녀는 좋은 존재이다. 반대로 개인을 집어삼키려고 위협한다면 그녀는 나쁜 존재이다. 분석심리학적으로 대모는 자아(ego)를 번성시키고 지원하거나 반대로 삼켜 버려서 퇴행적 상태에 머물게 하거나 극단적으로는 정신병에 걸리게 하거나 자살하게 만드는 무의식의 힘이라고 할 수 있다. 대모의 긍정적·창조적 측면은 가슴과 자궁으로 상징될 수 있다. 부정적·파괴적 측면은 집어삼키는 어머니 또는 이빨이 달려 있는 질(vagina)로 상징될 수 있다. 보다 추상적인 상징성으로 말하자면 속이 비었거나 움푹 들어갔거나 담아 주는 것이면 무엇이든 대모의 상징성과 관련된다. 따라서 물, 대지, 동굴, 집, 모든 종류의 용기(vessel) 등은 여성적인 것이다. 따라서 상자, 관, 희생자를 삼키는 괴물의 배꼽도 모성원형적 이미지의 상징들이다(Edinger, 1972/2016).

남성성의 표상이자 의식성의 원리(conscious principle)인 영적 아버지(Spiritual Father)는 빛, 영혼, 태양, 하늘 등으로 상징화될 수 있다. 이것으로부터 바람, 혼(pneuma, 프네우마)이 나오며, 이는 항상 물질에 반대되는 영혼의 상징이다. 태양과 비는 수용적 대지를 수태시키는 생식의 힘으로서 남성적 원리를 상징한다. 남근, 칼, 창, 화살, 가오리와 같이 찌르고 침투하는 이미지를 가진 것은 모두 영적 아버지와 관련된다. 깃털, 새, 비행기와 같이 날거나 비행할 수 있는 모든 것도 앞에 있는 하늘 영역을 강조하는 영적 아버지의 상징 콤플렉스이며, 빛이나 조명과 관련된 모든 이미지는 대모의 어두운 대지와는 대극인 남성적 원리와 관련된 것이라고 할 수 있다. 빛나는 사자의 갈기, 안색을 밝게 하는 것, 왕관, 후광, 모든 종류의 눈부심이나 광택도 남성적 빛인 태양 상징의 측면이라고 할 수 있다. 판사, 성직자, 의사 또는 노인처럼 지혜로운 노인 남자는 이와 같은 부성원형의 인격화(personification)이다(Edinger, 1972/2016).

영적 부성 원리의 긍정적 측면은 법, 질서, 훈육, 합리성, 이해, 영감과 관련된 측면이다. 부정적 측면은 팽창(inflation), 즉 지나친 초월적 사고를 만들어 내고 이카로스(Icarus)나 페이톤(Phaeton)과 같은 나락의 운명에 빠지게 만드는 영적 오만을 일으키고 구체적 현실로부터 고립되게 만들 수 있다. 이카로스는 그의 아버지 다이달로스(Daedalus)와 함께 크레타섬에 갇혀 있다가 아버지가 만들어 준 날개를 달고 도망쳤다. 그러나 이카로스는 아버지의 경고를 잊어버리고 태양에 너무 가깝게 다가가는 바람에 날개를 달기 위해 붙인 왁스가 녹아 바다에 떨어졌다. 페이톤은 그의 아버지 아폴로(Apollo)의 전차를 몰고 나갔으며 그 역시 아버지의 충고를 듣지 않고 태양에 너무 가까이 다가가는 바람에 타오르는 태양 불꽃에 부딪힌다.

에딩거(Edinger)의 설명에 따르면 우리 모두는 대모에게서 태어나고 성장한 후에 일정 기간이 지나면 영적 부성에너지에 의해 의식의 세계, 영적 세계로 나아가게 된다.

(2) 부성 및 모성 원형과 음양의 원리

휘트몬트(Whitmont, 1969)는 부성원형과 모성원형을 동양의 음양 원리의 관점에서 설명하였다. 『The symbolic quest』라는 자신의 저서에서 휘트몬트는 고대 중국의 음양 개념을 도입해서 남성-여성 대극 개념을 정교화하였다. 이 개념들은 일반적 원리 또는 상징적 이미지로서 남자와 여자의 직접적 특성이 아닌 '남성성' 및 '여성성'과 관련된 개념이다. 남자와 여자를 포함하여 남성성과 여성성을 구체적으로 드러내는 세상의 모든 것은 다양한 비율로 음과 양의 에너지를 가지고 있다고 할 수 있다. 이를 구체적으로 보면, '음'의 특성은 다음과 같다.

수용적, 양보적, 위축적인, 차가운, 젖은, 어두운, 구체적인, 담고 있는, 둘러싸고 있는, 형태를 주는, 창안해 내는, 구심적인 또는 안으로 향하는, 추동, 몰아침, 본능에 생명을 주는 자연의 어두운 자궁, 성애, 수용성, 수동성, 어둠, 광범위함, 비분화, 집단성

'양'의 특성은 다음과 같다.

주도적 에너지, 움직이는 힘, 충동적 행위, 공격성, 열, 자극, 빛에 의한 각성, 나눔, 침투, 에너지의 흩어짐, 질서, 이해, 주도, 분리, 의식, 중심으로부터 밖으로의 움직임, 하늘과 영혼의 표상, 훈육과 분리를 나타냄, 긍정적 열광, 제한과 금욕

4) 어린이원형과 모래놀이치료

어린이가 생겨 나오는 근원에 관한 동화, 신화, 믿음 등은 어린이가 어떤 상징성을 갖고 있는지를 보여 준다. 예를 들어, 유대인의 창조 신화에 나오는 에덴동산, 즉 파라다이스에서의 극적인 추방 이야기(창세기 3장)에서 인류의 탄생을 볼 수 있다. 많은 문화권의 신화에는 인간의 기원과 탄생 장소는 주로 대지(Terra Mater)이다. 고대 그리스 신화의 가이아는 모든 생물의 원초적 대지 어머니이다. 신과 인간의 탄생지는 동굴이었고, 대지는 물질(아담)이었으며, 어머니 대지는 샘물로 자식들을 먹였다. 빙하기의 인류가 동굴 입구에 새긴 인류 초기의 암각화에는 여성의 외음부가 묘사되어 있는데, 프랑스의 도르도

뉴(Dordogne) 동굴의 암각화가 그 예이다. 대지, 즉 모성의 무릎(품) 위로 들어가는 입구(동굴)에 관한 모티브는 크레타 섬의 제우스 동굴, 아일랜드의 뉴그레인지 무덤처럼 수천 년 된 인류의 전통 중 하나이다. 어머니 대지에 대한 고대 신화는 사랑하는 사람을 땅에 묻는 관습을 설명해 준다(Bosch, 2000). 대지 근원에 대한 이미지는 대지의 일부인 바위나 돌에서 인간이 생겨나는 많은 민담과도 관련이 있다.

또 다른 신념은 어린이가 대지의 또 다른 부분인 물에서 유래한다는 것이다. 모든 생명체의 근원인 물에 대한 지식은 모든 생물의 원시적 경험이라고 할 수 있다. 인류에 앞서 다른 생명체들이 이미 경험한 것이다. 호주 원주민들의 이야기에는 동굴을 포함해 숲속 샘물에서 아버지가 아이를 데려와 키웠다는 수많은 드림타임 이야기가 있다. 또한 다양한 문화권에는 황새가 연못에서 아이들을 데려온다는 신화가 있다. 불에서 아이가 온다는 이야기는 드물지만 존재한다. 힌두교의 불의 신 아그니(Agni)에게서 인간이 유래한다는 이야기가 그 한 예이다(Bosch, 2000). 불도 대지의 일부이다.

대지, 바위, 물, 불 등에서 어린이가 생겨난다는 어린이의 근원에 관한 여러 가지 이야기를 종합할 때 어린이원형은 신성한 어린이, 즉 자기원형의 상징이라고 할 수 있다. 융은 어린이 이미지를 "대극들을 하나로 묶어 주고, 수많은 변형이 가능한 상징이며……원형(roundness), 원(circle), 구(sphere) 또는 전체성의 또 다른 상징인 사위(quaternity)로 표현될 수 있다. 나는 의식을 초월하는 이 전체성을 '자기'라고 불렀다."(Jung, (1959/1990a, par. 278)라고 기술한 바 있다. 자기 이미지가 구나 원 또는 원형으로만 상징화되는 것은 아니며 매우 많은 자기 상징이 있다. 보물, 보석 등 귀중한 것이나 불사조 등도 자기 상징이 될 수 있다. 신성한 어린이는 새롭고 활기찬 관념이나 에너지의 출현, 의식의 새로워짐과 확장을 상징한다. 융에 따르면, "빛을 가져오는 자, 즉 의식의 확장자로서 신성한 어린이는 어둠을 극복한다."(CW 9i, par. 278)라고 했다. 즉, 무의식 상태를 극복하고 자아에 의식성을 가져온다는 것이다. 자기원형의 현현으로서의 신성한 어린이는 개인 내면뿐 아니라 문화 또는 인류가 현재의 심혼 구조를 평가하고 새로워질 것을 요구하는 에너지이기도 하다.

신성한 어린이는 종교적으로 창조주와 특별한 관계를 맺고 있으며, 세상에 선물을 가져다주는 특별한 힘을 갖고 있는 것으로 상징화되는 경향이 있다. 기독교를 포함하여 신성한 어린이가 도착할 것이라는 예언에 따라 예상치 못한 장소에서 신성한 아기가 기적적으로 태어나는 이야기가 다수 있다. 신의 어린이는 환영받지 못하며 그에게 적대적이고 위험한 세상에 태어나는 경우가 많다. 그 이유는 이들의 탄생이 당시 권력을 가진 통치자들의 저항을 불러일으키고, 그래서 통치자들에게 목숨을 위협 받기 때문이다. 이런 저항적인 힘은 죽음과 새로운 왕에게 길을 내주기를 거부하는 동화 속 왕으로 상징화되기도 한다. 이는 필요한 변화와 새로워짐에 저항하는 개인의 퇴행적 힘이나 문화의 변화 저항을 상징한다. 헤롯왕은 무고한 사람들을 학살하면서까지 예수를 죽이려 했고, 크리슈나의 경우에는 크리슈나가 삼촌을 죽일 것이라는 예언을 듣고 삼촌이 그를 죽일 음모를 꾸민다.

다시 말하면 어린이원형은 집단정신의 전의식적 아동기 측면이다. 다른 표현으로 하자면 전체 인류의 어린 시기의 조건, 즉 근원적·무의식적·본능적 상태를 나타낸다. 개인적 측면에서 어린이는 잊혀진 어린 시절의 특정한 것들을 나타내는 이미지라고 할 수 있다. 꿈이든 모래놀이치료든 어린이 이미지가 나타나는 것은 개인의 삶에서의 특정한 심리적 경험을 인격화하여 독립적으로 볼 수 있게 한다. 이 말은 과거와 현재 사이에 분열이 있다는 의미이다. 과거, 즉 생동감과 창조성 넘치는 어린이로 상징되는 에너지가 현재로 들어와서 통합되려고 하기 때문에 어린이 이미지가 나타나는 것이다. 융은 이에 대해 현재의 상태가 과거의 어린 시절의 상태와 모순에 빠지게 되었을 때 인위적이고 야망에 의해 만들어진 페르소나에 따라 자신의 근원적이고 본성적인 성격에서 급하게 분리시킨 것이 다시 통합되려는 시도가 어린이 이미지라고 했다. 단절되었다는 것은 어린이답지 않은 인위적 사람이 되어 버리고 자신의 뿌리를 상실한 것이다. 따라서 나타난 어린이 이미지의 특성이 무엇인지 살펴야 한다. 그런 의미에서 어린이는 외상과 관련된 상징이기도 하다.

그러나 우리 모두는 본래 이렇게 작고 초라하고 두려움에 떠는 존재가 아니다. 이런 존재성을 작은 피규어를 통해 보여 주는 이유는 과거의 상처로 인해 만들어진 현재의 모습을 보여 주고 진정한 정체성을 회복하도록 하기 위한 자기원형, 즉 어린이원형의 시도이다.

따라서 어린이원형에너지는 인류와 개인의 과거에만 존재한 것이 아니라 현재에도 그 기능을 발휘한다. 현재적 기능을 하고 있는 이 체계는 의식이 균형 상태에 있지 않고 한쪽 방향으로 치우치고 정도를 넘어설 때 이를 미리 보상하거나 수정하는 기능을 한다는 측면에서 정신적 전체성의 표현이며 창조성, 즉 인격 창조의 원천이라고 할 수 있다. 어

[그림 3-9] 20세 여자 내담자의 모래장면

어린 시절의 버림 받음과 차별이라는 외상으로 인해 세상의 눈치를 보고 두려워하면서 끊임없이 애정을 갈망하는
어린 아이가 두꺼운 갑옷 속에 숨어 있다.

린이의 원형적 이미지 중 하나는 영원한 소년, 즉 푸에르이다. 영원한 소년이라는 개념은
초월적이고 영적인 힘을 의인화하거나 그 힘과의 특별한 관계에 있는 원형적 이미지를
가리킨다. 영웅, 신적인 아이, 왕의 아들, 대모(Great Mother)의 아들, 영혼의 안내자, 메르
쿠리우스-헤르메스(Mercurius-Hermes), 트릭스터, 메시아 등으로 상징화되며, 자기애적
이고, 영감을 주며, 남자답지 못하지만 남근적이고, 호기심이 많고, 창조성이 많으며, 생
각이 많고, 소극적이며, 불 같고 저항적, 비관습적, 변덕이 많은 성격적 특성과 관련된다.

이와 관련하여 개인에게서 나타나는 부정적 양상은 청소년의 경우에는 이 시기를 부정적이고 짜증을 내면서 보내고, 아무 발전도 없고 현실과 제대로 접촉하지 못하면서 사는 것으로 푸에르의 전형적인 문제를 보여 주는 예이다. 여기에는 신경증적인 부모와의 관계가 부정적으로 작용하는 경향이 있다.

영원한 소년의 대극은 노인원형의 상징인 세넥스, 몰록(암몬족의 신), 새턴 등으로 상징화된다. 이 원형은 자아 경계를 명확하게 해서 정체성을 확립하게 되면서 자아를 굳건히 하고, 의식과 연합하여 모든 것을 탐욕스럽게 집어삼키면서 자아를 확장하고, 습관, 기억, 반복, 시간을 통해 자아가 유지되게 한다. 따라서 관습, 역사, 법, 의식, 문화 등과 관련된다. 그러나 부정적 측면에서 보면 프로메테우스적인 의식은 빛, 즉 의식성을 가져오지만 항상 의식의 뿌리(자기원형)로부터 단절될 위험을 안고 있다. 그런 의미에서도 어린이는 자기원형의 상징이라고 할 수 있다. 문화, 관습, 집단 등의 지나친 사회화에 의해 자아 경계가 경직되고, 영원한 소년의 자유롭고 창조적인 에너지로부터 단절되면 자기원형은 전체성을 회복하고자 하는 방향으로 리비도를 움직인다. 반대로 성숙한 성인의 삶으로의 성장을 거부하고 푸에르적 상태에 남으려는 역동과 사회문화적 관습에 따라 살려는 역동 간의 상호작용은 여러 가지로 상징화된다. 서양의 고전 신화에서는 이 두 힘 사이의 작용을 인간의 영이 모성 세계와 얽혀 있는 것, 즉 위대한 여신과 그녀의 젊은 남성 배우자, 아들, 연인, 사제 사이에서 일어나는 이야기로 상징화하고 있다. 아티스, 아도니스, 히폴리토스, 파에톤, 탐무즈, 오이디푸스, 엔디미온 등은 영웅의 여정을 가지 않고 모성에게로 돌아가려는 퇴행적 충동의 상징이다. 그러나 끊임없이 다시 벗어나려는 시도를 한다. 오늘날 우리를 이끄는 특성은 쉬지 못하고 여기저기 기웃거리는 것, 모호하고 공허한 외로움과 그리움, 무엇인가에 대한 향수를 느끼는 것이며, 이것은 우리가 무엇인가를 찾고 추구하게 만든다. 이것은 일종의 방황이라고 할 수 있으며, 방황은 외로움과 그리움의 대상을 발견하지 못한 충동과 '어머니'에 대한 향수를 갖는 것을 의미한다. 다시 말하면 어린이가 지나치게 남아 있고 세넥스원형에너지가 너무 부족한 경우에는 매일 반복되는 고단하고 단조로운 일상을 견딜 수 없는 사람이 되고, 그 반대의 경우에는 어린 시절로 상징되는 자유, 창조성, 삶의 생기와 의미가 결핍될 수 있고 억압당한다는 느낌 속에 살게 되거나 너무 경직되어 있어 자신의 창조적 에너지를 사용할 수 없게 된다.

어린이는 성장하고 자라는 존재이기 때문에 어린이 상징은 보잘 것 없는 존재, 버림받은 존재로서의 어린이로 시작하여 전체성을 추구하는 과정에서 이전에 언급한 황금알, 보석, 진주, 꽃, 담는 용기, 사위 등으로 변화하며, 더 나아가 기독교의 어린 예수, 힌두교의 크리슈나 등 중재자, 구제자, 전체성의 실현자 등의 상징으로 변화한다. 그러한 이유로 세계의 수많은 신화에서 신이 어린이 형상을 하고 있는 모습을 볼 수 있다. 따라서 전체성의 실현은 대극의 합일을 통해 이루어지므로 어린이 이미지는 대극을 합일하는 상징이다(Jung, 1984/2002, pp. 249-255; Jung & Kerenyi, 1969). 모래놀이치료에서도 자기원형에너지는 진주, 원, 보석, 꽃, 담는 용기, 황금알, 사위일체, 신성한 어린이 등과 같은 형상으로 상징화되거나 모래를 활용한 유사한 구조물 형성을 통해 상징화된다.

또한 가능성과 생명을 의미하는 어린이는 다른 말로 시작과 끝을 의미하기도 한다. 어린이는 새롭게 탄생한 생명이므로 새로운 것, 아직 오지 않은 또는 와야 할 것의 상징이며 본능적 정보가 보이지 않는 의식의 뿌리(근원)로 기능하는 전의식이다. 동시에 태도, 발달, 사회문화적 패러다임 및 종교 맥락이 낡아서 더 이상 살아있는 에너지가 없는 기존의 것으로부터 발달하는 후의식(post-conscious)이기도 하다. 앞으로 성장해 나간다는 측면에서 어린이는 또한 지혜, 희망, 갈망, 잠재력의 측면에서의 미래이다. 또한 미성숙하거나 발달이 방해받은 여성성이나 남성성 또는 내적 본성을 상징할 수도 있다.

[그림 3-10] 성모 마리아의 예수

출처: http://thisjungianlife.com/episode-142-the-archetype-of-the-divine-child-light-reborn/

[그림 3-11] 힌두교의 크리슈나

5) 입문원형과 모래놀이치료

문자 그대로 입문(initiation)이라는 단어의 의미는 어딘가로 들어가거나 시작한다는 뜻이다. 이것은 상징적으로 하나의 발달단계 또는 삶의 한 단계에서 다른 단계로 넘어가는 것과 관련되어 있다. 인간은 원시 문화부터 그 집단에 새롭게 태어난 구성원이 일정한 연령에 이르면 성인으로서 그 집단에 참여할 수 있는 권리 그리고 그에 따르는 책임을 질 수 있도록 인정하는 입문의식의 전통을 갖고 있다. 성인기로의 진입, 이 세상으로의 입문을 의미하는 출생, 어머니가 되는 것 등과 관련된 입문의식이 가장 대표적인 의례라고 할 수 있다. 이러한 입문의식은 겉으로 드러나는 발달단계에 따른 입문을 의미하지만 심리적으로는 연령 발달단계와 상관없는 심리적·상징적 입문이 일어날 수 있다.

아프리카 정글에 살고 있는 피그미족에 관한 노이만(Neumann, 1973)의 기술에 따르면, 원시적 원주민들은 상상과 외부 세계를 구분하지 않으며, 따라서 상상 속의 사냥 장면이나 그림으로 표현한 사냥 장면을 실제의 사냥으로 간주한다. 사냥을 나가기에 앞서 이들은 땅바닥이나 벽에 사냥감을 그려 놓고 죽이는 장면과 함께 의례를 한다. 이들의 사냥 전통은 은밀하고 신성한 규칙에 따라 엄격하게 진행되는 준비의례이며 신과 관련된 샤머니즘적 행동이다(Neumann, 1973, pp. 159-160). 노이만에 따르면, 흥미롭게도 이런 과정은 역설적으로 이들이 외부 세계와 내면 세계를 구분하게 한다. 준비의례와 비밀스럽고 신성한 의례의 조합은 피그미족의 사냥 활동이 샤머니즘적 행위와 관련이 있으며, 그들이 그리거나 상상한 것들이 다른 것들과 달리 영향을 미치는 범위를 인식하게 한다는 것이다.

민속학적으로 통과의례 중 하나인 성인기 입문의식은 세 단계로 구성된다. 고립, 전환 그리고 재생이 그것이다(Douglas, 1970; Gennep, 1960; Turner, 1974). 이 단계들에서 중요한 것은 위험, 고립, 두려움, 고통, 홀로 있음을 경험하고 그것을 극복함으로써 성인기의 삶에 준비된 자로서의 자질을 인정 받는 것이다. 이 세 단계를 주장하는 학자들에 따르면, 전환기와 재생기에 수반하는 위험과 모호함은 그 개인이 속한 사회에 존재하는 경계로 설명되며, 또한 서로 다른 정신 영역 사이에 또는 서로 다른 발달단계 사이에 존재하는 경계로 설명된다. 사회적 경계에 서 있는 것은 위험한 것으로 간주되기 때문에 의례화되고 극화된다. 전환기에 이르러 입문자는 돌봄을 받는 존재에서 돌봄을 주는 존재로 전환된다. 이러한 일이 일어나면 인간 정신에 매우 위험한 환경이 만들어진다. 예를 들어, 아기를 출산하는 여성의 경우에는 에난티오드로미아(enantiodromia), 즉 대극의 반전으로 불리는 갑작스러운 역할의 전환이 일어난다. 돌봄을 받는 존재에서 다른 존재를 절대적으로 돌봐야 하는 부담과 책임을 맡는 존재로의 역할의 반전이다. 에난티오드로미아와 같은 정신적으로 취약한 상태에서 인간은 대극의 두 극 중 하나를 동일시하지 않고 대극 간에 균형을 유지할 때에만 독립성을 유지할 수 있다(Jung, 1984/2002, p. 86). 집단무의식은 대극의 전환 위험과 관련된 일정량의 에너지를 흡수하므로 정신적 균형을 유지하는 역할을 한다. 다른 말로 하면 전환기에 있거나 '경계 위에 있는' 인간은 무의식적인 또는 알 수 없는 에너지나 내용의 침범에 노출된다. 한 발달단계에서 다음 발달단계로의 전환이나 하나의 심리 상태에서 다른 심리 상태로의 전환은 의식적 작업이 아니라 집단무의식의 원형에너지에 의한 사건이며, 원형적 사건은 의식에 두려움을 불러일으키는 것이다. 그런 상황에서 인간은 사회적 의례를 통해 도전을 다루려고 한다. 즉, 입문의식은 알 수 없는 것으로부터 개인을 보호하고 알 수 없는 힘을 통제할 수 있는 수단을 제공한다.

이와 같이 원형은 인간의 경험을 조직하는 가장 깊은 무의식에 존재하는 기저의 패턴이라고 할 수 있다. 우리는 원형에너지를 의식하기도 하지만 무의식적으로 생겨나기 때문에 의식하지 못하는 경우도 많다. 그 이유는 원형에너지가 삶의 경험에 의해 활성화되고 발달 패턴을 안내하기 때문이다. 융(1953/1993)은 입문의식은 원시적이고 전근대적인 문화에서 스스로 나타난다는 결론에 근거해서 입문의식을 원형적인 것으로 정의하였다. 지금 이 순간에도 입문원형은 의식적, 무의식적으로 개인에게 영향을 미친다. 입문원형에너지와 만나게 되면 이전에 언급한 바와 같이, 우리는 하나의 삶에서 다른 삶으로, 또는 한 단계에서 다음 단계로 이동하면서 낡은 것의 죽음과 새로운 것의 탄생이라는 에너지 그리고 그 에너지를 상징하는 이미지와 대면하게 된다. 융은 우리가 여러 가지 방식으로 이 원형과 연결된다고 했으며, 이 에너지를 우리가 의식화하지 못할 때 '억압된 개성화'가 일어날 수 있다고 했다. 그것이 의식적이든 무의식적이든 입문원형에너지와의 연결을 통해 삶의 각기 다른 시기에 작동하는 입문 과정을 깊이 작업함으로써 개성화 과정에 더 의식적으로 참여할 수 있게 된다.

생의 후반부에 개성화를 향한 소명도 삶의 또 다른 단계로 나아가라는 입문원형에너지의 배열 때문이라고 할 수 있다. 심리치료도 입문의 의미를 가질 수 있다. 외상 또는 여러 가지 삶의 고통으로 인해 막혀 있던 성장이 이루어지고 보다 성숙한 삶 즉 개성화로 나아가기 위한 입문이 되는 것이다.

모래놀이치료에서도 내담자의 입문을 보여 주는 장면들이 만들어진다. 엘리아데(Eliade, 1958)와 헨더슨(Henderson, 1967/2015)이 입문의식에 관해 기술한 것을 참조하면 입문원형에너지는 다음과 같은 것들로 상징화되는 경향이 있다. 원이나 반지 모양의 신성한 땅, 작고 신성한 땅, 신화적 조상이나 신성한 존재들, 신성한 존재의 출현을 알리는 천둥과 번개, 여정, 불, 불구, '역설적' 통과를 포함하는 고난, 세계 축(axis mundi) 또는 세계수(world tree), 희생, 미로, 양성적 존재와 같은 대극의 합일, 탄생 또는 이중 탄생 등이 그것이다.

[그림 3-12]의 모래장면은 개성화를 향한 입문을 시작하는 60대 초반의 여자 내담자가 만든 것이다. 입문을 상징하는 원 모양과 내부의 구조가 만들어져 있다. 이 내담자는 상담 초기부터 원 모양의 모래장면을 자주 만들었는데, [그림 3-12]의 모래장면은 뉴그레인지로 불리는 아일랜드의 신석기 시대 무덤의 구조와 매우 일치하는 모습을 보이고 있다. 이 무덤에 관해 여러 가지 설이 있지만 가장 유력한 것은 이 무덤이 죽은 자의 재생과 부활을 위한 것이라는 것이다. 물론 내담자는 이 유적의 구조를 전혀 알지 못한 채 이

[그림 3-12] 60대 초반 여자 내담자의 모래장면

모래장면을 만들었다.

　이 무덤은 1년 중 밤이 가장 긴 동지에만 입구에서 내부의 대모의 방까지 이어지는 터널에 햇빛이 통과하는 구조로 되어 있다. 그런 의미에서 이 모래장면은 내담자가 입구를 통해 자궁 또는 무덤의 가장 깊은 중심, 그녀의 내면 깊은 곳으로 들어가려고 하는 것을 상징한다고 할 수 있다. 밖에 있는 보물의 추구가 아니라 내면에 있는 보물을 찾으러 가야 하며 그러기 위해서는 신이 그 입구를 빛으로 밝혀 줄 때까지 인내심 있게 기다려야 한다. 내담자는 낮아짐, 겸손에 관해 언급했는데 낮아진다는 것 또는 자신의 내면으로 들어가는 것이며, 그것을 상징적으로 말한다면 무의식의 깊은 곳, 대모, 신 또는 자기(Self)에게 가는 것이다. 그런데 그곳으로 가는 것은 자아의 의지에 의해서가 아니라 뉴 그레인지가 1년에 한 번밖에 빛을 허락받을 수 없듯이 내면의 부르심이 있을 때까지 기다려야 함을 의미한다. 경계에서 기다려야 하는 것이다. 흥미로운 것은 이러한 것들을 상징하는 장면을 나무로 만들었다는 것이다. 나무는 때로 신과 인간, 하늘과 땅, 정신과 신체 또는 물질을 연결하는 세계 수(world tree)이기도 하다. 깊은 곳으로 들어가는 것은 곧 위로 올라가는 것이기도 하다.

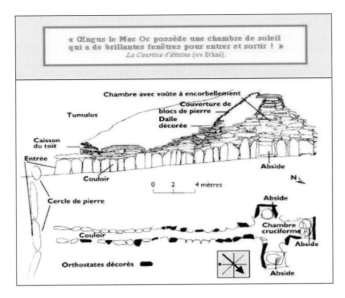

[그림 3-13] 아일랜드의 신석기 시대의 무덤인 뉴그레인지의 내부 구조와 외관

1년 중 하루 밤이 가장 긴 동짓날 아침에만 입구를 통해 무덤의 가장 깊은 중심에 있는 대모(Great Mother)의 방까지 태양빛이 일자로 통과한다.

출처: O'Kelly (1982); 김성일(2006), p. 6 재인용.

6) 자기원형과 모래놀이치료

중심 원형 또는 원초적 에너지 패턴인 자기(Self)는 의식과 무의식을 모두 포함한 정신의 중심이며 개인의 에너지 근원이다. 또한 자기(Self)는 자아콤플렉스(ego complex)가 발달해 나오는 근원이고, 자아콤플렉스의 구조화를 촉진하고 안내하는 창조 원리이다. 자아(ego)가 자기(Self)와 연결될 때 정신의 자기조절(Self-regulation)이 작동하고 자기에너지의 집중인 자기중심화(Self-centering)가 일어난다. 태어나 발달하면서 비로소 존재하거나 발달하게 되는 자아(ego)와 달리 자기는 과거, 현재, 미래에 존재하는 개인의 인격의 뿌리이다. 자기(Self)를 나타내는 상징들은 신체의 깊은 곳에서 발생하며, 개인의 물질성 그리고 지각하는 의식의 구조를 표현한다. 자기(Self)에너지를 경험한 개인은 깊고 움직이는 신성한(numinous) 기운, 매우 특별한(즉, 신성한) 힘을 느끼며 더 큰 전체와 관계되어 있다는 느낌을 갖는다.

　융은 그의 환자들이 꿈 작업이나 예술 작업을 할 때 자발적으로 원 모양의 전체성의 이미지를 만드는 것을 관찰했다. 이 원은 중요한 방향처럼 사분위로 나누어져 있다. 융은 이 전체성의 이미지를 만다라로 불렀다. 산스크리트어의 만다라는 '마법의 원(magic circle)'을 의미한다. 그는 이 원 패턴이 심리적으로 스트레스 상태에 있는 개인의 내면의 힘을 중심화시키는 것을 알게 되었으며, 만다라 이미지의 자발적 출현은 정신에 있는 자연적인 보상 기능이 작동하고 있음을 의미한다는 것을 알게 되었다. 즉, 정신의 조절 중심인 자기(Self)가 작동하고 있음을 의미한다. 정신이 스트레스를 받거나 불안, 패닉 등 혼란스러울 때 압도당하지 않기 위해 그에 대한 반응으로 질서와 조화의 이미지인 만다라를 자발적으로 만들게 되거나 만다라 이미지나 형태 등에 끌리게 된다. 그런 의미에서 만다라는 중심화의 이미지이며 질서의 원형을 상징하는 것 중 하나이다. 온도계처럼 정신은 균형을 유지하기 위한 '신진대사'를 한다. 자아의 의식적 태도가 한쪽 방향으로 쏠리면 무의식적 정신은 자아의 일방성을 수정하고 정신을 다시 조화와 균형 속에 있게 하는 꿈 이미지와 판타지를 만들어 낸다. 그중 대표적인 것이 만다라 상징이다. 많은 종교와 전통에서 만다라 위에서 춤을 추기도 하고, 또는 만다라 형태로 춤을 추기도 하며, 만다라를 그리기도 하고, 도자기나 신상, 신전이나 사원처럼 3차원의 입체로 만들기도 한다. 꽃잎 등의 자연물에서 그 형태가 발견되기도 한다. 본래 만다라는 꿈이나 판타지, 모래상자 등에서 자발적으로 나타나는데, 특히 내적 갈등을 경험하고 있을 때 나타나는 경향이 있다.

　원, 타원, 알 모양 등으로 되어 있는 만다라는 기본적으로 중심, 사위(quaternity) 또는 4의 배수가 대칭되는 등의 기본 구조적 속성을 갖고 있다. 이 기본 구조 때문에 만다라에 집중할 때 만다라의 형태가 정신의 장(field)을 좁히는 기능을 하며, 정신의 장을 중심에 제한함으로써 집중하게 하는 기능을 한다. 티베트 불교의 승려들이 색 모래로 만다라를 그리고 만다라에 집중하면서 수행을 하는 이유도 여기에 있다. 티베트 만다라는 원의 사각화를 기본으로 한다. 티베트 만다라의 기본 모티브는 인격의 중심, 즉 모든 것이 배열되어 있고 그 자체로 에너지의 근원인 일종의 중심점을 예감하는 것이다. 중심에너지는 개인으로 하여금 본래의 자신이 되도록 하는 저항할 수 없는 힘으로서 강박적으로 현현한다. 융(1984/2002)은 이것을 목적론적 과정(teleological process), 즉 동물의 유전자 프로그램처럼 기계적으로 결정되는 것이 아니라 인간 본성의 설계 속에 들어 있는, 그것의 사용 여부에 의해 결정되는 과정으로 보았다.

만다라 형태는 인격의 전체를 상징하며, 그 중심은 자아로 느껴지거나 생각되는 것이 아니라 자기로 느껴지거나 생각된다. 이 최고점인 중심은 자기(Self)에 속한 모든 것, 즉 인격을 구성하는 대극쌍을 포함하면서 주변부에 둘러싸여 있다.

융은 티베트와 미국 나바호 인디언의 문화에 깊은 인상을 받았는데, 티베트 문화와 나바호 인디언의 문화는 모두 그들이 행하는 치유 의식(healing ritual)에서 만다라 형태의 모래 그림을 사용한다. 칼프도 자신의 삶과 직업에서 티베트 불교의 영향을 강하게 받았다. 티베트 불교에 대한 그녀의 관심이 어떻게 모래놀이치료의 발달에 영향을 미쳤는지를 살펴보는 것은 매우 흥미로운 일이며, 모래놀이치료 과정을 이해하는 데 필요한 틀을 어떻게 만들지를 이해할 수 있게 해 준다. 티베트인과 나바호 인디언들은 일상생활에서 땅과 긴밀하게 연결되어 있는 사람들이다. 이들은 자신이 살고 있는 땅의 지리에 근거를 두고 있는 신성한 종교의례를 갖고 있고 땅, 하늘 그리고 땅과 하늘 사이에 있는 모든 것은 신성하다는 신념을 갖고 있다. 만다라적 세계관을 갖고 있는 사람들은 땅 위에 서 있는 사람 자체가 앞, 뒤, 두 옆면, 꼭대기, 바닥을 갖고 있으며, 척추는 하늘과 땅을 합일시키는 수직 축이라고 본다. 즉 인간의 형태 자체가 만다라 형태라는 것이다.

또한 이들에게 삶의 과정은 영적 여정이다. 개인적, 집단적으로 신성과 영적 영웅들을 모델로 사용하여 각 사람을 타고난 그대로의 가능성대로 발달시키고자 하는 노력을 하며, 전체성에 집중하는 삶의 실천을 갖고 있다. 우주는 역동적 균형을 반영하는 대극과 사위의 복잡한 패턴이며, 남성적 에너지와 여성적 에너지의 완전한 발현은 타고난 것이라고 본다. 영적 여정의 정점은 영적 평형이라고 할 수 있다.

티베트인에게 그것은 지혜 또는 연민의 발달과 함께 공(Void)의 깨달음 또는 경험이라고 할 수 있으며, 나바호 인디언에게는 절대적 아름다움의 진리, 즉 일상의 삶에서 절대적 아름다움의 유지 또는 그 상태의 회복을 위한 노력을 의미한다. 명상적이고 존중적인 방식으로 이루어지는 여정은 땅과 하늘이라는 외부 세계에 대한 깊은 이해를 가져오며, 무한한 신체−마음의 연결에 대한 깊은 이해로 인도한다는 지식과 연결되어 있다.

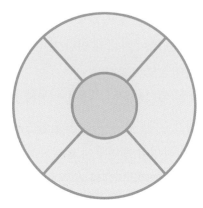

[그림 3-14] 만다라의 기본 구조
중심 그리고 사분위로 이루어져 있는 원 그림은 만다라의 기본 구조를 보여 준다.

그런 의미에서 만다라는 영적 상징의 원이다. 골드(Gold, 1994)는 이 신성성의 상징인 영적 만다라를 네 개의 우주적인 영적 원리로 축약했다. 이 네 개의 원리는 티베트인과 나바호 인디언의 생각, 의사소통, 삶에 깊이 자리하고 있다. 이 원은 폐쇄, 안정성, 합일의 개념을 담고 있다. 작은 원은 소우주, 우리의 시간과 공간 차원의 모든 의식화와 삶의 원천인 무한한 신체−마음과 자신이다. 큰 원은 대우주이며 우주의 무한한 신체−마음, 영적 길로 개인을 확장시킨다. 네 개의 영역은 자연적 움직임, 방향, 특성, 요소이며 이것은 소우주/대우주, 유한/무한, 물질/영에 영향을 미친다. 네 개의 벡터는 대우주와 소우주, 이상적 세계/실제 세계, 하늘/자연/개별적인 신체−마음들을 연결한다.

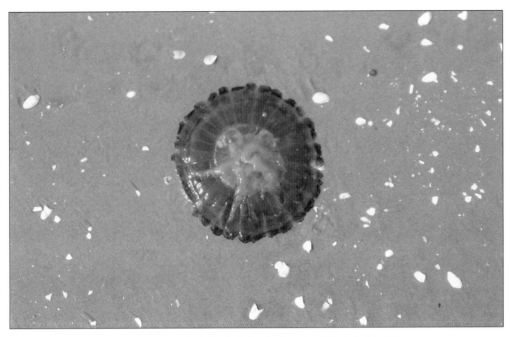

[그림 3-15] 자연의 만다라: 해변가에 떠밀려 온 해파리

인간은 해파리 떼를 혐오스러워 하지만 흥미롭게도 중심 부분이 인간 형상에 가까운 아름다운 오각형이며, 전체가 만다라 형상이다.

[그림 3-16] 자연의 만다라: 길가의 작은 야생화

지름이 1cm도 안 되는 자연의 꽃들도 기본적으로 만다라 구조로 되어 있다.

[그림 3-17] 수태고지 교회의 천장

백합 문양의 만다라 형상을 하고 있으며, 하늘을 향해 열려 있다.

　자기원형에너지는 만다라 상징을 통해서만 배열되는 것은 아니다. 모래놀이치료 내담자의 모래장면에는 다양한 형태의 자기에너지 상징이 등장하는 것을 볼 수 있다. 대표적으로 원, 구, 구슬, 진주와 다이아몬드를 포함한 보석, 모래로 만든 구조물, 피규어를 이용해서 만든 구조물 등으로 표현되기도 한다.

[그림 3-18] 60대 초반 여자 내담자의 만다라 형태의 자기에너지를 상징하는 모래장면

7) 모성원형과 부성원형을 초월한 여성성과 남성성

미리암 아귈레스(Miriam Arguelles)과 호세 아귈레스(Jose Arguelles)는 모성원형을 초월한 여성성에 대해 기술하였다. 그들의 저서 『The feminine: Spacious as the sky』(1977)에서 이들은 개인의 인격화된 여성성을 초월한 여성성에 대해 다음과 같이 기술하였다. 이 원형은 다음과 같은 상징적 용어들로 요약될 수 있다.

- 시작도 끝도 없는 우주적 자궁
- 모든 모순과 (대)극이 존재하는 비옥한 공간
- 열려 있는
- 한계가 없는
- 무조건적인
- 모든 사물과 경험을 포함하는
- 모든 경험을 관통하는

- 영원히 움직이는
- 일관성 있게 드러나는, 열려 있고, 창조되지 않고 본래부터 스스로 존재하는
- 현상적 세계를 보여 주는

노이만(1963/1991)은 모든 만물의 근원을 처음에 기능적이거나 독립적인 남성적 존재가 없는 여성적인 것이라고 기술하였지만 모닉(Monick, 1987)은 '남근(Phallus)'을 신성한 남성성의 이미지 또는 근원적인 정신적 힘이라고 기술하였는데, 이는 창조신화에서 남근, 즉 신성한 남성성이 여성성과 동등한 존재라는 의미이다. 남근은 깊은 여성적 무의식 안에 독립적으로 존재하며 아마도 모닉이 말하는 모형의 첫 번째 층에 해당할 것이다. 즉 남성성도 원형적이고 초월적인 여성성 안에 포함되어 있다는 것이다.

근원적 합일(original union)＝
남근원형(phallus protos)＋모성적 우로보로스(maternal uroborus)

이러한 모닉의 주장을 뒷받침하는 생물학적 근거가 있다. 두 개의 성 염색체의 예외와 더불어 인간의 세포는 정자와 난자로부터 오직 23개의 염색체를 갖고 있는데, 신체의 다른 모든 세포는 두 쌍의 완벽한 세트로 이루어져 있다. 이것은 자궁조차 모성적 염색체와 부성적 염색체로 이루어져 있다는 것을 의미한다. 또한 임신이 이루어지기 위해서는 정자가 난자를 침투해야만 한다.

이탈리아의 융분석가이자 모래놀이치료자인 리세(Risé, 1993)는 모래놀이치료에서 남성성의 발달에 관하여 저술하였다. 그는 다음의 이미지들이 남성의 모래놀이치료 과정에서 나타날 수 있으며, 이는 정신적 균형 또는 전체성의 발달을 가져온다고 하였다.

- 소년에게 조언이나 돌봄을 제공하는 지혜로운 노인, 남자 또는 입문시키는 자
- 자기 이미지로 안내하는 남근 이미지
- 남성적 형태로 나타나는 대지(예: 안에 동굴이 있는 화산, 지하 동굴에 누군가를 데려가는 하데스)

그러나 리세는 흥미롭게도 무의식이라는 원질료 자체는 남성적이지도 않고 여성적이지도 않다고 하였으며, 칼프도 자유롭고 보호적인 공간을 남성성이나 여성성, 원형적 부성 또는 모성과 동일시하지 않았다. 그는 에로스–로고스 또는 음–양으로 성역할 차이를 구분하지 않았는데, 이런 구분이 남성의 의식성과 여성의 의식성 상태를 나타내는 것이 아니라는 것이다. 원형적 수준에서 남성성과 여성성은 현실의 인격화된 남성성과 여성성처럼 구분되는 것이 아니며 두 가지 모두를 포함하면서 동시에 하나의 상태라는 뜻으로 이해할 수 있다.

제4장

모래놀이치료실 그리고
놀이치료와의 혼용

1. 모래놀이치료실

1) 모래놀이치료실

모래놀이치료실은 내담자가 정서적, 물리적으로 외부 세계로부터 보호, 수용, 공감을 받는 공간이며, 내담자 자신의 부정적 내면으로부터도 내담자가 안전하게 보호받는 공간이다. 또한 모래놀이치료실은 내담자가 자신의 영혼의 세계를 보여 주고 치료자의 영혼과 교류하는 곳이므로 신성하기까지 한 공간, 즉 고대 그리스에서 신에게 제의를 드리던 신성한 공간, 구획된 공간인 테메노스(Temenos)에 비유될 수 있다. 그러므로 인간의 신성한 세계는 깊은 이해와 존중을 받아야 한다. 이것은 모래놀이치료실의 중요한 물리적 조건이면서 동시에 치료자에게 요구되는 태도이자 역할이기도 하다.

모래놀이치료실은 너무 넓어서 내담자가 담아 줌(containing)의 경험을 하지 못하거나 너무 좁아서 답답함을 느끼지 않을 정도가 적당하다. 그러한 공간의 넓이는 개인에 따라 차이가 있겠으나 대략 13~16m² 정도가 적당할 것이다.

모든 심리치료와 상담에 공통으로 해당하는 것으로서 치료실 내부와 외부의 소리가 가능한 한 서로 들리지 않는 방이 필요하다. 모래놀이치료실은 무엇보다 햇볕이 적당히 들어와야 하고, 색감에 있어서는 베이지 핑크 같은 아늑하고 수용적인 색감의 벽색과 마찬가지로 미색 계열의 피규어 진열장이 적절하다. 피규어진열장의 색은 정해져 있는 것은 아니지만 색이 어두우면 피규어가 잘 보이지 않으므로 밝은색이 내담자에게 편리하다. 진열장의 크기도 특정하게 정해져 있지는 않지만 피규어를 올려놓는 선반의 넓이가 지나치게 넓으면 그림자가 져서 피규어가 눈에 잘 띄지 않을 수 있으므로 대략 15~

20cm 정도의 폭이 적당하다. 모래상자는 72×57×7cm 정도의 것이 적당하며, 상자 안은 물, 하늘 등을 상징하는 파란색으로 칠한다. 모래상자가 너무 작으면 몇 개의 피규어만으로도 꽉 찬 느낌을 주기 때문에 모래놀이치료자가 그 의미를 이해하기 힘들어진다. 내담자도 표현하고 싶은 것을 충분히 놓기 어렵다. 모래놀이치료에서는 물을 사용하므로 방수페인트 등을 칠해서 물이 새지 않도록 한다. 상자의 재질은 목재 같은 천연 소재가 좋지만 형편에 따라 플라스틱을 사용하는 경우도 있다. 피규어는 우주 삼라만상을 상징하는 여러 가지 피규어를 준비한다.

　또한 내담자가 언제든지 물을 사용할 수 있게 물통을 준비해 두는 것이 좋고, 모래놀이치료실 내부에 수도가 있으면 더욱 좋다. 모래는 보통 강모래나 바다모래를 사용하며, 굵기와 색깔 등에 따라 내담자의 반응이 달라질 수 있으므로 몇 가지를 준비하면 더 많은 역동을 볼 수 있다. 그러나 반드시 여러 가지 색의 모래가 있어야 하는 것은 아니며 갈색 모래 한 가지만으로도 훌륭한 모래놀이치료를 할 수 있다. 아동이나 청소년 내담자의 경우에는 때로 모래 작업을 하다가 치료자와 직접적인 상호작용을 하면서 게임놀이 등을 하는 경우가 종종 있으므로 약간의 놀잇감과 게임 도구를 함께 준비해 두는 것이 좋다.

[그림 4-1] 모래놀이치료실 전경

2) 피규어의 범주와 선택

여러 곳의 모래놀이치료실을 관찰하면 완전히 동일하게 만들어진 모래놀이치료실이 없다는 것을 알 수 있다. 치료실마다 다른 이유는 몇 가지가 있는데, 첫째는 동일한 피규어를 항상 구입할 수 없다는 현실적인 이유에서이다. 둘째는 피규어를 수집함에 있어서 치료자의 투사나 성향의 반영을 피할 수 없다는 것이다. 그럼에도 불구하고 모래놀이치료실마다 전반적인 범주 면에서 공통점이 존재한다. 가능한 한 다양한 범주의 피규어를 선택하는 것이 필요하지만 '모든' 피규어를 다 준비할 수는 없다. 그러한 경우를 대비해서 지점토, 찰흙, 종이, 풀, 가위 등을 준비해 내담자가 만들 수 있도록 하는 것이 지혜로운 방법이다. 일반적으로 사용하는 피규어의 범주와 종류를 제시하면 다음과 같다.

- **사람**: 어른, 여자, 남자, 아기, 어린이, 청소년, 청년, 노인, 다양한 직업의 사람들, 개인, 부부, 가족, 친구, 군인 같은 집단, 다양한 인종의 사람들, 여러 가지 직업의 사람들, 특정한 기능을 나타내는 경찰, 소방관, 구조원, 의사 등
- **자연물**: 꽃, 나무, 낙엽, 솔방울, 열매, 수풀, 잡초, 모닥불 등 갖고 불, 샘물, 우물, 목재, 수과일, 솔방울, 조개, 산호 등
- **자연 구조물**: 폭포, 산, 화산, 언덕, 강, 동굴, 우물, 연못, 바위, 돌, 샘물 등
- **집안 도구**: 가구(침실, 아이들 방, 거실, 서재 등에 필요한 침대, 책상, 의자, 탁자, TV, 컴퓨터, 전화기 등의 가구 및 가전제품), 주방 도구(가스레인지, 식탁, 그릇, 음식 등), 화장실/욕실(변기, 세면대) 등
- **건축물**: 빌딩, 집, 타워, 교회, 사원, 가게, 폐건물, 유적, 토속적인 건축물과 이국적인 건축물, 담장, 울타리 등
- **운송수단**: 도로, 해상, 하늘의 교통수단, 소방차 같은 구조차, 구급차, 경찰차, 건설장비차, 군용차 등
- **교통표지판**: 정지, 주차, 주정차 금지, 신호등, 방향 안내판, 공사중 표시판 등
- **군인**: 현대 군인, 고대나 중세의 전사나 인디언 전사/병사, 무장 군인, 카우보이 등
- **무기**: 총, 대포, 탱크, 칼, 창, 화살 등의 전쟁 무기

[그림 4-2] 모래놀이치료실의 피규어 범주의 예

- **동물**: 육지동물, 바다동물, 조류, 야생동물, 가축, 용 같은 상상의 동물, 공룡 같은 고대의 멸종 동물, 가족 형태 및 모자녀 형태의 동물 등
- **음식물**: 각종 음식물, 과일, 접시, 주전자 등의 음식물을 담는 그릇
- **종교적 · 영적 피규어**: 예수, 부처, 마리아, 힌두교의 신상, 이슬람교의 신상 등 각종 신상, 탑, 촛대와 같은 종교용품, 산신령, 노현자 등 신성함을 나타내는 피규어
- **상상 및 원형적 존재**
  - **상상의 동물**: 유니콘, 페가수스, 용, 말(안장을 매고 있는 말과 야생의 말)
  - **상상의 인물**: 마법사, 마술사, 요정, 마녀, 동화나 만화 속의 등장인물, 영웅, 악인 등
  - **신화적 존재**: 제우스, 헤라, 마고할미, 단군, 웅녀 등 신화 속의 등장인물
  - **사람**: 왕, 여왕, 왕자, 공주, 요정, 마녀, 마법사
  - **모양**: 사위 또는 사각형, 만다라, 정육면체, 구, 원, 정사각형, 삼각형, 피라미드, 태양, 달, 별 등
  - **귀중한 것**: 구슬, 비즈, 황금, 보물 상자, 크리스털, 유리 물체, 보석을 담고 있는 광물 등
- **그림자(트릭스터)와 죽음 모형**: 해골, 묘비, 관, 뼈, 괴물 등 어둡고 무서운 모형
- **연결하는 모형과 나누는 모형**: 담, 울타리, 다리, 사다리, 길, 교통표지판 등
- **건축 재료**: 타일, 스틱, 점토, 종이, 끈, 풀, 낚싯줄
- 유명 애니메이션 캐릭터
- **기타**: 양초, 향초, 라이터, 불, 열기구, 풍차, 물레방아, 풍선, 깃발, 삽, 여성용품(예: 신데렐라 구두, 거울), 술병, 담배, 지점토, 찰흙, 종이, 물, 가위
- 그 외에 구체적 모양이나 용도가 정해져 있지 않은 피규어

이 외에도 피규어 모음은 모으고 구입하는 치료자의 영적 · 정신적 내용의 투사가 반영되는 것이기 때문에 치료자가 마음을 두는 것, 강조하는 것에 따라 피규어의 종류가 약간 달라지며, 수집이 지속적으로 진행되면서 피규어 모음집이 '성장'한다. 치료자가 모래놀이치료실에 두기를 꺼리는 피규어의 종류가 있다면 그러한 부분의 피규어가 더욱 보강될 필요가 있다는 것을 역설한다. 또한 피규어의 크기가 전반적으로 지나치게 큰 경우에는 몇 개의 피규어만으로도 모래상자가 가득 차 보일 수 있기 때문에 내담자의 갈등

하는 영역을 파악하기 어려울 수도 있으므로 적당한 크기의 피규어가 필요하다.

모래놀이치료실에서 또 한 가지 중요한 것은 보이지 않는 치료자의 마음이다. 어떤 모래놀이치료자들은 대충 상업적으로 판매하는 것 몇 가지를 가져다놓고 다 준비가 되었다고 생각하고 더 이상 모래놀이치료실에 자신의 마음을 두지 않는다. 모래놀이치료실의 피규어들은 어느 정도 지속적으로 공급될 필요가 있고, 판매하는 것들뿐 아니라 치료자가 직접 지점토나 기타 재료를 가지고 만든 피규어, 자연에서 주워 온 솔방울이나 낙엽, 바닷가에서 주워온 돌, 여행 중에 발견한 의미 있게 느껴지는 피규어 등을 수집해야 하고 그 수집 과정은 치료자가 내담자와 모래놀이치료실에 자신의 마음을 두는 방법 중 하나이다.

[그림 4-3] 고장난 조명 기구도 훌륭한 피규어가 될 수 있다

2. 모래놀이치료와 놀이치료

미국 에모리(Emory)대학교의 번스(Berns)는 열두 명의 대학생을 대상으로 저녁마다 소설을 읽게 한 후 다음 날 기능적 자기공명영상(functional Magnetic Resonance Imaging: fMRI)으로 뇌를 촬영했고, 또한 소설 읽기 프로젝트가 끝난 5일 후에도 fMRI로 뇌를 촬영한 결과 소설 읽기의 효과가 지속되는 것을 발견했다. 실험 결과, 언어의 감수성을 관장하는 뇌 부위인 왼쪽 측두엽(left temporal cortex)의 신경회로가 활성화되었고 뇌의 1차

감각운동 영역인 중심구(central sulcus) 역시 활성화되었다. 번스에 의하면 중심구 영역은 달리는 동작을 생각만 하고 있어도 달리는 신체 동작과 관련된 이 뇌영역의 신경세포들이 활성화되었다. 소설을 읽을 때 이 뇌 부위가 활성화된다는 것은 마치 소설의 주인공이 된 것처럼 느낀다는 것을 의미한다(연합뉴스, 2013. 12. 27.). 훌륭한 주인공이 나오는 소설을 읽으면 자신이 마치 그 주인공이 된 것 같은 느낌을 갖는데, 이것이 신경생물학적으로도 실제 일어난다는 것이다.

이 실험 결과에서 소설은 상상인데, 놀이치료와 모래놀이치료 모두 상상 작업이어서 그 효과는 비슷할 것으로 가정할 수 있다는 시사점을 얻을 수 있다. 더 나아가 이 실험은 며칠 간에 걸친 짧은 기간의 효과를 평가한 것이지만 모래놀이치료는 일회성이 아니라 비교적 장기적으로 이루어지므로 그 효과가 클 것이라고 판단할 수 있으며 문자만을 통한 상상이 아니라 여러 가지 신체감각을 사용하는 모래놀이치료는 그 효과가 더 클 것이라고 가정할 수 있다. 국내에서 이루어진 연구 결과도 이러한 가정을 지지한다. 청소년을 대상으로 모래놀이치료를 하고 매 세션마다 근적외선 분광기(functional Near Infrared Spectroscopy)를 사용하여 대뇌 전두엽 혈류의 산소포화도를 측정한 연구에서 모래장면을 만드는 조건과 완성된 모래장면에 대해 이야기하는 조건 모두에서 좌뇌와 우뇌의 전두극 피질(frontopolar Cortex)의 뇌혈류 산소포화도가 증가하였다(박은숙, 2023; 윤성희, 2023). 고등 정신 능력을 담당하는 전두극 피질은 인간의 호기심, 모험적 의사결정, 메타인지 기능 등에 관여하는 것으로 알려져 있다. 연구 대상이 청소년이었다는 점을 고려할 때 모래놀이치료 장면에서 청소년 내담자들은 발달단계와 강한 연관이 있는 미래의 삶에 대한 호기심, 모험심 그리고 미래에 대한 조망과 삶의 의미를 이해하려는 메타 기능 관련 장면이 만들어진 것은 당연하다고 할 수 있다. 흥미로운 것은 이것이 상상의 놀이로 끝나는 것이 아니라 신체는 이미 그러한 일이 실제로 일어나고 있는 것처럼 반응한다는 것이다.

모래놀이치료에 오는 내담자들 가운데는 모래놀이치료에 몰입하다가 어느 순간에 모래장면 만들기를 멈추고 게임 등 모래놀이와는 다른 것을 하고 싶어 하는 경우가 있다. 그들이 그렇게 하는 이유는 없거나 단순하지만 이들이 다시 모래놀이치료로 돌아오며, 돌아왔을 때는 모래상자에 많은 변화가 나타나는 것을 볼 때 모래놀이치료와 놀이치료 사이에 어떤 흥미롭고도 임상적으로 의미 있는 관계가 있는 것으로 보인다. 물론 라이스-메뉴인(Ryce-Menuhin, 1992)은 자신의 임상 작업에서 내담자들이 모래놀이치료와 언어를 통한 분석을 병행했지만 어떤 내담자는 모래놀이치료만을 했기 때문에 모래놀이 치료 그 자체가 무의식 깊이에 접근할 수 있는 방법임을 보여 주었다. 성인의 경우에도 모래장면을 만드는 세션이 지난 후에 모래 작업보다는 이야기를 통해 세션을 하는 경우가 발생하며, 이들이 다시 모래장면을 만들었을 때 깊은 변화가 일어나는 점도 아동 내담자의 경우와 비슷하다고 볼 수 있다.

모래놀이치료 작업은 이미지, 상징을 사용한다. 놀이치료도 이미지를 사용하지만 경험적으로 볼 때 아동 내담자가 치료자를 놀이에 더 많이 개입시키고 함께 상호작용을 더 많이 하는 경향이 있다. 보통은 모래놀이 작업을 하다가 중단하고 게임 같은 놀이를 하는 경향이 있는데, 이때의 놀이는 모래놀이치료에서 작업한 무의식 세계를 객관화하고 일상의 삶으로 구체화(embodiment)하는 경향이 있다. 즉, 그런 의미에서 아동은 성인에 비해 감각운동적 경험을 더 필요로 한다고 할 수 있다.

또한 생애 초기에는 우뇌가 먼저 발달하고, 우뇌는 좌뇌가 사용하는 언어적 의사소통과 다른 방법으로 의사소통한다면 언어 이전에 경험한 관계 외상이 있는 아동의 경우에는 신체적이고 암묵적이면서 무의식적이고 비언어적인 상호작용이 필요하다. 특히 모래놀이치료 작업 중에 아동과 치료자 간의 감각운동적이고 신체적이며 긴밀한 상호작용 놀이가 필요하다.

어떤 내담자는 처음부터 종결까지 모래 작업만 하기도 하고, 어떤 내담자는 모래놀이를 중단하고 게임이나 아기 돌보기 같은 상상놀이를 하기도 하며 다시 모래 작업으로 돌아오거나 또는 돌아오지 않기도 한다. 반대로 놀이만 하다가 모래놀이치료를 시작하기도 한다. 3~12년의 경험 있는 모래놀이치료자 19명에게 이들의 경험을 질문한 결과, 모든 모래놀이치료자가 이 네 가지의 경험을 모두 하였다고 응답했다(장미경, 2014). 아주 어린 아동들은 모래놀이치료의 놀이와 놀이치료의 놀이를 구분하기 어렵지만 어느 정도 나이가 있는 아동은 구별할 수 있는 형태로 두 가지의 놀이를 하는 것을 볼 수 있다. 치료자들의 응답 결과를 보면 대부분의 성인 내담자 역시 놀이에 상응하는 행동을 모래 작업과 번갈아 보여 준다는 것을 알 수 있으며, 이는 두 가지 작업이 모두 내담자에게 필요함을 의미한다. 성인들이 대화에서 음성 고조, 유머 등을 사용하는 것을 위니컷(Winnicott, 1971)은 발견하였는데, 이는 아마도 아동들의 놀이에 상응하는 것으로 보인다.

이렇게 변화하는 이유에 대한 19명의 치료자의 경험에서 비롯된 응답을 크게 세 가지로 요약할 수 있다. ① 모래놀이에서 자신의 문제나 두려움, 불안 등의 부정적 감정에 직면하여 회피 또는 방어 기제로 놀이나 대화를 사용할 때, ② 모래에서 지각한 두려움, 불안 등을 치료자와의 실제 관계에서 해소하고자 치료자의 지지를 확증받기 원할 때, ③ 건강한 자아가 등장하면서 치료자와의 직접적인 상호작용을 통해 현실적 문제를 다루고자 할 때가 그것인데, 놀이에서 모래놀이로 진행한 경우에도 그 이유는 거의 동일하다고 응답하였다(장미경, 2014).

모래놀이치료를 할 때와 놀이치료를 할 때 치료자의 역할에 대한 지각 차이에 대해서도 치료자들의 응답을 요약하면 다음과 같다. 모두 기본적으로 차이가 없지만, 놀이치료 시 치료자들이 아동 내담자와의 놀이에서 어떤 역할을 구체적으로 해야 한다고 느끼며, 모래놀이치료에서는 치료자와 모래상자 모두에 투사가 일어나는 데 비해, 놀이치료에서는 아동이 치료자에게 감정을 직접 더 투사하는 경향이 있다고 지각하였다.

이러한 현상에 대해 가능한 이론적 설명을 하자면, 먼저 노이만(Neumann)의 이론을 설명하는 것이 필요할 것이다. 노이만(1973)에 따르면, 아동은 분화되지 않은 모-자 단일체(uroborous mother-child unity)로부터 의식과 자아 발달이라는 성격 발달을 위해 원형적인 긍정적 모성에너지의 배열을 필요로 한다. 이런 원형에너지가 아동의 정신 안에서 배열되려면 아무것도 없는 상태에서 배열되는 것이 아니라 실제의 구체적 대상과의 상호작용이 필요하다. 원형적 모성에너지, 분리개별화의 에너지가 무의식으로부터 배열되도록 하기 위해 그것을 자극할 수 있는 외부의 개인적 어머니가 필요한 것처럼, 또한 위니컷의 언급대로 분리 독립을 위해 중간 대상(transition object)이 필요한 것처럼 아동 내담자에게 이런 역할을 제공할 수 있는 대상을 필요로 하는 것으로 보이며, 치료 또는 치료자 자체가 그런 역할을 하는 것으로 보인다. 그런 의미에서 아동은 실제의 구체적 대상, 즉 치료를 필요로 한다. 다른 말로 하면, 모래놀이치료는 원형에너지의 배열을 자극하고 놀이치료는 배열된 에너지가 삶에서 구체화되도록 하는 역할을 하는 것으로 보인다.

이런 원형에너지의 배열은 판타지, 즉 상상의 배열을 일으키는데, 이는 쇼어(Schore)가 신경과학 분야의 광범위한 연구들을 집약한 그의 저서 『심리치료 기술의 과학(The science of the art of psychotherapy)』(2012)에서 말하는 이미지와 관련 있는 것으로 보인다.

쇼어에 의하면 생후 2년 동안 인간의 뇌는 우뇌가 먼저 발달하기 때문에 생애 초기 기억은 언어적이고 의식적인 기억이 아니라 이미지화되고 신체감각적이고 암묵적인 기억이며 우리가 흔히 무의식(개인무의식)이라고 부르는 부분을 형성한다(Schore, 2012). 따라서 내담자에게 이때 발생한 외상은 치료 과정에서 언어로 표현되지 못하고 이미지와 신체감각을 통해 표현된다. 그러한 관점에서 모래놀이치료에서의 이미지를 떠올리게 하며, 이 파편적인 이미지를 신체감각적인 것이 주를 이루는 구체적 관계를 통해 구체화, 언어화한다고 할 수 있다. 그럴 때 아동은 치료자를 개입시켜서 실제 놀이를 하고자 하는 것으로 보인다. 정서와 관련된 증상들은 우뇌와 좌뇌 간의 소통의 단절로 언어화, 의식화되지 않은 것에서 기인하는 것이므로 이미지를 구체화, 언어화하는 작업은 반드시 필요하다고 할 수 있다. 또한 그런 의미에서 아동뿐 아니라 성인 내담자들에게 이미지를 표현할 수 있는 기회를 주는 것이 필요하다. 칼셰드(Kalsched, 1996)에 의하면 판타지 형태로 표현되는 집단무의식의 원형은 생애 초기의 관계 외상에 의해 변형되어서 파괴적인 이미지를 만들어 내고 그런 이미지를 갖고 있는 개인의 내적 · 외적 적응을 방해한다.

치료자에게서 친밀감을 느낄 수 있는 방법을 아동들은 본능적으로 알고 있는 것 같다. 타인을 더 많이 모방하는 사람이 타인에게 더욱 공감적으로 느껴진다는 신경과학자들의 연구들이 있다(Chartrand & Bargh, 1999; Iacoboni, 2009). 실험자가 피험자인 것처럼 실험자 옆에 앉아 실험 과제와 상관없는 얼굴 문지르기나 발 흔들기를 했을 때 피험자들이 모방하는 경향이 있었으며, 피험자인 척 가장하고 있는 실험자가 피험자의 행동(몸짓, 움직임, 자세, 상동적 동작), 피험자의 과제 해결 방식을 모방했을 때 피험자들이 실험자를 더 좋아했으며 실험이 순조롭게 이루어졌다고 응답했다. 즉, 모방과 좋아함이 함께 작용한다는 것을 보여 준다. 모래상자에서 떠나 놀이를 하는 아동들은 치료자와 주로 게임을 하거나 치료자를 놀이에 깊이 관여시키는 경향을 보인다. 게임을 하는 상황은 일대일로 마주 앉아 서로 동일한 행동을 하고 있는 것으로 거울을 마주 보고 있는 것처럼 서로 모방적인 행동을 하고 있는 상황이라고 할 수 있다. 아동들은 치료자와의 동일한 놀이를 통해 치료자의 친밀감을 확인하는 것 같다.

또한 신경과학 분야의 연구 결과들은 이와 같은 친밀하고 교정적인 경험이 외상으로 인한 불안, 두려움 등을 극복하는 뇌 신경회로를 새롭게 만들어 낼 수 있음을 보여 주었다. 치료 과정에서 외상을 다룰 때 과거의 외상으로 인해 발달한 부정적 뇌 신경회로의 활성화로 불안, 거절감 등을 다시 경험할 수 있다(Schore & McIntosh, 2011). 그것이 놀이 치료에서 놀이 중단(breaking out)이 발생하는 원인일 수도 있다. 그럴 때 아동은 치료자의 수용과 존재를 피부로 느끼기 위해 치료실 바닥에서 치료자와의 실제적 관계를 필요로 하는 것 같다. 안전을 경험하기 위해서이다. 모래놀이를 통해서 외상과 관련된 깊은 무의식적 내용을 재연(enactment 또는 reenactment)하고 나서 느낀 불안, 거절감을 치료자와의 암묵적 · 비언어적 · 우뇌적 · 신체적 상호작용을 통해서 상쇄하고 교정하려는 것일 수 있다(Schore & McIntosh, 2011). 결과적으로 일관성 있고 수용적이며 공감적인 치료자의 치료를 통해 아동은 정서 조절을 할 수 있게 된다.

이러한 결과는 말러와 파인(Mahler & Pine, 2000)의 분리개별화 이론으로도 설명할 수 있다. 유아들은 분리개별화 단계에서 세상에 대한 사랑을 실천할 때 부모를 안전기지로 여기고 점점 멀리 나가 세상을 탐색하는 도중에 자신의 한계로 인한 불안을 느끼고 부모의 존재를 확인하거나 일시적으로 부모에게 다시 돌아오는 현상을 보이는데, 모래놀이치료의 놀이와 놀이치료의 놀이를 오가는 것은 아마도 그러한 현상의 상징적 표현일 수 있다. 외부 세계로 분리해 간다는 것은 객관적이고 상징적인 세계에 존재하게 된다는 뜻이라고 할 수 있으며, 치료자를 덜 포함시키는 모래놀이치료의 상징적인 세계보다는 놀잇감을 사용하기는 하지만 치료자를 보다 더 직접적으로 사용하는 놀이를 통해 실제적인 존재를 확인하고 친밀감을 느끼려고 하는 시도일 수 있다.

결과적으로 내담자들에게는 모래놀이치료에서의 놀이와 놀이치료에서의 놀이가 모두 필요하다. 둘 다 필요한 이유 중 하나는 실제로 내담자들이 두 가지 놀이를 모두 한다는 데에도 있다.

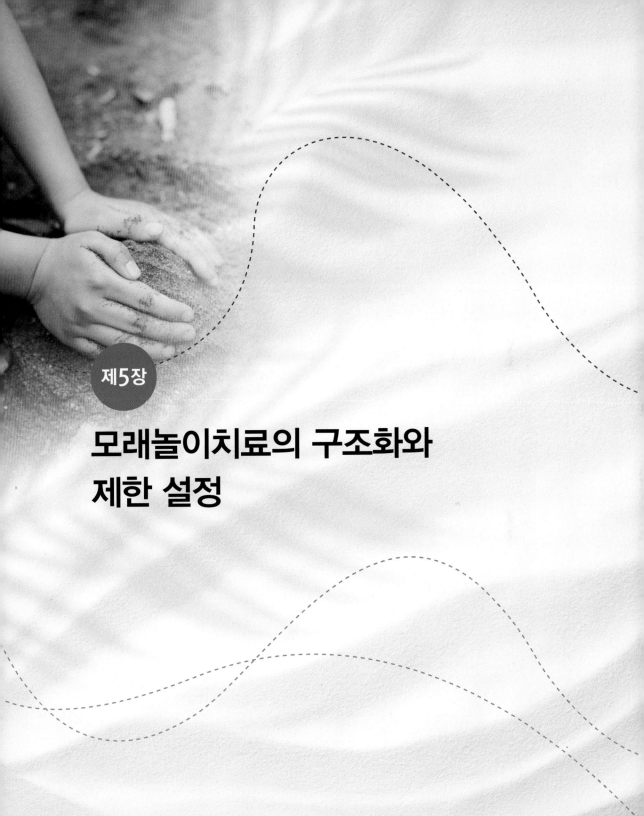

제5장

모래놀이치료의 구조화와
제한 설정

1. 모래놀이치료의 시작: 접수상담

모든 심리치료에서처럼 모래놀이치료에서 구조화는 제한 또는 경계와 관련된 것이다. 모래놀이치료의 창시자인 칼프(Kalff)가 '자유롭고 보호적인 공간(free and protected space)'이라고 했을 때의 보호적인 공간이라는 뜻은 경계, 즉 제한 설정을 의미하기도 한다. 경계를 설정함으로써 내담자를 밖의 잠재적 위험이나 침범으로부터 보호하며 내담자로부터 발생할 수 있는 위험한 어떤 것이 밖으로 나가지 않도록 한다는 데 의미가 있다. 이것은 신성한 줄, 즉 금줄(sacred rope)의 상징성을 의미한다(Jang, 2009). 본래 금줄은 민간신앙에서 불운을 막기 위하여 문이나 길 어귀에 건너질러 매거나 신성한 대상물에 매는 새끼줄을 가리키는 금기 도구를 말하며, '인줄'이라고도 한다. 예를 들어, 아이를 낳으면 그 집의 대문에 금줄을 친다. 출산의 금줄이 쳐 있는 집에는 그 집의 식구 외에 다른 사람은 출입이 금지되고 또 삼가게 된다. 혈연관계가 깊은 형제나 출가한 딸이라도 다른 세대를 이루면 이 집에 출입할 수 없다. 가족 외의 다른 사람이 들락거리면 삼신(産神)이 노해서 아이에게 해를 끼친다고 믿었기 때문이다. 금줄은 출산뿐 아니라 간장 독에 치기도 한다. 간장을 새로 담았을 때 간장 맛이 좋고 상하지 않게 하기 위해서이다. 그 외에도 집을 새로 지을 터전이나 그 재목을 쌓아 둔 곳, 기우제를 지낼 때, 굿놀이를 할 때에도 백지 조각을 꽂은 금줄을 쳤다. 기우제 같은 동제를 지낼 때는 제사 지낼 장소나 당집에는 물론이고 동네 주위에 있는 당산나무와 장승에도 금줄을 치고, 심지어는 동네 전체의 주위에 치기도 한다. 또 공동 우물, 제관의 집과 제사 음식을 만드는 집에도 금줄을 친다. 이와 같이 금줄은 여러 면에서 쓰이고 있는데, 그 기본적 의도는 금(禁)하는 기능을 발휘하고 있다. 다시 말하면 인간 생활에 해를 끼치는 것을 접근시키지 않고 침범할 수 없게 하는 것이다(한국민족문화대백과사전, 1991).

사실 금줄은 금줄 쳐진 내부를 외부 세계의 해로움으로부터 보호한다는 의미를 갖고 있지만 암묵적으로 내부의 위험으로부터 외부 세계를 보호하는 상징성 또한 갖고 있다 (Jang, 2009). 인간의 탄생이나 죽음, 신에게 제사 지내는 것 등은 모두 신적·원형적 사건이며, 인간성을 압도하는 에너지가 배열될 수 있기 때문에 신성하면서도 위험한 순간이다. 따라서 원형적 사건이 외부에 영향을 미치지 않도록 보호하는 기능을 금줄이 한다고 할 수 있다. 과거에 출산은 사망 비율이 높았으며, 따라서 죽음이 뒤따를 수 있는 사건이었다. 이러한 죽음의 세계가 나머지 사람들의 삶에 그 부정적 영향을 미치지 않도록 하는 것은 중요한 기능이었다.

이것을 모래놀이치료에서 상징적으로 이해하자면 내담자가 자신의 신성한 공간에 몰입하여 내적 작업을 할 수 있도록 외부로부터 보호받아야 하며 동시에 내면의 통제되지 않는 감정이나 외상 기억이 내담자를 침범하여 일상을 영위하는 것을 방해하지 못하도록, 즉 외부 세계를 보호하는 역할을 모래놀이치료의 신성하고 보호적인 금줄이 해야 한다. 이 신성한 금줄에 비유될 수 있는 모래놀이치료의 첫 세션의 구조화는 먼저 상담의 장소, 시간, 방법 등에 대한 합의를 포함한다. 모래놀이치료를 하는 데에는 특정한 장소와 시간이 있어야 한다. 내담자와 치료자는 반드시 이 합의된 내용을 지켜야 한다. 정해진 시간에만 모래놀이치료를 할 수 있고, 모래놀이치료자가 제공한 모래상자, 모래, 피규어를 가지고 자신의 내면 세계를 표현할 수 있다. 물론 예외적인 경우가 존재한다.

종결 시에도 처음에 설정된 구조화의 원리가 적용된다. 모든 심리치료 및 상담과 마찬가지로, 치료 과정의 종결을 위해서는 내담자가 마음의 준비를 할 수 있는 최소한의 시간을 제공해야 한다. 모래놀이치료에서는 상담을 종결할 때 지금까지 촬영한 모래 사진을 보면서 전체 모래놀이치료 과정을 리뷰하는 과정을 사용하기도 한다. 그러나 이 사진을 돌아보는 시간을 반드시 거쳐야 하는 것은 아니며, 그것이 내담자에게 필요하고 유용한 것이라는 판단이 들 경우에 하면 된다.

1) 접수상담

여기서 제시하고 있는 접수상담의 요소들은 모래놀이치료에서만 적용되는 것은 아니며, 다른 심리치료, 상담 접근에서도 공통적으로 적용되는 부분들이 포함되어 있다.

(1) 전화 예약

성인 내담자나 아동 내담자의 보호자가 상담기관과 처음 접촉하는 것은 전화나 인터넷 등을 통해서이다. 이러한 첫 접촉을 통해 내담자가 필요로 하는 도움을 기관에서 줄 수 있는지를 먼저 판단한다. 기관에서 제공하는 서비스와 내담자가 필요로 하는 도움이 어느 정도 일치한다고 판단되면 접수상담을 예약하게 된다. 내담자가 상담기관에 전화하기까지의 과정이 결코 쉽지 않음을 이해할 때 전화 통화부터 상담이 시작되는 것이라는 사실을 기억해야 한다.

최근에는 인터넷의 보급으로 내담자가 상담에 관해 접할 수 있는 정보가 비교적 많기는 하지만, 그래도 자신이 상담을 필요로 한다는 사실을 쉽게 인정하기는 어려운 일이기 때문에 전화상담이나 인터넷상담을 통해 성인 자신이나 자녀의 문제가 심각한 상태여서 상담을 필요로 하는 정도인지 알고 싶어 한다. 전화상담이나 인터넷상담을 전문으로 하는 곳이라면 어느 정도 내담자가 필요로 하는 정보를 줄 가능성이 높겠지만, 면접상담이 아닌 이러한 상담에는 다음과 같은 위험 요소가 있다.

첫째, 구두 보고만으로는 내담자의 현재 심각성을 정확히 파악하기 어렵고, 내담자의 느낌과 판단이 충분한 것인지도 알 수 없으며, 내담자의 주관적 판단이 개입될 가능성이 크다는 점이다. 하지만 주관적 판단이 크게 개입되었다고 하더라도 주관적으로 고통을 느끼고 있는 것은 사실이므로 항상 존중하는 마음으로 내담자의 문제에 경청하여야 한다.

둘째, 부정확하게 수집된 정보를 바탕으로 한 조언이나 정보는 내담자에게 적절한 상담치료를 하지 않거나 부적절한 상담을 받게 할 수 있는 원인이 될 수 있다. 따라서 전화상담의 경우에는 객관적 정보, 즉 성명, 연령, 성별, 객관적 증상, 연락처 등만을 수집하고 일정을 잡아 내담자가 내원하도록 하는 것이 바람직하다. 만약 내담자의 보고를 통한 대략의 정보가 기관에서 줄 수 있는 상담서비스와 일치하지 않는다고 판단되면 다른 전문기관에 의뢰한다(장미경, 2018).

(2) 접수면담 세션

서로 약속한 날에 성인 내담자 또는 아동 내담자와 부모가 방문을 하면 접수면담을 실시할 치료자가 기관과 자신을 간단히 소개하고 어떤 일정으로 접수면담이 진행될 것인 가를 간략히 설명한다. 기관에 따라 접수면담의 순서나 방법이 약간 다를 수 있으나, 아동의 경우에는 아동과 부모를 별도로 면담하고 필요한 경우에는 부모와 아동의 상호작용 패턴이나 분리 시의 반응 등을 보기 위해 부모와 아동을 함께 면담하는 시간을 갖기도 한다.

성인 내담자뿐 아니라 아동 내담자의 부모를 면담할 때는 부모와 아동 모두에게 면담 내용에 대해 비밀보장이 된다는 사실을 미리 알려 주어야 한다. 보통은 어머니가 아동과 함께 내원하는 경우가 많지만 최근에는 부모가 함께 오는 경우도 적지 않기 때문에 어머니와 아버지를 별도로 면담하는 시간이 필요하며, 이러한 경우에도 부부간에 비밀보장의 전제가 적용됨을 알려 주어야 한다.

부모를 함께 면담했을 때와 별도로 면담했을 때 얻을 수 있는 정보가 매우 다른 경우도 종종 있다. 비밀보장이 된다는 사실을 알지 못하는 경우에는 비난받거나 부정적으로 보일 만한 정보를 제공하지 않을 수 있다. 또한 부모와 자녀 사이의 비밀보장에 대해서도 어느 정도 언급하는 것이 필요하다. 특히 아동이 초등학교 고학년 이상이거나 저학년이라도 인지적으로 우수한 경우, 또는 부모와의 관계에 지나치게 의존적이고 민감한 경우에는 치료자와 부모 사이의 대화내용에 큰 관심을 갖고 그에 따라 반응하는 경향이 있기 때문에 그 또한 부모에게 알려 줄 필요가 있다. 물론 아동학대 의심 또는 발견 등 비밀보장의 책임을 다할 수 없는 경우에 대해서도 사전에 알려 주어야 한다.

부모를 면담하면서 치료자는 부모와 아동 중 누구를 내담자로 볼 것인가를 어느 정도 판단하는 노력을 기울여야 한다. 부모가 먼저 자신의 문제를 인정하고 함께 상담의 도움을 받겠다고 자청하는 경우도 있다. 하지만 대부분의 경우에 부모가 내적으로는 자신 때문에 자녀에게 문제가 생긴 것은 아닐까 걱정하고 있다고 하더라도, 자신이 자녀에게 부정적 영향을 주어 문제가 발생했다는 것을 인정하기 꺼리며 비난받을까 봐 두려워한다. 그렇기 때문에 이런 부모에게 치료자가 직접적으로 부모의 문제를 지적하면 부모는 치료자에게 적대적으로 대하거나 방어적인 태도를 취하게 된다.

그렇게 되면 부모와 치료자 간에 신뢰할 수 있는 관계 형성이 어렵게 되고, 지속적인 상담으로 연결될 가능성이 줄어들며, 상담으로 연결되었다고 하더라도 부모의 문제를 포괄적으로 다루기가 어려워질 수 있다. 부모가 그런 성격 특성을 갖고 있는 사람이라면, 공개적으로는 아동을 내담자로 정하고 부모와 치료자가 공동의 노력을 해 가는 공동 치료자의 잠재적 역할을 부모에게 주는 것이 치료가 유지될 수 있는 방법이라고 할 수 있다. 부모가 먼저 자신의 문제를 인정하고 치료의 도움을 받기 희망하는 경우도 종종 있다. 그러나 그러한 경우에도 접수면담에서 지나치게 부모의 문제를 지적하는 것은 바람직하지 않으며, 공감적인 태도를 보이는 것이 무엇보다 중요하다. 아동은 부모의 의사결정에 따라 치료의 지속 여부가 결정되는 경우가 대부분이기 때문에 접수면담 시에 부모와 치료자의 관계 형성은 그 무엇보다도 중요하다고 할 수 있다.

성인 내담자의 경우에도 환경의 문제가 내담자의 문제를 야기 또는 악화시키는 원인 중 하나라고 판단되면 내담자의 부모나 배우자 등의 가족을 치료 과정에 포함시키기도 하는데, 이러한 경우에도 가족 간에 비밀보장의 원칙이 적용된다. 내담자가 성인이든지 아동이든지 간에 치료자는 부모나 다른 가족을 면담하면서 그들에게도 개별적인 세션이 필요한 경우인지 또는 가족 전체를 위한 세션이 필요한 경우인지를 어느 정도 평가해야 한다. 가족의 역기능이나 갈등 관계 또는 가족의 분위기로 인해 내담자에게 문제가 발생한 경우에는 내담자뿐 아니라 가족 또는 부부 관계에 개입하는 것이 필요하다.

내담자를 평가하는 방법과 기본적으로 동일한 방법이 가족 및 부모 평가에도 적용된다. 즉, 비구조화된 면담을 통해 이루어진 체계적 관찰이 필요하다. 이 관찰 자료는 매우 신뢰할 만한 것이기 때문에 면담 시간 내내 의사소통을 촉진하는 노력이 필요하다. 처음에 치료자가 가족을 주도하지 않는 것이 중요하다. 처음에는 가족 구성원을 개인으로 보고 임상 장면의 내담자로서 관찰하며, 두 번째로는 관계에 초점을 맞추어야 한다. 그러기 위해서는 면담 시간 내내 따뜻하고 경청적이고 공감적인 태도를 취해야 한다.

보통 접수면담에 많은 시간이 할애되기 때문에 접수면담 때는 모래놀이치료를 하기가 어려울 가능성이 높다. 또한 내담자의 자아 강도가 모래놀이치료를 할 수 있을 정도인지를 먼저 평가하기 위해서라도 첫 세션에는 모래놀이치료를 하지 않는 것이 바람직할 수 있다. 그러나 앞으로 지속적으로 모래놀이치료를 하기로 내담자 및 보호자와 계약한 경우라면 두 번째 세션부터는 모래놀이치료를 할 수 있음을 알려 주는 것이 필요하다.

사실, 다음의 접수면담에 포함될 요소들은 아동치료와 성인치료 모두에 적용되는 것이라고 할 수 있다. 다만, 아동치료의 경우에는 발달단계가 연령에 적합한지를 평가하는 것과 아동의 부모-자녀 관계가 성인의 부모-자녀 관계보다 더 강한 영향을 자녀에게 줄 수 있으므로 그 부분에 대해 평가하는 것이 더 중요할 뿐이다(장미경, 2018).

2) 주호소 문제

내담자가 상담기관에 오게 된 이유를 분명히 알 수 있는 질문을 통해 내담자 또는 보호자의 언급이 이루어질 수 있게 해야 한다. 내담자가 제시하는 모든 문제의 예를 요구하고, 직장, 학교, 가정, 또래 등 모든 환경에서 문제가 어떻게 나타나는지 탐색한다.

성인 내담자 또는 보호자가 제시한 각 문제가 정확히 언제 시작되었는지 그리고 가족 위기, 사고 등 촉발사건이 있었는지를 알아본다. 모든 발달 영역에 걸쳐 현재의 기능 정도와 촉발사건 이전의 기능 정도에 대해 자세히 알아야 한다. 또한 내담자나 보호자가 인지하지 못하는, 가능성 있는 촉발사건도 탐지해 내야 한다. 성인 내담자가 또는 아동이 내담자라면 가족이 아동의 문제에 어떻게 대처해 왔는지 그리고 문제가 내담자와 가족의 환경에 얼마나 광범위하게 영향을 미치고 있는지도 알아야 한다. 또한 문제가 무엇인지에 상관없이 대인관계 또는 또래와의 관계, 기분, 정서, 불안, 흥미, 판타지, 반복되는 꿈 등도 알아야 하는 중요한 부분이다.

어떤 과정을 거쳐서 평가 과정이 이루어질 것인지에 대해서도 설명해 주고, 평가 과정과 관련하여 내담자나 보호자가 동의하지 않는 부분이 있으면 충분히 이야기할 수 있는 시간을 주어야 한다(장미경, 2018).

3) 삶의 역사 또는 발달사 청취

내담자의 생물학적·신체적 영역에 대한 정보뿐 아니라 심리적 발달에 대한 정보도 얻어야 한다. 내담자의 성장 및 발달 과정에 대해 말할 수 있는 내담자나 보호자의 능력은 각자 매우 다르기 때문에 적절한 질문을 통해 청취해 나가야 한다. 내담자나 보호자를 통해 내담자의 성장 및 발달사 청취를 위해 반드시 탐색해야 할 생애 경험 또는 발달 경험의 전체 패턴을 제시하고자 한다.

다음의 내용은 특히 아동이나 청소년에게 적용되는 부분이라고 할 수 있으나, 성인 내담자의 경우에도 어린 시절의 문제나 외상 또는 애착 관계가 현재의 주호소 문제에 영향을 줄 경우에는 청취해야 하는 내용이라고 할 수 있다. 여기에 제시한 요소들은 성인 내담자들이 다 기억하지 못하는 것들도 있으나 가능한 한 구체적으로 탐색하면 사례개념화나 치료목표 설정이 구체화되고 앞으로의 세션 진행에서도 치료자가 덜 힘들 수 있다.

(1) 아동

- 초기 조절 패턴(예: 냉담, 위축, 과민, 세상에 대한 관심), 리듬과 사이클 주기, 과대 및 과소한 감각 반응, 대근육 협응
- 돌봄 · 보호 경험
- 수유(모유, 인공유) 및 이유, 수면 유형
- 초기 애착의 적절성, 유형, 강도
- 초기 구분 능력, 의도적 의사소통 능력
- 초기의 조직화되고, 주장적인 행동(예: 두 돌 무렵에 아동이 연령에 적합한 놀이와 행동으로 하는 상호작용에 관여할 수 있었는가? 단순히 울기보다 양육자의 손을 끌어다가 자신이 원하는 것을 보여 주었는가? 정서가 긍정적 · 부정적 감정을 통합하면서 복잡하고 풍부했는가 또는 한쪽 극단의 정서가 지배적이었는가?)
- 2~3세 무렵에 언어, 인칭대명사와 같은 인지 능력과 더불어 판타지로 나타난 표상 능력
- 3~4세 무렵에 현실지남력 및 더 커진 자기보호 능력과 더불어 표상적 구분 능력이 나타났는가? 이러한 능력이 극단적인 반항심이나 충동 통제의 결핍과 같은 초기의 마술적 사고나 퇴행적 경향성을 조직화할 수 있었는가?
- 4~6세 무렵에 3인 관계까지 관계 패턴의 확장, 호기심과 흥미의 확장(예: 인간 신체, 부모의 성 및 관계 차이에 대한)이 있었는가? 정서가 공감 능력의 확장과 함께 정서가 더 풍부해지고 복잡해졌는가?
- 잠복기 아동(7세~사춘기 이전)이라면 자기 통제와 조절, 도덕성 발달, 학교생활 및 학습 수행, 또래 관계와 같은 잠복기 영역으로 진입했는지의 여부
- 형제의 출생, 대소변 훈련, 최초의 분리 경험, 의미 있는 분리나 상실(사망, 질병, 부모의 이혼), 특별한 가족 경험(예: 질병, 이사, 직업의 변화)
- 양육자와의 관계: 수동적이고 위축되었는가, 아니면 친밀하고 적극적이었는가? 애

착 형성이 일관적이었는가 아니면 변화가 있었는가?
- 아동이 성장해 가면서 맺은 형제자매관계, 부모와 맺은 관계 패턴
- 정서적 질병을 포함한 아동의 주요 질병
- 환각이나 비현실적 환상 유무 및 내용
- 정서 및 충동 통제의 발달
  - 신체 및 신체 과정에 대한 느낌, 성에 대한 감정과 생각, 성적 경험 등
  - 슬픔, 무력감, '포기', 사로잡힘, 자해, 자살에 관한 느낌
  - 정신과 약물 사용 경험 유무
  - 학대, 방임 경험 유무
  - 부모의 부부관계, 조부모를 포함한 확대가족과의 관계(장미경, 2018)
- 또래 관계 및 또래 관계의 변화 양상
- 지적 능력 및 학습 성취 정도

(2) 성인

성인의 경우에도 기본적으로 아동과 크게 다르지 않다. 다만 성인은 아동이나 청소년에 비해 생활하는 사회적 반경이 넓으므로 직업 활동을 비롯한 사회적 활동에서의 내담자의 삶의 패턴까지 확인하는 것이 필요하다. 또한 성인 내담자의 경우에는 어린 아동과 달리 자신의 문제나 고통이 무엇인지 언어로 표현할 수 있는 장점이 있다. 아동과 마찬가지로 첫 번째로 다루어야 할 부분은 주호소 문제와 상담에 오게 된 동기이다. 물론 주호소 문제를 파악할 때 가능한 한 모든 호소 문제를 청취하고 시작 시점, 변화 과정, 대처 방식 등에 대한 자세한 청취를 해야 한다. 또한 아동이나 청소년과 마찬가지로 아동기의 경험, 가족 경험, 사회 경험, 대인관계, 현재의 가족관계, 지능, 지각 방식, 환각 등을 포함한 조현병 같은 정신증의 유무 또는 잠재적 정신증 등에 대한 탐색도 이루어져야 한다.

4) 관찰 내용

내담자 면담에서 가장 중요한 평가 방법은 관찰이다. 성인이든 아동이든 관찰평가에

서 가장 중요하게 고려할 사항은 신체적, 심리적, 사회적으로 연령에 따라 성취해야 할 것들이 적합한지를 고려한 관찰과 평가가 이루어져야 한다는 점이다. 면담 시에 중요하게 관찰해야 하는 부분을 예시하면 다음과 같다.

(1) 외모, 옷차림, 눈 맞춤

내담자가 첫 세션에 왔을 때의 옷차림을 비롯한 외모도 내담자에 관해 많은 정보를 줄 수 있다. 지나치게 관습적인 옷차림 또는 관습에 지나치게 벗어난 옷차림 등이 주호소 문제와 어떻게 연결되는지 알아야 한다. 비록 우울 감정을 부인한다고 하더라도 우울한 내담자들 가운데는 복장, 청결이나 기타 외모 관리가 잘 안 되어 있는 내담자가 있다. 또한 눈 맞춤이 자연스러운지 아니면 부자연스러운지, 더 심각하게는 눈 맞춤을 아예 피하는지 등에 대한 파악도 선행되어야 한다.

(2) 대근육 협응

대근육 협응의 괴상함, 서투름, 떨림과 전체 흐름 그리고 근육 틱, 자세, 걸음걸이, 균형의 비정상성 등이 있는지 관찰해야 하며, 이는 구조화되지 않는 활동 과정(예: 연필을 쥐는 행동, 계단을 오르는 행동, 공 던지기와 잡기)이나 평가 과정에서 관찰할 수 있다.

(3) 소근육 협응

크기가 작은 물건을 다루거나 연필 등의 도구로 그림을 그리는 모습을 보면 손가락 등의 소근육 협응의 어려움을 알 수 있다.

(4) 주의집중 시간

접수면담 시간 동안에 성인과 아동 모두 주의가 쉽게 분산되거나, 반복적으로 질문에 맞지 않는 대답을 하거나 한 가지 주제에 대해 충분히 얘기하지 못하고 쉽게 다른 주제로 벗어나는 등 지속 시간이 짧은 것은 주의력결핍장애 외에도 피로, 불안, 긴장, 언어 문제 등 여러 가지 이유가 있을 수 있다. 주의력결핍 과잉행동장애(Attention Deficit Hyperactivity Disorder: ADHD)가 있다고 하더라도 구조화된 일대일 장면에서는 주의집중이 어느 정도 이루어진다. 따라서 내담자뿐 아니라 가족을 비롯해 가능한 한 많은 환경으로부터 정보를 수집하여 ADHD의 가능성 유무를 결정해야 한다. ADHD는 성인도 갖고 있을 수 있는 어려움으로서 종종 관계 및 사회적 장면에 어려움을 초래할 수 있다. 앞서 언급한 것처럼 기타 다양한 조건, 즉 불안, 강력한 반항, 정신병, 조증 등도 면담 시간에 과잉 행동과 부산한 활동을 하게 할 수 있다는 점을 접수면담 시에 고려해야 한다.

(5) 읽기, 쓰기, 말하기 장애

아동이나 청소년 또는 대학생의 학업 성취의 어려움을 평가하려면 이전에 어떤 형태의 교육을 받았고, 학업성취도가 어떠했는지 등을 세심하게 탐색해야 한다. 최근에는 외국에서 살다 오는 사례들이 증가하고 있기 때문에 그런 언어적 영향을 고려해야 하는 경우가 있으며, 이중 언어 문화권에 속한 아동에게서는 교육에서 쓰였던 주 언어가 무엇인지, 아동과 부모 사이에 그 언어로 대화가 어떻게 이루어졌는지 등을 알아야 한다.

ADHD나 혼란스러운 행동이 학업을 방해하고 교실 적응을 어렵게 한다면 학습장애라고 진단할 수는 없지만, 학습장애가 있다면 불안정하고 부적응적인 교실 행동이 나타날 수 있다.

일반적으로 읽기 수준은 지능과 상관관계가 있기 때문에 적절한 교육 기회가 주어졌음에도 불구하고 평균 이하의 읽기 수준을 보인다면 그것의 가장 공통적 원인은 낮은 지능이라고 할 수 있다. 또한 책 읽기는 아동이 무엇에 대한 흥미와 판타지를 가지고 있는지 알 수 있는 정보를 준다.

(6) 언어

18개월 무렵에 이르도록 단어를 사용하지 못했거나 30~36개월 무렵에 두 단어를 연결하는 문장을 사용하지 못했지만 정상적인 옹알이를 한 아동, 지시를 이해하는 아동, 비언어적 단서와 몸짓을 이해할 수 있고 이에 반응하는 아동은 정상적으로 언어가 발달할 가능성이 있다. 그러나 앞의 연령에서 지체되었거나 다른 형태의 의사소통장애가 함께 나타나면 구체적인 평가가 필요하다. 일반적으로 자폐증이나 지적 장애가 있는 경우에는 언어장애를 동반하기 때문에 단순한 언어발달 지연인지 아니면 다른 장애에 수반하는 언어장애인지도 판별해야 한다. 선택적 함구증을 가진 아동이나 사회공포증이 있는 성인들도 언어로 원활하게 자신의 어려움을 표현하지 못할 수 있으므로 가족이나 부모로부터 정보를 필요로 한다.

(7) 지능

지능은 전반적인 어휘, 반응성, 이해 수준이나 호기심, 신체 협응 같은 부분들을 통해 대략적으로 파악할 수 있다. 지능이 현저히 낮은 경우에는 이러한 평가만으로도 지능 저하를 쉽게 파악할 수 있으나 어느 정도 기능을 하고 있는 경계선 지능의 성인인 경우 그리고 아동이 어린 경우에는 보다 세밀한 관찰 평가가 요구된다.

(8) 기억

정상적인 지능을 갖고 있는 성인이라도 우울증이 있는 경우에는 가성치매나 알코올성 치매처럼 기억력이 저하될 수 있으므로 실제로 그것이 낮은 지능 때문인지 또는 다른 원인에 의한 일시적인 기억력 저하인지를 이해하는 것이 필요하다. 아동의 기억력을 알아보기 위해서는 숫자를 불러 주고 암기하는 방법을 사용해 볼 수 있으며, 부모의 보고를 통해서도 아동의 기억력을 어느 정도 파악할 수 있다. 보통 정상적인 8세 아동은 순서대로 5개, 뒤로 3개 정도의 숫자를 기억해 내며, 10세 아동은 앞으로 6개, 뒤로 4개 정도의 숫자를 기억해 낸다. 그러나 이러한 기억력이 기질적인 뇌 기능에서 비롯되었는지 아니면 주의력 부족이나 불안으로 인한 것인지를 판단해야 하며, 기질적 문제가 의심되는 경우에는 의학적 검사를 권한 후 기질적 문제가 없다는 결론이 나면 심리치료적 접근을 시도한다. 예를 들어, 과호흡을 하면서 어지러움을 호소하는 내담자가 있다면 비닐 봉투를 입에 대고 숨을 쉬게 해 본 후 과호흡이 가라앉으면 심리적 원인이라고 판단할 수 있지만, 그렇지 않다면 의학적 검사를 받게 한다.

(9) 사고와 지각

사고에 대한 평가는 주로 실제 사고내용과 사고의 형태, 흐름 및 조직이라는 두 개의 주요 차원에서 이루어진다. 사고내용상의 장애는 평범치 않은 신념(환상) 또는 지각(환각)의 형태로 이루어진다. 그 밖에 상황적으로 또는 발달적으로 부적절한 추론(사건과 사물이 시간이나 공간적으로 서로 인과관계가 있다고 주장하는 것)이나, 차이점과 유사점을 구별하지 못하거나, 적절한 것과 부적절한 것을 구별하지 못하거나, 과도히 구체적인 것

등을 포함한 신조어와 특이한 논리 등이다. 사고 흐름의 장애는 주로 강박적 느낌과 사고의 흐름이나 사고의 압박과 생각의 지리멸렬 같은 것들이다. 이러한 것들은 주관적으로 외계인, 통제 상실, 때로는 어떤 두려움으로 경험할 수 있다.

(10) 환각

환각은 망상과 함께 정신병적 상태를 나타내는 지표일 수 있다. 하지만 정신증으로 인한 환각 외에도 스트레스나 종교문화적 이유로 환각이 생길 수도 있다. 심각한 스트레스 상태에 있는 아동이나 성인, 억압, 투사, 대치의 방어기제를 갖고 있는 내담자도 환각을 나타낼 수 있다. 이런 환각은 판타지와 현실 사이를 일시적으로 구분하지 못하는 퇴행 현상의 일부로 나타난다. 지나친 자극이나 학대, 중요한 인물의 죽음 후 급격한 애도 반응, 외상 후 스트레스 장애, 극심한 불안 등도 환각을 일으킬 수 있다.

(11) 판타지, 감정, 갈등

내담자가 가지고 있는 무의식적 갈등을 탐색하기 위해 또는 무의식적 갈등과 관련된 판타지나 감정, 갈등을 평가하기 위해 상상 내용, 꿈 내용, 그림 내용 등을 분석하거나 소원 등을 물어볼 수 있다. 인물화 같은 그림 그리기는 판타지 및 감정뿐 아니라 지능 정도도 평가할 수 있는 기능을 갖고 있다. 성인 내담자의 경우에는 상담을 받기로 결정한 이후의 꿈을 물어볼 수 있다.

(12) 정서

내담자가 보여 주는 기분, 정서 범위 그리고 불안, 우울, 냉담, 죄책감 또는 분노와 같은 정서 중 우세한 것이 무엇인지를 세심히 관찰해야 한다. 내담자의 언어내용, 얼굴 표정, 기타 비언어적 단서를 관찰할 뿐 아니라 우울, 자살사고나 행동, 불안에 관해 탐색해야 한다. 우울한 내담자는 "나는 할 수 없어요." "나는 잘 못해요." "다 소용없어요."와 같은 말을 함으로써 낮은 자존감을 보이며 쉽게 피로를 느끼고, 흥미 및 즐거움을 상실한다. 또한 죄책감, 집중력 부족, 수면, 식욕, 근육 운동의 문제를 갖고 있는지도 파악한다.

(13) 관계

내담자의 관계 측면에 대해서도 몇 가지 영역을 탐색해야 한다. 가족 안에서 어떤 가족 구성원과 살고 있으며, 누구와 가장 친하고 누구와 그렇지 않은지 알아야 한다. 또 어떤 구성원들 사이에 갈등이 존재하는지 등도 파악해야 한다. 대인관계나 또래 관계에 대해서는 누구와 친하고 누구와 친하지 않은지 등을 탐색하며, 왕따나 소외를 당하는 내담자라면 내담자 스스로 생각하는 원인이 무엇인지도 알아보아야 한다. 직장이나 학교에서 상사나 교사와의 관계도 탐색한다.

(14) 약물 사용 및 질병

복용하고 있는 약물이나 복용했던 약물에 대한 탐색이 이루어져서 약을 복용하게 된 질병과 정도 그리고 질병과 약물이 내담자의 삶에 미친 영향을 탐색해야 하고, 현재의 주호소 문제에 미치는 영향을 탐색해야 한다.

(15) 성적 지향

내담자가 갖고 있는 성적 지향이나 로맨틱 감정 등도 내담자가 겪는 어려움과 관련될 수 있다. 특히 동성애나 트랜스젠더에 대한 추구 등은 '주류'의 성 지향성을 가진 사람들 틈에서 여러 가지 적응과 성 정체성의 어려움을 야기할 수 있다. 자신의 성정체성 내지 지향성을 받아들이고 적응하기까지 대부분의 사람이 혼란을 겪으며, 설사 받아들였다고 하더라도 자신의 성 정체성을 외부 사람들과 공유하는 것은 또 다른 문제이다. 일반적으로 동성애자들은 이성애자들에 비해 자살율이 4배 정도 높으며 학대, 따돌림, 폭력의 희생자가 될 가능성이 높다(McNabb, 2020). 또한 청소년들의 경우에는 동성애자들의 온라인 커뮤니티를 통해 성인 동성애자들에게 착취를 당하거나 조종, 학대를 받는 경우도 있다. 따라서 가능한 접수면담 시 성 지향성 내지는 성 정체성에 대한 정보를 확보하는 것이 좋다.

트랜스젠더가 되기 위해 성전환 수술을 원하는 청소년 내담자들의 경우에는 성전환 수술을 하기에 앞서 정확한 판단을 위한 심리치료, 상담이 필요하다. 때로는 대인관계, 사회적 성취 등의 어려움의 변화 필요성이 성 정체성에 투사되어 문제를 피하는 수단으로서 트랜스젠더가 되고자 하는 경우가 있으며 따라서 접수면담뿐 아니라 이후에도 시간을 두고 평가가 이루어져야 한다.

(16) 공격성

공격성과 관련하여 내담자의 충동 조절 능력을 포함한 성격에 문제가 있는지, 분노의 대상이 누구인지, 어떤 식으로 공격성을 표현하는지, 공격성의 정도가 어느 정도인지, 타인이나 동물을 잔인하게 다루거나 폭력적인지 등을 탐색한다.

(17) 대처 전략

갈등에 대처하는 내담자의 방어 조직에 대해서도 탐색한다. 특히 불안하거나 화나거나 좌절했을 때의 대처 전략을 탐색한다.

(18) 기타

앞서 언급한 내용뿐만 아니라 내담자에게 있는 특별한 재능이나 긍정적 특성, 직업적 성취, 학업 성취, 현실감, 가족의 지지 등 내담자가 갖고 있는 긍정적 속성, 강점 등도 살펴서 그것이 내담자의 회복에 도움이 되도록 한다.

5) 사례개념화

여러 가지 정보와 관찰 등을 토대로 치료 목표 설정을 위해 내담자에 대한 사례개념화, 즉 잠정적 평가를 내려야 하는데, 이를 사례개념화라고 한다. 물론 대부분의 상담, 심리치료 접근은 의료적 모델을 지양하지만 분야에 따라서는 사례개념화에 해당하는 것을 진단공식화라고도 한다. 사례개념화를 통해 현재의 문제뿐 아니라 촉발사건을 포함한 가능한 원인, 유지사건 그리고 장래의 대처 전략에 대한 청사진을 얻을 수 있다. 따라서 사례개념화를 할 때는 신체적 요인, 환경 스트레스, 내적 갈등이 내담자 및 가족과 상호작용하는 독특한 방식 등을 통합적으로 보아야 한다.

사례개념화를 통해 진단명을 넘어 내담자에 대한 충분하고 다차원적인 정보를 얻고 적절히 포괄적인 치료계획 및 목표 설정을 위한 건전한 기초를 만든다. 사례개념화는 내담자에게 문제를 일으키고 문제를 유지하는 내적·외적 요인뿐 아니라 더 나아가 내담자와 가족의 감정과 적응 능력에 초점을 맞추면 치료에 도움이 될 수 있다.

6) 자아 강도의 평가

모래놀이치료를 시작할 때 내담자의 자아 강도(ego-strength)를 평가하는 것이 필요하다. 특히 정신증이나 잠재적 정신증의 가능성이 있는 경우에는 광범위한 판타지에 노출되게 하는 것보다는 자아 강도를 고려하여 한 번에 사용할 수 있는 피규어의 수를 한두 개로 제한한 세션을 진행하는 것이 필요하다. 그러한 심한 문제가 아니더라도 자아 강도가 충분히 강하지 않은 내담자의 경우에는 해석적 접근의 모래놀이치료보다는 지지적인 모래놀이치료 접근을 통해 치료자의 지지를 경험하게 해서 자아 강도를 높인 후 내담자가 깊은 무의식으로 여정을 시작하게 하는 것이 필요하다. 내담자의 자아 강도가 충분히 강해지면 내담자 스스로 깊은 무의식으로의 여정을 시작하는 것을 목격할 수 있기 때문에 그때까지 얼마나 시간이 걸릴지에 대해 치료자로서 조바심을 내지 않는 것이 중요하다. 치료자가 서두를 경우에 자아 강도가 약한 내담자는 치료자의 기대를 충족시켜 한다는 무의식적 압력을 받고 자아 강도가 충분히 강하지 않은 상태에서 깊은 무의식으로 들어가는 척하거나 치료를 중단해 버릴 수도 있다.

2. 모래놀이치료 세션의 진행

여기서는 접수면담 이후에 이루어지는 첫 세션을 포함한 모래놀이치료의 세션 진행에 대해 소개하고자 한다.

접수상담 이후의 상담에서 모래놀이치료실의 세팅에 호기심을 갖는 내담자도 있고 상대적으로 관심이 적은 내담자도 있다. 어떤 경우이든 모래놀이치료에 대해 소개하는 과정이 필요하다. 모래가 들어 있는 모래상자를 가리키면서 "선반에 있는 피규어 중에서 마음에 들거나 끌리거나 아니면 당신을 부르는 피규어가 있으면 모두 가져다가 이 모래상자에 놓거나 원하는 장면을 만들 수 있습니다."라고 안내한다. 필요하면 물을 사용할 수 있다는 것도 알려 준다. 내담자가 모래장면 만들기를 다 끝냈다는 신호를 줄 때 원하면 언제든지 피규어를 더 가져올 수 있다는 것도 알려 준다. 내담자가 모래장면을 만드는 동안에는 침묵이 필요하다. 물론 내담자가 말을 시킨다면 반응을 해야 한다. 그러나 치료자가 주도하는 지나친 대화는 내담자로 하여금 내담자에게 떠오른 이미지를 잊어버리게 하거나 다른 주제로 흘러가게 한다. 대부분의 내담자는 모래장면을 만드는 동안에 침묵하는 경향이 있다.

내담자가 다 만들었다는 신호를 주면 치료자는 여유롭고 개방적이고 편견없는 태도와 마음으로 내담자의 연상을 들을 마음의 준비를 해야 한다. 이때 반드시 삼가해야 하는 질문이 두 가지 있는데, 첫 번째는 "이것은 무엇입니까?"이고, 두 번째는 "이 피규어는 무슨 의미입니까?"이다. 이러한 질문은 정서적 연상보다는 논리적이고 이성적인 답을 하게 만드는 경향이 있기 때문에 치료자가 내담자를 충분히 이해하는 데 방해가 될 뿐 아니라 내담자 스스로 통찰을 경험하지 못하게 한다. 이에 대해 스타인하트(Steinhardt, 2013)는 내담자에게 "만들면서 어떠셨습니까?"라는 질문으로 충분하다고 했다. 이 질문에 답을 잘하지 못하는 내담자라면 "모래장면을 만들면서 떠오른 상상, 기억, 기분, 감각 같은 것들이 있었습니까? 그 어떤 것도 좋으니 말씀해 주시겠습니까?" 정도의 안내를 한다. 내담자가 자신이 만든 모래장면에 대해 이야기를 시작하면 서두르지 말고 내담자가 충분히 말할 수 있는 시간을 주고 말이 끊겨 침묵이 흐르는 경우에도 조급한 마음을 품지 말고 기다릴 수 있어야 한다. 기다리면 대부분의 내담자는 스스로 그다음의 연상을 이어 가는 경향이 있다. 충분한 시간이 지났음에도 연상 과정에서 빠진 피규어나 모래 구조물이 있다면 "이 부분에 대해 말씀해 주시겠습니까?" 정도의 표현으로 연상을 할 수 있도록 도울 수 있다. 내담자는 피규어나 모래 구조물에 대한 연상과 더불어 자신의 삶에 대한 얘기나 감정에 대한 이야기를 함께한다. 이 모든 이야기는 모래장면과 분리된 것이 아니라 모두 모래장면과 관련된 연상이므로 모래장면을 이해하려는 노력에 포함시켜야 하는 요소들이다.

내담자가 가진 문제의 심각성에 따라 충분한 연상이 이루어지지 않고 단편적으로 피규어의 이름을 지목하는 정도로만 연상이 이루어지는 경우도 있다. 그러한 경우라도 인내심 있게 이야기를 경청하고 내담자가 모래상자 외에 다른 주제에 대해서 이야기하는 내용과 모래장면을 연결해서 치료자가 잠정적인 의미를 이해하려고 노력해야 한다. 어떤 내담자는 모래장면을 만들어 놓고 모래장면에 대한 직접적 언급은 전혀 하지 않은 채 다른 이야기만 하는 경우가 있으나, 그러한 경우라도 관련되어 보이는 이야기 내용을 모래장면과 연결시킬 수 있도록 모래장면을 언급해 주는 것이 필요하다.

어린 아동들은 모래장면을 만드는 동안에 말을 하거나 계속 움직이는 놀이 장면을 만드는 경향이 있으며, 이러한 경향은 나이가 어릴수록 많이 나타난다. 그렇다 하더라도 치료자는 내담자가 이끄는 방향과 주제를 존중하면서 그 방향으로 함께 가야 하며, 치료자 자신의 궁금증이나 호기심으로 인한 잦은 질문으로 내담자의 연상의 방향을 바꿔 놓아서도 안 된다.

무엇보다 중요한 것은 즉각적으로 모래장면의 의미를 이해하려는 조급한 마음을 버리는 것이다. 침묵이 어느 정도 흐르더라도 충분히 시간을 갖고 기다리면서 내담자의 이야기를 듣고 내담자의 몸이 보여 주는 반응에 경청한다면 세션 종료 몇 분을 남겨 놓고서라도 모래장면에 대한 이해가 어느 정도 이루어질 수 있다. 그렇지 못하더라도 세션이 거듭되면서 내담자의 모래장면에서 반복적으로 표현되고 있는 내담자의 주제를 이해할 수 있게 된다.

세션마다 모래놀이치료를 하는 방법은 내담자가 치료실에 들어왔을 때 다른 이야기를 시작하기에 앞서 먼저 모래놀이를 시작하도록 구조화하면 다른 얘기를 하느라 모래놀이를 못하게 되는 것을 막을 수 있다. 그러나 그렇게 구조화한 경우에도 어떤 세션에서는 모래놀이를 쉬고 싶어 하는 내담자가 생긴다. 그 이유는 보통 그전 세션에서 깊은 무의식 재료들을 다룬 경우일 가능성이 높다.

3. 모래놀이치료의 제한 설정

모래놀이치료의 구조화 중 두 번째로 중요한 부분은 치료적 제한 설정이다. 성인 내담자에게 제한 설정 하는 것을 치료자에 따라서는 힘들어 하거나 부담스러워 한다. 그러나 심리치료자가 궁극적으로 내담자의 회복과 성장을 위한 것이라는 전제를 기억한다면 치료자 자신의 불편함을 피하기 위해 내담자에게 진정으로 필요한 것을 회피하는 것은 궁극적으로 내담자를 위한 것이 아니라 치료자를 위한 것임을 의미한다. 항상 내담자의 최선의 이익을 중심으로 모든 의사결정을 해야 하는 것이 치료자가 지켜야 할 치료 윤리이다. 성인 내담자에게 제한 설정을 해야 하는 경우는 내담자가 자주 치료 시간에 늦거나 자주 빠지거나 시간 변동을 요구하는 경우 등이다. 아동 내담자의 경우에 제한 설정은 내담자로 하여금 사회적으로 용납되는 행동에 대해 알게 하고, 치료자가 아동의 안전을 우선시한다는 것을 아동으로 하여금 알게 하며, 아동이 대인관계에 필요한 책임감을 배우게 한다는 측면에서 치료가 현실에 근거하게 할 수 있다(O'Conner, 1991). 부모가 어린 자녀를 양육할 때에도 반드시 하게 되는 것이 제한 설정이며, 이는 아동으로 하여금 자신의 감정과 행동을 조절하고 사회적 상황에 맞추도록 하여 아동의 조절 능력을 키우게 한다. 아동에게 있어서 자신의 신체, 행동, 감정, 관계를 조절하는 능력은 사회적으로 생존해 나아가는 데 반드시 필요한 것으로 이것이 성취되지 않으면 충동조절장애, 반사회적 행동, ADHD 등과 같은 문제를 갖게 할 위험도 있다. 이때 제한 설정이 효과를 갖는 데 제한 설정이 충분한 효과를 내려면 제한 설정과 함께 적절한 수용이 함께 이루어져야 한다. 물론 수용할 것은 아동의 존재와 아동의 감정에 대한 것이며, 바람직하지 않은 행동에 대한 수용은 아니다.

아동들이 모래놀이치료를 받으러 오는 이유는 아동의 수만큼이나 다양하다. 어떤 아동은 무엇이든 잘해야 한다는 부담감으로 늘 긴장하고 못할 것을 염려하여 지레짐작으로 미리 포기하기도 한다. 이러한 아동은 치료실에서도 자신이 잘할 것을 기대한다는 생각 때문에 긴장하고 잘하려고 노력하다가 지쳐 에너지가 소진되어 정해진 시간이 안 되었음에도 불구하고 밖으로 나가려고 할 수도 있다. 행동 조절이 잘 안 되는 아동은 치료실에서도 역시 피규어나 놀잇감을 망가뜨리거나 규칙을 지키지 않는다. 어떤 문제로 치료실에 왔든 간에 치료자와 놀이치료실은 아동에게 낯선 사람이고 낯선 장소이기 때문에 아동은 놀이치료실이 어떤 곳인지 그리고 놀이치료자가 어떤 사람인지 알기 위해, 어떤 행동이 허용되고 안 되는지를 알기 위해 시험하는 행동을 한다. 그러나 치료자의 따뜻하고 수용적이고 일관성이 있는 반응을 통해 아동은 서서히 신뢰를 느끼고, 자신의 깊은 내면을 통해 작업하기 시작한다. 깊은 내면을 작업할 때에도 아동은 격한 감정을 느끼기도 하고 두려움이나 불안 때문에 충동적으로 규칙을 어기는 행동을 하기도 하지만, 치료자의 일관성이 있는 제한과 그러한 제한에도 불구하고 변함없는 치료자의 수용적 태도로 인해 여전히 신뢰와 안전감을 느끼고 자신의 내면 세계 탐색하는 것을 계속한다.

모래놀이치료에서도 다른 치료 접근과 마찬가지로 예외적인 상황이 발생한다. 예를 들면, ADHD 등의 어려움을 가진 아동이 의도치 않게 모래를 지속적으로 바닥에 흘리는 경우이다. 의도하지 않았기 때문에 제한 설정의 대상은 아니지만 치료자가 불편해서 내담자를 공감하는 데 방해가 된다면 모래를 사용하지 않는 다른 치료 방법으로 바꾸는 것을 고려할 수 있다. 그러나 대부분은 치료자 자신이 견디지 못해서 문제가 된다.

제한 설정에는 직접적인 제한 설정과 간접적인 제한 설정이 있다. 직접적인 제한 설정은 허락되지 않는 행동이 있다는 것을 아동에게 알리는 것이다. 예를 들어, '창문은 공을 던지는 곳이 아니다.' '놀이실에 있는 놀잇감들을 일부러 망가뜨려서는 안 된다.' 등이다. 간접적인 제한설정은 보다 미묘한 것으로 치료자의 반응에 따라 달라질 수 있다. 예를 들어, 치료자가 아동의 행동보다 아동의 언어에 적극적으로 반응한다면 아동은 말수가 많아질 것이다. 즉, 치료자의 반응이 긍정적 또는 부정적 강화의 기능을 하는 경우를 말한다.

제한 설정은 내담자뿐 아니라 치료자의 안전을 위해서도 필요하다. 치료자를 다치게 하거나 불안하게 한다면 치료자 자신도 안전하지 않을 뿐더러 방해 없는 집중과 공감을 내담자에게 할 수 없다. 이와 같이 제한 설정이 여러 가지 이유에서 중요함에도 불구하고 제한해야 할 상황이 되면 치료자들은 당황하고 어려워한다. 때문에 제한 설정에 관한 충분한 훈련과 노력이 필요하다.

1) 성인 내담자에 대한 치료적 제한 설정

앞서 언급한 것처럼 제한 설정은 아동에게만 필요한 것은 아니다. 치료의 구조화 측면에서 성인 내담자의 경우에도 제한 설정이 필요할 수 있다. 예를 들어, 치료 시간에 자주 늦거나 결석하는 내담자, 치료 시간을 자주 바꿔 달라고 요구하는 내담자 또는 상담비 지급이 제대로 이루어지지 않는 내담자는 경계 지키기에 어려움이 있는 내담자일 가능성이 높다. 이러한 내담자에 대해 처음에는 늦거나, 결석하거나, 자주 바꾸는 이유가 타당하는지를 세션 중에 다루어서 그럴 수밖에 없는 현실적인 이유가 있는지 아니면 어떤 외상이나 경험으로 인한 콤플렉스 이슈로 인한 것인지를 파악해야 한다. 직장 문제나 가정 문제와 같이 현실적인 이유가 있는 경우라면 현실적인 어려움을 최소화할 수 있는 융통성을 허락해야 한다. 그러나 내담자 자신의 이슈로 인한 것이라면 그 이슈를 충분히 다루어야 하고 충분히 다루었음에도 같은 패턴이 반복된다면 결석한 경우에도 치료비를 청구해야 하며, 지각하면 늦은 만큼의 시간은 세션에서 제외하고 나머지 시간만을 소모한다. 어떤 치료자들은 그렇게 했을 때 내담자가 치료를 그만둘 것이라는 불안을 느낄 수 있다. 실제로 그러한 제한 설정을 부과하면 처음에는 약간의 저항이 있을 수 있으나 그것이 내담자를 위한 치료자의 힘든 결정이었다는 것을 깨닫는 것을 종종 경험할 수 있다. 그러면 치료 효과가 증대된다. 내담자가 치료를 그만둘 것을 두려워하여 적절한 제한 설정을 하지 않는다면 그것은 내담자를 위한 시간이 아니라 치료자를 위한 시간이다.

2) 아동 내담자에 대한 치료적 제한 설정

아동 내담자에 대한 제한 설정과 관련하여 엑슬린(Axline, 1969)은 아동과 치료자의 안전을 위해 치료 상담의 제한을 세 가지 범주로 나누었다. 그 첫 번째는 절대적 제한이다. 절대적 제한은 상황에 따라 변하지 않는 불변의 제한으로 주로 안전과 관련된 것이다.

- 아동은 자신을 다치게 해서는 안 된다.
- 아동은 치료자를 다치게 해서는 안 된다.

두 번째는 임상적 제한으로, 치료실 환경과 관련된 제한이다.

- 모든 놀잇감은 치료실에서만 가지고 놀 수 있다.
- 시간이 끝나기 전에는 치료실을 나갈 수 없다. 화장실을 가야 하는 경우와 같이 긴급한 경우에는 물론 예외이다.
- 세션이 끝나면 반드시 치료실을 나가야 한다.

세 번째는 상황적 제한으로 경우에 따라 달라질 수 있는 제한이다. 아동의 특성에 따라 추가적인 제한이 필요한 경우가 있고, 예외적으로 제한을 하지 않아야 하는 경우도 있다. 예를 들어, 치료실에서 놀잇감을 망가뜨려서는 안 되지만 폭력적인 환경에서 왔거나 주의산만이나 과잉행동을 하는 아동이 놀잇감을 의도치 않게 거칠게 다루고 결과적으로 놀잇감이 망가진 경우에는 놀잇감이 망가진 것에 대한 제한이 불필요하다. 그러나 반항 등의 이유로 고의로 놀잇감을 망가뜨리는 경우에는 제한이 필요하다.

　대표적인 아동중심 놀이치료자 가운데 한 사람인 랜드레스(Landreth, 1991)는 아동상담의 제한 설정 근거를 몇 가지로 제시했다(장미경, 2018, p. 203 재인용).

- 제한은 신체적, 정서적으로 아동을 안전하게 한다.
- 제한은 치료자의 정서적 편안함을 도모하고 아동에 대한 치료자의 수용을 증진한다.
- 제한은 아동의 의사결정, 자기통제, 자기책임을 촉진한다.
- 제한은 치료가 현실의 지금과 여기(here and now)에 기초하게 한다.
- 제한은 치료실 환경을 일관되게 한다.
- 제한은 치료자와 아동 사이에 전문적이고, 윤리적이며, 사회적으로 수용 가능한 관계를 갖게 한다.
- 제한은 놀잇감과 치료실 환경을 보호한다.

　또한 랜드레스는 제한 설정의 절차를 4단계로 나누어서 제시하였다(장미경, 2018). 1단계에서는 아동이 규칙을 어겨서라도 자신이 원하는 것을 하고자 하는 감정을 먼저 공감한다. 아동이 치료실에서 허용되지 않는 행동을 하고 싶어 할 때 그런 행동을 하고 싶어 하는 감정과 욕구 자체는 인정하고 공감해 주어야 한다는 의미이다(예: "모래를 바닥에 뿌리고 싶구나."). 아동의 행동은 제한하더라도 욕구와 감정에 대해 공감을 받았기 때문에 아동은 거절감을 느끼지 않는다.

　2단계에서는 제한이 있다는 것을 알린다. 즉 치료실에서 허용되지 않는 행동이 있다는 것을 알린다. 제한을 알릴 때에는 구체적이고 정확해야 한다. 무엇이 안 되는 행동이고 무엇이 가능한 행동인지를 알려야 하는 것이다(예: "바닥에는 모래를 뿌릴 수 없다."). 1단계와 2단계 절차는 바꾸어 할 수도 있다. 공감을 하기도 전에 모래를 바닥이나 벽에 뿌리려고 한다면 순서를 바꾸어 제한이 있다는 것을 먼저 알려야 한다.

　3단계에서는 다른 대안을 알려 준다. 무엇보다 중요한 것은 행동에 대한 통제만 존재하는 것이 아니라 그것을 대신할 수 있는 대안이 존재한다는 것을 알리는 것이다. 그렇게 함으로써 아동의 행동을 제한했지만 아동의 욕구를 대체하여 충족할 수 있는 방법을 알려 줌으로써 아동이 자신의 욕구를 사회적으로 바람직한 방법으로 충족할 수 있는 방법을 찾게 한다. 예를 들어, 바닥이나 벽에는 모래를 뿌릴 수 없지만 원한다면 모래상자 안에 뿌릴 수 있다고 알려 준다.

앞의 3단계를 거쳤음에도 불구하고 어떤 아동은 자신의 욕구를 자신의 방법으로 실현하려는 의지를 계속 보일 수 있다. 그러한 경우에는 4번째 단계로서 앞의 세 과정을 두세 번 더 반복한다. 그럼에도 불구하고 치료실에서 허용되지 않는 행동을 계속한다면 그때는 두 가지 대처 방법을 사용할 수 있다. 첫 번째는 제한을 지키지 않으면 치료실에 계속 있을 수 없다는 것을 알리는 것이다. 한 번의 기회를 더 남겨 두고 이러한 경고를 하여 아동이 계속 치료실에 있을 것인지 아니면 밖으로 나갈 것인지를 선택하게 한다. 아동이 밖으로 나가기를 선택한다면 그 세션에서는 더 이상 치료실에 있을 수 없다. 두 번째는 특정한 피규어를 망가뜨리는 행동과 같은 행동에 대한 제한의 경우에는 그 피규어를 더 이상 가지고 놀 수 없는 것을 마지막 선택 행동으로 하게 한다. 시간이 남은 상태에서 규칙을 지키지 않아 아동이 밖으로 나간 경우라면 치료자는 끝날 때까지 대기실에서 아동과 함께 있어야 한다.

모든 제한 설정 과정은 치료자 자신의 동요와 감정적 혼란 없이 공감적이면서도 확고하게 해야 아동에게 치료적 효과를 가져올 수 있다(장미경, 2018).

4. 모래놀이치료의 종결

종결과정은 모든 심리치료의 종결과 동일한 과정을 거친다. 내담자가 종결을 준비할 수 있도록 최소한 몇 주 이상의 세션을 남겨 놓고 종결과정을 시작한다. 특히 아동 내담자의 경우에는 이 과정이 반드시 필요하다. 모래장면과 언어적 언급에서 종결에 대한 감정이 어떻게 표현되고 있는지를 살피는 것도 매우 필요하다. 분리개별화 과정에 어려움을 가진 내담자였다면, 특히 종결에 대한 내담자의 반응이 어떠한지 세심하게 보는 것이 중요하다. 즉, 증상의 제거만을 목적으로 하면 안되는 내담자들이 있다.

모래놀이치료가 다른 심리치료의 종결과정과 다른 부분은 대부분 종결 세션에서 그동안 찍어 놓은 모래 사진을 치료자와 내담자가 함께 보면서 그간의 여정을 돌아보고 변화된 과정을 정리한다는 것이다. 이 과정 자체가 내담자에게 상당히 치유적임을 경험을 통해 알 수 있다. 매 세션은 변화가 일어나지 않은 것처럼 느리게 느껴졌더라도 처음과 종결 시점을 비교하면 내담자가 과소평가했던 것과 달리 큰 변화가 일어난 것을 느낄 수 있다.

5. 기타 구조화

1) 기록하기와 기록의 보존

다른 심리치료와 마찬가지로 모래놀이치료자는 내담자와의 세션내용을 기록할 뿐 아니라 내담자가 만든 모래장면의 사진을 찍는다. 사진에 관해서는 보통 첫 세션의 구조화 과정에서 내담자에게 알리고 동의를 받는다. 내담자가 나가고 나면 모든 장면을 기억하기 위해 사진을 찍을 것이고, 사진은 치료자만 볼 것이며, 원하면 내담자에게도 보여 줄 수 있다고 알리는 정도면 된다. 내담자가 모래놀이치료실에 있는 세션 중에 사진을 찍는 치료자가 간혹 있으나 그렇게 되면 내담자는 사진에 남을 멋진 장면을 만들기 위해 노력할 수 있으므로 내담자의 진정한 작업을 방해한다.

2) 가족 또는 부모 상담

성인 내담자의 경우에는 내담자의 동의하에 가족 세션을 병행하거나 아동이나 청소년 내담자의 경우에는 종종 부모 상담을 하게 된다. 이때에도 비밀보장의 원칙이 적용된다. 아동 내담자가 만든 모래상자가 있는 방에 부모를 초대하여 부모상담을 하는 것은 비밀보장의 원칙에 어긋나는 모래놀이치료 윤리 위반이다. 접수면담 시 치료 과정을 구조화할 때 부모에게도 이미 아동 내담자의 세션 진행 내용에 대해 비밀보장의 원칙이 적용된다는 사실을 알리기 때문이다. 부모가 모래장면을 본다는 것을 아동이 안다면, 특히 부모가 자녀의 모래상자 장면에 대해 평가적이라면 아동은 절대로 모래장면을 만들거나 마음에 있는 내용들을 말하려 들지 않을 것이다. 따라서 대략적인 것, 부모가 아동을 위해 도와주어야 할 것 등에 대해서만 언급한다. 아동 내담자의 경우에는 치료비를 지불하는 사람은 부모이므로 부모가 소외된다는 느낌을 갖지 않게 하면서도 비밀보장을 할 수 있는 치료자의 능력이 요구된다. 성인 모래놀이치료에서도 치료자는 내담자의 배우자나 기타 가족에게 모래상자를 노출하거나 내용을 말해서는 안 된다.

3) 모래상자 사진 찍기

내담자가 치료실을 떠나고 나서 모래상자의 사진을 찍어야 한다. 사진 찍을 때 몇 가지를 고려하여 찍으면 나중에 내담자의 모래장면을 이해하는 데 많은 도움을 받을 수 있다. 먼저, 내담자의 방향에서 카메라를 모래상자 위로 나란하게 들어 모래상자 전체를 찍는다. 이렇게 찍은 사진은 피규어의 전체 배열을 이해하는 데 도움이 된다. 그러나 이렇게 찍은 사진은 때로 구체적인 피규어의 형태를 알아보기 힘든 경우가 종종 있으므로 항상 먼저 내담자의 방향에서 약간 비스듬한 방향으로 전체 사진을 한 번 더 찍는다. 그런 다음 사방에서 전체 사진을 찍고 클로즈업 사진을 부분별로 찍는다. 묻혀 있거나 안 보이게 다른 피규어에 담겨져 있는 피규어가 있다면 피규어를 꺼내서 그 자리에 놓은 채 찍는다. 사람이나 동물 피규어의 얼굴이나 그 피규어가 가지고 있는 물건 등도 클로즈업하여 찍어 두면 도움이 된다.

[그림 5-1] 20대 후반 남자 내담자의 모래장면

출처: 장미경(2015a).

다양한 각도에서 찍은 모래 사진은 한 각도에서는 보이지 않는 관계가 분위기나 거리를 알 수 있게 해 주기 때문에 다양한 각도에서 찍은 사진 또한 필요하다. 모래장면에 없었던, 물에 비친 조명의 반사나 창문의 일광 상태에 의해 사진에 나타나는 분위기, 그림자와 같은 것들 또한 동시성의 측면에서 내담자의 모래상자 세계를 이해하는 데 도움이 될 수 있다.

[그림 5-1]에서 내담자는 검은색 돌 위에 비친 네 개의 조명이 지금은 잃어버린 어린 시절의 행복했던 밤하늘의 별을 연상시켰으며 쏟아질 것 같은 밤하늘의 별과 풀벌레 우는 소리를 들으며 걸었던 행복했던 시절이 떠오른다며 자신이 회복해야 할 것이 무엇인지 깨닫게 되었다.

4) 물의 사용

모래상자가 방수처리된 것이라면 모래놀이치료실에서는 언제든지 내담자가 물을 사용할 수 있도록 허용한다. 첫 시간에 구조화할 때 물을 사용할 수 있다는 것과 어디에서 물에 접근할 수 있는지도 알려 준다. 모래놀이치료실에 수도가 없는 경우라면 물통에 물을 준비하여 둔다. 사용할 수 있는 물의 양은 치료자가 심리적으로 편안한 정도로 하는 것이 보통이다. 그렇다고 종이컵으로 세 번 식의 극소량만 허용하는 것은 심각하게 문제이다. 성인 내담자들은 대부분 물의 양에 대한 제한 설정이 필요하지 않지만 아동 내담자는 물이 넘칠 정도로 요구하는 경우도 있으므로 아동에게는 몇 통까지 물을 사용할 수 있는지 알려 주는 것이 필요하다. 모래상자가 젖을까 봐 그다음 내담자를 위해 물의 사용을 금하는 치료자도 있는데, 이것은 모래놀이치료 정신과 부합하지 않는 것이며, 그다음 내담자가 젖은 모래를 싫어한다면 그것 역시 그다음 내담자가 경험해야 하는 것이다. 그리고 이 세상에 존재하는 모래 중 최소한 절반 이상은 물속에 존재하며 따라서 젖은 모래는 자연스러운 것, 즉 자연이다.

5) 모래장면의 해체와 피규어 정리

내담자가 만든 모래장면은 반드시 내담자가 치료실을 떠난 후 치료자가 사진을 찍고 치료자가 해체한다. 내담자에 따라서는 자신이 만든 모래 세계를 망가뜨리고 싶어 하지 않을 수 있으므로 반드시 내담자가 떠난 다음에 해체한다. 교육적 목적을 위해 내담자에게 모래상자의 해체와 피규어 정리를 시켜야 한다고 생각하는 치료자가 있다면, 그것은 심리치료의 주목적이 교육이라고 주장하는 것과 같다고 할 수 있을 것이다. 또한 자신이 사용한 모래상자와 피규어를 정리해야 한다고 알고 있다면 정리할 것이 걱정되거나 귀찮아서 적극적으로 참여하지 않을 수도 있다. 내담자가 모래상자 사진을 찍고 싶어 한다면 허용하며, 내담자에게 찍으라고 구조화하지는 않는다.

6) 동일한 장면이나 주제의 반복

   동일한 장면이나 주제가 반복되는 경우가 종종 있으며 반복되는 데에는 몇 가지 이유가 있다. 첫째는, 아동 내담자라면 아동이 숙달의 주제를 다루고 있기 때문일 수 있다는 것이다. 아동이 특정한 주제나 감정을 충분히 숙달할 때까지 동일한 주제나 장면을 반복하게 된다. 이때 아동이 숙달할 만큼 충분한 시간을 주면 아동은 그 주제를 주저함 없이 던져 버리게 된다. 또한 동일한 주제나 장면이라고 하더라도 자세히 보면 조금씩 변화하고 있는 것을 알 수 있다. 그러나 이것은 아동 내담자에게만 해당되는 것은 아니다. 대부분의 성인 내담자가 동일한 주제를 오랫동안 다루며 모래장면 역시 큰 변화 없이 비슷한 장면이 반복되는 것처럼 보일 때가 있다. 그러나 그 이유는 아동 내담자가 유사한 장면을 반복적으로 만드는 이유와 동일하다. 이러한 현상은 일상의 대화에서도 나타나는 것을 볼 수 있다. 관심 있는 주제가 충분히 얘기되고 이해되었다고 느낄 때까지 사람들은 동일한 주제를 이리저리 같은 방법으로 반복한다. 따라서 동일한 장면이나 주제의 반복에 대해 모래놀이치료자는 내담자와 치료자 자신을 신뢰하며 인내심을 가져야 한다.

   둘째는, 폭력, 재난, 학대 등과 같은 외상 후 스트레스 장애로 인해 내담자가 겪었던 외상의 장면을 반복적으로 만들거나 이야기하는 경우이다. 성인이든 아동이든 충격을 받은 만큼 반복의 횟수도 증가하는 경향이 있다. 외상 경험이 신경학적으로 각인되어 반응 경로에 변화를 일으킨 경우에는 강박적으로 반복될 수 있다. 융(Jung)은 꿈의 유형 분류에서 꿈에서도 외상 장면이 반복되는 경향이 있다고 기술했다. 그는 이를 '반응꿈'이라고 명명하였는데, 이는 잃어버린 상징적 측면을 찾기 위한 꿈이 아니라 어떤 객관적 사건이 정신적 상처가 되었을 뿐 아니라 신경체계의 신체적 외상을 만든 경우에 반복되는 꿈을 의미한다(Jung, 1984/2001, pp. 178-180).

셋째는, 같은 장면이나 주제가 반복되는 것으로 보이지만 모래장면에서 나타나는 내담자의 표현이 나선형적으로 점차 깊어지는 경우이다. 이러한 경우에는 같은 주제가 반복되는 것으로 보일지라도 반복될 때마다 내담자가 외상을 극복한다거나 자신의 핵심 문제에 점점 더 깊이 직면하여 극복하는 통합의 과정을 거치면서 의식의 영역이 확장되는 것이라고 할 수 있다.

넷째는, 사소해 보이는 것이라도 치료자가 내담자의 표현을 이해하거나 공감하지 못하는 경우에는 동일한 주제가 반복될 수 있다. 치료자가 내담자의 무의식에서 나오는 주제들을 담아 주지 못할 때 내담자의 주제가 반복되는 경향이 있다. 이러한 경우에 내담자가 표현하고자 하는 것이 무엇인지 깊이 이해하고 기다리는 노력이 먼저 필요하다. 치료자가 이해하고 공감해 주는 경우에 반복에서 벗어날 수 있다. 또한 아동 모래놀이치료의 경우에는 치료자나 아동에게 다른 역할을 주어 이야기 만들기나 놀이를 전개해 가게 하거나 아동과 비슷한 상황에 처한 아동의 행동에 대한 이야기를 들려 줌으로써 아동이 다른 각도에서 생각해 볼 수 있는 기회를 줄 수 있다.

다섯째는, 대극이 분화되려고 할 때에도 아동, 청소년 내담자의 경우에는 두 팀으로 나뉘는 모래장면을 반복적으로 만들거나 치료자와 두 편으로 나누어 반복적으로 게임을 하는 경향이 있다. 성인 내담자의 경우에는 피규어는 다르지만 매우 유사한 피규어들을 사용해서 주제를 반복한다. 그러나 자세히 보면 여러 가지 방법과 여러 등장인물을 통해 내용이 바뀌고 있음을 알 수 있다.

6. 특별한 고려 사항

모래놀이치료를 하면서 신중하게 고려해야 할 여러 가지 것이 있는데, 여기서는 그중 몇 가지에 대해 논의해 보고자 한다. 다음의 고려 사항들은 구체적인 임상 장면에서 부딪힐 수 있는 상황들이라고 할 수 있다.

1) 내담자가 필요로 하는 피규어가 없을 때

때로는 내담자가 마음에 드는 피규어가 없다고 하는 경우가 있다. 이럴 때는 두 가지 이유를 생각해 볼 수 있다. 첫 번째는 다양한 범주를 반영한 피규어가 충분히 없는 경우이다. 이러한 경우에는 내담자의 이슈를 반영한 언급이라기보다는 치료실 세팅의 문제일 가능성이 있으므로 피규어를 보충하는 것이 필요하다. 두 번째는 어느 정도 충분한 피규어가 있는 경우로, 이때는 내담자와 관련된 이슈를 고려해 볼 필요가 있다. 수백, 수천 가지의 피규어가 있음에도 내담자가 없는 피규어에 대해 불평한다면 그것은 내담자 안에 존재하는 결핍감의 투사일 수도 있으므로 결핍감을 다루는 것이 치료의 우선 목표가 될 수 있다. 이 예에서처럼 항상 내담자의 이슈와 연결시켜 보는 노력이 필요하다. 피규어를 충분히 갖춘 경우에도 내담자가 필요로 하는 피규어가 없을 수 있으며, 그럴 때는 종이, 점토 등을 이용해서 직접 제작하는 것도 치료적으로 훌륭한 방법일 수 있다.

2) 시간 규칙

치료자 자신이 치료 시간을 정확히 엄수하는 것은 내담자에 대한 존중, 헌신을 보여 주는 것이며, 내담자가 안전과 신뢰를 느낄 수 있도록 도와주는 것이다. 그러므로 모래놀이치료자가 치료 시간에 늦거나 취소해야 하는 비상사태라면 그렇게 해야 하는 이유를 내담자에게 사전에 충분히 설명해야 한다. 모래놀이치료는 정각에 시작되고 정각에 끝나야 한다. 아동 내담자의 경우에는 끝나기 5분 전에 치료 시간이 5분 후에 끝난다는 것을 알려 줌으로써 아동이 치료 시간이 끝나는 것에 마음의 준비를 할 수 있도록 도와주어야 한다. 특히 치료 세션이 연속적으로 있는 경우에 시간 엄수는 더욱 중요한 문제가 된다(장미경, 2018). 성인 내담자들 중에는 시간이 끝났다는 것을 알면서도 말을 끝내지 않거나 일어서지 않거나 문고리를 잡고 계속 얘기하는 경우가 있기 때문에 성인 내담자의 경우에도 치료자가 시간 지키기에 부담을 경험할 수 있으나 적절히 끊어 주는 노력을 통해 내담자의 경계 지키기를 도울 수 있다.

3) 대기실

대기실은 상담을 받으러 오는 내담자가 따뜻하고 친밀한 환영을 받는 곳으로 적당한 정도의 책, 잡지 등이 있는 곳이다. 치료실이 대기실에 바로 인접해 있는 것은 바람직하지 못하다. 인접해 있으면 안에서 나는 소리가 밖으로 들릴 수 있고, 밖에서 나는 소리가 안에서 이루어지는 활동을 방해할 수 있다. 아동 내담자의 경우에 대기실은 내담자나 내담자의 보호자가 기다리는 곳이라는 설명을 아동에게 하여 아동이 치료실에 가 있는 동안에 보호자가 없어질지도 모른다는 불안을 주지 않아야 한다. 보호자와 분리를 어려워하는 아동일수록 놀이치료 도중에 대기실로 나와 부모의 존재 유무를 확인하기 때문에 대기실은 아동에게 매우 중요한 장소이다(장미경, 2018).

4) 아동 내담자가 자신의 놀잇감을 가져올 때

아동 내담자의 경우에는 종종 치료 시간에 자신이 좋아하는 놀잇감을 가져오는 경우가 있다. 아동은 자신이 좋아하는 모래놀이치료 시간에 그 놀잇감을 가지고 놀고 싶다는 표현을 한다. 아동이 가져온 놀잇감을 허용할 것인가 그렇지 않을 것인가는 아동이 놀잇감을 가져온 행동의 의미에 따라 결정된다(장미경, 2018).

5) 선물을 가져올 때

아동뿐 아니라 성인 내담자가 치료자에게 선물을 가져올 때 그것을 받는 것이 좋은가 아니면 받지 않는 것이 좋은가는 이분법적으로 판단할 수 없는 문제이다(장미경, 2018). 여러 가지 상황을 고려하여 선물을 받을 것인지를 결정해야 한다. 일반적으로 지나치지 않은 선물은 받는 것이 좋다. 물건을 통해 다른 사람과 관계 맺는 것이 패턴화되어 있는 내담자가 아니라면 또는 선물을 받지 않으면 치료자를 거부할 것이라는 불안 때문에 선물을 하는 이유와 상관없이 선물을 받는 것이 아니라면 선물은 내담자에게 이롭다고 할 수 있다. 특히 선물의 수락이 아동에 대한 수용을 나타내는 중요한 신호이거나 치료자와의 관계에 대한 표현일 때는 더욱 그렇다(Adams, 1982; France, 1988). 그러나 성인 내담자

중에도 선물을 주어야 사랑을 받을 수 있다고 느끼는 패턴을 갖고 있거나 다른 내담자들에 대해 내적 경쟁심을 느끼면서 치료자의 사랑을 독차지하겠다는 무의식적 욕구로 선물을 반복적으로 하는 경우도 있으므로 그러한 경우에는 내담자의 이슈를 잘 다루어서 대가 없이도 사랑받을 수 있음을 알게 한다.

6) 모래를 섞으려고 할 때

서로 다른 색의 모래가 있거나 질감이 다른 모래를 상자별로 구비하고 있는 모래놀이치료실의 경우에는 아동 내담자가 서로 다른 느낌의 모래를 섞고 싶어 하는 것을 경험할 수 있다. 치료자 입장에서 모래를 섞는 것은 편안하지 않은 경험이므로 허용하고 싶지 않을 수 있다. 이때 치료자의 임무는 허용할 수 있는 지점, 즉 내담자가 거절감을 느끼지 않으면서도 적절한 제한을 수용할 수 있는 지점을 찾아내는 것이다. 모래를 섞는 것과 관련된 그러한 지점은 아마도 작은 피규어 용기를 선택하고 그 용기에서만 섞어 보는 경험을 할 수 있도록 허용하는 것이다.

7) 피규어를 몰래 가져가려고 할 때

성인 내담자의 경우도 간혹 있지만 아동 내담자 중에는 집에 가져갈 물건을 절박하게 필요로 하며, 허용하지 않을 경우에는 몰래 가져가려고 하기도 한다. 애정, 돌봄과 같은 어떤 중요한 것들의 상실을 경험한 아동은 각 세션의 종료가 상실로 느껴지기 때문에 이러한 행동을 하는 경향이 있다. 이러한 경우, 아동이 주머니에 물건을 넣었다는 것을 직접적으로 알리고 치료실에서 허용되는 행동이 아니라는 것을 알려 준다. 대신 치료실 밖에 아동이 가져갈 수 있는 물건(예: 작은 사탕)을 준비해 놓음으로써 아동의 상실감을 보충해 주는 것이 필요하다(장미경, 2018).

8) 휴일과 치료 세션을 쉬어야 할 때

사전에 예고되고 계획된 세션 결석도 내담자가 상담의 어떤 시점에 와 있는가에 따라 다른 영향을 미칠 수 있지만, 예상치 못한 결석은 내담자에게 더 큰 영향을 준다고 할 수 있다. 그러나 치료자가 아프거나 내담자에게 어떤 일이 벌어지면 예상치 못하게 세션을 쉬어야 하는 상황이 발생한다. 그럴 때는 성인 내담자에게는 직접, 아동 내담자에게는 아동 내담자와 그 보호자에게 치료자가 어떤 사정으로 세션을 쉬게 되며 언제 다시 만나는지를 가능한 한 구체적으로 알려 준다. 특히 아동이 치료 장면에서 억압된 부정적 감정들을 표현하거나 두려움 등에 대해 작업할 때의 결석은 아동에게 불안을 일으킬 수 있다(장미경, 2018).

어떤 경우에는 휴일도 종결만큼이나 신중하게 다루어야 한다(West, 2002). 내담자가 가족이나 동료들과 산이나 바다로 휴가를 가는 휴일은 내담자에게 심한 부정적 영향을 미치지는 않는 것으로 보이나, 치료자 쪽에서 휴가를 가게 될 경우에는 다른 영향을 미칠 수 있어 사전에 신중한 계획이 필요하다. 휴가를 시작하기 전에 얼마간 어떤 이유로 상담을 쉴 것이며, 언제 정확히 다시 시작하는지를 분명하게 알리는 것이 중요하다. 애착 외상을 가진 아동 내담자의 경우, 휴가 기간 동안 아동에게 카드를 보내거나 이메일을 보내는 것도 아동과 치료자 사이에 끊어진 연속성을 보완해 줄 수 있는 방법이기도 하다. 세션을 쉬는 것을 치료자의 상실로 받아들이는 아동은 휴가가 시작되기 전에 놀이치료에 오지 않겠다고 하는 것으로 상실에 반응하는 경향이 있다(Horne, 1989). 휴가가 끝나고 난 후 첫 세션에서 보통은 관계의 퇴보가 나타나지만 곧 만회하는 경향을 보인다. 퇴보가 오래 지속되는 경우에는 아동이 상실과 분리의 문제를 집중적으로 다루고 있기 때문이라고 할 수 있다(장미경, 2018).

성인 내담자의 경우에도 치료자의 휴가 기간을 견디기 힘든 내담자라면 이메일 주소를 주고 이메일을 보내게 하거나 더 심각한 경우라면 휴가 기간 동안에 다른 치료자가 돌볼 수 있게 해야 한다.

9) 치료실에 오는 다른 내담자에 대해 질문을 할 때

많은 성인 내담자나 아동 내담자가 다른 내담자에 대해 궁금해 한다. 대기실에 다른 내담자들이 있는 모습을 보기도 하고, 앞 시간에 치료자가 다른 내담자와 함께 치료실에서 나오는 모습을 목격하기도 한다. 이러한 질문을 하는 이유는 내담자들마다 다양하다.

호기심에서일 수도 있고, 자신만이 특별한 돌봄을 받고 치료자의 관심을 독점하려는 질투심 때문일 수도 있고, 형제간 경쟁심의 투사 때문일 수도 있다. 이럴 때는 내담자가 질문하는 이유를 이해한 다음, 관찰한 바를 내담자에게 진술해 주고 함께 다루는 것이 필요하다(장미경, 2018).

10) 학대 사실을 알게 되었을 때

모래놀이치료를 하는 과정 중에 놀이 장면을 통해 아동이 학대당한 사실을 알게 되거나 의심되는 경우가 있다. 우리나라 「아동복지법」에는 학대가 의심되거나 학대를 발견한 아동 관련 전문가는 반드시 해당 기관에 신고할 의무가 있다고 규정하고 있으므로 반드시 신고해야 하며, 이로 인해 결과적으로 비밀보장의 약속을 지킬 수 없게 된다. 또한 놀이내용의 보존이나 아동의 진술 등 관련된 증거를 보관해 두어 아동에 대한 학대 사실을 규명할 때 증거 자료가 되도록 하는 것도 필요하다. 특히 학대나 성학대를 발견하고 그것이 부모에 의한 학대로 의심될 때에는 치료자가 매우 난처한 상황에 처할 수 있으므로 치료자 자신이 강하고 지혜롭게 대처하는 노력이 필요하다(장미경, 2018).

11) 모래장면을 보호자에게 보여 주고 싶어 할 때

때로 아동 내담자는 자신이 만든 모래상자를 부모와 같은 보호자에게 보여 주고 싶어 한다. 치료자는 먼저 보여 주고 싶어 하는 이유를 이해하는 것이 중요하다. 무엇인가 신기한 것이나 마음에 드는 장면이 있는 경우에 보여 주고 싶어 할 수 있다. 또한 부모에 따라서는 자녀가 모래놀이치료실에서 무엇을 하는지 궁금해서 보기를 원하기 때문에 아동이 보여 주려고 하는 것일 수도 있다. 전자의 이유라면 세션이 끝나고 부모에게 보여 줄 수 있도록 하고, 후자의 경우라면 보여 주지 않아도 된다는 것을 알려 준다.

12) 언어상담과 모래놀이치료

많은 사람이 모래놀이치료는 언어를 사용하지 않는다고 생각하는 오해를 갖고 있다.

내담자에 따라서는, 특히 아동 내담자 중에는 말을 거의 하지 않는 내담자가 있다. 그러나 대부분의 내담자가 언어를 사용한다. 때로는 모래장면과 상관없게 들리는 언급을 하기도 한다. 그러나 내담자가 언급한 것들은 모래장면과 관련되어 있으며, 언어적 언급, 모래장면, 모래장면에 대한 연상 등을 종합하여 내담자가 표현하고자 하는 것이 무엇인지 이해하려는 노력을 해야 한다.

제6장

인간 정신의 발달단계

　분석심리학에서 인간 정신의 발달단계는 자기(Self)와 자아(ego)의 관계 발달 (development of Self and Ego)을 의미한다. 융(Jung)의 이론은 임상에서 이루어진 관찰과 그 자신, 내담자들 그리고 그 외 사람들의 판타지와 꿈, 다양한 문화, 신화, 영성에 대한 광범위한 조사와 연구를 통해 발전했다. 특히 그가 프로이트(Freud)와 결별한 1913년부 터 1918년까지는 융이 자신의 무의식으로부터 나온 혼돈스럽고 파편화된 이미지들을 이 해하고 직면하려 애썼던, 그의 인생에서 매우 어려운 시기였다. 그 이미지들이 자신의 삶에서 갖는 의미를 연구하기 시작하면서 그는 지금까지 의식적인 자아의 태도와는 다 른, 내면에 질서를 주고 조직화하는, 내면에 숨겨진 요소가 있다는 것을 깨닫게 되었다. 이 조직화 요소를 '자기(Self)'라고 부르면서 융은 그것이 자아의 권위를 인정하는 것이 아니라 자아의 발달을 이끌고 자극한다는 사실을 깨달았다(Jacoby, 1990). 이러한 경험 으로부터 융은 외부의 어떤 도전에도 불구하고 개인의 독특한 이야기, 삶을 펼쳐 나가는 것 뒤에 있는 타고난 충동으로서의 자기(Self)를 이해하게 되었다(Hillman, 1996; Roesler, 2010). 또한 자기는 인격의 내적 중심으로서, 인격의 다른 부분들을 통합해 다른 사람 및 세계와의 상호작용을 발달시킨다(Roesler, 2010, p. 55). 융이 말한 자기(Self)는 의식과 무 의식을 모두 포괄하는 전체 정신의 중심이며 원형에너지 배열의 중심 원형이다. 에딩거 (Edinger, 1972/2016)는 이를 인용하여 "자기는 인간 정신의 중심이고 전체 정신의 둘레이 다."라고 했다. 이 개념을 웨인리브(Weinrib, 1991)는 [그림 6-1]과 같은 정신의 모형으로 만들었다.

　이 모형은 편의상 설명을 위해 만들어진 것이기 때문에 정신이 3차원 구조인 것처럼 보이지만 가시적인 3차원이 아닌 현상으로서의 정신, 즉 경험이나 사건에 관한 것이라 고 할 수 있다.

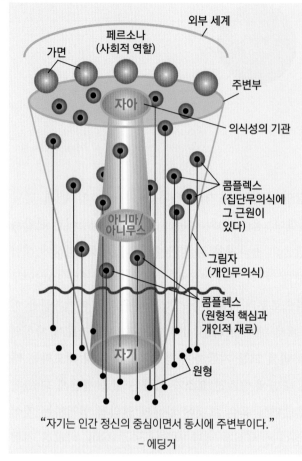

정신과 자기(Self)에 대한 융의 저술은 아동기보다는 주로 인생의 후반과 관련되지만 후기의 융학파들은 자기와 자아의 관계 발달의 측면에서 인생의 전반부까지 발달이론을 확장했다. 융이 칼프(Kalff)를 격려하여 영국의 소아정신과 의사 로웬펠드(Lowenfeld)에게서 모래와 물과 미니어처를 사용하는 아동 심리치료 기법을 배우도록 한 것도 결과적으로는 아동기의 중요성을 인식했기 때문이라고 할 수 있을 것이다. 그 방법이 자신의 삶에서 무슨 일이 일어나고 있는지를 말로 표현하기 어려운 아동에게 접근할 수 있는 치료 방법이라고 생각했기 때문이다. 영국의 융 분

"자기는 인간 정신의 중심이면서 동시에 주변부이다."
– 에딩거

[그림 6-1] 정신 구조의 다이어그램

출처: Weinrib (1991).

석가이자 발달이론가인 포드햄(Fordham)은 출생 당시의 1차적 자기(primary self) 혹은 핵심 자기(core self)의 존재를 개념화하였는데, 그것을 '정신의 전체 그리고 배아기 상태의 정신'의 청사진이라고 표현했다(Sidoli, 2000). 1차적 혹은 핵심 자기로부터 우리의 개인적 정체감이 발달하고 진정한 개인이 될 수 있는 것이다(Fordham, 1969). 포드햄은 출생 후 몇 주 동안 유아는 "자족적이고 자기중심적인 전체"(1976, p. 50)로 보인다고 했다. 단, 기본적 욕구 충족을 위해 울음을 터뜨리게 하는 내적인 힘에 유아가 자극되는 때는 예외이다. 포드햄은 유아의 자기 안에 내재된 1차적 욕구가 있다는 것과 유아가 자궁에 있는 동안에도 원형이 활성화된다고 보았다(Sidoli, 2000). 그는 유아와 아동에 대한 임상 관찰을 근거로 어머니가 아기에게 공감적으로 반응할 때 출생에 의한 분리 상태에 이어 곧바

로 어머니와의 공생적 정체감의 경험을 하게 된다고 가정했다. 이러한 아동의 욕구에 대해 민감하게 반응해 주는 모성적 환경에서 아동의 자기에 들어 있는 전형적인 성숙 과정이 조직화된다. 즉, 그것은 지속적인 과정으로 포드햄이 '해체(de-integration)'와 '재통합(re-integration)'이라고 명명한 것인데, 해체는 자기가 새로운 환경에 대해 개방하는 것이며, 재통합은 자기가 새로운 재료를 소화하기 위해 닫히는 것이다(Sidoli, 2000). 클라인(Klein)의 이론에 밝은 융분석가 시돌리(Sidoli)는 이 과정을 '원형적 과정', 즉 생존과 삶 및 죽음의 본능과 연결된 전형적인 발달 과정이라고 했다. 시돌리는 또한 "원형적 이미지가 인간 경험으로 실현될 때 원형적 경험은 희미해진다."(Sidoli, 2000, p. 36)라고 했다. 그녀는 원형적 경험은 본능적인 것이고, 본능적인 신체 욕구에 의한 원형적 충동이며, 환경과의 상호작용으로 특정한 이미지를 만들어 낸다고 했다. 녹스(Knox)도 본능이 원형을 낳는다고 말했다. 포드햄은 초기 발달단계에서 모든 것이 '충분히 좋을' 때 안전하고 믿을 만한 환경에 대한 신뢰감이 발달한다고 했다. 불안정하게 만들고 마비시키는 두려움을 진정시키는, 삶을 증진하는 영향력을 가정해 볼 수 있다. 양육자와의 긍정적 경험의 반복과 함께 신경학적 연결인 신경회로가 만들어진다. 이상적으로, 대인관계적 환경이 '충분히 좋다면' 이러한 신경학적 연결은 보다 생명증진적 경험을 지각하게 만들며, 그래서 생후 6개월에서 1년 사이에 어머니가 자신과 분리된 존재임을 느끼기 시작하고 점진적으로 가치감과 확신감을 지각하기 시작한다.

또한 이와 동시에 생후 6개월에서 1년 사이의 아동은 자신이 어머니에게 의존하고 있음을 모호하게 깨닫는다. 이렇듯 자율적 존재로서의 자신에 대해 역설적이게도 다른 사람에게 의존하고 있는 자신으로 점점 의식하게 되는 것은 자아발달의 출현이라고 할 수 있다. 포드햄은 또한 해체와 재통합 그리고 분리와 합일이라는 대조적인 과정이 전 인생을 통해 개성화 과정의 일부로서 계속된다고 가정했다(Fordham, 1976).

융이 자기를 모든 정신 요소의 용기(container) 그리고 정신의 중심이라고 한 반면, 이스라엘의 융분석가인 노이만(Neumann)은 정신과 자기(Self)를 구별하였다(Neumann, 1973). 그는 정신의 단일체라는 측면에서 '전체성(wholeness 또는 totality)'을 '자기창조적 확장 체계'라는 용어로 개념화했으며, 자기(Self)를 '전체성을 향한 정신 과정을 안내하는 원형'이라고 개념화했다(Jacoby, 1990, p. 51; Neumann, 1954, p. 287). 유아와 어머니의 합일이 출생 후에 잠깐의 자율성에 이어 나타나며, 자기는 출생 즉시부터 존재한다고 본

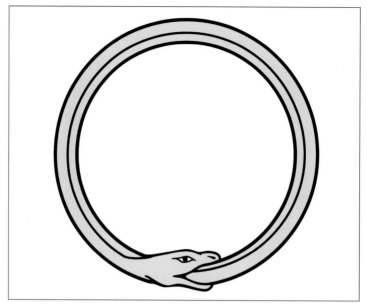

[그림 6-2] 우로보로스 그림의 예

포드햄과는 달리, 노이만은 모-자 단일체가 1차적인 것이라고 주장했다. 그는 "어머니의 존재는 유아의 생존을 위해 절대적인 생명을 주고 삶을 조절해 주는 전제조건이다. 이로 인해 발달이 가능해진다."(1973, p. 17)라고 했다. 광범위한 신화적·민족학적 연구를 통해 노이만(1949)은 의식화의 여명 이전의 최초의 모-자 단일체 단계를 우로보로스(uroborous), 즉 '꼬리를 물고 있는' 원 모양의 뱀으로 개념화했다. 이것은 초기 단계의 먹는 것과 음식의 중요성뿐 아니라 처음과 끝의 개념을 강조하는 것이다. 노이만(1973)은 자신의 요구를 표현하는 유아와 그 요구에 민감한 반응을 통해 표현되는 어머니와의 관계맥락 안에서 유아의 신체-자기(body-self)가 성숙을 가져온다고 개념화했다. 발달과정을 안내하는 중심으로서의 자기(Self)의 작용을 유아가 내면으로부터 점차 지각함에 따라 아동은 자신의 자율감을 지각한다. 점진적으로 의식성을 가져오는 이 과정은 자아의 기원과 기초를 시사한다(Jacoby, 1990, p. 55). 그는 자신의 저서 『의식성의 기원사(The origins and history of consciousness)』(1954)에서 우로보로스가 상징적으로 인간의 유아기와 인류의 유아기 둘 다를 나타낸다고 하였다. 그런 의미에서 상징의 타당성과 실체는 개인을 넘어서 보편적으로 존재하는 것이다. 융은 원형에 관한 저술에서 종종 '이미지'에 관해 언급했다. 스티븐스(Stevens, 1982, 2003)는 현대 융학파들이 유전적으로 전해지는 이미지에 관해 언급하지 않고 개별적인 것이 아닌, 종 특유의 내적 정신역동 과정을 언급한다는 것을 강조했다. 원형이 집단무의식에 뿌리를 두고 있다는 것을 기억한다면 깊은 무의식 층에는 독특한 게 없다는 것도 기억해야 한다.

앞서 언급한 학자들 가운데 몇몇 사람의 이론을 조금 더 구체적으로 살펴보면 다음과 같다.

1. 에리히 노이만

에리히 노이만(Erich Neumann)은 원초적 관계의 혼란으로 인해 발달 과정에 어려움이 생기는 이유를 개인의 어머니의 적절한 양육 실패와 그로 인한 부정적 모성원형에너지의 배열로 보았다. 어머니로서의 역할 실패는 개인적 차원의 실패에 머물지 않고 자녀로 하여금 적절한 개인의 어머니에 대한 이미지 대신 부정적 모성원형의 영향을 받게 한다는 데 문제가 있다. 개인 어머니의 실패로 아동에게 부정적 원형에너지가 우세하게 배열되면 이는 환경에 지속적으로 투사되어 내적 · 외적 갈등 속에 살게 한다. 아동에게 미치는 환경적 영향이라고 할 수 있는 부모의 개인적 실패에는 어머니의 죽음, 질병, 심리적 · 물리적 부재, 아동의 부정적 기질, 아동에게 지지적이지 못한 환경 실조 등이 포함된다.

따라서 환경과 부모의 실패는 결과적으로 발달의 자동형성성(automorphism)을 방해한다. 즉, 부정적 모성원형(terrible mother archetype)에너지의 활성화는 조절적 자아가 없는 상태, 늘 스트레스 상태에 있는 부정적인 자아발달, 더 심하면 파편화된 자아발달과 자아해체 같은 상태에 빠지게 한다. 그 결과로 아동은 자기애적 성격, 통합되지 못한 공격성, 자신의 존재에 대한 죄책감 등을 갖게 된다. 설사 충분히 좋은 어머니라도 질병, 갈등과 같은 초개인적 원인의 우세로 자녀에게 원형적인 부정적 모성원형에너지를 활성화시킬 수 있다.

따라서 치료에서 이루어져야 할 것은 생애 전반부에서 문제가 된 원초적 관계를 재구성하고 손상된 자아-자기 축을 재생산할 수 있는 환경을 만들어 주는 것이다. 원초적 관계에서의 손상이 너무 이른 시기에 일어나지 않았고 긍정적인 원초적 관계가 존재한 적이 있었다면 좋은 어머니원형, 즉 나무, 정원, 숲, 하늘 같은 자연이나 따듯한 관계 등을 통한 보상 경험이 가능하다. 치료자는 긍정적 모성원형에너지를 활성화시킬 수 있는 존재이다. 아동은 신화적 통각이라는 상징적 세계에 살고 있어서(현실적인 지각보다는 판타지, 상상 등의 영향을 받는 시기) 아동의 전체 세계는 분화되지 않은 단일체적 상태에 가까우며 따라서 그 세계를 투사하고 표현할 수 있는, 즉 아동이 숨어서 내면을 투사할 수 있는 쉼터가 필요하다. 그런 의미에서 모래놀이치료는 아동에게 쉼터와 같은 자유롭고 보호받는 테메노스(Temenos)를 제공한다. 내적인 작업을 통해 아동은 구체적인 인간 어머니가 하지 못했던 모성 역할을 원형적 모성에너지에 의해 받게 된다. 이는 반드시 필요한 치유 과정이지만 이때 원형적 모성 측면에 의한 보상만 이루어지면 아동의 타자 관계가 손상될 수 있으므로 즉 현실 관계에서 구체적인 민감성을 갖기 어려우므로 반드시 현실에 구체적인 인물과의 관계가 존재해야 한다. 그것이 치료자의 역할이다.

　노이만은 분석심리학적 관점에서 인간 정신의 분화 과정을 단계화하였다. 오늘날 모래놀이치료 작업에서 많은 치료자가 경험하고 있는 바와 같이, 칼프는 아동과의 모래놀이치료 작업에서 노이만의 발달단계가 나타나는 것을 발견함으로써 그 타당성을 높여 주었다. 이전 장에서 설명한 바와 같이 융의 분석심리학 이론의 가장 중요한 핵심은 그가 집단무의식 또는 원형적 정신을 발견한 것에 있다. 더 나아가 원형적 정신은 다양한 원형적 내용을 합일하는 구조화 원리(structuring principle) 또는 질서 원리(ordering principle)를 갖고 있다. 이 원리는 융이 자기(Self)라고 명명한 전체성의 원형 또는 중심 원형의 기능이다. 자기(Self)는 자아(ego)가 의식적 인격의 중심인 것처럼 전체 정신(의식과 무의식)의 질서 또는 합일(unifying)의 중심이다(Edinger, 1972/2016). 결과적으로 조화로운 인격 발달이 이루어지게 한다.

　인간 정신의 발달 과정을 분석심리학적 측면에서 기술한 노이만(1973)은 이전에 기술한 것처럼 자아의식성의 탄생 이전의 정신 상태에 대해 꼬리를 입으로 물고 있는 원 모양의 우로보로스로 묘사하였다. 이는 자아의식성 발달 이전의 원시적 자기상태(primordial Self)를 나타내는 것이며, 이 원초적 자기(Self)로부터 개별적 자아(ego)가 태어난다. 노이만은 이를 최초의 모-자 단일체(mother-child unity)라는 용어로 명명하였다. 삶의 전반부에는 자아와 자기(Self) 간에 분리가 일어나는 자아발달 과업이 있으며 인생의 후반부에는 자아가 자기에 항복 또는 자아가 자기를 경험하고 관계 맺는 자아(ego)의 상대화(relativization)가 일어난다. 즉, 전반부에는 자아-자기의 분리, 후반부에는 자아-자기의 재합일(reunion)이 일어난다.

노이만(1973)은 자아 발달단계를 네 개의 단계로 구분하였다. 첫 번째 단계는 남근적 대지 단계인데, 이 단계는 다시 식물 단계와 동물 단계로 나뉜다. 두 번째 단계는 마술적 남근 단계, 세 번째 단계는 마술적 전쟁 단계, 그리고 마지막인 네 번째 단계는 태양자아 단계이다.

1) 남근적 대지 단계

남근적 대지(phallic-chthonian) 단계에서 자아와 자기의 관계는 대모(Great Mother)와 반려동물의 관계로 상징화될 수 있으며(동물 단계), 이때의 자아(ego)는 남근적 특성을 갖고 있다. 이러한 상징은 신화에서 잘 볼 수 있다. 그리스나 이집트 신화에서 여신과 동행하는 동물의 관계를 볼 수 있는데, 식물 단계도 남근적 특성을 갖고 있다. 대지(chthonian) 자체가 남근적 특성을 갖고 있어 대지를 뚫고 식물이 자라게 하기 때문이다. 이때의 남근은 의식성으로 발달할 잠재성을 의미한다고 할 수 있다.

동물 단계는 식물 단계와 비교하면 유아가 걷고 스스로 움직인다는 점에서 덜 수동적이다. 그러나 대지, 대모로 상징되는 자기(Self)와의 단일체적 상태에 있기 때문에, 즉 무의식이라는 모체(matrix) 속에 씨앗 상태를 크게 벗어나 있지 않기 때문에 타인과 자신을 구분할 수 있는 자아(ego)가 없다. 모-자 단일체 단계는 생후 약 1년 정도 지속된다. 이 시기의 특성으로 알려져 있는 유아의 전지전능성은 그것을 느낄 수 있는 주체로서의 자아(ego)가 없기 때문에 무력함과 동일한 것이라고 할 수 있다. 그 점에서 이 시기가 오직 전지전능, 소원 충족을 특성으로 한다고 주장하는 전통적인 정신분석의 관점과 다르다. 노이만에 따르면, 이 시기는 머리-자아(head-ego)가 아직 없기 때문에 몸이 움직이는 것은 마술적인 판타지로 지각되며, 판타지는 정신분석에서처럼 현실로부터의 도망(소원 충족)이 아니라 적응에 대한 예상과 준비를 의미한다.

2) 마술적 남근 단계

마술적 남근(magic-phallic) 단계도 아직 자기, 즉 모-자 단일체의 영향을 많이 받고 있는 대지적 단계에 속한다. 이때 아동은 사람과 세상을 어느 정도 구별하기 시작한다. 자기(Self)와 자아(ego)의 관계는 비록 계속 지속되지는 않지만 자아(ego)의 명령에 따라 사지가 움직이는 마술적 상태에 있다. 3세 무렵의 유아가 그림을 그릴 때 처음으로 원을 그리려고 시도하는 것이 최초로 자기(Self)가 배열되고 거기에서 자아가 독립하기 시작하려는 증거라고 할 수 있다. 하나의 원에서 두 개의 원을 그린다는 것은 하나는 자기(Self), 또 다른 하나는 자아(ego)를 의미한다. 두 원의 연결은 자아(ego)와 자기(Self)의 연결, 즉 축(axis)을 의미하며, 이는 성격으로 스며들어 성격화한다. 신체에 대한 마술적인 전지전능감을 갖고 있어서 자아가 몸을 움직인다고 생각하지만, 이는 신체자기-자아(body-Self ego, 신체가 자유롭게 움직이는 것의 신기함을 동일시)의 자아중심성, 즉 자아콤플렉스로 불리는 자아집중(ego concentration)일 뿐이다. 노이만은 이를 인간중심성(anthropocentric)이라는 용어로 표현하였다. 그럼에도 불구하고 이 단계의 자아(ego)는 아직 지속적인 응집성을 띠지 못하고 파편화 상태에 있어 자아가 순간적으로 존재할 뿐이며, 그 순간이 지나고 나면 자아는 신체, 즉 모-자 단일체에 다시 흡수되어 자아 집중은 존재하지 않게 된다. 즉, 다시 무의식 상태에 빠진다.

계통 발생적으로 이 단계의 발달단계에 비유된다고 알려져 있는 원시성을 갖고 있는 원주민 부족의 춤과 음악이 정서적인 이유는 자아 때문에 신체가 움직이는 것이 아닌데도 자아가 아직 신체자기와 연결되어 있다는 느낌의 마술적 자아 능력(magical ego-capacity)을 춤과 음악이 주기 때문이다. 따라서 원시부족의 동물을 죽이는 의식(ritual) 때문에 사냥을 할 수 있는 것이 아닌데도 동물을 죽이는 의식의 이미지와 실제 죽이는 것이 동일하게 여기는 이유가 거기에 있다. 이 단계에서도 아직 신체-자기를 동일시함으로써 전지전능감을 느끼는 것이다. 이 단계의 자아는 생겼다가 무의식, 즉 모-자 단일체 속으로 사라졌다를 반복하기 때문에 그것은 마치 숙달(mastery)과 관련된 측면으로 보인다. 이것은 종종 대모에게서 태어났으나 그녀에게 죽임을 당하고 다시 살아나기를 반복하는 것으로 상징화된다. 그렇기 때문에 이 자아는 대모 안에 있는 풍요, 생산의 원리(fecundating principle)라고 할 수 있다. 마술적 남근 자아(magic-phallic ego)는 대모의 어린 연인에 비유되곤 한다. 키벨레와 아티스의 신화가 그 예이다. 그것은 원형에너지의 영향으로서 성장 및 독립하고자 하는 원형에너지와 자기와의 미분화 상태, 즉 모-자 단일체 상태에 있고자 하는 원형에너지 사이의 갈등의 상징이라고 할 수 있다. 성장 및 독립하고자 하는 에너지는 종종 대모의 젊은 연인, 영웅으로 상징화되며, 미분화 상태에 있게 하려는 원형에너지, 즉 독립을 방해하고 의존 상태에 있고자 하는 퇴행적 리비도는 종종 마녀, 나쁜 어머니, 잡아먹는 어머니(Devouring Mother, Terrible Mother) 등으로 상징화된다. 사실, 독립과 퇴행의 갈등적 과정을 통해 독립해 가는 이 과정은 거의 일평생 지속된다. 특히 아동의 모래놀이치료에서 싸움 장면의 반복은 마술적 남근 단계에서 벗어나려는 시도의 상징이라고 할 수 있다.

초기 인류의 의식에는 자연에서 사냥한 것에 대한 보답으로 살아 있는 것을 희생시키면 죽인 모든 것을 회복시키는 것이라는 의식이 있는데, 노이만은 이를 인간중심적(anthropocentric) 측면으로 보았다. 예를 들면, 해가 뜨도록 하기 위해(죽인 해를 다시 살아나도록 하기 위해) 인간을 제물로 희생시키는 것도 같은 맥락이다. 위니컷(Winnicott, 1968)의 용어를 사용하면 대상이 스스로 존재하는 것이 아니라 아동이 대상을 존재하게 하는 것이다. 사냥 그리고 사냥 의식을 통해 인간은 동물을 동일시하고(동물 가면 쓰는 것을 통해) 동물을 그와 구별된 '타자'로 지각한다. 사냥 의식은 마술적 의식으로서의 의미를 갖고 있는데, 그렇게 하는 것은 동물을 실제로 사냥한 것과 동일한 의미를 갖는다. 무의식적으로 그들은 하나의 행위가 모든 행위를 대표한다고 여긴다.

이러한 사냥 의식은 원(circle) 모양의 집단으로 이루어지는데, 나중에 추장이나 무당과 같은 리더가 등장하여 원의 중심 위치에 서게 된다. 노이만(1973)은 이를 집단자아, 개별 자아 또는 집단자기와 연결 짓기도 했다. 그리고 실제 집단 사냥을 하는데 사냥감은 대모의 부정적 측면(terrible aspect), 즉 대모의 남성적 측면을 상징하고 사자, 호랑이, 곰, 표범 등으로 상징화되며, 대모가 갖고 있는 이러한 죽이는 측면을 남성 집단이 동일시하게 된다. 즉, 파괴적 남근으로서의 무기(사냥-대모의 죽이는 측면을 죽이는 것)는 죽임을 상징한다. 그러한 측면에서 대모는 삶과 죽음의 통치자라고 할 수 있다. 그리고 부정적 측면의 남성성(terrible masculine)은 나중에 '부정적 측면의 부성(Terrible Father)'의 예비단계, 즉 초자아(superego)의 형성과 연결된다.

3) 마술적 전쟁 자아 단계와 태양자아 단계

마술적 전쟁 자아(magic-warlike ego)는 합리성의 발달을 의미하는 태양자아(solar ego)의 전조 형태라고 할 수 있다. 마술적 전쟁 자아 단계, 즉 계속되는 싸움 단계에 이르면 처음으로 모권(matriarch)에 대한 의존이 극복되기 시작하면서 부권적(patriarchal) 세계로의 이동이 이루어진다. 모권에서 부권으로의 이동은 남성적 의식성의 발달을 의미한다. 여성성과 연결된 마술적 세계로부터의 해방을 의미하며, 아버지의 세계로 가는 것이다. 본래 모권적 세계는 상징적으로 달지배적 의식성(moon-dominated consciousness)이며, 여성성과 무의식(의 지배)이 남성적 자아를 결정하는 세계이다. 이 단계에서 이 세계에 대해 무의식적으로 느끼게 되는 것은 상징적으로 사악한 세계에 대한 두려움이다. 또한 이 시기에는 여성에 대한 적대감과 억압적 태도가 특징적으로 나타나는데, 그 이유는 그것이 한 원형적 발달단계에서 다음의 원형적 발달단계로 넘어갈 때 전 단계에 붙잡아 두려는 성향, 즉 타성(inertia), 퇴행적 에너지에 대한 두려움(예: 잡아먹는 마녀에 대한 두려움) 때문이다. 붙잡아 두려는 힘은 붙잡아 두고 잡아먹으려는 부정적 용으로 상징화되기도 한다. 그다음 원형적 단계에서는 부성원형(father archetype)이 왕일 수도 있다.

모든 발달단계의 이동에는 붙잡아 두고 잡아먹으려는 부정적 용이 존재한다. 예를 들면, 거세불안(castration anxiety) 같은 것이다. 실제 현실과 상관없이 아동은 위협적 원형을 연상시키는 부모에게 거세 위협을 전가하는 경향이 있으며, 심리적 외상과는 직접적 상관이 없다. 그런 의미에서 상징적으로 모권적 거세(matriarchal castration) 위협은 대모(Great Mother)가 어린 아들이자 연인의 독립을 막고 그를 지배하려는 위협이라고 할 수 있으며, 부권적 거세(patriarchal castration) 위협은 대부(Great Father) 원형의 지배 위협이라고 할 수 있다. 이러한 위협이 자아발달을 반드시 필요로 하게 한다. 즉, 불안이 자아를 공고화할 필요를 강화하는 것이다. 따라서 자아발달에 더 많은 리비도가 몰리게 되고, 그러면서 마술적 단계의 모권과 부권 사이의 과도기가 존재하게 된다. 그런 이유로, 노이만에 따르면 사냥할 때 태양을 화살로 쏘는 사냥꾼이 많은 문화에서 등장한다(예: 아폴로). 즉, 노이만에 따르면 전쟁 기능(warlike function)은 어떤 문화에서는 사자, 7월의 열기와 관련되어 있다. 다음 날 아침 의식을 통해 죽음을 취소한다. 태양 빛이 어둠을 극복하는 것이다. 죽음을 취소하는 태양은 인간 자아를 더 높은 원리의 추종자, 수행자로 만든다. 예를 들어, 화살에 찔린 동물 그림에서 화살을 제거함으로써 죄책감을 극복하고 태양의 힘의 추종자가 된다. 파괴와 죽임을 정당화하기 위해 자아는 초개인적 힘을 동일시할 필요가 있는 것이다. 더 이상 모권, 즉 무의식, 마술적 행위(magic activity)를 따르지 않으며, 개인과 집단의 생존을 위해 살해가 아닌 사냥을 한다. 이것이 태양(부권적)자아[solar(patriarchal) ego] 발달로 넘어가는 문턱이다. 이러한 자아발달도 의식을 필요로 한다. 모든 입문 의식은 자기(Self)에 대한 자아(ego)의 관계를 변화시키며 집단자기(group-Self)로 작용한다. 자기(Self)가 최초로 정신의 중심에 배열되는 것은 대략 3세 무렵이다.

4) 토테미즘과 부권적 발달 또는 태양자아 단계

토테미즘(totemism)에는 동물과 그 동물을 숭배하는 집단 간에 참여신비(participation mystique), 즉 숭배하는 동물과 단일체라는 무의식적 정서가 존재한다. 토템동물은 조상의 육화(incarnation)이다. 전 세계 많은 원시부족이나 원주민이 특정 동물을 그들의 조상이 육화한 것이거나 신적인 것이라고 여기며 신앙의 근간으로 여긴다. 특히 토템동물은 집단의 시조이자 초개인적인 부성 피규어(father figure)이다. 남성 집단은 여성 집단과 다른 정체성을 갖는 것이 일반적이다. 남성 집단은 발견한 신비(founded mysteries), 태양과 관련되며, 여성 집단은 자연의 신비(nature mysteries) 그 자체이다. 토템동물은 영적 시조이며, 모든 집단 구성원은 영적 시조의 의식의(ritual) 아들이다. 토템동물은 집단 구성원이 공유하는 집단자기의 역할을 하며 처음에는 우로보로스적인 모성적 담아 주기(uroboric maternal-containing)와 아들을 낳는 부성 피규어(paternal-begetting figures) 두 가지 모두의 기능을 갖는다.

토템동물을 먹는 것은 모권적 단계에서 부권적 단계로의 과도기를 상징한다. 전통적으로 어머니는 집안에서 자녀를 양육하고 아버지는 가정 밖에서 활동하는 존재로 인식되어 왔기 때문에 아동이 집안에서 떠나 외부 세계와 관계 맺는 것을 부권적 세계로 나아간다고 상징화한 것이다. 먹는다는 것은 먹히는 것과 하나가 되는 것이고, 먹히는 것의 에너지를 동일시한다는 의미이다. 모권으로부터 남성 사회의 독립성을 강화하는 것이며, 신을 먹고 토템아버지(totem-father)를 잡아먹는 남성을 남성 집단이 동일시함으로써 남성을 부권적·가부장적 남성으로 변화시킨다. 잡아먹는 남성은 잡아먹는 모성의 잡아먹는 남성성(terrible masculine)이다. 토템동물을 먹는 의식은 모권으로부터의 해방과 아버지 원형인 잡아먹는 남성에 대한 남성 집단의 동일시를 의미 있게 해 준다. 이는 나중에 발달 과정이 부성살해(parricide)를 요구할 때, 즉 부성원형의 초월을 부각시킬 때 의미를 갖게 된다. 영적 남근 단계가 될 때 남성성의 원리는 최고로 관대하고 영적인 능력을 성취한다. 이때가 되면 여성에 대한 자아의 적대감도 극복된다.

노이만(1973)의 이론을 단계별로 요약하여 제시하면 다음과 같다.

- 우로보로스와 원초적 모-자 단일체
  - 심리적으로 어머니 안에 담겨 있는
  - 자신의 꼬리를 물고 있는 뱀의 이미지
  - 모든 끝에는 새로운 시작과 죽음 그리고 재탄생이 있음
  - 대극이나 양극, 즉 모든 가능성을 담아 주는 용기
  - 연금술에서 물질들이 정제되고 순화되는 폐쇄된 순환 과정
- 어머니로부터 점진적 분리
- 아버지에게로 전환
  - 분화의 증가
  - 어머니 · 아버지 이미지에 대한 분명한 분화
  - 영웅의 탄생
  - 용을 죽임
  - 포로를 구함
  - 영웅으로의 변화/환호

노이만이 말하는 이러한 이미지와 상징들은 모래놀이치료 장면에서 종종 볼 수 있는 것들이다. 결국 분석심리학적으로 인간 정신의 분화와 발달은 인간 정신의 보편정신, 즉 집단무의식을 극복하는 과정이므로 이러한 이미지와 상징들이 등장하는 것은 자연스러운 것이다.

[그림 6-3]
13세 여자 아동 내담자의
마지막 모래장면

　[그림 6-3]은 2년 6개월 동안 모래놀이치료를 받은 13세 여자 아동 내담자의 모래장면이다. 원 모양의 기찻길과 기찻길 안에 놓인 사각형이 노이만의 자아-자기 축을 나타내고 있다. 또한 친밀한 관계성이 나타나 있고 관계성을 지지하는 모성성 상징의 음식이 놓여 있다.

　[그림 6-4]에서 인격의 변화는 사각형의 집과 파인 바닥 위에 놓여 있는 원형의 테이블이 자아-자기 축을 상징하고 있다. 관계 외상의 근원은 어머니와 딸의 관계 그리고 내담자 내면의 성장하지 못한 어린 자신과의 관계였으나, 이 관계들에서의 화해를 통해 내담자의 어린 시절의 경험을 받아들이고 극복하였음을 나타낸다. 또한 내담자가 두려워했던 현실 세계로 나아가고 있음을 출발하고 있는 두 개의 배가 상징하고 있으며, 치료자를 떠나는 것 또는 치료를 종결하는 것에 대한 불안은 아직 머물러 있는 배가 나타내고 있다. 그러나 치료를 그만둔다고 해서 치료자를 완전히 떠나는 것이 아니라 언제든지 보호받을 수 있는 든든한 지지자로 내면에 치료자 에너지를 인식하는 것은 내담자에게 건강한 모성 이미지가 생겼음을 의미한다. 또한 하나가 된 두 사람이 새롭게 변화된 인격을 가지고 새로운 삶을 향해 나아가고 있다.

[그림 6-4]
자아-자기 축을
나타내는 40대 여자
내담자의 모래장면
출처: Jang (2007).

[그림 6-5] 19세 여자 청소년 내담자의 모래장면

[그림 6-5]는 19세 여자 청소년 내담자의 모래장면으로, 바닷속에서 작업하고 있는 잠수부가 묘사되어 있다. 바다, 즉 무의식 속에 있는 둥근 형태의 산호로 상징화되고 있는 자기와 연결되기 위해 오른쪽에 잠수부가 작업하고 있는 모습이 자아-자기 축의 회복을 위해 작업하고 있는 장면을 나타낸다.

2. 마이클 포드햄

융은 유아기 및 아동기의 심리적 발달에 대해 구체적 이론을 제시하지 않았지만(Knox, 2003; Fordham, 1969), 후기 융학파 분석가이자 아동정신과 의사였던 마이클 포드햄 (Michael Fordham)은 유아 발달과 내면의 의식 및 무의식 과정에 관한 이론을 융학파 이론 맥락에서 공식화했다. 태어나서 어머니의 자기로부터 아동의 자기(Self)와 자아(ego)가 분리한다는 노이만의 자기 개념 및 자기 발달 과정과 달리 포드햄의 발달이론은 태어날 때부터 이미 자기가 존재한다는 것을 전제로 한다. 노이만은 아동의 자기는 독립적으로 존재하지 않으며 아동의 자기는 어머니의 자기 속에 가능성 상태로만 존재하는 것으로 개념화했다. 그러나 포드햄의 자기는 해체(deintegration)와 재통합(reintegration)을 반복하면서 견고한 자아를 발달시킨다. 포드햄에 따르면, 이 해체와 재통합은 평생 지속되는 과정이다. 자기가 처음부터 존재한다고 본다는 점은 융의 자기개념과 부분적으로 일치한다. 융의 자기 개념은 자기가 '의식과 무의식을 합친 전체 정신의 중심이며 모순적으로 들리지만 동시에 의식과 무의식을 포함한 전체 둘레'라는 것이다(Jung, 1936, par.44). 융은 이 자기에 대해 존재하지만 완전하게는 알 수 없는 전체 성격을 자기로 부를 것을 제안했다. 융에 의하면, 태어날 때는 자아(ego)가 존재하지 않고 전적으로 자기에 종속되며 일부분만 자기와 연결된다(Jung, 1951, para. 9). 따라서 융에게 자기는 주변이자 중심이며 동시에 전체이다. 융의 자기 개념은 결론적으로 자기가 곧 우리의 전체 존재라는 것이다.

융의 자기 배열은 자기의 실현, 개성화라는 목적론적이고 목표지향적 본성의 배열이며 원형적 소인의 출현을 촉진하는 것이다. 자기가 자아를 발달시키는 목적 또한 자아를 통해 외부 환경과 원형적 소인의 상호작용을 통해 개인무의식 내에 감정 톤의 콤플렉스가 발달시키는 것이다. 융은 개성화 과정을 전체성 탐색이라고 불렀고 개성화 과정의 목표는 개인의 잠재력이 최대로 발달하는 것으로 보았다(Hopwood, 2012, p. 4). 그러나 융은 전체성 발달 즉 개성화를 주로 인생 후반부에 시작되는 것으로 개념화했지만 포드햄은 인생 전반부의 발달 또한 전체성 발달에 속한다고 보았다. 발달단계에 적합한 발달 과업을 성취하는 것이 발달단계에 맞는 전체성이라는 것이다. 이전에 언급한 바와 같이, 해체와 재통합 과정을 통한 자기의 발달은 관계 경험의 역동과 통합을 통해 자기의 잠재력이 드러나는 평생에 걸치는 과정이다. 그러나 이 과정은 아동이 성장해 가는 정서적·관계적·문화적 환경에 영향을 받는 과정이다(Driver, 2022).

1) 해체와 재통합: 발달의 원리

포드햄은 개성화 과정이 태어날 때부터 발생한다는 것을 인식하고 개방된 동적 시스템으로서의 자기 개념을 도입했다(Driver, 2022). 이전에 언급한 것처럼 그는 유아기에도 자기가 존재한다고 생각했으며(Urban, 2022), 그는 이것을 일차적 자기(primary self)라는 명칭으로 개념화했다. 이 '일차적 자기'는 의식과 무의식 체계 전체를 아우르는 것이며 정신 구조를 조직하는 원리이다(Astor, 1998). 그러나 발달이 일어나기 위해서는 일차적 자기의 정신·신체 단일체는 '마음과 몸이 분화되기 위해 해체되어야 한다'(Urban, 2022). 해체는 부정적 의미의 분해나 붕괴가 아니다. 그것은 마치 더 단단해지기 위해 분화되는 개념과 유사하다. 해체가 긍정적인 것이 되려면 해체 이후에 수용적이고 지지적이며 적절한 경계를 만들어 주는 양육자가 있어야 하고 양육자의 돌봄을 통해 해체되었던 것이 재통합된다. 해체와 재통합의 반복은 전체 정신의 질서와 중심의 힘이 강해지는 것을 의미한다. 포드햄은 이 자기의 '해체/재통합이라고 하는 자기의 역동성이 태내에서 시작되어 평생 지속된다는 것'이라고 보았다(Astor, 1995). 예를 들어, 정신·신체적으로 안정상태에 있던 유아는 젖은 기저귀, 배고픔과 같은 내적 및 외적 자극 때문에 방해를 받는다. 유아는 이에 대해 울음, 소리 지름, 버둥거림 등의 자기해체를 통해 불편함이라는 해체를 표현한다. 따라서 포드햄에게 자기는 '시간이 지남에 따라 해체되는 정신·신체적 상태'이며 돌보는 이의 적절한 반응이 있을 때 해체 상태는 '정신적 기능과 신체적 기능으로 재통합'된다(Urban, 2005). 즉, 적절한 타이밍에 아동의 불편함을 없애 주고 감정을 담아 주는 어머니는 해체되었던 아동의 자기가 다시 통합되게 한다. 이 과정은 성장 과정 동안에 계속 지속되며 어느 시점에 이르면 이 해체와 담아 줌으로 인한 아동은 스스로 통합을 할 수 있게 된다. 포드햄의 해체는 자아가 발달해 나오게 하고 건강한 자기감을 가진 자아발달을 이루도록 하는 원형적 원리라고 할 수 있다. 궁극적으로 감정, 행동, 울음과 같은 신체적 의사소통을 통해 유아의 자기의 일부가 표현되는 방식이며, 모든 해체에는 신체적·정신적 차원이 포함된다(Astor, 1998).

2. 마이클 포드햄 197

2) 해체와 재통합 과정에 긍정적 영향을 미치는 양육자의 반응

이전에 설명한 바와 같이 어머니나 양육자가 아동의 이 발달 과정을 이해하고 적절하게 타이밍을 맞춰서 반응할 때 유아의 경험이 해체 상태에서 붕괴, 분해로 이어지지 않고 재통합될 수 있다. 궁극적으로는 자아-자기 발달 및 자기와 관련된 마음의 발달로 이어진다. 흔히 말하는 민감한 어머니란 유아의 의사소통을 받아들이고 이해하는 능력을 갖고 있어서 아동이 세상을 안전한 곳으로 받아들이게 하는 양육자이다(Astor, 1998). 포드햄이 개념화한 것은 해체 및 재통합 과정과 관련하여 어머니 또는 양육자의 적절한 반응이 아동의 '정신의 조직화를 가져오고 더불어 구체화된 마음 및 의식적인 자아감을 포함하는 신체적, 정신적으로 안정적인 구조의 발달로 이어지게 한다는 것이다(Urban, 2005). 예를 들면, 아기는 머리와 얼굴을 움직이면서 어머니를 찾는다. 이것은 특정 신체적 · 정서적 상태와 관련된 하나의 해체이다. 어머니 또는 양육자는 '무엇이 잘못되었나, 아기가 배고픈가, 기저귀가 젖어서 갈아 주어야 하나, 아기를 안아 주어야 하나, 아기가 아픈가' 등을 궁금해 한다. 그러면서 하나하나 확인하고 문제가 있는 부분은 개선하면서 유아의 불편감을 없애 준다. 울음의 원인이 해소되면 아기는 편안한 상태가 되며 젖을 잘 먹게 되거나 잠을 잔다. 이것은 유아의 내면의 조화와 평형이 회복되었다는 신체 신호이다. 이러한 질문들을 통해 어머니는 울음의 의미를 이해하고 처리한다(Driver, 2022).

포드햄(1969, 1985)이 제안한 이 해체와 통합이 반복되는 과정은 궁극적으로 자아발달로 이어진다(Astor, 1998, p. 10). 융은 '자아(ego)를 의식의 중심'으로 정의하였지만(Jung, 1936, par. 44) 출생 직후에 자아는 존재하지 않는 것으로 보았다. 그러나 포드햄은 태어날 때부터 자아는 존재하는 것으로 보았으며(Fordham, 1994, p. 71), 일차적으로 자아는 '무의식의 원형적 형태와 관련된 먹이고, 찾아내고, 양육하고, 연관짓기 같은 행동 패턴'에 의해 작동하며 이 패턴으로부터 자아가 발달해 나오는 것으로 보았다(Fordham, 1994, p. 71). '자아(의식성)로 발달하는 것의 일부는 매우 초기 경험과 관련되지만 그가 개념화한 해체와 재통합을 통해서만 이 초기 경험이 통합된 자아로 합쳐진다'(Urban, 2022). 포드햄은 자아가 '자기에서 태어나며, 둘 사이에 점진적인 경계가 형성됨에도 불구하고 자아는 자기를 부분적으로만 나타낸다'고 생각했다(Urban, 1996, p. 69). 이것은 개인 무의식의 감정 톤 콤플렉스가 부분적으로는 경험에서 비롯되지만 자기 및 원형적 소인의 영향을 받는다는 것을 의미한다. 포드햄의 이론에서 자아의 역할은 자아가 강해짐에 따라 정신생활을 조직하고 통제하는 방법을 사용하고 방어 체계가 형성되게 하는 것이다.

3. 에드워드 에딩거

에드워드 에딩거(Edward Edinger)는 자기와 자아의 관계 그리고 자기로부터의 자아발달의 과정을 구체적으로 기술하였다. 그는 융과 달리 개성화를 인생 후반의 현상으로 국한하지 않고 인생 전반부에도 일어날 수 있는 현상으로 보았으며, 발달 과정에서 분열된 자아와 자기가 합일하고 다시 분열, 합일을 반복하는 과정에 대해 기술했다. 융의 집단무의식(collective unconscious) 또는 원형적 정신(archetypal psyche)의 발견은 개인의 정신이 개인의 경험으로만 형성되는 것이 아니라는 것을 알게 해 주었다. 세계의 많은 종교와 신화를 보면 보편적인 패턴과 이미지들이 발견되는데, 그 이유는 집단무의식 또는 원형적 정신을 모든 인류가 시대와 장소를 불문하고 갖고 있기 때문이다. 즉, 인간은 전개인적(pre-personal) 또는 초개인적(transpersonal) 차원을 갖고 있다(Jung, 1959/1990c, par. 1-147). 또한 융에 의하면 원형적 정신은 다양한 원형적 내용을 합일하는 구조화 원리 또는 질서 원리이다. 이것은 융이 자기(Self)라고 명명한 중심 원형 또는 전체성 원형의 기능이다.

의식과 무의식으로 이루어져 있는 인간 정신은 두 개의 중심을 갖고 있다. 자아(ego)는 의식적 인격의 중심이며, 자기(Self)는 전체 정신(의식과 무의식을 포함한 정신)의 질서 및 합일적 중심이다. 자아(ego)는 주관적 정체성 또는 주관적 정신의 중심인 반면, 자기(Self)는 객관적 정체성 또는 객관적 정신의 중심이다. 따라서 자기(Self)는 최고의 정신적 권위이며, 자아(ego)를 자기(Self)에 종속시킨다. 엄밀히 말하면 자기(Self)가 자아(ego)를 발달시킨다. 상징적으로 표현하자면, 자기(Self)는 내면의 경험적 신성성(deity)으로서 신의 형상(imago Dei)과 동일한 것이라고 할 수 있다. 융에 의하면 자기(Self)는 만다라 같은 어떤 전형적인 상징적 이미지로 표현되는 경향이 있다. 만다라 상징의 경우, 만다라는 중심을 가진 원이 강조되며 보통은 사각형, 십자가 또는 기타 사위(quaternity)의 부가적 특징을 가진 모든 이미지는 만다라 범주에 해당한다. 이 외에도 자기(Self)를 상징하는 기타 관련 주제와 이미지들이 수없이 많다. 전체성, 대극의 합일, 중심점, 세계의 배꼽, 우주의 축, 신과 인간이 만나는 창조적 지점, 초개인적 에너지가 개인적 삶으로 흘러들어가는 창조적 지점, 일시적 흐름에 반대되는 영원성, 부패하지 않음, 혼돈으로부터 질서를 가져오는 유기적이고 보호적인 구조를 역설적으로 합일하는 비유기체, 에너지의 변환, 생명의 명약(elixir)과 같은 모든 주제 또는 상징은 삶의 에너지의 중심 근원, 가장 단순하게는 존재의 신적 근원인 자기(Self)를 상징하는 것이다(Edinger, 1972/2016). 이 중에서도 자기(Self)의 현상학적 상징성과 관련하여 가장 많이 언급되는 표상은 아마도 인간이 신에 대해서 만들어 낸 수많은 표상일 것이다(Jung, 1959/1990d).

앞에서 기술한 바와 같이, 노이만은 신화적 자료 및 민족학적 자료에 근거하여 자아(ego)가 태어나는 원시적 자기(Self), 즉 전체성의 근원적 만다라 상태를 나타내는, 입에 꼬리를 물고 있는 원 모양의 우로보로스 이미지를 사용하여 자아의식성의 탄생 이전의 정신 상태를 상징적으로 묘사하였다(Neumann, 1954).

인생 전반부의 발달과업은 자아(ego)가 자기(Self)로부터 점진적으로 분리하여 발달하는 것이며, 인생 후반부의 발달과업은 자아(ego)가 자기(Self)를 경험하고 관계를 맺어 가면서 자아(ego)가 자아중심성을 포기하고 내면에 자아보다 더 큰 존재인 자기(Self)를 향한 자아(ego)의 상대화(relativization)를 이루는 것이다.

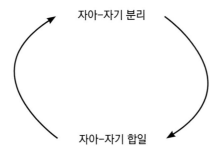

[그림 6-6] 자아-자기의 합일과 분리의 순환 과정

출처: Edinger (1972/2016), p. 5.

[그림 6-6]에서 볼 수 있는 자아-자기 분리와 자아-자기 합일의 과정은 인생 전반부와 후반부에서 한 번씩 이루어지는 단일 과정이 아니라 아동기와 성인기 모두에서 개인

의 생애 전체를 통해 반복적으로 발생하는 과정이다. 이 주기(또는 나선형이 더 나은 표현이다)의 공식은 출생에서 사망까지의 정신 발달의 기본 과정이다.

이 관점에 따르면 여러 발달단계에서 자아(ego)와 자기(Self)의 관계는 [그림 6-7]과 같이 표현될 수 있다. 예를 들면, 자아(ego)를 필연적으로 포함하는 정신의 전체성으로서 자기(Self)를 정의한다. [그림 6-7]과 이 그림들의 제시 방법에 따르면, 그것은 마치 자아(ego)와 자기(Self)가 별개의 존재이며, 자아(ego)는 전체의 작은 덩어리 그리고 자기(Self)는 큰 덩어리인 것 같다. 모순적으로 보이는 것은 자기(Self)의 개념이 역설적이라는 것이다. 그것은 전체 원의 중심이면서 동시에 주변부이다. 자아(ego)와 자기(Self)를 두 개의 분리된 존재로 생각하는 것은 단순히 이 주제를 논의하기 위한 합리적 도구에 불과하다.

에딩거(1972/2016)는 자아(ego)와 자기(Self)의 발달단계를 원을 이용해 시각화하였다. 하디(Hardie)는 여기에 노이만(1973)의 이론을 접목하여 아동의 자아(ego)가 아동의 자기(Self) 안에 씨앗(germ) 상태로 있을 뿐 아니라 아동의 자아(ego)와 자기(Self)가 가능성 상태로 어머니의 정신 안에 담겨 있는 단계를 추가하였다. 이 정신 모형은 자아-자기(ego-Self)가 전체 정신 속에서 연결되어 있음을 보여 주고 있다.

[그림 6-7]에 의하면 개성화는 씨앗 상태로 어머니의 자기 안에 담겨있는 자아 단계에서부터 자아가 자기로부터 완전히 분화되는 단계로 이어지는 것을 볼 수 있다. 개성화

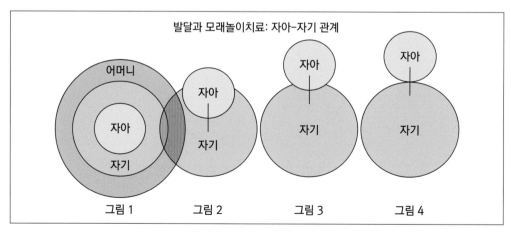

[그림 6-7] 니나 하디의 제안을 추가한 에딩거(1972/2016)의 자아-자기 발달 모형

과정이란 이 마지막 단계를 향하는 과정으로서 자아가 자기와의 사이에 있는 축을 인식하는, 즉 자기의 존재를 인식하고 자기의 부름에 따르는 과정이라는 것을 알 수 있다.

　아동심리학 분야에서 이루어진 경험적 연구를 고려하여 에딩거는 자아-자기 분리와 자아-자기 합일 과정이 아동기뿐 아니라 성인기에도 반복적으로 발생한다고 보았다. 에딩거는 이러한 과정들을 단순한 순환 패턴으로 보기보다는, 나선형 모형이 생명의 시작과 죽음 사이에 일어나는 개성화 과정에 더 적합하다고 주장했다. 이는 개성화 과정을 직선적 과정보다는 반복적인 나선형 과정으로 보는 융의 개념과도 일치한다. 나선형은 인간에 대한 개인적 이미지와 삶 전반의 문화적 활동에서 자연스럽게 발생하고 등장하는 원형적 형태로 여긴다. 내부 혹은 외부로 순환하는 이 에너지 흐름에 의미를 부여하기 위해서는 다음에서 논의할 상징적 능력을 요구한다.

　자아(ego)와 자기(Self)의 관계에 대한 니나 하디의 제안을 추가한 에딩거(1972/2016)의 자아-자기 발달 모형([그림 6-7] 참조)을 요약하여 설명하면 다음과 같다.

- 그림 1은 노이만(1973)의 근원적 우로보로스 상태, 즉 모-자 단일체 상태와 일치한다. 자기만다라(Self mandala) 외에는 아무것도 존재하지 않는다. 자아는 씨앗 상태로 어머니의 자기 안에서 자아로 발달할 가능성으로만 존재한다. 이 상태에서는 자아(ego)와 자기(Self) 간에 분화가 전혀 없으며, 이는 자아(ego)가 없다는 것을 의미한다.
- 그림 2는 자아(ego)가 자기(Self)로부터 분리되기 시작했지만 아직은 자기(Self)와의 1차적 단일성 상태의 비중이 더 크고, 자아는 아직 자기 안에서 자아(ego)의 중심을 가진 채 발달하고 있다.
- 그림 3은 보다 발전된 발달단계를 보여 준다. 그러나 자아-자기 동일성의 일부가 아직도 남아 있다. 앞의 두 그림에서는 완전히 무의식 상태였고, 그래서 자아-자기를 구분할 수 없었던 자아-자기 축은 이제 부분적으로 의식되고 있다.
- 그림 4는 아마도 실제로는 존재하지 않을 이상적인 이론상의 것이라고 할 수 있다. 이것은 자아와 자기의 완벽한 분리를 나타내고 있으며, 자아-자기 축에 대한 완전한 의식성을 나타내고 있다.

이 그림들은 동시에 일어나는 두 개의 심리적 발달 과정, 즉 자아-자기의 분리와 자아-자기 축에 대한 의식성이 증가하는 것을 보여 주기 위한 것이다(Edinger, 1972/2016). 이 발달단계들이 개화함에 따라 발달 과정은 [그림 6-8]에 제시되어 있는 정신적 삶의 주기를 반복하게 된다. 이 주기의 반복은 전 생애를 통해 반복되기 때문에 그것은 자아와 자기의 발달적 분화를 가져온다.

에딩거에 의하면 분화 이전의 아동은 자신을 문자 그대로 우주의 중심으로 경험한다. 처음에 어머니는 아동의 이런 요구에 부흥한다. 따라서 최초의 모-자 관계는 아동의 바람이 지상 명령이라는 아동의 감정을 격려하는 경향이 있으며, 그것은 정신발달에 절대적으로 필요한 것이다. 위니컷의 용어를 사용하면, '모성몰두(maternal preoccupation)' '충분히 좋은 어머니(good enough mother)'로 불리는 어머니, 즉 아동의 욕구에 대해 일관성 있고 헌신적인 어머니를 경험하지 못한다면 아동은 심리적으로 발달할 수 없고, 오래 지나지 않아 세상은 필연적으로 아동의 요구를 거절하기 시작한다(관계와 세상으로부터 거절감을 느낀다). 이때 일종의 치유되지 않은 정신적 상처라고 할 수 있는, 즉 낙원에서 추방되었다는 영구적인 상처가 생기고 분리가 일어난다.

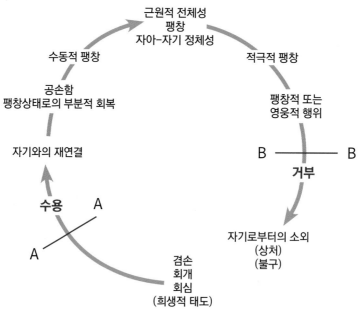

[그림 6-8] 정신적 삶의 주기

출처: Edinger (1972/2016), p. 41.

이런 식으로 자아는 자기와의 무의식적 정체성으로부터 성장하고 분리하지만 동시에 전체 인격의 통합을 유지하기 위해 자아와 자기 사이의 반복적인 재합일이 필요하다. 그렇지 않으면 자아가 자기로부터 분리되면서 그 둘 사이의 중요한 연결이 손상되어 매우 실제적인 어려움을 야기하거나 심한 경우에는 우리 자신의 깊은 곳(Self), 본질로부터 자아가 고립되며 심리적 질병의 토대가 만들어진다.

자신을 우주의 중심으로 경험하는 근원적 상태는 아동기를 지나서도 지속될 수 있다. 그것이 반드시 필요한 발달단계를 지나서도 자아-자기 단일성 상태(자아가 자기를 완전히 동일시하는 상태, 즉 자아가 팽창되어 있는 상태)라는 가장 흔한 팽창된 상태의 예를 베인스(Baynes, 1950)는 '잠정적 삶(provisional life)'이라고 명명하였다. 베인스는 이 상태를 다음과 같이 설명했다. "잠정적 삶을 사는 사람들은 그러한 상황이 마치 부모나 국가 또는 신이 제공한 것처럼 현실의 주변 사실에 대해 무책임한 태도를 보인다. …… 그것은 무책임하고 의존적이고 유치한 상태이다." 다른 말로 하면, 고단하고 단조로운 현실의 삶으로 뛰어들지 않으려고 한다. 무엇인가 늘 이유를 대면서 바깥 세상으로 나가지 않고 부모와 가족에게 의존한다. 폰 프란츠(von Franz, 1981)는 이 조건을 영원한 소년원형인 푸에르 에데르누스(puer aeternus) 이미지와의 동일시로 기술하였다. 생텍쥐 페리(St.

[그림 6-9] 30대 초반 여자 내담자의 모래장면 일부

Exupéry)의 소설 『어린 왕자(Little Prince)』는 멋지고 화려하며 자기애적으로 자신을 높여
주지 않는 사회의 문제와 모순을 지적하면서 어른으로서 그리고 한 개인으로서 삶의 의
무를 회피하는 유형의 사람들의 심리를 상징적으로 기술하고 있다. 무엇 하나 확정되지
않고 자신의 것으로 받아들이지 않는 잠정적 삶을 살아간다. 이러한 사람들은 메시아 콤
플렉스를 가진 사람들에서 과대망상을 가진 사람들에 이르기까지 다양한 유형이 있다.
푸에르 원형은 자기(Self) 이미지의 하나이지만, 그것과 동일시하면 현실에서 존재한 수
없게 된다.

[그림 6-10] 20대 후반 남자 내담자의 모래장면

[그림 6-9]에는 어머니의 자기(Self) 안에 아동의 자기가 포함되어 있고 자기 안에 자아가 씨앗 상태로 들어 있는 모습을 잘 보여 주는 피규어가 있다. 물론 성인이기 때문에 자아가 전혀 발달하지 않았다고 말할 수는 없으나, 최초의 원초적 모-자 단일체 상태부터 문제가 있었고 자아의 분화발달 과정을 다시 시작해야 함을 시사하는 모래장면이라고 할 수 있다. 어머니의 자기는 가장 바깥 원으로 상징되는 대지 어머니의 자기에 다시 담겨 있다.

[그림 6-10]에서 에딩거의 자아발달 다이어그램을 연상시키는 크리스털 구는 안에 작은 구를 갖고 있고, 이는 마치 알 안에 들어 있는 자아의 씨앗과 같은 모습을 하고 있다. 이 내담자의 발달과업은 미숙하게 발달한 자아를 독립시키고 의식성을 발달시키는 것임을 보여 주고 있다. 또한 작은 구를 받치고 있는 것은 세 장의 꽃잎인데, 그의 자아발달은 감정의 발달 분화, 즉 자기에너지를 연결하는 아니마 발달과 관련이 있는 것으로 보인다.

4. 조셉 캠벨

조셉 캠벨(Joseph Campbell)의 영웅의 여정 개념은 발달이론이라고 부르지는 않지만 인간 정신의 발달과정을 포함하기 때문에 이 책에서는 발달이론 부분에 포함시켰다. 이것은 캠벨의 이론이라기보다는 융의 영웅 개념을 신화적으로 해석한 것이라고 할 수 있다. 캠벨(1949/2008)은 융의 영웅이론, 정신분석학 등의 이론을 활용하여 인간의 정신 발달 과정을 신화에 나타나는 영웅의 여정에 비유하여 해석하였다. 융에 의하면, 대부분의 영웅 신화에서 영웅은 특정한 단계를 거친다. 영웅은 장애물을 극복하고 목표, 즉 자아발달 및 자아-자기연결을 성취하고자 하는 원형적 모티브의 표현이다. 캠벨에 의하면 영웅은 스스로의 힘으로 자기극복의 기술을 완성한 인간이다. 영웅은 이 세상에서 떨어져서 내적 심연의 깊은 곳으로 들어가 마주해야만 하는 온갖 시련을 극복해야 한다. 즉, 자기가 속한 문화권의 유아적 악마(독립과 의식화를 거부하는 퇴행 욕구)에게 싸움을 걸어 승리해야 한다. 싸움에서 이겨 낸 대상은 잡아먹는 원형적 모성이며, 원형적 모성을 극복하고 자기(Self)를 상징하는 생명의 명약을 얻어 아니마, 즉 그의 여성성 발달을 상징하는 공주를 구한 뒤에 귀환하는 자이다. 이때 부정적인 원형적 모성 이미지는 용으로 자주 이미지화된다. 또한 스핑크스나 스핑크스의 어머니 에키드나와 같은 괴물 이미지로 표상되기도 한다. 그리스 신화에 등장하는 에키드나는 상반신은 아름다운 처녀이고 하반신은 얼룩 모양이 있는 큰 뱀으로 동굴 속에서 상반신만 보여 주면서 지나가는 나그네를 유혹해서 잡아먹는다(Jung, 1984/2002, pp. 25-27). 오이디푸스 신화에 등장하는 스핑크스도 여성으로서 결국 오이디푸스가 벗어나지 못하고 근친상간에 빠지게 한다. 여기서의 근친상간은 상징적 표현으로서 정신적 독립을 성취하지 못함을 의미한다.

융은 영웅에 대해 다음과 같이 언급하였다.

> 영웅의 위업은 어두움의 괴물을 극복하는 것이다. 오랫동안 고대하고 기대한 의식성의 무의식에 대한 승리이다(Jung, 1959/1990b, par, 284).

> 영웅 신화는 플라톤의 동굴 우화에서 일어나는 일처럼 투사를 통해서만 볼 수 있는 무의식의 드라마이다(Jung, 1959/1990d, par. 612).

> 영웅은 남성의 무의식적 자기이며 이는 그 자체가 모든 원형의 총합으로 경험적으로 나타나며, 따라서 아버지원형, 노현자원형을 포함한다. 그 정도까지 영웅은 그 자신의 아버지이며 그 자신의 자식이다(Jung, 1959/1990b, par. 516).

즉, 영웅 또는 영웅의 여정은 장해를 극복하고 목표를 성취(의식화)하고자 하는 원형적 주제라고 할 수 있다.

신화에 등장하는 영웅의 목표는 보물, 공주, 반지, 황금 사과, 생명의 명약 등을 발견하는 것이다. 심리적으로는 진정한 자기와의 연결이다. 앞에서 언급한 바와 같이 심리학적으로 이것들은 개인의 진정한 감정과 독특한 잠재력이라고 할 수 있다. 개성화 과정에서 영웅의 과업은 무의식의 내용에 의해 압도당하는 것이 아니라 그 반대로 무의식의 내용을 의식화하는 것이다. 이것의 결과는 무의식적 콤플렉스에 묶여 있던 에너지의 방출, 즉 자유로움이다. 모성콤플렉스를 극복하고 그것에 묶여 있던 에너지를 창조적인 삶의 방향에 사용하는 것이다. 예를 들면, 어린 아동의 경우, 나이에 맞지 않는 의존성 또는 마음대로 되지 않을 때 분출되는 공격성은 부정적 모성콤플렉스일 수 있으며 이것의 극복은 적절한 자기 조절과 타인과의 관계 수용을 통한 사회적 독립이다. 성인의 경우에도 모든 것을 용납하지 않고 허용하지 않는 세상, 부모, 가족에 대한 원망, 마음속 깊은 곳에 도사리고 있는 열등감과 이것의 회피를 극복하고 자율적이고 독립적인 어른의 삶을 살아가는 것이다. 이것을 신화적으로 표현하자면 영웅은 용을 정복하는 자이지 용에게 잡아먹히는 자가 아니다. 그리고 잡아먹히는 자와 잡아먹는 자 둘 다 동일한 용을 상대한다. 또한 용을 만난 적이 없거나 용을 보았다고 하더라도 뒤에 가서 아무것도 보지 못했다고 하는 자는 영웅이 아니다. 삶의 여정과 고단함을 회피하는 자는 영웅이라고 칭할 수 없다는 것이다. 마찬가지로, 용과 싸우는 위험을 감수하고 용에게 정복당하지 않는 자만이 '성취하기 어려운 보물'을 얻는다. 그는 자기 자신의 어두운 바닥에 직면하여 그 자신을 얻어 냈기 때문에 순수한 자기 확신을 갖고 있다. 그는 동일한 방법으로 모든 장래의 위협을 극복할 수 있게 될 것이라고 믿을 권리를 얻는다(Jung, 1963/1989, par, 756).

영웅의 여정은 원 모양으로 상징화되며, 이 여정의 순환을 그림으로 나타내면 [그림 6-11]과 같다. [그림 6-11]과 같은 영웅의 여정은 영웅의 발달 과정이라고 할 수 있다. 그러나 이 과정은 직선적 과정이 아니라 원형의 반복인 나선형 과정으로서 이 과정의 반복을 통해 개인은 더욱 순수하고 확장된 의식성에 이르게 된다.

이 순환 과정을 잘 상징하고 있는 신화와 전설 등을 보면, 영웅은 배를 타고 여정을 계속하며 바다괴물과 싸우고, 바다괴물에게 삼켜지고, 죽음에 이를 정도로 고난과 싸우며, 요나처럼 고래의 뱃속에 이르러 치명적 장기를 잘라 내고 결국 탈출하기에 이른다. 마침내 그는 그의 시작점으로 귀환하여 그 자신을 여실히 보여 준다. 캠벨(1949/2008)은 영웅의 여정이 세 과정, 즉 분리, 입문, 귀환과 같은 과정이라고 보았다. 처음에 영웅은 모험에의 소명을 받는다. 소명을 거부하는 자는 영웅이 아니다. 소명에 복종한 자는 동물이나 여러 유형의 힘들로부터 초자연적인 도움을 받아 결국 여정의 첫 역치(threshold), 즉 경계를 통과한다. 경계를 통과해서 도달한 곳은 고래의 뱃속이며, 이는 종종 밤바다에 비유된다. 그 이후 영웅은 여러 가지 시련과 고난을 겪으며, 그때마다 조력자들을 만난다. 유아기적 행복을 줄 여신을 만나지만 결국 그녀는 영웅이 싸워야 하는 유아기적 퇴행 욕구인 용, 고래이다. 영웅은 아버지와 화해하는 과정도 겪는다. 결국 영웅은 신격화되고, 이 세상으로 돌아와서 궁극적으로 타인들에게 그의 여정의 유익을 나누어 준다.

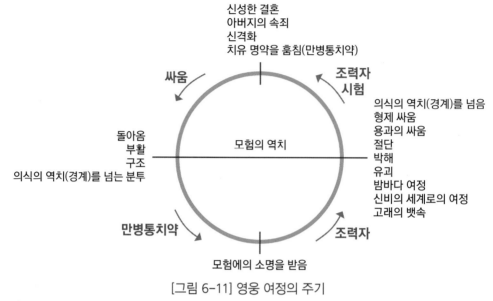

신성한 결혼
아버지의 속죄
신격화
치유 명약을 훔침(만병통치약)

싸움

조력자
시험

의식의 역치(경계)를 넘음
형제 싸움
용과의 싸움
절단
박해
유괴
밤바다 여정
신비의 세계로의 여정
고래의 뱃속

돌아옴
부활
구조
의식의 역치(경계)를 넘는 분투

모험의 역치

만병통치약

조력자

모험에의 소명을 받음

[그림 6-11] 영웅 여정의 주기

출처: Sharp (1991), p 60.

개성화의 측면에서 고래와 용은 어머니 또는 어머니에게 묶여 있는 아니마이다. 잘려 나가야 할 치명적 장기는 탯줄이라고 할 수 있다.

> 영웅은 이상적 유형의 남성성이다. 삶의 근원인 어머니를 뒤로하고 떠나면서 그녀를 다시 찾아 그녀의 자궁으로 돌아오려는 무의식적 열망에 압도당한다. 그가 가는 길에서 그의 상승을 방해하는 모든 장애물은 은밀한 의심과 회고적 갈망이라는 독으로 그의 힘을 빨아들이는 부정적(원형적) 어머니의 어두운 측면이다(Jung, 1956/1990d, par. 611).

모래놀이치료에서 영웅의 여정에 비유할 수 있는 수많은 여정을 볼 수 있다. 모래놀이치료자가 기억할 것은 내담자들은 이 과정을 '영웅'이라는 표현을 사용하면서 만들지 않는다는 것이다. 내담자가 아동이라면 그것은 포켓몬이나 원피스와 같은 애니메이션 영화의 주인공 이름일 수 있고, 그 여정도 애니메이션 영화의 일부분을 닮아 있다. 그렇기 때문에 경험이 부족한 치료자는 이것이 영웅의 여정이라는 주제와 연결되어 있다는 것을 모르거나 많은 시간이 흐른 후에 깨닫는다. [그림 6-12]부터 [그림 6-16]까지의 사진들은 불안, 초조, 주의산만, 공격적 행동 등으로 모래놀이치료에 의뢰된 초등학교 2학

년 남자 아동의 모래놀이상자 사진이다. 이 모래장면은 조셉 캠벨이 제시한 영웅의 여정
의 전형적인 과정을 보여 준다. 이 내담자의 모래장면에도 애니메이션 영화에 나오는 영
웅 닌자가 떠날 준비를 하고 있다.

[그림 6-12] 영웅의 여정에서 영웅의 출발을 보여 주는 9세 남자 아동 내담자의 모래장면

노가 준비된 보트가 있고, 칼과 튼튼한 옷으로 무장하고 있으며, 타고 갈 배, 무의식으
로 안내해 줄 거북이도 있어 영웅의 여정에 입문할 준비가 되었으나, 아직 완전히 떨쳐
버리지 못한 두려움으로 인해 망설이면서 야자나무 밑에서 잠시 자신에게 시간을 주고
있는 닌자의 모습을 볼 수 있다. 아마도 상상하건데 작은 보트를 타고 큰 범선으로 이동

할 것 같다. 첫 번째 사진은 내담자 방향에서 찍은 사진인데 마치 숨어 있듯 야자수 밑에 있는 닌자가 잘 보이지 않는다. 두 번째 사진에서 보면 두 바위 사이의 경계를 상징하는 다리 밑으로 곧 닌자가 들어갈 것 같다. 영웅의 여정에 입문하는 것이다.

[그림 6-13] 무의식의 세계로 입문한 영웅의 투쟁 과정을 보여 주는 모래장면

[그림 6-14] 부성콤플렉스를 상징하는 뱀과의 싸움 장면을 보여 주는 모래장면

[그림 6-13]에서 내담자는 무의식에 입문 후 흑암의 판타지적 존재들과 싸움을 벌인다. 무의식의 흑암에는 뱀, 악어 같은 끔찍한 퇴행적이고 부정적인 모성원형 상징들도 있고, 성취해야 하는 발달과업을 상징하는 보물도 있다. 평화로워 보이는 평범한 집들이 부정적인 모성콤플렉스적 감정의 휘두름의 의해 압도당하고 있다.

[그림 6-14]는 마치 앞의 모래상자에서 뱀과의 싸움을 확대한 것 같은 인상을 준다. 오른쪽에는 사악한 괴물 왕이 있고, 왼쪽에는 사람이 있다. 이 사람은 뱀과의 싸움에서 이기고, 그다음은 그가 획득한 세 가지 보물, 즉 검, 방패, 갑옷을 사용하여 사악한 괴물 왕을 이긴다. 때로 뱀은 모성콤플렉스뿐 아니라 부성콤플렉스를 상징하기도 한다(Campbell, 1949/2008). 캠벨은 부성콤플렉스도 뱀에 비유했다. 모성콤플렉스를 극복한 후 부성콤플렉스를 극복하는 과정을 보여 주고 있다.

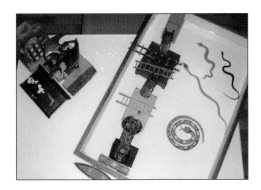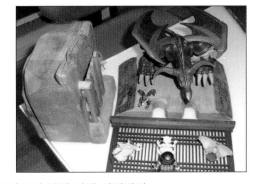

[그림 6-15] 의식의 세계로 돌아오기 위해 경계 영역에서
다시 괴물과 맞부딪힌 영웅의 싸움을 보여 주는 모래장면

[그림 6-15]의 두 모래장면은 보물을 획득하여 돌아오는 과정에서 겪게 되는 과정을 보여 주고 있다. 첫 번째 사진은 무의식의 세계로부터 의식의 세계로 돌아오기 위해 다리를 연결하고 있는 장면에 방해 요소들이 등장하고 있다. 즉, 아직 완전히 죽지 않은 용, 즉 퇴행적 욕구가 이 두 번째 사진에서 구체화되어 있다. 많이 약해졌지만 의식의 세계, 자기에너지와 통합된 자아발달의 세계로 가는 것을 방해하는 완전히 죽지 않은 용, 즉 퇴행적인 유아적 에너지와 싸우면서 다시 조력자들의 도움을 받는 장면이다. 부정적인 모성원형에너지의 극복 과정은 일회성의 과정이 아니라 점진적이고 반복적인 과정임을 알 수 있다.

[그림 6-16] 부분적인 자아-자기 축의 발달을 상징하는 모래장면

　　[그림 6-16]은 내담자가 두 번째 세션에서 만들었던 '정글'이라고 명명한 모래장면, 즉 내담자가 자아발달 과정에서 여러 번 돌아가는 모성적 장소를 나타내는 모래장면과 매우 유사하다. 그러나 큰 차이가 있는데, 중심에 있는 연못은 아동의 자기 또는 천상의 어머니의 자궁을 상징하는 것으로 보인다. 다섯 마리의 새가 원형 모양의 연못 위에 완벽하지는 않지만 사각을 이루고 있는데, 칼프에 의하면 모래놀이치료 과정의 후반기에 나타나는 사각(자아)과 원(자기)의 연결은 자아-자기 축을 의미할 수 있다. 왼쪽 뒤편으로 또 다른 우물이 있고 백조가 그 안에 있다. 그리고 백조 자체가 내담자의 여성적 측면과 동시에 남성적 자아의 연결을 상징할 수 있다. 백조는 그 신체 형상이 여성적 측면과 남성적 측면 모두를 갖고 있기 때문이다(Caspari, 2003, pp. 265-266; Chiron Publications, 1978/1986, pp. 188-189). 자아와 자기의 연결이 일어나면, 임상적으로 아동의 경우에는 성인처럼 초월감, 신비감, 절정감을 느끼기보다는 사랑받는 느낌, 정서적 안정감, 효능감, 자신감, 수용성, 정서 조절, 부모 또는 또래와의 관계 회복 등을 경험하는 경향이 있다. 『백조왕자』라는 동화에서 왕자는 마녀의 저주를 받아 백조로 변하며 밤에만 본래의 모습으로 돌아올 수 있다. 따라서 그의 과업은 전체성을 획득하여 낮에도 본래의 모습을 갖는 것이다. 또 다른 동화들을 보면 여성이 마법에 의해 백조로 변하는 이야기들이 있다. 그런 이야기에는 왕자 등의 사냥꾼이 등장한다. 사냥꾼은 잡았던 백조를 놓치기도

하면서 고난을 겪지만 결국 잡아서 여성으로 다시 변환시킨다. 이것은 영웅이 자신의 여성성을 회복하는 것을 의미할 수 있다. 더 나아가 이 상징은 영웅의 여정에서 영웅의 여신과의 조우를 의미할 수도 있다(Campbell, 1949/2008, pp. 144-158).

5. 도날드 칼셰드

융분석가인 도날드 칼셰드(Donald Kalsched)는 인간 정신의 발달 과정 및 발달 과정을 방해하는 생애 초기의 경험, 특히 애착 관계와 외상 경험에 대해 연구하였다. 특히 그는 꿈분석뿐 아니라 모래놀이치료와 같은 창조적 표현 활동이 어린 시절의 외상에서 기인한 문제들을 완화하고 치유할 수 있다고 믿었다. 그의 대표 저서 가운데 먼저 출판된 『트라우마의 내면 세계(Inner World of Trauma)』(1996)에서 칼셰드는 1996년부터 초기 아동기 외상의 결과는 널리 알려져 있는 자아의 방어기제에 의한 방어가 아니라 분석심리학적 개념을 도입하여 정신의 원형적 방어와 자기보호체계(self-care system)라는 방어기제라는 개념을 소개하였다. 그는 원형적 방어가 처음에 어떻게 심혼을 보호하고자 하는지 그리고 치료 개입이 이루어지지 않으면 원형적 방어가 정신발달에 어떻게 부정적이고 박해적인 것으로 변화하는지를 설명하였다.

『트라우마의 내면 세계』에서 그는 이 원형적 방어가 교정 불가능한 것이라고 주장하였지만 이후의 저서인 『트라우마와 영혼(Trauma and the Soul)』(2014)에서는 자기보호체계가 실제로 변화할 수 있다는 가능성, 즉 분석과 심리치료의 관계적/상호작용적 장을 통해 변화할 수 있다는 새로운 가능성을 제기하였다. 『트라우마와 영혼』의 내용은 주로 원형적인 어둠의 세력의 저항(가혹하고 박해적인 세상과 참혹한 자신의 삶은 절대 변할 수 없다는 내담자의 신념)이 어떻게 극복될 수 있는지 그리고 내담자-치료자가 내담자의 내적 박해자(내담자의 의식은 박해자가 외부에 있다고 생각하지만 내담자의 삶을 힘들게 만드는 것은 내담자의 내면에 있는 것이다)를 구해 내고 영혼을 구원하기 위해 치유와 변화를 만들어 내는 순간에 초점을 맞추는 치료자의 능력에 관한 것이다. 이 순간은 영적 속성을 갖고 있어서 내담자가 외상과 어려움을 초월하는 순간이다. 칼셰드가 말하는 외상은 어머니와의 초기 애착 형성 시기에 발생하는 관계 외상으로서 정상적인 존재 형성 과정에서 해리를 일으키는 외상이다. 외상은 발생하지 않는 것이 가장 바람직하지만 이미 발생한 외상은 결과적으로 내담자의 내면 세계를 깊게 하는 기회가 된다. 이 초기 외상을 극복하려고 노력하는 과정에서 수많은 외상 경험자가 '자신을 유지시키는 신성한 세계(자기)에 대한 깊은 이해'를 발달시킨다. 그리고 치유와 성장의 모체인 이 신성한 세계는 심혼이 성장과 발달을 이루어 낼 수 있는 곳, 즉 삶에 의미를 주는 이야기들(상징들)이 생겨나는 곳임을 그는 내담자들에게서 관찰했다.

그의 이론의 핵심은 "자기보호체계의 목표는 다른 '안전한' 세계에 자기를 보존함으로써 현실에서 계속되는 고통으로부터 순수한 자기(Self)의 핵을 지키고자 한다."(p. 24)라는 가정이다. 그의 이론에 따르면, 어린 시절에 애착 외상을 경험한 사람의 자기(Self)는 발달하는 부분과 퇴행하는 부분으로 분열된다. 퇴행하는 부분은 취약하고 순수하고(특히 여성적) 숨겨진 동물적 자기와 같은 새끼고양이, 강아지 등의 애완동물, 특별한 말, 돌고래, 새와 같은 피규어로 상징되는 경향이 있다. 이 부분은 심각한 외상에도 불구하고 소멸되지 않는 개인의 영적인 부분, 진정한 자기로서, '안전한' 곳에 숨겨져 있음을 의미한다. 더 이상 발달하지 않는다는 측면에서 이것은 퇴행적 현상이다. 일견 발달하는 것으로 보이는 부분(외부 세계로부터 자신을 보호하려고 하는 부분)은 퇴행하는 부분을 보호하는 역할을 하는데, 이 부분은 외부 세계에서 더 이상의 외상을 경험하지 않도록 보호하기 위해 개인을 외부 세계와 차단시키는 역할을 한다. 이것이 칼셰드가 말하는 자기보호체계인데, 이는 자아방어(ego defense)가 발달하기 이전의 발달단계에서 일어나기 때문에 원형적 수준에서 이루어지는 방어체계라고 할 수 있다. '원형적'이라는 표현의 의미는 방어가 지나치게 이분법적이고 절대적이고 강력해서 변화하기 쉽지 않다는 의미를 갖고 있다. 다시 말하면 숨겨져 있는, 퇴행적인, 약한 부분을 보호하기 위해 나머지 또 다른 부분, 즉 원형적 방어는 가학적·박해적·공격적 성향을 띠게 된다는 것이다. 다른 말로 하면 이중적 자기의 어두운 측면인 것이다. 상징적으로 표현하면 이것은 악마적인 내적 피규어이며, 실제로 외부 세계에 존재하는 외상적 요소보다 훨씬 더 가학적이고 잔인하여 결국은 개인으로 하여금 외부 적응을 포기하게 만드는 내면의 힘이다. 융의 자기(Self)에 대한 본래 생각은 자기(Self)가 정신의 중심적인 조절 및 질서 원리인데, 칼셰드에 따르면 이 중심적인 조절 및 질서 원리가 부정적으로 작용할 때 외부 세계는 이 자기보호체계의 검열을 받으며 잔인하고 공격적이고 '나쁜 젖가슴'인 '반리비도적 자아(antilibidinal ego)'를 발달시킨다. 이는 융의 '부정적 아니무스' '부정적 모성콤플렉스' 개념과 유사하다. 안전한 곳에 보존한다는 것은 얼핏 듣기에 별문제 없는 것처럼 들린다. 그러나 이 안전한 보존은 개인의 발달을 방해해서 결국에는 관계와 사회로부터 개인을 단절시키고 이후의 삶에 심각한 병리적 문제를 일으킨다.

　외상에서 살아남은 사람들은 변화된 상태를 신화적-시적으로 표현하는 경향이 있는데, 이는 꿈, 모래놀이 같은 창조적 표현에 종종 나타나며, 모래놀이, 꿈 같은 상징 작업은 의식에서 해리된 이 순수한 핵심에 접근할 수 있게 해 준다. 집단무의식에 존재하는 힘과의 대면을 경험한 사람들의 이야기를 보면 이 현상이 '깨진 곳'과 '빛' 사이의 관계를 나타내는 것으로 묘사되는 경향이 있음을 알 수 있다(Kalsched, 2014, p. 28). 자신의 저서에서 칼셰드는 내담자들과의 분석 작업, 융을 포함한 분석심리학 개척자들이 제시한 증거 그리고 고대의 신화 이야기들에서 인용한 것을 활용하여 자신의 가정의 타당성을 설명하였는데, 융분석가이자 모래놀이치료자인 그럽스(Grubbs, 2005)는 칼셰드의 기본 개념을 다음과 같이 요약하였다.

　치료 과정에서 꿈에 나타나는 어린이 이미지는 순수하고 신성하며 아직 이루어지지 않은, 즉 앞으로 도래할 것의 상징이다. 방어체계가 야기한 박해적 힘의 어두운 측면은 지옥, 타락한 천사 루시퍼의 억압적 힘의 역동성에 비유될 수 있다. 신화의 예를 들면, 지옥의 신 '디스'는 세 개의 머리를 가진 괴물로 정신을 불구로 만들고 해리를 가져오며 영혼이 현실에서 살아가지 못하게 한다. 칼셰드는 융의 전체성과 전체성이 영적 수준까지 연결되어 있음을 융의 기술을 통해 강조하였다. 융은 프로이트(Freud)와 결별한 후에 전체성을 향한 인간의 분투와 그 자신의 개인적 탐구에서 자신이 이해한 것의 핵심이라고 할 수 있는 개인의 전체성을 분명히 했으며 융은 그 이전에 설명된 적이 없는 영혼 수준에서 전체성을 설명하였다. 현대 신경과학 연구 결과들, 특히 맥길크리스트(McGilchrist, 2009)의 연구는 그의 이론을 뒷받침한다. 그의 연구 결과들을 보면, 심리적 치유가 인간 대뇌의 두 반구의 통합적 작동과 연관된다는 것을 알 수 있다. 또한 "유아와 양육자 사이의 초기 애착 경험이 뇌의 실제 발달을 좌우한다."(p. 177) 그리고 특히 우반구가 정서발달에 깊이 관련된다는 것을 알 수 있다. 이것은 많은 심리치료자, 신경과학자가 동의하는 부분이기도 하다. 즉, 발달하지 못한 우뇌의 정서 경험은 두렵고 공포스러운 이미지를 갖게 하며 이미지는 외부에 투사되어 외부 세계를 두렵고 공포스러운 것으로 지각하게 만든다. 따라서 외부와의 교류가 차단된다.

그럽스는 또한 다음과 같이 요약하였다. 꿈, 은유, 시, 자발적인 창조적 표현이 이루어지는 신성하고 신화적-시적 중간 공간(sacred, mytho-poetic middle-space)에 대해 그로츠타인(Grostein), 융 그리고 그 외의 사람들이 인정하고 있다(Grubbs, 2005). 개인의 영적 본질에서 "가장 중요한 요소"(p. 214)인 순수함 그리고 그것의 상실과 회복은 생텍쥐페리의 『어린왕자(Little Prince)』에서 볼 수 있는 것과 유사하다. 이 작품은 외상에 따르는 분열된 내적 조건과 구조, 본래의 순수한 자기, 그리고 그 순수한 자기와 얽혀 있는 영향에 관한 은유적 이야기이다. 영적 에너지의 육화(삶으로의 실현)를 가져오는, 아동기 외상의 변화 과정을 칼셰드는 융의 삶에 대한 자전적 분석 그리고 정신의 종교적 기능을 구성하는 '분열된 자기(divided self)'에 대한 자신의 이론을 통해 탐색하였다. 융의 창조적 과정과 그에 따르는 결과에 대한 그의 분석은 영혼을 울리는 감동적인 자료이다.

생애 초기의 정서적 트라우마는 해리 과정을 통해 새로운 삶으로 나아가지 못하게 방해한다. 이것은 칼셰드가 그림형제의 이야기 중 〈손 없는 여자〉와 반대되는 내담자와의 분석 작업을 통해 제시하고 있다. 이 내담자가 어린 시절에 기니 인형을 가지고 놀이했던 것에 대한 설명을 보면 웰스(Wells)가 자신의 저서 『플로어 게임(Floor Games)』(2004)에서 아들들과 함께 했던 플로어 게임과 매우 유사하다는 것 그리고 '영혼에 붓는 향유와 같았던' '어머니' 자연과 깊이 연결되어 있었다는 것을 알 수 있다. 칼셰드는 자신의 저서에서 치유는 개인적 수준뿐 아니라 정신의 수많은 수준에서 이루어진다는 점, 꿈과 창조적 표현으로 그리고 외상적 기억이 정신신체 증상으로 저장 또는 부호화되어 있는 신체로 표현되며 따라서 영혼의 신화적-시적 언어를 통해 영혼에 관심을 기울여야 한다는 점을 분명히 했다. 이때의 관심은 1차적으로 영혼을 개인의 삶에 되돌리는 것에 기울여져야 한다. 이것이 "인격의 가장 중요한 형성 원리"(Kalsched, 2014, p. 315)이다.

[그림 6-17]은 대극적 의미의 원형적 에너지를 보여 주고 있다. 탈은 가면처럼 얼굴을 가리는 것의 의미 외에 몇 가지 다른 의미로도 사용된다. 예를 들면, 심신의 질병, 기계나 연장의 고장, 사람들의 나쁜 버릇이나 결점, 일부러 결점을 찾아내려고 하는 태도인 트집 잡기, 부정적 사고(accidents), 불평불만, 사회적 문제나 모순 등도 '탈이 났다' 또는 '그게 탈이야' 등의 표현에서 알 수 있듯이 탈을 의미한다(임재해, 1999). 따라서 탈춤을 보면 당시 사회와 문화 그리고 거기에 속한 개인들이 어떤 문제를 안고 사는지 알 수 있

[그림 6-17] 원형적 방어의 예를 보여 주는 23세 여자 내담자의 모래장면

출처: 장미경(2015b).

다. 하회별신굿탈놀이에 등장하는 모든 탈의 모양을 보면 제대로 생긴 것이 없고 조금씩 다 탈이 나 있다. 특히 하회별신굿탈놀이에서 '별신'이라는 것은 마마신, 손님, 천연두로 불리는 질병(이부영, 1986), 나아가서는 삶에 존재하는 여러 가지 탈을 의미한다. 이는 인간 사회 그리고 개인의 내면에 문제 또는 앞으로 성장해야 할 부분이 있다는 것을 나타낸다. 그것은 우리 안에서 소리 내지 못하던 부분, 존재하나 존재하지 않는 실존적 상태여서 온전한 모습을 갖고 있지 못하기 때문이다(Landy, 1993).

  어린 아동의 모래상자를 연상시키는 이 모래상자의 주인공은 23세 여성으로서 11세 무렵부터 배가 자주 아프고 설사, 두통 등의 신체화 증상과 집중의 어려움, 우울, 불안, 대인관계 갈등을 갖고 있었으며, 모래놀이치료를 시작할 당시에도 이러한 증상들이 지속되었다. 심리치료를 결심하게 된 결정적인 이유는 지하철, 버스 등(사람들이 많은 곳)을 타면 불안을 느끼는 것이었다. 이 내담자가 호소한 어려움을 요약하면 다음과 같다.

[그림 6-18] '신성한 세계' 또는 '다른 세계'로 향하는 입구에 서 있는 수호신
- 금강역사와 인왕역사(1300여 년 전 신라시대 건축물)

출처: 공공누리 홈페이지(http://www.kogl.or.kr).

"사람 많은 곳에 있으면 뛰어나가고 싶어지고 답답하고 머리가 아프다. 사람과 살 닿는 것이 싫다. 친구들도 한두 명 있지만 손을 잡거나 하면 불편하기 때문에 잘 접촉하지 않는다. 이유는 부딪히는 것이 싫고, 그러고 나면 기분이 나빠지기 때문이다. 그리고 신경도 날카로워진다. 가족이 옆에 없으면 불편한 사람에게 신경질 낼까 봐 불안하다. 가족이 옆에 있으면 괜찮다. 지하철 타고 가다 사람이 많고 불편해서 화낼 뻔한 적이 있다. 어린 시절에 지속적인 왕따를 경험했으며, 스트레스를 받으면 이상한 꿈을 많이 꾼다." 내담자는 자신이 겪고 있던 어려움이 어린 시절의 경험과 관련 있음을 의식적으로 연결시키지 못했지만 어린 시절의 경험이 부정적이었음을 기억하고 있었다. 내담자에 의하면, 내담자는 어린 시절부터 매우 내성적인 성격이었으며, 갈등으로 부모가 싸우는 장면을 자주 목격했다. 기억나지 않는 때부터 어머니가 가출을 여러 차례 해서 어린 시절부터 분리불안장애 증상이 있었으며, 어머니에게 집착했고 당시에도 어머니에게 집착한다고 했다.

모래장면에 대한 내담자의 연상: 앞쪽에 있는 피규어는 내가 좋아하는 것들이다—천사, 예쁜 것, 과일, 보석, 아기자기한 것, 추리소설책. 여기 있는 사람들(모래상자 뒤쪽)은 모두 안 좋은 곳으로 끌려가고 있다. 그 이유는 남자는 여자들을 성폭행한 뒤 죽였고, 여자는 자식들과 자살을 시도했으나 자신만 살아남았기 때문이다. 이 사람은 반에서 아이들을 왕따시키고, 고통스러워서 자고 있다. 이 사람은 거짓말쟁이이고, 또 이 사람은 다른 사람의 물건을 훔쳤다. 그리고 이 사람은 아주 잔인하게 부모를 죽였다. 달마대사와 뱀은 이 사람들에게 벌을 주는 존재로서 죄를 지은 사람들에게 빨간 나무를 먹게 하는데, 빨간 나무를 먹으면 서서히 죽는다. 잘못을 한 사람들은 거울을 보며 자기가 당하는 걸 보게 된다. 이 사람은 자식들을 목 졸라 죽였으니까 목 졸리고, 이 사람은 반 아이들을 물에 빠뜨렸으니까 물에서 죽임을 당한다. 이 사람은 작게 만들어서 항아리에 가두어 버린다. 이 사람은 사람을 죽였으니까 불에 넣고 칼로 죽여야 한다. 거기서 들리는 비명소리가 듣기 싫을 때 피아노를 큰 소리로 친다. 나는 판다를 좋아한다. 판다는 성질이 나면 사나워진다. 판다는 약해서 보호해 줘야 한다. 위쪽(지옥 장면)으로 가면 분명 사람들이 판다를 잡아먹을 것이다. 피아노 소리가 아름답다. 나랑 여기 있는 사람들(앞쪽의 순하고 귀엽고 약한 존재들)은 윗쪽을 지켜보고 있다.

제7장

모래놀이치료의 단계

JACK AND THE BEAN-STALK.

ELIZABETH TYLER

1. 도라 칼프의 변화 단계

집단무의식에서 만들어지는 상징적 이미지가 개인의 삶에 여러 가지 의미를 갖고 있으면서 치유적이라는 것을 강력하게 깨달은 칼프는 움직이면서 동시에 미세한 질감을 갖고 있는 모래에 여러 가지 상징 피규어를 갖춘 세팅을 내담자들에게 제공하였으며 이것이 오늘날의 모래놀이치료이다. 융(Jung)의 분석심리학과 로웬펠드(Lowenfeld)의 세계기법을 공부한 도라 칼프(Dora Kalff)는 융의 분석심리학을 통합하여 자신만의 치료 접근을 만든 것이다. 칼프는 분석심리학에서 신화, 민담 등이 인류의 보편적인 이미지들을 상징화하고 있는 것처럼 모래놀이치료에서의 상징들 역시 그러한 기능을 갖고 있다고 확신하였다.

그녀는 또한 치료자의 태도를 강조하였다. 치료자가 치료자 자신과 물리적 공간을 포함하여 '자유롭고 보호적인 공간'을 제공할 수 있다면 내담자가 여러 이유로 중단되거나 방해받았던 자기(Self)와의 관계를 회복하여 자아가 지속적으로 발달할 수 있다. 이러한 관계 경험은 환경 실조로 인해 개인적 어머니가 하지 못했던 역할을 보상하는 것이다. 즉, 모래놀이치료자는 내담자가 심리적, 정서적으로 자신을 스스로 돌보고 보호하는 모성원형적 측면, 자기원형적 측면과 연결될 때까지 일시적으로 현실에 존재하는 돌보는 이의 역할을 한다.

칼프는 융뿐 아니라 노이만(Neumann)의 영향을 받았다. 아동들과 모래놀이치료를 하면서 노이만이 제시한 발달단계가 나타나는 것을 확인하고 모래놀이치료에서 나타나는 상징의 유형과 접목시켜서 모래놀이치료 작업에서 나타나는 발달단계를 제시하였다. 모래놀이치료는 발달과 치유가 함께 일어나는 치료 접근이다. 원칙적으로는 외상의 치유가 일어난 다음에 정지되었던 발달 과정이 재개된다고 생각할 수 있지만 임상경험적으로 두 가지가 동시에 일어나는 것을 볼 수 있다. 즉, 모래놀이치료 과정에서 자기나 자아 또는 둘 다의 발달을 위해 특정 단계가 다른 단계와 함께 진행되는 병렬적 과정이 나타난다. 그리고 초기 단계로의 퇴행과정을 볼 수 있는데, 초기 발달단계로의 퇴행은 앞으로 진전하기 위한 일시적 현상이다. 변화와 발달 과정이 직선적, 단계적이 아니라 나선형적이고 순행적인 과정이라는 점을 고려할 때, 문자 그대로 그 형태상 앞으로 가기 위해서는 일시적으로 뒤로 가는 과정을 반드시 거쳐야 한다. 예를 들어, 어린 시절의 상처를 치유하기 위해서는 현재의 삶에까지 영향을 미치고 있는 그때의 감정을 돌아보지 않을 수 없다. 또한 최초의 모-자녀 단일체 상태로 돌아가 무조건적으로 사랑받는 단계를 거쳐야 한다. 물론 이것은 실제적인 모-자녀 상태가 아니라 상징적인 모-자녀 관계를 의미한다.

칼프는 모래놀이치료의 변화 과정에 대해 아동을 예로 들어 설명하였지만 이것은 문자 그대로의 아동만을 의미하는 것이 아니라 성인 안에 있는 아동으로 상징되는 심리적 요소들까지도 의미한다. 예를 들어, 자신에 대한 본질적 존재감, 자신 안에 있는 더 큰 존재에 대한 깨달음, 타인과의 일체감도 모-자녀 단일체 상태라고 할 수 있으며, 자신의 감정과 타인의 감정을 구분하지 못하는 것도 부정적 의미의 또는 생애 초기적 의미의 모-자녀 단일체 상태라고 할 수 있다. 영유아기의 모-자녀 단일체는 자아가 분화되지 않았기 때문에 자신을 구분해 낼 수 없지만 잘 발달한 성인의 모-자녀 단일체 경험은 자아가 그 정서를 동일시하지 않으면서 자신의 존재의 정체성을 새롭게 하는 기회가 된다. 개성화의 궁극적인 목적은 자기와의 의식적 관계를 성취하는 것이기 때문이다.

칼프가 제시한 모래놀이치료의 변화는 자아가 발달해 나오기 이전의 참여신비(participation mystique) 단계인 모-자녀 단일체(mother-child unity) 단계와 자아가 발달하기 위해 자기에너지가 배열되는 중심화 단계를 먼저 거치며 동-식물 단계가 되어야 비로소 초보적 수준의 자아가 발달하기 시작한다. 칼프의 발달 개념에 '단계'라는 표현을 쓰고 있지만 나선형적이고 순행적인 형태의 발달 과정을 고려할 때 단계라는 표현보다는 국면(phase) 등의 표현이 더 적절할 것으로 보인다. 그러나 단계라는 표현을 익숙하게 사용해 왔기 때문에 편의상 단계로 표현하였다. 칼프의 발달단계를 요약하여 제시하면 다음과 같다.

1) 모-자녀 단일체

모-자녀 단일체(Mother-child unity)라는 표현은 노이만이 제안한 개념처럼 자기로부터 자아가 분화되지 않은 상태를 말한다. 막 태어난 아기를 제외하고 대부분은 이 분화과정의 어느 시점에 존재하며 한 개인의 여러 측면 중에 어느 부분은 분화하고 또 어느부분은 덜 분화 상태에 있을 수 있다. 심리적·관계적 외상 등 여러 가지 이유로 미분화된 부분, 덜 성장한 부분은 '내면 어머니'의 돌봄을 통해 태어나고 성장해야 한다.

내담자는 편안함을 낙원으로 경험하고, 반대로 스트레스를 지옥원형(archetype)으로 경험한다. 모래놀이치료에서 이 단계를 상징하는 각 피규어의 특별한 의미를 이해하는 것이 불가능하지는 않지만, 피규어 하나하나의 의미보다는 모-자녀 수준에서 정신발달의 새로운 단계가 시작할 때 나타나는 일반적 특징이 중요하다. 새롭게 나타나는 요소들, 즉 모-자녀 단일체를 충분히 유지하고 지지해 주는 평온함이다. 칼프에 따르면, 모래놀이치료에서 모-자녀 단일체(mother-child unity)는 어머니와 아기의 목가적 장면으로 나타나는 경향이 있다(항상 그런 것은 아니며 어머니와 아기가 등장했다고 해서 반드시 모-자녀 단일체 상태를 의미하는 것도 아니다). 반드시 인간 모-자녀로만 나타나는 것은 아니며, 동물 어미와 어린 새끼 또한 모-자녀 단일체의 상징일 수 있다. 젖먹이기를 비롯한 양육하기, 돌보기 주제의 상징은 정신발달의 첫 번째 단계, 즉 모-자녀 단일체 단계의 특징이다. 성인이라면 미분화한 측면에 대해 관심을 갖고 돌보라는 의미를 갖는다. 궁극적으로는 개성화 과정의 일부라고 할 수 있다. 모래놀이치료에서 양육하기, 돌보기의 주제가 보이면 젖을 먹는 정신의 기초 수준에 주의해야 한다. 내담자는 신생아처럼 발달의 가장 초기 상태로 되돌아갈 수 있기 때문이다. 연령과 상관없이 내담자는 양육과 지지를 받을 수 있는 상처 없는 부분으로 돌아간다. 그렇게 하는 이유는 아직은 통찰이나 직면 같은 것을 수용할 수 있는 자아의 힘이 없기 때문일 가능성이 높다. 새롭게 나타나는 유아의 정신처럼 새롭게 발달하는 정신적 특성들이 모래놀이치료에서 이제 막 출현하기 시작하는 것이다. 내담자의 새로운 정신 측면이 나타나기 시작할 때는 그것이 어떤 것으로 성장할지 구분해 낼 수 없다. 즉 아직 미분화 상태에 있기 때문에 새로운 측면이 탄생하기 위해 고요한 기다림 속에 있는 존재라고 할 수 있다.

[그림 7-1] 60대 초반 여자 내담자의 모-자녀 단일체를 상징하는 모래장면

모-자녀 단일체는 생애 초기에만 나타나는 것이 아니라 상처 난 부분을 치유하고 성장을 향해서 가고자 할 때에도 다시 등장한다. 그러나 아직은 미약해 보인다. 원형태이기 때문에 중심화 단계처럼 보이지만 모-자녀 단일체 상태에 더 가까우며 물이 너무 많이 들어가 언제 허물어질지 모르는 상태이다.

2) 모래놀이치료에서의 중심화: 자기의 배열

모래놀이치료 과정에서 자기는 전자아(pre-ego)적 정신 상태를 발달시킨다. 적절히 담기고 양육 받고 인정받으면서 새롭게 출현하는 정신적 특성은 이 단계에 이르러 정신의 중심에 이르게 된다. 최초의 중심화는 2~3세 무렵에 일어나며 최초로 유아가 원(圓)을 그리는 시기와 일치하는 경향이 있다. 자기배열(Self constellation), 특히 생애 초기에 정서적 박탈과 외상을 경험한 사람들에게 모래놀이치료에서의 중심화는 삶에 질서와 의미를 회복시킨다. 인격의 통합을 위해 새로운 것들이 의식으로의 길을 트는 작업을 하기에 앞서 자기를 거치거나 자기와 접촉해야 한다. 모래놀이치료에서의 자기의 출현은 공식에 따라 이루어지는 것이 아니며 자기가 갖고 있는 특성, 즉 중심으로서의 원형적 특성 때문에 그것이 피규어이든 모래로 만든 것이든 만다라 형태로 나타나는 경우가 많다. 그러나 항상 만다라 형태는 아니며, 동물이나 건축물, 보물, 보석, 황금, 진주, 그 외에 귀중한 것 등으로 상징화되기도 하며 중심으로 모래를 모아쌓은 형태나 동심원 형태로도 상징화된다. 쉬운 말로 하면, 모래상자의 중심에 에너지가 집중되는 것을 말한다. 중심화 경험은 일상에서 정서적으로 자기확신감, 감정적 상처로부터 빠른 회복, 정서적 동요와 혼란의 완화를 가져온다. 그러나 모든 상징 의미의 해석과 마찬가지로 한 번의 중심화 상징이 나타났다고 해서 이 상태에 이르렀다고 할 수는 없다. 발달과 성장은 나선형적·순행적 과정임을 기억한다면 이것은 반복적 과정을 통해 성취되는 것임을 알 수 있다.

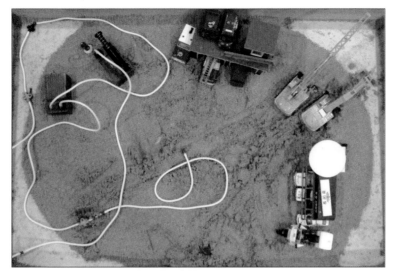

[그림 7-2] 중심화를 작업하고 있는 내담자의 모래장면
아직 완성되지는 않았으나 중심화를 위한 작업이 진행되고 있다.

[그림 7-3]
20대 초반 여자 내담자의
모래장면
자기 배열을 보여 주고 있는 우연
아닌 우연, 즉 동시성적 우연에 의
해 중심의 원형태의 피규어가 전등
네 개의 반사로 이루어진 사각 안에
자리 잡고 있어서 만다라 형태를 이
루고 있다.

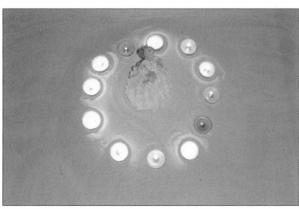

[그림 7-4]
[그림 7-3]을 만든 내담자의
또 다른 자기 상자
12개의 촛불 원 안에 인간 형태 수
준의 여성적 에너지가 등장하였다.

3) 칼프의 자아발달단계를 나타내는 상징

(1) 식물-동물 단계

성인의 경우에는 자아가 새로운 관점과 태도를 가지고 분화되어야 할 필요가 있고, 그것을 다룰 때는 어느 시점에나 나타날 수 있지만 아동의 경우에는 6~7세 정도 아동의 모래놀이치료장면에서 주로 처음 나타난다. 자주 등장하는 피규어는 선사시대의 동물, 야생동물, 가축 등이다. 칼프는 노이만이 제시한 정신발달단계를 모래놀이치료 작업에서 확인하고 노이만의 발달단계 명칭을 사용하였다. 노이만이 모래놀이치료에서의 경험을 바탕으로 그의 이론을 만든 것은 아니지만 칼프는 내담자들 특히 아동들과 모래놀이치료를 하면서 노이만의 발달단계가 나타나는 것을 목격했다.

원형 정신이 초기 의식성(consciousness)을 조직화한다는 측면에서 지구 생물의 가장 초보적 형태의 상징에 해당하는 동식물에 비유하여 첫 두 단계는 식물 단계와 동물 단계

[그림 7-5]
30대 여자 내담자의
식물-동물 단계의 모래장면

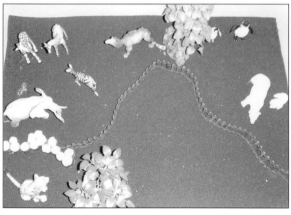

[그림 7-6]
20대 여자 내담자의
식물-동물 단계의 모래장면

로 명명했다. 정신이 의식으로의 여정을 시작함에 따라 정신은 마치 인류의 진화 과정과 유사한 세상의 진화를 다시 경험한다고 보는 것이다. 발달하기 시작하는 자아는 모-자녀 단일체 상태에서 분화하려고 하지만 분화의 정도가 미미하기 때문에 식물로 상징되는 수동적 상태이거나 거기서 조금 더 발달한 동물로 상징되는 상태로 발달해 간다. 식물과 동물의 특성상 동물적 상태가 식물적 상태 보다 역동적이라고 할 수 있다. 그러나 동물 단계에서도 자아는 매우 초보적 상태이다. 이전에도 언급한 바와 같이, 이 과정은 초기의 아동발달 과정뿐 아니라 어린아이 같은 무의식 상태에 있다가 의식화해 가는 모든 사람의 새로운 정신발달단계에서 일어난다. 아동뿐 아니라 모든 사람에게는 식동물 단계에 비유될 수 있는 그리고 의식되어야 할 무의식적인 부분이 있기 때문이다. 이 발달 수준에서의 의식은 모래놀이치료에서 정글, 동물, 식물, 땅 같은 장면으로 나타나는 경향이 있다.

(2) 싸움 단계

싸움 단계는 개인차가 있기는 하지만 상당히 오랫동안 반복되는 장면이다. 주로 9~10세 정도 아동의 모래상자에서 처음으로 나타나기 시작하며, 싸움과 대립을 특징으로 한다. 싸움이 일어나는 이유는 매우 어린 아동이라면 대극이 분화하는 것에 해당하고, 성인이라면 의식화되지 않았던 측면이 의식으로 통합되려고 하기 때문에 정신 내적 갈등으로 인해 발생한다. 어린 아동들은 환경과 사회에 적응해야 하기 때문에 필요악처럼 한쪽의 태도와 자세를 갖는다. 혼란스런 상태에서는 적응하기 어렵기 때문이다. 그렇다 보니 한쪽의 태도와 자세는 억압되고 나이가 들면서 억압된 측면은 의식화되고자 하기 때문에 개인에게 내적 갈등을 일으킨다. 그 예로서 타인의 요구를 거절하면서 나쁜 사람이 되거나 피해를 주는 것이라고 생각하여 죄책감에 시달리는 사람의 예를 들 수 있다. 그러나 타인의 요구를 다 들어주다 보면 당연히 힘들고 피해의식이 생기며, 약속을 지킬 수 없는 상황에 처하게 되어 나쁜 사람이라는 평을 듣는 악순환이 반복될 수 있다. 이런 사람의 내면에는 죄책감과 피해의식이라는 두 가지의 대극적인 감정이 이미 자리 잡고 있을 것이다. 일곱 살 무렵, 싸우고 미워하기도 하면서 함께 자라던 다섯 살 동생이 어느 날 교통 사고로 죽고 난 이후 다른 사람들의 요구를 거절하는 것은 나쁜 것이라는 콤플렉스가 생겨나게 되었고, 착한 사람으로 살아야 한다는 콤플렉스가 생겨났을 수 있다.

거절해도 타인에게 피해가 안 생기고 나쁜 사람이 아니라는 것 그리고 자신이 착한 사람이 아니라는 것을 받아들이는 데에는 오랜 시간이 걸린다. 반복적으로 이 주제를 다루게 될 수밖에 없을 것이다. 이 사람이 모래놀이치료를 받는다면 대극적 요소가 모래장면에 끊임없이 등장할 것이다. 아직 아동이라면 두 편이 계속 죽고 살아나면서 싸우는 장면을 반복할 것이다.

그러나 처음부터 분명하게 대극적인 팀이나 편이 나타나는 것은 아니다. 이 단계의 싸움은 몇 가지 종류로 다시 나뉜다.

- **불특정 다수 간의 싸움**: 선사시대의 동물, 야생동물, 전사 등이 불특정 다수를 대상으로 혼돈스럽게 싸우는 장면이 주로 나타난다. 대극적이고 갈등적인 감정이 무엇인지 정확히 모르면서 혼란을 겪고 있거나 아직 무의식 상태일 때 주로 불특정 다수 간에 싸움 장면이 만들어진다.

[그림 7-7] 혼돈스럽게 싸우고 있는 모습을 보이는 14세 남자 청소년 내담자의 모래장면

- **분화된 집단 간의 싸움**: 두 번째 유형은 어느 정도 분화된 대극적 세력, 즉 팀이 나타나서 서로 싸우는 것이다. 처음에는 세 네 팀이 싸울 수도 있지만 점차 두 팀으로 분화하는 경향이 있다. 팀이 분명하게 나뉜다는 것은 전보다 더 질서 있는 것이고, 한 편이 다른 편에 대항하는 형태를 취한다는 점에서 내적으로 갈등적 감정이 있다는 것을 어느 정도 의식화했음을 의미한다(예: 한국군과 북한군, 인디언과 카우보이, 애니

메이션이나 영화에 등장하는 팀들 간의 싸움 등). 이때 많은 모래놀이치료자가 한 팀은 좋은 팀 또는 내담자의 상태를 나타내는 팀, 다른 팀은 나쁜 팀 또는 내담자를 힘들게 하는 것과 관련된 팀으로 편협하게 생각하기도 한다. 그러나 그런 생각을 하고 있으면 혼란을 느낄 수밖에 없는 것이 내담자 팀이라고 생각한 팀이 이기다가 패하거나 죽고, 죽었다가 다시 살아나고, 승리한 팀이 다시 패하거나 죽는 장면이 반복되기 때문이다. 엎치락뒤치락하는 장면은 우리의 감정을 생각해 보면 금방 이해될 수 있다. 오늘은 이 생각이 맞을 거야, 오늘은 이렇게 하자라고 생각하지만 다음 날은 생각이 반대로 바뀌었다가 그 다음 날 다시 첫 번째 생각으로 돌아오는 등 내적 확신을 가질 때까지 감정은 엎치락뒤치락한다.

[그림 7-8] 두 팀 간의 싸움 장면([그림 7-7])의 미분화 상태의 싸움 장면에서 두 팀 간의 싸움으로 분화 과정을 보이는 14세 남자 청소년 내담자의 모래장면
이 모래장면은 [그림 7-7]의 모래장면을 만든 내담자가 만든 장면으로 두 팀으로의 분화가 일어났다.

- **각 팀의 대장이 등장하고, 대장이 속한 집단 간의 싸움**: 분명하게 나뉘어 대항하는 팀들이 있고, 각 팀에 대장이 등장한다. 예를 들면, 악한 자에 대항하는 영웅이 등장한다. 대장 또는 영웅이 등장한다는 것은 내담자가 갈등적·양가적 감정이 무엇인지 또렷하게 의식하게 됐음을 의미한다. 두 가지를 분명히 하고, 적극적으로 그것을 다루고 있는 것이다. 이것은 자아가 두 가지 대극을 통합은 못해 내고 있지만 어느 정도 대극적·양가적 감정에 대한 조절감을 갖고 그것을 다루고 있음을 의미한다. 때문에 조절을 상징하는 담장 같은 구체적·실제적 조절의 상징이 특징적으로 출현한다.

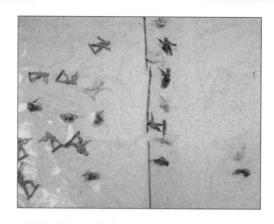

[그림 7-9] 13세 남자 아동 내담자의 모래장면

각 팀에 대장이 등장하여 분화된 대극적 세력 간의 싸움을 상징하는 모래장면

(3) 집단/시장으로의 사회화 또는 적응 단계

전형적으로 12~13세 아동의 모래상자에서 처음으로 나타나는 경향이 있다. 이 단계에서는 담장 같은 실제적 통제물의 사용이 줄어들고 경찰관, 군인, 소방관, 리더 같은 좀더 상징적인 통제물이 더 많이 사용된다. 통제를 나타내는 복잡한 패턴이나 주제를 사용하는데, 예를 들면 산이나 강이 장면을 나누거나 통제하거나 통합한다. 자아의 기능이 분류, 조절, 판단하는 것이기 때문에 이것은 대극적 · 양가적 갈등을 어느 정도 극복하고 자아가 강화되어 자아의 조절 기능이 성장했음을 보여 준다. 이 단계에서는 마을이나 도시 등의 공동체가 만들어지거나 기사, 영웅, 왕자/공주, 지하 감옥이 있는 신화적 판타지가 나타나기도 하고, 영웅의 여정 같이 어디론가 떠나는 여정이 시작되기도 한다. 커플이나 결혼 등 사람들 사이의 관계가 통합의 상징으로 나타나기도 한다.

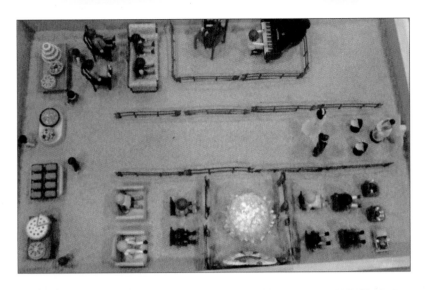

[그림 7-10] 집단, 즉 일상생활로 돌아온 모습을 보여 주는
14세 여자 청소년 내담자의 말기 세션 모래장면

모래놀이치료에서 자아발달단계 동안에 나타나는 이미지는 칼프(1980)가 집단 또는
시장(market)에의 적응이라고 부른 것이다. '시장'이라는 표현을 사용하는 것은 문자 그
대로의 시장이 아니라 지나친 내적 갈등에 시달리지 않고도 관계를 잘 맺으며, 사회와
집단에 건강하게 적응할 수 있는 능력이 생겼다는 의미이다. 다른 말로 하면, 이것은 자

아발달의 한 싸이클의 마지막 단계로 새로운 의식이 일상 또는 생활에서 적응해 가는 것을 의미하며, 자아가 이전에 비해 확신감과 정체감을 갖는 단계라고 할 수 있다. 이 단계에 이르면 의식적으로도 그러한 상태에 이르렀음을 인식할 수 있게 된다. 자아의 분화기능이 발달되어 삶에 필요한 것과 해야 할 것 그리고 하지 말아야 할 것들을 발달단계에 적합하게 알게 된다. 이러한 자아 상태는 정신의 갈등을 줄여 주어 정신은 일시적인 휴지기에 들어간다. 즉, 정신의 원형적 내용과 그것을 삶으로 통합하기 위해 벌여야 했던 투쟁은 일시적으로 무의식의 지하로 내려간다. 이와 같이 새롭게 의식된 결과가 동화되어 일상생활의 인식에 들어갔음을 알리기 위해 모래상자에 일상생활 장면이 나타나는 것이다. 모래장면에서 이것은 보통 때처럼 일을 하고 있는 사람들이 있는 마을이나 동네로 나타난다. 이전에 몰랐던 것, 즉 무의식적이었던 것이 이미 의식화되어 있던 것에 통합된다. 자아는 그것이 자기(Self)의 압력에 의해 다시 새로운 단계로의 지속적인 발달 요구를 받을 때까지 일시적인 휴식을 갖게 된다. 그러나 주의할 것은 일상생활 장면이 나타났다고 해서 이 단계에 이르렀다고 단정하면 안 된다. 모래놀이치료의 상징은 현재 이루어진 것을 보여 주기도 하지만 앞으로 도달해야 하는 목적의 측면에서 상징이 배열되는 경우가 많기 때문이다. 또한 방어의 이유로 이와 유사한 장면이 나타날 수 있기 때문에 여러가지 정보를 바탕으로 의미를 생각해야 한다.

　또한 집단으로의 단계에 이르지 못하고 모래놀이치료가 종결되었다고 해서 잘못된 것은 아니다. 그 이유는 내담자들이 동일한 상태에서 모래놀이치료를 받으러 오는 것은 아니다. 변화와 발달이 원 모양의 싸이클로 진행된다고 가정한다면 운이 좋으면 한 싸이클을 온전히 다 도는 과정을 모래놀이치료에서 경험할 수 있겠지만 대부분은 싸이클의 일부분을 치료자와 함께한다. 내담자마다 모래놀이치료에 오는 시점이 다르고 치료자의 숙련도와 역량도 치료의 지속에 영향을 주고 내담자가 처한 상황, 환경도 치료의 지속에 영향을 주기 때문이다.

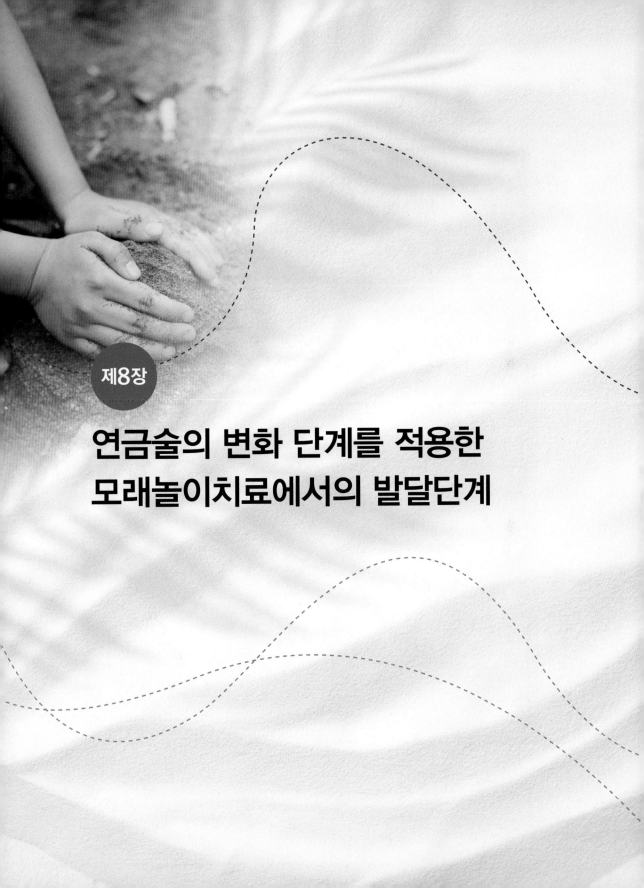

제8장

연금술의 변화 단계를 적용한
모래놀이치료에서의 발달단계

ALADDIN AND THE WONDERFUL LAMP

1. 연금술

연금술(alchemy)은 기원전 1700년 또는 기원전 1100년경부터 17세기까지 성행했으며 종교, 문화, 사상, 과학에 많은 영향을 미쳤다. 융(Jung)은 중국 연금술에 관한 책인『황금꽃의 비밀(The Secret of the golden flower)』을 읽고 바로크 문화의 서양 연금술에 관심을 갖게 되었다(Jung, 1963). 융은 혼돈스럽고 일관성 없어 보이는 연금술 상징이 내적 변화 과정, 즉 개성화를 상징하는 것임을 간파했다. 구체적 물질인 '말똥에 묻힌 유황과 소금' '부패와 응고' '날개를 달고 솟음' 등의 연금술적 용어는 문자 그대로의 의미가 아니라 상징적 의미를 갖고 있다는 것이다. 연금술사들은 자신의 물리적 작업에 상상을 통해 영적(spiritual) 의미를 불어넣었다. 즉, 그들은 본질적 물질을 추출하기 위한 연금술 작업에서 자신들의 정신과 상상(imagination)이 깊게 연관되는 것을 깨달았던 것이다. 따라서 상상은 영적 영역과 물리적 영역에 동시에 접근할 수 있게 해 주는 방법이라고 할 수 있다(Annehale, 2006). 연금술사들은 연금술 과정을 열정과 사랑을 가지고 반복적으로 장기간 진행하면서 연금술사 자신의 성격이 바뀐다는 것을 알게 된 것에서 자신들의 작업이 물질로부터 영혼을 자유롭게 만드는 과정임을 직관하게 된 것이다. 나중에는 신의 본질(god's essence)을 상징하는 금이나 철학자의 돌(philosopher's stone, mercury)로 변화시키는 과정을 의미하게 되었다. 흥미롭게도 연금술의 용광로 또는 증류기는 상징적으로 만다라 모양이다. 17세기부터 연금술이 종교적인 것이라는 인식이 생기기 시작하면서 유럽의 기독교와 대립하게 되었다. 그 결과 연금술 이론에서 기독교와 상충되는 부분이라고 판단되는 내용들을 모두 제거해 버리게 되었고 연금술의 직관적 의미를 역사에서 상실하게 되었다.

[그림 8-1] 증류 작업을 하는 연금술사들

출처: Jung (1985/2004).

물질로부터 본질적인 것(form)이 추출되면 물질도 변화하게 되는데, 이를 동시성 (synchronicity)이라고 한다. 이후 신체적(물질적)인 것과 영적인 것의 합일은 연금술에서 공통적으로 발견되는 주제가 되었다. 융은 연금술의 개념을 그의 분석심리학적 심리치료에 도입하여 자기(Self)와 연결시켜, 즉 자기를 몸에 속한 물질적인 속성을 가진 존재로 설명하면서 치유 과정과 연결시켰다. 연금술사들은 결국 자신의 영적 변화를 물질에 투사했다고 할 수 있으며, 결과적으로 연금술 문헌들은 변화 과정을 기술하는 이미지로 가득 채워지게 되었다(Jung, 1985/2004, pp. 15-16). 사무엘스, 쇼터 그리고 플라우트(1986)도 같은 맥락에서 융이 연금술을 상징으로 보았으며, 연금술을 과학의 눈이 아닌 무의식 즉 성격변화와 관련된 것으로 본 현대 연구의 선구자 중 한 명이라고 보았다. 가장 중요한 것은 연금술사들이 활동과 경험을 분리하지 않았다는 것이다. 이것은 지적·영적 통찰과 일상의 삶이 분리된 것이 아니라는 것이며 이러한 관점은 오늘날 현대의 심리학이 갖고 있는 태도와 연결된다(Samuels, Shorter, & Plaut, 1986). 정신분석 및 분석심리학이 그랬듯이 새롭게 등장하는 분야는 기존의 것이 간과하고 있는 것에 대한 저항이며 도전이라고 할 수 있다. 정신분석은 빅토리아 시대의 경직성에 도전했다(Samuels, Shorter, & Plaut, 1986). 마찬가지로 연금술은 기존의 분석심리학과 정신분석에 대한 도전이었다고 할 수 있다(Samuels, Shorter, & Plaut, 1986). 빅토리아 시대의 문화는 양식화되고 성별 없는 기독교적 이미지 표현과 대조적으로 연금술은 생생하고 세속적인 이미지를 갖고 있었다.

15세기와 16세기의 유럽 연금술사들의 목표는 연금술의 초기 목적인 기본 물질을 더 가치 있는 물질로 변경하거나 변환하는 것이었지만 이 목표와 연관된 또 다른 목표도 있었다. 그것은 기본 물질을 영(spirit)으로 변환하는 것, 즉 물질 속에 갇혀 있는 영혼을 해방시키는 것이었다. 반대로 연금술사 자신의 영혼에 있는 것을 물질적 형태로 변환하려는 시도, 즉 자신들의 작업을 증명해 보이기 위해 물질에 연금술사 자신의 무의식 투사를 하고자 했다. 당시 기독교 문화의 영향으로 이단으로 파문 당하는 것을 피하기 위해 종교적 용어를 사용했지만 이들이 가지고 있었던 다양한 목표는 심리적 성장과 발달을 위한 상징 은유라고 할 수 있을 것이다.

연금술사들이 사물과 현상에 대해 갖고 있는 태도는 이분법적이지 않으며, 궁극적으로는 신과 인간, 정신과 물질이 하나라는 개념에 근거하고 있다. 다만 이중적으로 보이는 것을 설명하기 위해 이들은 대극의 개념을 사용했다. 인간과 신, 물질과 영혼이라는 대극은 대극 간에 끌림 현상을 일으키며 이 끌림은 대극의 합일로 이어지고 궁극적으로 원래의 물질에서 발생하지만 원래의 물질과는 다른 새로운 물질의 생성으로 이어진다고 보기 때문이다. 궁극적으로 이중적이지 않다는 것이다. 우리는 미지의 어떤 것, 막연한 것, 초월적인 것 또는 심지어 어떤 구체적인 것에 대해 내적 끌림이나 갈망을 경험한다. 이 끌림은 개성화 과정에서 의식화하고 '결혼', 즉 통합해야 하는 것의 상징이다. 이것은 단 한 번의 끌림으로 완성되지 않으며 혼돈스럽고 반복적인 과정을 거쳐서 완성된다. 어려움에 처한 내담자는 내면에서 그것이 어떤 것인지 잘 모르면서 막연히 제대로 살아보고자 하는 내면의 끌림에 의해 치료자를 찾는다. 그러나 그것은 단박에 찾아지지 않는다. 내담자뿐 아니라 많은 사람이 의미 있는 삶을 살기 위해 무엇인가에 끌리지만 그것을 알고 실천하기까지 수많은 반복을 경험한다. 이것은 화학적 결합과 재생이 여러 번 그리고 다양한 방식으로 일어난 후에야 순수한 물질, 즉 새로운 물질이 나타나는 것과 같다. 융은 그런 물질이 자연에 존재하지 않는다는 생각 때문에 연금술을 현대에는 믿을 수 없는 사이비 과학이라는 관점에서 볼 것이 아니라 상징적 관점에서 접근해야 한다고 생각했다.

상징적 관점에서 그 의미를 고려해야 한다는 융의 언급은 연금술 문헌을 보면 이유를 알 수 있다. 당황스럽게도 꿈에서처럼 사람뿐 아니라 동물, 식물, 자연물, 음식 등으로 표현되는 다양한 요소가 있고, 소위 '화학적' 과정(연금술은 또한 현대 화학의 선구자이다)이 성교나 왕과 왕비의 목욕 등 신체적 사건의 이미지로 묘사되는 것을 볼 수 있다. 예를 들어, 의식과 무의식 요소의 대극을 상징하는 두 가지 요소의 조합은 성교를 하거나, 아기를 낳거나, 자웅동체가 되는 모습으로 상징될 수 있다. 앞서 언급한 바와 같이 매우 당황스러울 수 있고 전혀 과학적이지 않은 표현으로 보이지만 이것은 인간 심혼의 변화 과정, 대극의 합일과 초월 과정에 대한 상징적 표현이다. 연금술사들은 남성과 여성을 가장 근본적인 대극이라고 생각했다. '성교'의 결과로 생겨나는 자녀는 새로운 실체이지만 부모와는 다르기 때문에 새로워진, 변화된 인간 존재에 비유하며, 이러한 발달적 용어는 외상을 극복하고 궁극적인 의식성, 즉 존재성을 성취하는 정신내적 과정과 개인의 성격 발달 방식을 상징적으로 지칭하기 위해 차용한 것이다.

그러나 연금술은 인간의 성장과 변화 과정은 내적으로만 일어나는 것이 아니라 현실의 대인관계 같은 요소의 영향을 받는다는 사실을 무시하지 않는다. 연금술사(보통 남성)는 그의 신비로운 자매(mystica sister, 즉 아니마)라고 하는 다른 사람(때로는 실제 인물, 때로는 환상의 인물)을 상정한다. 심리적 변화 과정에서 '타자와의 관계'가 미치는 영향은 잘 알려져 있는 사실이다. 관찰자가 물질에서 보고 인식했다고 믿는 것은 자신이 물질에 투사한 것이며, 그것은 처음에는 관찰자 자신이 자신 안에 있지만 의식하지 못하는 무의식적 소인 때문이다(Jung, 1985/2004). 모래놀이치료로 예를 든다면, 자신이 모래장면에 투사한 내적 의미를 이해하지 못하는 사람에게 모래장면은 아이들이나 하는 그저 그런 단순한 놀이에 불과하다. 다시 말하면 그 사람은 모래장면이 갖고 있는 사실들의 정신적 성질은 전혀 의식하지 못하고 외관상으로 드러난 물질적 특성이 가진 의미 가능성만을 보고 있는 것이다. 이것은 모래장면에서만 일어나는 일은 아니다. 전혀 인과관계가 없어 보이는 사건들 간에 그리고 대인관계에서도 일어난다. 예를 들어, 실수로 컵이 깨졌고 그 날 한 친구와의 관계가 단절되었다면 두 가지 사건은 하나의 의미를 가질 수 있다. 단지 물질과 관계에서 동시에 일어났을 뿐이다.

연금술의 변환 과정에서 실험자와 물질의 관계를 중시하는 것 때문에 분석심리학적 분석 또는 심리치료 작업에서는 치료자(물질을 담고, 변화시키는 용광로나 진공플라스크의 일부로 비유될 수 있는)와 내담자의 관계를 중요시하며, 두 사람의 변환 과정이 곧 내담자의 변환 과정임을 강조한다. 치료자와 내담자는 고대와 중세의 연금술사들이 용광로 또는 실험도구를 가지고 작업했듯이 치료 관계라는 용광로 또는 실험도구 속에서 함께 연금술적 변화 과정에 비유될 수 있는 전이/역전이 변화를 경험한다. 융은 두 사람이 변증법적 과정과 상호 변환이라는 연금술적 과정에 직면한다고 강조했다. 자신의 저서 『전이의 심리학(Psychology of Transference)』(1954/1993a)에서 융은 전이에서 분석가는 한 사람으로서 그리고 부모, 문제, 잠재력과 같은 내적 내용의 투사 대상으로서 내담자와 관련되어 있다고 하였다. 치료, 분석의 임무는 물질적 감옥(즉, 신경증)에서 '영혼'(즉, 잠재력)을 해방시키는 것이다. 이물질이 들어 있는 물질에서 순수한 물질을 화학적으로 추출한다는 것은 물질에 갇혀 있는(즉, 무의식 상태에 있는) 개인의 본질적 잠재력과 존재성을 해방시키는 것이다. 현대의 심리치료자가 내담자의 내면에서 보는 것을 연금술사는 화학적 형태에서 보았다고 할 수 있다. '성격은 짙은 우울의 납과 가연성의 공격적인 유황, 쓰디쓴 지혜의 소금 그리고 휘발성의 기화 수은의 특정 조합이다'라는 일견 괴상하고 이상하게 들리는 화학적 표현이 이를 뒷받침한다(Hillman, 1975, p. 186).

연금술 개념의 핵심은 정신(psyche)과 물질의 분화이다. 즉, 정신과 물질 세계가 별개로 작동한다고 봐야 한다는 의미에서의 분화가 아니라 물질 세계에서 일어나는 일이 심리적·정신적 의미를 동시에 갖고 있다는 것을 깨닫는 것이다. 처음에는 두 가지에 대한 분화가 전혀 없는 'massa confusa', 즉 혼돈, 원질료 상태에 있지만 두 가지가 어떠한 관계에 있는지를 이해하는 것, 즉 물질과 정신이 하나라는 사실을 깨닫는 것이 바로 정신(psyche)과 물질의 분화라고 할 수 있다. 의미, 목적, 정서와 같은 심리적 요인들이 물리적인 세계와 연결되어 있는 정도는 개인이 처한 맥락과 상황에 따라 물질 세계, 즉 외부 세계에 투사된 것을 얼마나 분석해 내는가에 따라 달라진다. 이것은 제1장과 제3장에서 기술한 사이코이드 무의식(psychoid unconscious), 동시성(synchronicity) 그리고 하나의 세계(Unus Mundus)의 개념과 연결된다.

어떤 사람들은 융의 연금술적 해석 방식에 대해 기괴하다고 생각할 수도 있겠고 연금술을 전이와 같은 주요 임상 개념 및 그 의미와 연결시키는 것에 대해 의아해 할 수도 있겠지만 오늘날 소위 매우 '과학적'이라고 여기는 양자역학 같은 물리학 분야에서 세계는 하나로 연결된 세계임을 '증명'하고 있다. 그럼에도 불구하고 융의 연금술은 심리적 성장과 변화, 심리치료, 자연의 심리적 편재성에 대한 질문을 약학이나 종교 밖에 있는 하나의 유일한 지점에서 연구할 수 있게 해 주었다(Samuels, Shorter, & Plaut, 1986). 그 자신이 연금술사였고 모든 치료자 그리고 변화하고자 하는 내담자의 자아가 연금술사라는 것을 그는 언급하고자 한 것이다.

불행하게도 '모호한 것은 모호한 것을 통하여, 미지의 것은 미지의 것을 통하여'라는 연금술의 캐치프레이는 당시의 계몽주의 정신 특히 18세기 말 무렵에 싹트기 시작한 '과학적' 화학과 양립할 수 없게 되면서 18세기에 이르러 점차 쇠퇴하기 시작했다(Jung, 1985/2004). 융은 연금술의 내적인 붕괴가 이미 17세기에 활발하게 시작되었다고 했다. 이러한 연금술 쇠퇴의 결과는 연금술의 애매모호한 철학의 완전한 포기와 연금술로부터 화학의 분리였으며, 이후 화학은 자연과학으로 발전했다(Jung, 1985/2004).

그러나 연금술의 애매한 것과 모호한 것이 갖는 의미의 중요성은 심리학을 통해 융에 의해 계승되었다고 할 수 있다. 과학의 발전과 더불어 분리, 분화, 명확화, 객관화의 중요성은 자아가 추구하는 방향과 일치한다. 그러나 인간 정신의 구조와 전체를 고려한다면 자아는 매우 일부에 불과하기 때문에 자아가 떼어내 버린 모호한 것, 미지의 것은 의미와 목적성을 갖고 있고 이 의미와 목적성을 깨달아 가는 것은 삶을 충만하게 하며 과학의 의미를 확장한다.

융은 그의 삶 중 30년을 연금술 문헌을 연구하는 데 보냈고, 메르쿠리우스 영(Spirit Mercurius), 즉 물질에 숨겨진 영의 상징성에 특히 매료되었다. 이 꿈의 영은 가장 역설적이고 초현실적인 이미지를 통해 연금술사들에게 연금술적 과정의 비밀을 드러내었다. 융은 연금술의 이미지(그리고 연금술 과정 전체)가 그의 현대 환자들의 꿈에 반영되는 것에 놀랐다. 그러나 그의 환자들은 연금술에 대한 라틴 문헌의 지식이 전혀 없는 사람들이기 때문이었다(Jung, 1984/2002). 융은 그의 초기 작업에서 고대 종교 문헌, 평범한 사람들의 꿈, 정신이상자의 환상에 나타나는 원시적 이미지나 원형의 존재를 발견했다. 융이 피해의식을 가진 조현병 환자와 수용소에서 작업하고 있었을 때 태양의 성기 환상을 갖고 있는 환자를 연구한 적이 있었다. 융은 이 환자가 환상에서 본 것이 미트라(Mithra)교의 전례식 관련 문헌에 똑같이 기술되어 있는 것을 4년 후에 발견하고 놀랐다. 이 문헌은 이 조현병 환자가 전혀 알지 못했던 헬레니즘 시대의 파피루스 기록이다. 그 이후 융은 수많은 예를 발견하였고, 정상적으로 의식할 수 없는 집단무의식은 대모(Great

Mother), 트릭스터, 신성한 어린이와 같은 원형적 이미지의 저장고라는 것을 발견했다 (Jung, 1984/2002). 폰 프란츠(von Franz)도 융이 자신의 환자들의 꿈에서 자신이 전혀 이해할 수 없는 어떤 모티프들에 대해 연금술 문헌에서 그 연결고리를 찾았고, 연금술이 인간의 내적 변화 과정의 상징이라는 것을 알게 되었다고 기술했다(von Franz, 1980/2020; Jung, 1953/1993). 예를 들어, 독수리가 처음에는 하늘로 날아오르다가 갑자기 머리를 돌려 자신의 날개를 먹기 시작하더니 결국 땅에 떨어졌다는 여성 내담자의 꿈 얘기를 듣고 융은 당연히 이것의 상징성에 대한 역사적 비유를 찾아보지 않아도 이 꿈속의 독수리가 포효하는 영 또는 관념의 새라는 것을 알았다. 이 꿈에 대해 융은 일종의 에난치오드로미아(enantiodromia), 즉 대극의 반전으로 해석될 수 있는 것으로, 자신의 힘으로 땅으로 돌아가는 것을 의미한다고 해석했다. 땅이라는 것은 현실적인 삶, 실제적인 삶을 의미한다(Jung, 1953/1993).

연금술적 상징을 사용하는 궁극적인 목적은 이전에 언급한 것처럼 개성화 과정을 표현하기 위함이며 개성화 과정의 궁극적 목표는 자기(Self)와의 의식적인 관계를 성취하는 것이다. 연금술이 어떻게 물질과의 관계에서 심리적 의미를 추출하여 투사를 거두어들이는지를 보여 주는 예를 들도록 하겠다. 연금술 과정의 목표는 '철학자의 돌(Lapis)'로 가장 자주 상징화되어 왔다(Edinger, 1972/2016). 철학자의 돌(Lapis)는 연금술에서 자기실현, 개성화의 상징이다. 따라서 철학자의 돌은 자기(Self)의 상징이다. 철학자의 돌의 특성이나 속성에 대한 단편적인 설명들이 방대한 연금술 문헌 전체에 분포되어 있다. 연금술사들은 이 철학자의 돌을 수은을 함유하고 있는 돌에 비유하곤 했다. 이와 관련하여 에딩거(Edinger)는 1652년 런던에서 출간되고 애시몰(Ashmole)이 편집한 영문판 선집 (Edinger, 1972/2016)에서 다음과 같은 글을 인용했다.

마지막으로 천사의 돌에 대해 말하자면, 이는 너무나 미묘해서 보이거나 느끼거나 무게를 잴 수 없고 단지 맛만 볼 수 있다. (이러한 미묘한 속성을 조금이나마 가지고 있는) 인간의 목소리는 이에 비교될 수 없다. 아니, 공기도 꿰뚫을 수 없고(오, 신비한 경이로움이여!), 돌은 불 속에 편견 없이 영원히 머물 것이다. 특히 그중에서도 이 돌은 신성하고, 천상의 보이지 않는 능력을 가지고 있으며, 이 돌의 소유자에게 신성한 선물을 준다. 천사의 영혼을 줄 수 있고 꿈과 계시로 그들과 대화하는 능력을 준다. 이 돌이 있는 곳에는 어떠한 악한 영도 접근하지 못하는데, 그 이유는 이 돌이 순수한 본질로서 타락한 것이 그 속에 없고 요소들이 썩지 않으며 어떠한 악도 머물거나 살 수 없기 때문이다(Edinger, 1972/2016, p. 341).

이 연금술 문헌 역시 있는 그대로 이해하고자 하면 매우 기괴하다. 천사의 돌의 맛이라든가, 돌이 신성한 선물을 준다든가, 이 돌이 있는 곳에는 악한 영이 접근할 수 없다든가 하는 표현들은 표현된 그대로의 의미가 아니라 앞서 언급한 것처럼 자기(Self) 그리고 그에 이르는 개성화 과정을 비유적으로 표현한 상징이다.

또한 자기와의 의식적 연결에 의해 이루어지는 대극의 합일에 대해서는 다음과 같이 언급했다.

게다가 태양의 성질을 가지는 남성성 외에 과도한 열은 어떤 피조물이나 식물이라도 태워 버리고 파괴할 것이며, 달과 여성성 부분은 즉각적으로 적용된다면 극도의 냉기로 열기를 완화시키는데, 달의 성질은 태양의 도움을 받지 못하거나 녹지 않는다면 어떠한 동물이든지 감각을 잃게 하거나 얼려 버린다. 그것들은 비록 하나의 자연 물질로부터 만들어졌으나 서로 반대되는 특질을 가지고 영향을 발휘한다. 그럼에도 불구하고 그 둘 사이는 자연스럽게 서로를 돕고, 어느 한쪽이 하지 못하는 것을 둘이 합쳐서 수행할 수 있으며, 수행할 것이다(Edinger, 1972/2016, pp. 340).

앞의 연금술 문헌의 인용문 역시 있는 그대로 의미를 이해하려고 들면 매우 이상하다. '태양의 성질을 가진 남성성이 …… 모든 것을 태워 버리고 파괴할 것'이나 '달과 여성성은… 감각을 잃게 하거나 얼려 버린다'든지 하는 표현들은 논리적·상식적 수준에서는 기괴하게 들리기 때문이다. 이것은 한쪽으로 치우친 성향, 즉 대극적 성향들이 합일할 때 한쪽만으로 해낼 수 없는 개성화 과정에 이를 수 있다는 것에 대한 연금술적 표현이다.

변환 과정을 가능하게 하는 이미지들은 종종 빛, 에테르(ether), 불, 씨앗, 숨, 혼 등으로 상징화될 수 있으며, 분석심리학의 자기(Self)를 상징한다. 연금술적 관점에서는 모든 물질이 살아 있으며 영으로 움직인다. 따라서 물질에는 살아 있는 빛이 들어 있으며, 이미지, 꿈, 직관적 통찰을 통해 계시한다. 모든 물질에 들어 있는 자연의 이 빛은 모든 사물에 침투하는 하늘의 빛나는 영, 즉 자연의 신비를 발견하게 하는 비밀스러운 광휘이다. 이 하늘의 빛은 또한 인간 내면에 있는 영의 자리이며 합리적 지식과 직관적 지식의 뿌리이다. 중세의 연금술사이자 의사였던 파라켈수스(Paracelsus)의 언어로 말하면, "자연의 빛(Light of nature)으로부터 빛이 인간에게 주어지지 않으면 인간에게는 아무것도 존재할 수 없다." 융의 언어로는 "자연의 빛은 실재에 대한 직관적 이해, 일종의 계몽이다." (Jung, 1985/2004)

　이러한 관점에서 볼 때 모든 물질은 진화한다고 할 수 있는데, 이는 천상으로부터 주어진 빛을 실현하고자 함을 의미한다. 또한 이러한 진화는 모든 금속이 금을 향해 익어 가는 대지의 깊은 곳에서 더 고차원의 형태가 되고자 애쓴다는 말로 상징화될 수 있다. 이 때문에 연금술은 물질을 조종하려고 하지 않으며 자연의 과정을 따르려고 한다.

　유럽의 연금술은 이집트에서 시작되었다. 고대 이집트인은 항상 그들의 땅을 하늘의 이미지로 보았다. 매해 7월 말이 되면 나일강에 홍수가 났고, 홍수는 인근 지역에 검은 토사를 축적시켰다. 연금술의 영어 이름 'alchemy'의 어원인 아랍어 'alkemi'는 이집트의 고대 이름인 '검은 흙'을 의미한다. 깊은 곳에서 건져 올려지고 생명의 물줄기에 의해 수분을 머금고 태양에 의해 비옥해진 이집트의 검은 흙은 신들의 생명력 넘치는 에너지와 우주의 힘이 구체화된 것이다(Fideler, 2014).

　고대 이집트인은 태양이 땅의 풍부함을 요리하여 농작물과 동물을 낳았고, 땅과 태양으로부터 빵을 굽고 모든 예술과 과학이 만들어지며, 사원에서 찬송 소리가 만들어지고, 땅과 태양으로부터 전체 사회 구조가 만들어진다고 비유했다. 그리고 그들은 이것을 가능하게 하는 근원적인 힘, 파라오, 신성, 재생과 영생의 우주적 힘을 황금 불꽃의 이미지로 땅 위에 압축했다. 검은 흙을 고급 문명이라는 살아 있는 직조물로 변화시키는 것에서 고대 이집트인에게 삶은 그 자체가 연금술 과정이었다고 할 수 있다. 이러한 과정에서 이것은 고대 그리스의 밀교에서 볼 수 있는 신성결혼(hieros gamos), 즉 생명의 결실을 가져오는 땅과 하늘의 신성한 결혼이라는 상징으로 이미지화되었다. 땅은 자연 수용적이고 여성적이며, 거기에 미치는 하늘의 영향력은 남성적 하늘의 비옥함으로 상징화되었기 때문이다. 이 연금술적 표현은 기독교의 영향으로 영적인 것과 신체적인 것의 결합, 그리고 그리스도(신랑)와 교회(신부) 사이에 존재하는 결합을 의미하게 되었다

(Samuels, Shorter, & Plaut, 1986). 결혼에 비유하는 이유는 대극적 요소들이 결합하면 제 3의 것, 즉 자기(Self)로 인해 새로워진 자아의식성을 획득하기 때문이다. 심리치료에서는 새로운 사람, 진정한 개인이 되는 것을 의미한다.

전체 우주를 유기체로 보았던 고대 연금술사들에게 에테르는 사물에 형태를 주는 로고스(logos), 즉 식물, 동물에게 영을 주는 불의 생명 원리 그리고 대지의 자궁 속에서 소화되고 있는 금속으로 이해되었다. 각 생명체 속에는 이 불멸의 불꽃, 천상의 살아 있는 불꽃이 있는데, 연금술사들에게는 물질에서 순수한 금속을 추출해 내는 과정이 이 천상의 살아 있는 불꽃을 추출하는 것이었다. 대지가 모체 또는 소화의 자궁이라면 연금술사의 플라스크는 작업이 일어나는 인위적 자궁이다. 플라스크를 응시하면서 연금술사는 모든 자연의 과정을 발견한다. 소화, 발효, 해체, 응고, 순환, 재생은 연금술 과정의 핵심어이다. 연금술사와 자연 사이, 내부 세계와 외부 세계 사이에 절대적인 구분은 없으며 모든 것은 하나의 창조적 · 진화적 과정이다. 이것 때문에 연금술은 항상 영적 차원을 갖고 있는데 그 이유는 자신의 변화를 경험하지 않고 자연의 위대한 작업에 참여하는 것이 불가능하기 때문이다. 작업에 성공하기 위해서는 총체적이고 전인적인 참여가 필요하다. 따라서 연금술은 '화학적 변환의 비밀을 꺼내려는 진지한 노력'이었지만 동시에 '그에 따르는 압도적인 정신적 과정의 반영'이었다(Fideler, 2014). 연금술은 인간과 더 큰 우주가 함께 참여하는 포괄적인 과정이다. 결국 연금술은 인간의 본질적인 것, 즉 인간이라는 자연 속에 들어있는 천상의 불꽃을 찾고자 하는 과정의 상징이라고 할 수 있다.

융에게 연금술은 정신의 자연스러운 통합 과정의 반영이었다. 연금술의 상징은 그가 개성화라고 부른 인격의 전체성을 향한 움직임, 즉 자연스러운 정신의 표현이다. 자연에 숨어 있는 혼, 불꽃, 에테르, 씨앗은 분석심리학적 용어로 원형이며 자기(Self)의 상징이라고 할 수 있다. 연금술의 이교도적이고 자연주의적인 분위기에도 불구하고 기독교의 도래 이후에 연금술은 기독교적 세계관에 깊이 자리 잡게 되었다. 철학자의 돌의 완벽한 힘은 그리스도의 구원의 힘과 동일시되었으며, 연금술 과정은 신의 창조 작업의 재연으로 간주되었다.

연금술 과정이 필요하게 된 이유는 인간이 하늘의 섭리에 따라 하늘의 불꽃, 즉 에테르를 가지고 태어난 존재이지만 세상의 유혹과 자기망각 행위를 통해 물질적 자연과의 혼동 속에 걸려들어 가라앉고 길을 잃게 되었다는 데 있다. 이러한 인간을 구원하고 본연

의 모습을 회복하도록 하기 위해 기독교의 그리스도, 영지주의의 계시자가 이 세상에 왔
다. 그들의 가르침과 지혜를 통해 선택된 자는 하늘 빛에서 기원한 영적 존재로서의 진
정한 자신의 자연을 기억하도록 인도된다. 계시자는 잊기 쉬운 존재의 마음에 졸고 있던
영적 불꽃을 살리며 깨어남을 통해 존재들이 근원, 본질적 본성 그리고 하늘에 속한 운
명임을 환기시킨다. 따라서 인간의 타락으로 본연의 모습을 망각한 인간의 구원을 위해
인간이라는 물질 속에 잠들어 버린 자연의 빛을 깨우는 과정이 연금술 과정이라고 할 수
있다. 본성은 변환의 과정을 포함하고 있을 뿐 아니라 그것 자체가 변환이라고 융이 주
목한 바와 같다(Jung, 1967/1983, p. 161). 그러나 변환은 고통과 괴로움의 근원이기도 하
다. 그리스도의 수난처럼 영혼은 괴로움, 죽음, 재탄생의 과정에 스스로를 순복시켜야
한다.

이 구속은 재탄생 또는 부활의 과정이지만, 그에 앞서 기존의 것의 고통스러운 파괴 또
한 포함한다. 기존의 존재가 먼저 죽어서 그것의 이전 원리의 해체와 부패의 기간을 통
과하지 않는 한 아무것도 더 나은 상태로 재탄생할 수 없다. 파라켈수스(Paracelsus)는 이
를 다음과 같이 말하였다. "부패는 모든 탄생의 시작이다. …… 그것은 모양과 자연의 힘
과 미덕을 변환시킨다. 위장에 있는 모든 음식물의 부패가 음식물을 변화시키고, 펄프로
만들어서 위장 밖으로 나가게 되는 것과 같은 것이다. …… 부패는 매우 위대한 것의 산
파이다! 그것은 많은 것을 부패시키고 귀한 결실이 탄생하게 한다. 그것이 반대적인 것,
모든 자연물의 근원적 본질의 죽음과 파괴이기 때문이다. 그것은 수천 번의 개선된 형태
의 탄생과 재탄생을 가져온다. …… 그리고 이것은 가장 높고 가장 위대한 신의 신비이
며, 신이 유한한 인간에게 계시한 가장 깊은 신비이며 기적이다."(Paracelsus, 1979, p. 144)

2. 연금술적 변화의 상징성

폰 프란츠(von Franz)에 의하면 연금술적 내향화 방식 즉 외부 세계에 투사된 그대로
를 보지 않고 자신의 내면의 현상으로 이해하는 방식은 물질과의 대화라고 할 수 있다.
모래놀이치료, 피규어, 놀이, 상상, 예술(넓은 의미의 예술) 등의 상징에 정신 내면을 투사
하여 대화하는 심리치료에 비유될 수 있다. 즉, 이러한 치료는 자신의 자아, 즉 자아콤플

렉스가 내면에 말하는 과정이다. 인간의 신체는 잠시도 아무것도 안 하고 있을 수 없지만, 자기(Self)를 경험하면 할 수 있다. 의식과 무의식을 합친 전체 정신의 중심인 자기 경험은 대극적 갈등의 완화, 내면과 바깥 세계의 통합감, 질서감, 중심감을 주며 자신이라는 존재의 독특성, 고유성, 존귀성, 자기감을 깨닫게 한다. 보통 치료 초기에 자기(Self)에너지를 경험하는 것은 드문 일이며, 치료 과정 중 심지어는 치료 종결 후에 경험하게 된다. 그러나 자기(Self)를 경험한다고 해도 짧은 순간이고, 곧 다시 일상으로 돌아가 버리지만 그 개인의 인격과 삶은 예전과 같지 않게 된다. 모든 사람이 동일한 방식으로 자기(Self)경험을 하는 것 같지는 않다. 전통적 의미의 융심리학에서 자기(Self)경험은 매우 초월적이고 심지어 종교적이기까지 하지만 일상에서 작은 자기(Self)경험들도 존재한다고 보며, 그것은 대극의 합일부터 자신의 존재의 본질을 깨닫는 것에 이르기까지 그 정도와 강도가 다르다고 판단된다. 자기(Self)경험이 여러 가지 내적 변화를 가져오는 이유는 내면에 자아보다 더 큰 또 다른 존재를 갖고 있다는 느낌 때문일 것이다. 자기(Self)는 끊임없이 인격화되고 삶으로 실현되려고 한다. 즉, 내적 퇴행, 기존의 것에 머무는 것을 상징하는 용은 죽었다가 다시 살아나고, 또 죽었다가 살아난다. 따라서 연금술은 개성화 과정의 상징이다. 이 과정을 연금술 과정에 비유하여 요약하면 다음과 같다.

- 물질은 변화를 위해 '깨져야(broken down)' 한다. 물질은 변화를 위해 '깨져야' 한다는 표현은 매우 상징적인 표현으로서 기존의 정신 구조가 '깨져야' 한다(즉, '분석되어야' 한다)는 의미이다. 기존의 정신 내면 세계는 한쪽으로 치우쳐 발달했거나 전체가 충분히 발달해 있지 않으며 새로운 상태로 발달 및 성장하기 위해서는 기존의 것이 깨지는 변화가 필요하다. 예를 들어, 불안에 시달리어 자신의 삶을 제대로 살지 못하는 사람은 그러한 정신 상태가 깨어져야 한다. 물질은 원질료(prima materia) 상태로 되돌려져야 한다. 즉, 물질은 본래적이고 비분화되고 오염되지 않은 상태로 되돌려져야 한다. 심리학적으로 콤플렉스 또는 일방향적(one-sided) 학습에 의해 오염된 것이 오염되기 전의 정신 상태로 되돌려져야 한다는 의미이다. 예를 들어, 열등콤플렉스를 갖고 있다면 어린 시절의 트라우마 등 그 시작된 계기가 있는데 그것이 시작되기 이전 상태로 되돌려져야 한다. 그러기 위해서는 현재의 상태가 '깨어져야' 한다. 이전 상태로 되돌아가기 위해서는 치료에서 콤플렉스가 다루어지고 분석되어야

한다는 것이다.

- 깨진 물질(matter)에 새로운 요소가 추가되거나 혼합되어야 한다. 이것은 심리적으로 새로운 태도, 경험, 조망이 기존의 것에 추가되어야 함을 의미한다. 새로운 것이 추가되면 처음에는 기존의 것과의 사이에서 갈등, 분노, 죄책감 등을 경험하여 많은 내담자가 한동안 저항하는데, 이것이 대극 간 긴장 상태이다. 새로운 것이 추가될 때, 즉 새로운 조망, 태도, 방식으로 살 수도 있다는 가능성에 직면했을 때 긴장이 발생한 시기에 내담자들은 죄책감, 분노, 저항뿐 아니라 실제로 그것을 시도해 보기도 하고 다시 뒤로 물러서기도 하는 반복 과정을 무수히 반복한다. 이 기간은 개인마다 다르며, 길면 몇 년이 걸릴 수도 있고 심지어 더 걸릴 수도 있다.

- 요소들의 해체와 섞임을 담아 내는 크고 침투할 수 없는 컨테이너(container)나 용기(vessel)가 있어야 한다. 이를 심리학적 언어로 한다면 치료자, 삶의 상황, 가족, 관계 등이 변화에 필요한 수용적인 용기를 제공해야 하는 것이라고 할 수 있다. 내담자들이 죄책감, 불안, 분노, 갈등 등으로 새로운 조망, 관점, 가치, 태도와 기존의 그것들 사이에서 내적 진전과 퇴행을 반복할 때 그것을 안전하게 담아 주고 수용적이고 지지적인 치료자의 태도와 변화 없음은 그러한 컨테이너 역할을 하게 된다. 이런 시간이 지나고 나면 내담자는 스스로 자신의 컨테이너를 만들고 스스로의 감정을 지나친 억압이나 표출 없이 조절하는 힘을 갖게 되고, 자신의 존재의 고유성과 존귀성을 깨닫는다. 그 시점까지 견디어 주는 것이 치료자의 역할이며, 아동, 청소년의 심리치료에서는 부모 또는 보호자 역시 그러한 역할을 할 수 있도록 부모, 보호자를 담아 주는 역할을 한다.

- 안전하고 보호적인 컨테이너 안에서 궁극적으로 새로운 물질이 이전에 알지 못했던 또는 무의식의 대극이었던 요소들과 합일된다. 다른 말로 하면 의식과 무의식의 합일이 일어나고 결과적으로 자아가 강화되며 삶의 문제들이 어느 정도 해결되고 있는 그대로를 지나친 갈등 없이 받아들인다. 심리적으로 개인은 대극의 새로운 합일에 의해 보다 충만한 자기감(sense of Self), 독특성, 고유성, 존귀성, 통합감에 이른다.

3. 연금술 과정에 따른 모래놀이치료의 변화 과정

물질에 내적 세계를 투사하고 물질의 변화 과정을 통해 내적 세계를 이해하고자 하는 모래놀이치료는 연금술 및 동시성과 깊은 연관성이 있다. 간단히 말해 모래상자에 만든 또는 만들어진 어떤 장면이 있는 그대로가 아니라 내적 세계의 투사라는 것이다. 그 상태로 있으면 그저 투사로 끝나지만 그것이 내적 세계를 의미한다는 것을 알고 장면의 변화 과정을 따라갈 때 개인은 깊은 내적 변화의 체험을 하게 된다. 이것은 물질과 정신이 분리된 것이 아니라 하나라는 동시성 개념을 전제로 한다.

연금술에서의 변화 과정 또는 변화 단계는 문헌마다 조금씩 다르기 때문에 여기서는 가장 많이 언급되는 두 가지 종류의 단계, 즉 색의 변화로 본 연금술적 변화 단계와 물질의 변화 과정에 따른 연금술적 단계를 모래놀이치료의 변화 과정에 적용, 제시하였다.

1) 색의 변화로 본 연금술적 변화 단계

여기서 제시하는 색의 변화는 하나의 상징 예에 불과하다. 모든 상징의 의미가 그러하듯, 검은색은 '○○'를 의미한다는 식의 일대일 대응 해석을 하면 곧 혼돈에 빠지게 되는 것을 경험할 수 있다. 특정 색의 보편적 상징성이 한 개인에게 해당하는지 그렇지 않은지는 그 사람의 배경 정보, 모래놀이치료의 과정, 변화 단계, 개인의 경험 등 많은 자료를 함께 고려할 때 이해될 수 있다. 연금술사들이 색을 강조한 이유는 한 물질 상태에서 다른 물질 상태로 이동할 때 색이 바뀌는 것을 관찰했으며, 이러한 전환이 물질뿐 아니라 그것의 본질도 변화하고 있음을 의미한다고 이해했기 때문이다. 일상 측면에서 과일이 익으면 색깔이 변하고, 사람도 아플 때와 건강할 때 안색이 다르다는 것에서 그 타당성을 찾을 수 있다.

(1) 흑화

내적 요소의 흑화(nigredo, blackening, darkening) 단계는 간단히 말해 그림자와의 직면을 의미한다. 변화의 첫 번째 단계로 분석심리학적으로 그림자와의 직면을 필요로 하는 '부정적' 정서(우울, 죄책감, 무기력, 불안, 두려움, 의심 등)를 다룬다. 이때의 부정적 정서는 분화되지 않은 원질료 상태에 비유될 수 있다. 자기(Self)의 파괴적·부정적 측면이 기존의 자아 구조를 '파괴'하는 것이지만, 결과적으로는 더 큰 통합과 발달, 즉 전체성을 위한 것이라고 할 수 있다.

이 상태의 예를 들면, 정서 분화 이전의 상태, 중년에 이르러 약해진 삶의 의미, 열정으로 인한 혼돈 상태 등이 있다. 이 상태는 모래상자에 어둠, 검음, 죽음, 갈등, 두려움 등과 관련된 상징들로 나타날 수 있다. 노이만(Neumann)의 용어를 사용하면 아직 분화되지 않은 대모(Great Mother)와 아들의 단일체의 상징이며, 자기(Self)로부터 분화되지 않은 가능성 상태의 자아이다.

그러나 앞부분에서도 기술한 바와 같이 정서 분화 이전의 상태, 중년에 이르러 약해진 삶의 의미, 열정으로 인한 혼돈이 반드시 검은색으로만 표현되는 것은 아니다. 그것은 막혀 있는 길, 늪, 연결성 없는 피규어들, 무수한 피규어 위치의 변화, 그 외에도 여러 가지 상징으로 표현될 수 있다.

[그림 8-2]
우울, 분노를 작업하는
내담자의 모래장면
출처: 장미경(2015a).

[그림 8-3]
한 몸 상태인
블랙 마돈나와 아기 예수

[그림 8-4]
20대 중반 여자 내담자의 모래장면
검은색 모래가 매우 인상적으로 보인다. 이 내담자는 성인이지만 어머니 없이는 잠을 잘 수 없을 정도로 성장하지 못한 상태였다. 그녀는 비행기, 배 등으로 모성적 무의식, 즉 지나치게 긍정적인 모성콤플렉스로부터 탈출하거나 독립하고 싶다고 말하지만 거대한 퇴행 욕구라는 힘 앞에서 내담자는 심하게 흔들렸다.

(2) 백화

요소의 백화(albedo, whitening, purifying) 또는 회백화(greying)는 오래된 상황 또는 요소들, 즉 과거에는 의미가 있었고 삶에 에너지를 주는 것들이었지만 이제 그 의미를 잃고 타성에 젖어 있는 것들의 제거를 의미한다. 그러고나서 남아 있는 것들은 '정화된' 것들이다. 분석심리학적으로 낡은 태도가 씻겨져 나가고 남아 있는 것들은 여전히 가치 있는 태도와 행동이다. 이것들은 양심, 높은 원칙 등으로 나타날 수 있다. 이 단계는 모래상자에 씻음, 닦음, 목욕, 소변 보기 등과 관련된 상징으로 나타날 수 있다.

[그림 8-5]
어머니의 경계선 성격장애로 인해 활성화된 부정적 원형 모성성으로부터 분화되고자 노력하는 7세 여자 아동 내담자의 모래장면
비록 성공적으로 끝내지는 못했지만 깨끗이 씻어 내고자 하는 시도가 여러 번 나타났다. 흰색에 가까운 회백색 모래를 사용했다고 해서 백화 단계라기보다는 분화되지 않은 어머니와의 관계 그리고 아동 자신의 혼란스런 감정 상태에서 벗어나고자 하는 시도가 씻음으로 나타난 것으로 보인다.

(3) 적화

적화(rubedo, reddening, goddening)는 새로운 것, 즉 변화에 이르는 단계를 말하는데,

붉은색 또는 황금색의 성향으로 상징화되는 경향이 있다. 심리적으로 이 단계에서는 삶에 대한 보다 새롭고, 보다 의식적인 접근을 수반하는 열정의 회복 또는 새로워진 에너지가 나타난다. 이 단계는 모래상자에서의 앞으로의 움직임, 불 등과 관련된 상징으로 나타날 수 있다. 예를 들어, 오랫동안 감정을 억압하고 살았던 사람이 자신의 감정을 의식하고 받아들일 준비가 되었다면 화산, 타오르는 불 피규어가 모래상자에 나타날 수 있다. 그러나 앞서 언급한 것처럼, 화산, 타오르는 불이 항상 이것을 의미하는 것은 아니다. 감정 조절이 안 되는 내담자의 폭발하는 화산은 조절되지 않는 감정, 혼란, 혼돈을 의미할 수 있다.

[그림 8-6] 30대 초반 여자 내담자의 모래장면
이 내담자가 달성하여야 할 적화 단계는 여성성의 회복이며, 이 여성성의 회복 단계는 아직 크리스털 구슬 속에 석화되어 있는 것을 볼 수 있다.

[그림 8-7]
[그림 8-6]과 같은
내담자의 모래장면
붉은색의 내면으로 상징되는 여성적 요
소가 있지만 아직 크리스털 피라미드 안
에 들어 있고 완전히 인간화되지 않은 인
어 상태의 여성성을 보여 주고 있다.

2) 물질의 변화 과정에 따른 연금술적 단계와 모래놀이치료의 변화 과정

연금술 과정의 결과는 특정 단계로 나타난다고 할 수 있으며, 이 과정은 매우 역동적이기 때문에 어떤 단계에 '머물러' 있다는 것은 변화 성장이 일어나지 않음을 의미한다. 여기서는 연금술에서 색깔 변화의 상징성 외에 물질의 상태 변화에 따른 연금술 단계를 고찰하고, 이 단계에 따라 모래놀이치료 장면에서 일어날 수 있는 양상을 비교하여 설명하고자 한다.

(1) 석회화

석회화(calcinatio, burning)의 연금술적 의미는 강력한 열기 때문에 물체가 말라 버리거나 타 버리고 새로운 형태로 변화하는 것을 의미한다. 타고 남은 재는 석회화된다. 이 단계에 있는 개인이 경험할 수 있는 감정적 경험은 '지쳐 버린 것 같은' '고갈된 것 같은' '분노나 열망으로 소진된' '팽창된' '분노한' 등이다. 이 단계는 모래상자에서 타오르는 불,

열기나 녹음, 먼지, 사막, 재, 사나운 동물 등으로 상징화될 수 있다.

심리적으로는 기존에 자아가 가지고 있던 흥미나 관심사가 말라 버리거나 타 버리고 우울이나 공허감을 느낀다. 좌절되고 억압된 열정이나 열망과 자아 사이에 갈등이 강화되거나 '가열'되기도 한다. 이 상태에 이르렀음에도 지속적으로 인식하지 못하거나 외부의 것에 원인을 투사하여 부정적 감정을 갖게 되면 중독의 '불(fires)'로 나타날 수 있으며, 인식되지 못한 욕구를 외적인 것으로 구체화하게 된다. 예를 들면, 석회화된 내면 상태를 인식하지 못하고 즉 자신의 진정한 존재성을 모르고 부, 명예, 권력, 관계, 성취, 성공, 인정 등에 투사해서 내면의 고갈과 공허를 채우려고 하면 만족 상태에 이르지 못하기 때문에 이것들을 끝없이 추구하는 중독 상태에 이르는 것이다. 그 과정에서 발생하는 스트레스를 완화하기 위해 또는 공허감 그 자체를 일시적으로나마 채우기 위해 알코올, 약물, 성 같은 실제적인 물질 중독에 이르기도 한다.

[그림 8-8]
20대 초반 여자 내담자의 모래장면
분화되지 않은 검음의 감정이라고 할 수 있는 검은색의
유령 피규어가 검은색 모래 속에 있다.

[그림 8-9]
20대 중반 여자 내담자의 모래장면
분노의 감정을 상징하는 화산이 여러 개 놓여 있다.

(2) 용해

용해(solutio, dissolving)의 연금술적 의미는 고체가 액체로 변하거나 입자로 분쇄되는 과정을 말한다. 이 단계에서 주로 하게 되는 감정 경험은 '통제감을 잃거나 모든 것을 잃을 것 같은' '감정이나 정서에 압도 당하는 느낌' '더 이상 견뎌 낼 수 없는' 같은 것들이다. 이 상태는 모래놀이치료 장면에서 흐르는 물, 홍수, 비, 젖음, 대소변[막힌다면 응고(coagulatio)] 보기, 변기, 목욕이나 씻기, 울기 등으로 상징화될 수 있다.

심리적으로는 자아가 견디고 담아 내는 능력을 상실하고 더 넓고 보다 포괄적인 관점을 재형성하기 위해 밖으로만 향하던 에너지가 무의식으로 들어간다. 즉, 자아의식 중심으로 모든 것을 할 수 있거나 해야 하며 그 결과로 외적인 성취를 추구하는 투사 중심의 자아의 태도가 용해되어야 한다. 이것을 자아는 '위기'로 경험한다. 진짜 위기는 이것에 완전히 압도 당해서 다시 일어나지 못하는 것이다. 사실 '위기'는 내면과 삶을 돌아보게 하는 기회가 된다. 압도 당하는 사람은 우울, 권태, 공허감, 모든 것을 잃을 것 같은 감정 등에도 불구하고 어제까지 출근했던 사람이 오늘 갑자기 깊은 우울에 빠져서 출근하지 못하고 침대에서 일어나지도 못하는 경우이다. 심하면 생을 포기하는 일까지 벌어질 수 있다.

[그림 8-10] 40대 중반 여자 내담자의 모래장면

아동기의 폭력 경험으로 인해 오랫동안 석화된 감정을 갖고 있던 내담자의 내면 감정이 용해되기 시작한 시점의 모래장면이다.

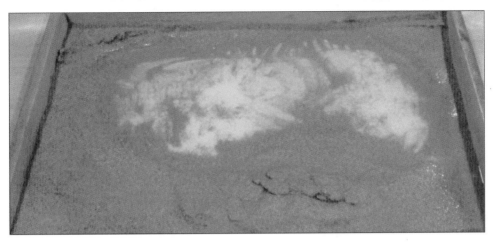

[그림 8-11] 20대 중반 여자 내담자의 모래장면

오랫동안 다루지 못했던 죄책감을 표현하기 시작하면서 만들어진 모래장면이다.

(3) 응고

응고(coagulatio, harding)의 연금술적 의미는 이 과정에서 어떤 것이 견고한 물질로 변화하는 것이다. 이전에는 의식에 없던 어떤 것이 구체적 형태를 취하게 된다. 무의식을 의식화했기 때문에 새로운 의식성이 생긴 것이다. 이때의 감정적 경험은 '통합된 느낌' '현실에 근거를 둔' '땅을 밟고 있는 듯한 느낌' '어떤 견고한 입장을 갖고 있는 느낌'이다. 이 상태는 모래놀이치료 장면에 땅, 먼지, 진흙, 토양, 변, 얼음, 돌, 바위, 음식, 살, 피부, 몸, 높은 곳에서의 추락 같은 이미지로 나타날 수 있다. 급격하고 갑작스런 추락은 부정적일 수 있지만 점진적인 추락은 현실로 내려와 발을 땅에 딛고 현실적으로 자신과 삶을 있는 그대로 받아들이는 태도의 변화를 의미할 수 있다.

이 상태의 심리적 의미는 생각이나 판타지가 비현실적이거나 이상적이어서 오로지 성공, 성취, 인정, 완벽한 것만을 추구하는 것이 아니라 그 구체적 형태를 취하거나 행동화하는 것, 즉 평범하고 단조로운 삶, 자신의 한계를 받아들이는 것이다.

(4) 승화

승화(sublimatio, uplifting/Inflating)의 연금술적 의미는 물질이 증류(distillation) 과정에 의해 수증기로 변화하는 과정을 의미한다. 예를 들면, 물질이 공기가 되는 것이다. 이 단계로 상징화되는 정신 변화 단계에서의 감정적 경험은 '영감을 받은' '고양된' '이상이나 환상을 갖게 된 '꿈이나 상상을 따름(현실에 근거하지 않아 때로는 위험할 수도 있지만)' 등이다. 이때 모래놀이치료에 나타나는 경향이 있는 이미지는 비행, 상승, 계단, 사다리, 타워, 탑, 비행기, 새, 공기, 바람 등이다. 자신의 어려움의 근원이 무엇인지 깨닫고 해결되었다고 생각하는 것은 일종의 수증기가 올라가는 것처럼 초월적인 경험이다. 초월이라는 표현이 갖고 있는 의미와 일맥상통한다. 불행히도 많은 사람이 깨달았다고 생각하는 순간에 팽창에 빠지기도 한다. 그 예로, 어떤 사람들은 자신의 깨달음과 경험이 유일한 것처럼 다른 사람들에게도 강요하고 자신의 방식대로 할 것을 요구한다. 그것은 마치 어떤 성취를 이루어 낸 사람이 팽창되어 실제보다 자신을 과대평가하거나 다른 사람을 과소평가하는 태도와 유사하다.

이 상태의 심리적 의미는 더 넓은 조망(의미)을 얻기 위해 또는 새로운 가능성을 추구하기 위해 자아가 현재의 구체적 현실의 한계를 뛰어넘는 것이다. 부정적 측면에서는 '판타지로 도피해 버리거나' '고결한 이상'으로 날아가는 것이다. 따라서 과장된 승화는 현실로부터의 해리를 의미한다.

(5) 부패

부패(mortificatio, killing/dying)의 연금술적 의미는 물질의 '죽음' 또는 '소멸(annihilation)'을 의미하는 '부패(putrefactio)'이다. 이 단계의 감정적 경험은 '패배한 것 같은' '빼앗긴 것 같은' '무너진 것 같은' '잃은 것 같은' '공격 당한 것 같은' 또는 삶의 일부분이 '끝나거나' '쓸모없어진 것 같은' 느낌 등이다. 이러한 감정 상태는 모래놀이에 시체, 무덤, 관, 총으로 쏘기, 칼로 찌르기, 죽이기, 묻기, 변 같은 배설물 등으로 나타날 수 있다.

이것의 심리적 의미는 자아 또는 자아콤플렉스가 자기(Self)에 의해 변화되기 위해 상징적으로 '죽임'을 당하는 것이다. 자아가 팽창되어 있는 경우에도 팽창되어 있음을 깨닫고 자아중심성을 내려놓는 것이 부패이다.

(6) 분리

분리(separatio, separating)의 연금술적 의미는 혼란된 또는 '낮은' 수준의 물질이 혼합되어 있다가 분리되어 더 순수한 물질의 조합이 이루어지는 것이다. 용해와 유사한 과정이라고 할 수 있다. 이 단계로 상징될 수 있는 감정적 경험은 '분류해야 할 것 같은' '거리를 두어야 할 것 같은' '신뢰할 것과 신뢰하지 않아야 할 것을 결정해야 할 것 같은' 느낌이다. 이러한 감정 상태는 모래장면에 칼, 자르기, 찢기, 분류하기, 접기, 배열하기, 두 가지 중 선택하기, 떠나기, 거리 두기, 나누기, 이혼하기 등의 이미지일 수 있다.

이 상태의 심리적 의미는 부모를 비롯한 중요한 사람들, 사회, 집단, 조직의 가치, 각종 콤플렉스 등과의 과잉 동일시로부터 자아가 분리되는 과정을 의미한다. 예를 들어, 유능감콤플렉스를 가진 사람은 유능해지기 위해 온갖 분투와 열등감 속에서 스트레스를 견디며 살아갈 것이고, 그것이 여러 다른 심리적 문제나 고통, 관계문제, 건강문제 등을 초래할 가능성이 높다. 어려움의 정도가 심해지면 리비도는 내면을 향하게 되고 자신의 진정한 존재성과 삶에 태도에 대해 고심하게 될 것이며 그 과정에서 시행착오 끝에 자신의 콤플렉스를 깨닫고 그것과 분리하는 연습을 한다.

(7) 합일

합일(conjunctio, joining, uniting)의 연금술적 의미는 이전에는 별개였던 두 개의 물질이 새로운 물질을 창조하기 위해 연합하는 것을 의미한다. 연금술에서 '최후의 합일'은 신성결혼(hieros gamos)으로 상징화되며, 신성결혼은 연금술 작업(opus)의 최종 목표이다. 이는 모든 대극의 합일을 의미한다. 이 단계는 모래놀이치료 장면에 상징적으로 성적 결합, 결혼, 함께 융합하거나 다른 것으로 변화하는 피규어들, 물리적 접촉, 껴안기, 초대하기, 집안으로 무엇인가 들이기 등으로 상징화될 수 있다.

이 상태의 심리적 의미는 이전에는 알려지지 않았거나, 즉 무의식 상태였거나 저항적이었던 정신의 측면과 자아의 만남이 이루어져서 대극이 통합된다는 것이다. 예를 들면, 자아와 그림자의 통합이 그 예이며 궁극적으로 자기(Self)와의 합일이다.

이 외에도 다른 과정의 예시들이 있으나, 앞서 제시한 것들이 주로 언급되는 연금술 과정들이다. 상징적으로 말하자면 연금술적 변화라는 목표 달성에 있어 앞에서 제시하는 순서대로 달성이 일어나는 것이 중요한 것이 아니라 개인이 변화 과정에 들어갔다는 것이 중요하다. 이 변화 과정은 치료자의 비공격적이고 수용적인 공감을 통해서만 이루어질 수 있다. 명확한 해석을 하고 싶어 하는 유혹이 상징을 활용하는 치료자들에게 있으나 해석에서 지나친 명확함 또는 명료함은 이 공격적이지 않은 공감을 방해한다

(Annehale, 2006, pp. 107-122). 명확히 하려는 마음도 내담자에게 도움을 주려는 마음이라고는 할 수 있지만 그것은 치료자 중심의 '공격적' 해석이라고 할 수 있으며 공감적인 태도라고 할 수 없다.

4. 연금술과 자기 상징

개성화의 상징인 연금술적 변화를 상징적 용어를 사용하여 다시 설명하면 다음과 같다. 문자 그대로 읽지 않고 그 어떤 것을 상징적으로 말한다고 생각하며 읽는다면 훨씬 흥미롭고 신비롭다는 것을 느끼게 될 것이다. 어린이, 금, 생명의 명약(exiler)으로 상징화되는 자기(Self)는 불, 즉 리비도 집중에서 태어나 불 속의 샐러맨더(불 속에서도 영원히 타지 않고 살아 있는 전설의 도마뱀)처럼 내향적 삶을 살고 스스로 양육되고 성장한다. 내향적 삶은 용을 죽이고 피의 붉은색이 된다. 즉, 치유의 힘을 가진 영혼이 왕으로 변화한다. 자기(Self)에너지는 어린아이 상징으로 의식을 위해 잉태되며, 어린아이가 잉태되면 정서라는 리비도가 자기에 집중된다. 어린이가 자라 붉은색이 된다면, 즉 자기에너지가 자아의식성에 더 다가갈수록 자기는 개인의 삶에서 점점 더 중요해지고 의식적 삶 전체에 더 많은 영향을 미치도록 리비도를 끌어당긴다. 그러고 나면 마침내 붉은색의 샐러맨더가 나타난다. 어린이가 치유하기 시작하고 한 사람의 치유는 전염 효과를 가져와서 다른 사람들을 치유한다. 상징적 치유 과정에서 개인, 즉 기존의 것, 낡은 자아는 먼저 죽고 파괴되어야 한다. 그러한 과정에서 현재의 세계관, 사고, 직업 등을 포기하는 경우도 발생한다. 이는 위협으로 지각되어 많은 사람이 자신에 대해 알고 싶어 하지 않게 만들며, 자아의 합리성에 따라 기존의 삶의 틀에 다시 주저앉기도 한다.

이 자기(Self)의 개념에 대해 좀 더 설명하자면, 인체 내부에는 신에 의해 주어진, 그 자체로 치유적인 형이상학적인 물질이 있다고 연금술사들은 보았다. 이는 융의 신성한 불꽃(divine spark), 즉 자기(self)에 비유될 수 있는 것으로 정신 내면에 갈등적인 관념이 있을 때 진실에 대한 경험을 통해 통합된다. 그리고 이 통합은 자아의 심사숙고(노력)로 이루어지는 것이 아니라 상징적 내용(꿈, 모래, 그림, 상상 등의 무의식 내용), 즉 무의식이라는 객관적 정신으로부터 투사된 내용에 대한 작업을 통해 이루어진다.

연금술은 비밀스러운 방식이 아닌 일상생활의 측면에서 경험의 특성과 경험의 특성 변화에 집중하는 과정이라고 할 수 있다(Henderson, 2006, pp. 123-136). 모든 일상의 인간관계는 연금술적 용기(그릇), 예를 들면 결혼 관계처럼 두 사람의 상상에 의해 만들어지는 관계, 즉 융합콤플렉스(fusion complex)를 어떻게 다룰 것인가와 관련되어 있다. 연금술적 관점에서 기분은 원질료라고 할 수 있다. 기분은 단지 표출(acting-out)하는 것이 아니라 함께 갈 수 있도록 변화시켜야 하는 대상이다. 따라서 연금술 용기에서 무슨 일이 일어나는지 알려면 연금술사 페르소나가 치료자에게 필요하다. 연금술의 원질료인 영혼에서 어떤 변화가 일어나는지 알기 위해서 영혼을 돌보는 일이 필요한 것이다(Henderson, 2006).

그렇다면 어떻게 영혼을 돌볼 것인가? 먼저, 심리치료는 영혼을 돌보는 과정이므로 감정, 사고, 기억, 욕망, 두려움, 관계, 일 등을 다루며, 이를 위한 상징적인 연금술적 작업 전략은 용기(그릇), 즉 아무도 침범할 수 없는 테메노스(temenos, 고대의 신성한 장소)를 만들고 유지하는 것이다. 그런 다음 용기 외부에서 일어나는 일들을 관찰하고 변화와 발달의 자연스러운 과정을 발달시키는데, 그 방법은 모래놀이치료와 같은 상상을 활용하는 것이다. 왜냐하면 무의식은 상상, 판타지라는 방법으로 떠오르기 때문이다. 표현하기 어려운 판타지와 정서를 위해 상징이라는 은유를 사용하는 것이라고 할 수 있다. 여기서 중요한 것은 오로지 심리적, 의식적, 분석적으로만 작업하지 말고 근원적이고 영적인 관점을 작업에 포함시키는 것이다. 이는 치료자가 영적인 작업의 필요성을 먼저 느끼고 경험한 다음에 내담자에게 경험할 것을 요구한다. 마지막으로 영웅적이거나 팽창적이지 않으면서 미묘한 움직임을 관찰하고 만들어 가야 한다.

제9장

남성성과 여성성의 발달

1. 남성성과 여성성의 발달

흔히 여성성, 남성성 하면 여성적인 외모 또는 일반적, 통속적으로 생각되는 남성적인 태도만을 생각하는 경향이 있다. 그러나 남성성, 여성성을 정의하기는 쉽지 않다. 여성성과 남성성을 규정 짓는 것은 생물학적 특성, 개인 차, 사회문화적 요인 등 여러 가지 요인이 작용하기 때문이다.

1) 남성의 남성성 발달

남성에게는 성숙한 성인 남성으로 살아갈 수 있는 방향을 정해 주는 남성원형이 집단무의식에 자리하고 있다. 물론 이것은 남성의 페르소나로도 표현된다. 그러나 남성원형에너지는 저절로 발달하는 것이 아니라 환경에서 이 원형에너지의 배열을 자극하는 남성 모델이 있어야 한다. 모든 원형에너지는 같은 원리를 따라 발달한다. 환경의 자극이 전혀 없는 곳에서는 원형에너지가 그 발달경로를 안내할 수 없다. 오늘날 남녀를 불문하고 무엇이 건강하고 바람직한 남성성과 여성성을 안내하는 성역할을 분명하게 말하기는 어려운 시대이다. 그러나 원형은 그 자체로 가고자 하는 분명한 방향성을 가지고 있기 때문에 어린 소년이 무의식적 모권(matriarchate), 즉 모성원형에너지를 극복하고 진정한 남성으로 성장하도록 이끌어 주는 성인 남성 모델이 없다는 것은 남성의 발달과 관계 그리고 정신건강에 문제가 생길 가능성을 의미한다. 무어와 질레트는 남성원형에너지가 발달단계, 즉 소년기와 성인기에 어떠한 양상으로 나타나는지를 제시하고 역기능적인 발달양상도 제시하였다(Moore & Gillette, 1994). 무어와 질레트의 이러한 제시는 사회와 문화가 남성성을 어떻게 규정할 것인지, 즉 인위적인 규정이 아니라 본질적 원형의 청사진에 어떻게 따를 것인지를 제시한 것이라고 할 수 있다. 이들에 따르면, 각 성장 단계에 따라 서로 다른 소년기의 원형들과 소년기의 원형들이 인도하는 성인기의 남성원형이 배열된다. 어린 소년에게서 처음으로 나타나는 아직 미성숙한 원형의 배열은 '신성한 아이'이며, 그다음은 각각 '조숙한 소년(아이)'과 '오이디푸스적 소년(아이)' 그리고 '영웅'이다(Moore & Gillette, 1994, p. 41). 신성한 아이와 오이디푸스적 아이는 남자 안에 있는 아름답고, 에너지 넘치고, 관계를 맺으며, 따뜻하고, 돌보며, 영적인 모든 것의 핵을 형성한다. 여기서 '오이디푸스'라는 말의 의미는 프로이트(Freud)가 제안한 발달단계 중 오이디푸스 시기와는 다른 의미이다.

자아(ego)는 원형적 신성함과 오이디푸스적 소년의 에너지를 자신(즉, 자아)과 구별해 내는 인식 능력을 필요로 한다. 영웅원형은 소년의 에너지가 여성적 무의식으로부터 자유로워지는 것을 도우며, 자신만의 여성성 발달로 인한 독립적인 한 개인으로서의 소년의 정체성을 확립시킨다. 즉, 영웅은 소년이 남자가 되도록 준비시킨다. 신성한 아이, 오이디푸스적 아이, 조숙한 아이, 영웅이라는 이미지적 용어는 모두 무의식적·모권적 무의식으로부터의 독립 또는 독립하지 못함 그리고 더 나아가 건강한 성인원형적 측면으로 옮겨 갈 수 있는지 아니면 퇴행적·의존적 상태에 머물며 부정적 삶을 살아갈지와 관련된 부분을 나타낸다. 무어와 질레트는 그러한 측면에서 각 원형적 측면의 긍정적 발달을 제시하였고 긍정적 발달경로를 벗어나 무의식적·모권적 원형에 사로잡혔을 때의 그림자적 측면을 구분하여 제시하였다.

발달경로에 있어 소년원형은 신성한 아이에서 출발하여 오이디푸스적 아이 단계와 조숙한 아이 단계를 거쳐 영웅의 단계로 나아가며, 각 원형적 측면은 성인의 원형적 측면과 연결된다. 그러나 궁극적인 발달의 목표는 이 모든 원형적 측면의 통합과 조화가 이루어져서 성인 발달 상태로 이행하는 것이다.

이 개념들은 모래놀이치료에서 내담자의 모래상자에 나타나는 남성성의 발달을 이해하는 데에 유용하다. 오늘날 소년들은 학업 성취를 위해 지적인 것만을 강요당하고 소년들이 정상적인 정신발달을 이룰 수 있는 시간과 상징적 공간을 허용 받지 못하기 때문에 일부 소년들은 비정상적이고 역기능적인 발달경로를 간다. 예를 들어, 진취적이고 창조적으로 살기를 거부하는 '은둔형 외톨이', 정상적인 취업과 결혼을 포기하는 청년, 성숙한 성인으로의 삶을 포기했기 때문에 발달단계에 적합한 독립과 책임을 거부하고 영원한 어린아이로 남고 싶어 하는 푸에르(Puer) 같은 삶을 추구하는 청년들이 증가하고 있다.

푸에르는 본래 '영원한 소년(eternal boy)'을 뜻하는 라틴어로 항상 어린아이 상태로 있는 어린이 신(child-god)을 지칭하는 말이었다. 푸에르는 도망갈 곳 없이 갇힐 것이라는 두려움 때문에 잠정적 삶을 살아간다. 매일 반복적이고 단조롭게 직장을 다니거나 일을 해야 하고 자신과 가족을 책임져야 하는 '틀'에 들어가는 것을 갇히는 것을 숨 막히는 것으로 지각하면서 자유를 갈망한다. 이러한 원형에너지가 우세한 남성은 독립과 자유를 갈망하고 경계와 한계에 안달하지만 동시에 견딜 수 없는 제한을 찾는 경향이 있다. 틀에 들어가지 않기 위해 바깥 세상으로 나가지 않는 것은 결과적으로 모성적 틀에 스스로를 가두는 것이다. 여성은 '푸엘라 에테르나(Puella Aeterna)'라고 하며, 그리스의 코레(Kore)에서 그 이미지를 가져왔다. 융(Jung)은 이 단어를 그의 분석심리학에 도입하였으며, 푸에르는 '인간 정신의 원초적이고 구조적인 요소 중 하나인 원형'에 속하는 것으로 보았다.

물론 융에 따르면, 모든 원형은 긍정적 측면과 부정적 측면이라는 이중적 측면을 가지고 있다. 긍정적 측면은 새로워짐을 의미하는 신성한 어린이로서 나타나며, 또한 헤라클레스와 같은 영웅으로 발달할 가능성을 갖고 있다. 부정적 측면은 앞에서 언급한 바와 같이 자신의 삶이라는 배에 올라 삶에 존재하는 어려움을 스스로 해결하면서 살기보다는 이것저것 옮겨 다니면서 안착할 수 없는 이유만을 찾는 사람처럼 성장을 거부하고 삶에서 직면하게 되는 어려움들을 거부한다. 겉으로 보기에는 정상적인 성인의 삶을 사는 것처럼 보이는 남성에게서도 진정한 책임을 회피하는 모습을 볼 수 있다. 폰 프란츠(von Franz)는 이러한 원형에 사로잡힌 사람의 모습을 다음과 같이 언급했다.

> 그는 한동안 이것이나 저것을 하고 있지만 그것이 여자이든 일이든 간에 아직 정말로 원하는 것이 아니며, 그것은 항상 언젠가 미래에는 진정한 것이 될 것이라는 판타지에 불과하다. …… 그러한 유형의 남자들이 끔찍해 하는 한 가지는 그것이 무엇이든 어떤 것에 매이는 것이다(von Franz, 1981, p. 8).

폰 프란츠는 대표적인 인물로 생텍쥐페리를 들었다. 생텍쥐페리가 쓴 『어린 왕자』의 어린 왕자 역시 생텍쥐페리의 삶을 상징하는 푸에르이다. 어린 왕자와 생텍쥐페리는 소년원형의 창조성을 삶에 실천하지 못하고 소년이 상징하는 자유의 세계와 현실이 뜻하는 '속박'의 세계 사이에서 방황하다가 삶의 포기를 의미하는 죽음을 '선택'했다. 어린 왕자는 벗어날 수 있었음에도 뱀에 물려 죽기를 선택했다(von Franz, 1970/2017).

또 다른 융분석가인 샤프(Sharp, 1980)도 이미지와 연결시켜서 이와 비슷한 언급을 하였다. 그에 의하면 푸에르 심리를 가진 사람들이 공통적으로 겪는 증상은 갇히거나 그와 비슷한 이미지인 체인, 감옥, 우리, 함정, 속박 등의 꿈을 꾸는 것이다. 즉, 삶 자체가 감옥으로 경험된다. 그래서 현실로 나가기를 꺼리고 그 어느 것에도 안착하거나 정체성을 갖지 못한 채 잠정적인 삶을 살아간다.

괴테(Goethe)의 소설 속 '파우스트'가 그의 팽창되고 관습적인 일방성(onesidedness)을 버리고 필요로 했던 것이 바로 이 소년이다. 또한 "너희가 어린아이들과 같이 되지 않으면……(Except ye become as little children……)"이라고 한 그리스도의 말은 이 변화를 뜻하는 것일 수 있는데, 그 이유는 그들에게 대극이 함께 있기 때문이다. 그러나 우리가 되기를 바라는 것은 무의식적 어린이가 아닌 성숙한 성인 남자에게서 태어난 소년이며(Jung, 1959/1990e, par. 742), 소년의 상태에 그대로 머무는 것이 아니라 소년을 잃어버리지 않으면서도(소년과 같은 에너지, 호기심, 창조성, 에너지, 도전, 변화에 대한 수용 등등일 것이다) 단조로운 일상과 집단적 삶에 자신을 적응시킬 수 있는 성숙한 남자로 성장해야 한다. 융분석가인 요먼(Yeoman, 1999)은 자신의 저서 『Now or neverland』에서 피터팬의 형태로 푸에르의 주제를 다루기도 했다. 피터팬은 현대의 가장 대표적인 푸에르라고 할 수 있다.

이러한 문제를 갖고 있는 내담자들의 모래장면에서 나타나는 푸에르 상징을 이해하고 그 의미를 내담자가 의식하고 삶으로 통합하는 과정으로 나아가도록 돕는 것이 모래놀이치료자의 역할이라고 할 수 있다. 연령적으로 성인이지만 소년과 같은 피규어의 상징성이 나타나는 경우, 또는 푸에르 원형의 한 대극인 세넥스(Senex), 즉 노인원형 상징이 나타날 때 그것이 푸에르를 보상하는 상징임을 이해하는 것이 필요하다. 그것이 내담자의 무의식적 정신이 내담자의 의식과 자아(ego)에 보내는 메시지이기 때문이다.

푸에르라는 것은 다시 말하면 집단무의식의 모성원형에너지와 상징적인 '근친상간적' 관계에서 벗어나지 못한 것, 즉 심리적 의존 상태를 의미한다. 무어와 질레트(1994)는 이러한 원형에너지로부터 벗어나 독립을 이루려는 남성 심리의 발달 과정을 소년 시기와 성인 시기로 나누어 이미지화하였다. 이들이 제시한 각 원형에너지가 자아에 배열되었을 때의 특성 그리고 각 원형에너지에 자아가 사로잡혀 있을 때 나타나는 현상을 설명하였다. 각 각의 원형에너지가 별도로 필요한 것이 아니라 건강한 정신발달을 이루기 위해서 통합적으로 필요하며, 각각에 대해 보완적 역할을 하게 된다. 자아는 원형적 에너지, 즉 신성 함이나 한계 없음 같은 원형적 특성과 자신, 즉 자아를 구별해 내는 인식을 필요로 한다.

　앞서 언급한 것처럼, 무어와 질레트는 남성 심리의 발달을 소년 심리와 성인 남성 심리의 발달로 구분하여 설명하였다. 성인 남성의 심리는 소년 심리를 극복하면서 발달하게 되고, 궁극적으로 남성 심리는 원형적 모성성의 극복을 목표로 하며, 소년과 성인의 각 시기는 몇 가지 유형의 원형적 영향을 받게 된다. 원형의 특성에 따라 긍정적 측면뿐 아니라 부정적 측면이 발달할 가능성이 있으며, 부정적 측면은 성숙한 남성 심리를 발달하는 것을 방해한다. 소년 심리와 성인 남성 심리의 발달에 나타나는 원형적 측면과 원형적 측면의 역기능적 측면을 요약해서 비교하면 〈표 9-1〉과 같다. 소년기에만 소년 심리의 특성을 갖는 것은 아니며, 인간 정신에 있는 소년적인 측면이라고 할 수 있다. 그런 의미에서 여기서 사용하고 있는 용어들은 모두 실제의 그들을 의미하는 것이 아니라 그것들이 갖고 있는 특성에 비유되는 상징적인 표현들이다.

〈표 9-1〉 소년과 성인 남성 심리의 비교

소년 심리의 발달	성인 남성 심리의 발달
1. 신성한 아이	1. 왕
• 가장 원초적이고 미성숙한 남성에너지이지만 왕의 성숙한 남성에너지로 발달할 가능성을 갖고 있음 • 이 에너지가 통합되면 강력해져서 우주의 중심, 삶의 원천이 됨 • 신성한 아이가 지닌 힘과 연결되면 안녕감, 삶에 대한 열정, 평화와 기쁨을 느끼게 됨 • 남성에게 마법적 힘을 부여하는 특성이 있음(원하는 것을 만들어 내고 자신이 속한 세계를 통제할 수 있다는 느낌을 줌)	• 왕 원형에너지는 신성한 아이가 발달한 형태로서 성인 남성의 네 가지 남성원형 중 가장 중요함. 훌륭하고 창조적인 왕은 훌륭한 전사인 동시에 자신감에 찬 마법사이며, 훌륭한 연인임 • 가장 마지막에 발달함 • 왕 원형은 모든 남성에게 내재하는 남성적 신이며 안트로포스(Anthropos), 즉 진정한 인간 아담임. 아담은 하느님의 모상, 즉 신의 형상(imago Dei)이며 태초의 아버지를 의미함

	• 소년기의 원형이 죽어야(특히 영웅원형이 죽어야) 성숙한 남성으로 태어날 수 있음 소년 심리의 끝은 남성성의 시작이며, 소년 심리가 죽어야 성숙한 왕과 올바른 관계에 들어갈 수 있음 • 왕 원형은 중심 원형임. 왕이 자리하면 즉 내면 세계에 중심이 잡히면 그 주위에 나머지 정신 세계가 형성됨(예: 남성적 자아) 왕 원형의 기능 • 질서, 즉 정신의 중심을 잡고 조절함 • 따라서 이 원형에너지가 제대로 작용하지 않는 아버지는 미성숙하고 정서적으로 불안정하며 제 역할을 하지 못하고 가정에 무질서와 혼란을 초래함 • 과거의 왕은 풍요와 다산의 상징이었고 하늘과 땅을 연결하여 신의 은혜를 땅에 가져오는 존재였음
신성한 아이의 그림자 높은 권좌의 폭군 • 교만함, 유치함, 책임감이 없음 • 우주는 자신의 모든 필요를 성취시키기 위해 존재한다고 여기며 자신의 한계에 대한 인식이 없어서 팽창되어 있음 • 자신이 우주의 중심이 아니라는 것을 알 필요가 있음 • 폭압적 분노를 갖고 있음 허약한 왕자 • 개성이 거의 없음 • 삶에 대한 열정과 주도성이 없음 • 어린아이처럼 대우를 잘 받기만을 원함 • 침묵하거나 징징거림, 무력함, 불평, 명령하기 • 우울한 소극성	왕의 그림자 폭군, 나약한 자 • 기독교 성서의 헤롯왕과 같은 존재. 사울이 헤롯왕의 그림자에 해당하는 원형적 측면임 • 내면에 중심이 없기 때문에 나약함을 감추려고 폭군 역할을 하며 결과적으로 자신을 우주의 중심으로 여김 • 약하다는 감정을 방어하기 위해 허세를 부림 • 학대적이고 착취적인 아버지 • 폭력적인 남편 • 범죄 개입, 약물 중독 • 각종 신경증이나 정신병에 시달릴 가능성이 있음 • 학대적인 부모에게서 성장했을 가능성이 있음

2. 오이디푸스적 아이	2. 연인
• 성숙한 연인의 에너지로 연결됨 • 삶에 대한 깊은 경이감이 스며 있는 열정 • 자기 자신과 다른 사람뿐 아니라 모든 것의 관계성을 깊이 이해함 • 더 나아가 다른 사람, 사물, 자연에 대한 신비적 일체감과 모든 것의 상호 연합에 대한 감각을 갖고 있음 • 사람들에게 따뜻하며, 관계를 맺으려고 하고, 애정이 있음	• 몸으로 자신을 실현하려고 함 • 집단무의식에 노출되어 있으며 그것을 통해 세상이 하나로 연결되어 있다는 신비한 체험을 함 • 놀라운 감수성을 갖고 있어서 타인의 기쁨과 고통을 느낄 수 있음 • 심미적 • 인습에 대항하다 보니 감성과 도덕, 사랑과 의무 사이에서 갈등함 • 기독교 같은 종교, 규범의 박해를 겪는 경향이 있음 • 예술가, 무당
오이디푸스적 아이의 그림자 마마보이 • 이성 관계에서 사람인 여자에 결코 만족하지 못함 • 불멸의 여신을 찾음(돈 주앙 유형) • 한 여자에게 만족하지 못함 • 색정적인 경향성, 충동적 자위, 포르노 중독 • 친밀한 관계에 대한 책임을 지지 않으려고 하며 존재하기만을 원함 꿈꾸는 자 • 고립감 • 비물질적 세계와 물질 세계, 상상의 내적 세계와 외적 세계를 연결하지 못함 • 성취하지 못함 • 철수되거나 우울하게 보임 • 꿈은 종종 멜랑콜리하거나 목가적이거나 천상적임 • 고립되는 경향이 있으며 진지하지 못한 행동 • 어머니를 소유하지 못할 때 분노함	연인의 그림자 중독자, 무력한 연인 • 여성적 무의식에 사로잡힘 • 관능, 감각, 감수성, 음식, 술, 마약 등에 중독되는 경향을 보임 • 순간의 쾌락을 쫓음 • 정신적 근친상간 • 만성 우울증 • 경계와 중심을 잡아 줄 건강한 왕 원형 에너지와의 만남을 필요로 함

3. 영웅	3. 전사
• 모성적 무의식에너지로부터 벗어나기 위해 영웅에너지가 필요함 • 자신의 한계를 뛰어넘음 • 모든 것을 할 수 있다고 믿음 • 영웅적인 삶 • 영웅이 자신의 한계를 깨닫고 겸손해지는 것은 영웅의 죽음, 즉 소년기의 끝남과 성숙한 남성이 되는 것을 의미함	• 전쟁, 전투와 관련된 에너지 • 근원적 공격성 • 전사 원형에너지를 통해 인류 문화가 발전 • 삶을 진화시킴 • 자의식(self-consciousness)을 회피함 • 행동하는 것이 제2의 천성 • 개인의 삶을 희생: 전사가 주군에게 그러하듯이 자신의 마음과 태도를 통제함 • 개인의 욕구를 희생하고 집단과 명분에 헌신함 • 금욕적 • 예수, 부처 등 종교 창시자
영웅의 그림자 **과시형 폭군** • 주변 사람들을 지배함, 우월의식 • 외톨이 • 질투의 대상이 되기 쉬움 • 타인의 말에 귀 기울이지 않고 자신의 옳음과 능력을 증명해 보이려고 함 **비겁자** • 영웅임을 인정하려고 들지 않음 • 독립, 도전을 피하며 남에게 짓밟히고 육체적 싸움을 싫어함 • 더 이상 견딜 수 없을 때 과시형 폭군이 튀어나옴	**전사의 그림자** **사디스트와 매서키스트** • 전사원형의 양극단 • 인간관계를 잘하지 못하며 폭력적 • 폭력은 약함을 감추기 위한 것: 약한 것에 대한 증오로 폭력을 가함 • 강박적 성격: 일 중독 • 남에게 조종 당함
4. 조숙한 아이	4. 마법사
• 마법사의 미성숙한 형태 • 배우고자 하고 배운 것을 나누고자 함 • 좋은 학생 • 예술, 스포츠에 재능이 있고 호기심이 많고 궁금해 함	• 지식, 기술의 숙달 및 전수자 • 숨겨진 인간 심리의 역동을 이해함 • 문명, 학문의 창조자 • 자각과 통찰 • 심사숙고와 사려 깊음

• 모험적 • 내향적·반영적 경향성을 보임 • 숨겨져 있는 연관성을 볼 수 있음 • 인지적으로 초연함 • 도움이나 나눔을 원하는 상황에서는 외향적일 수 있음	• 마법사 원형에너지는 자아-자기 축(ego-Self axis)이 형성되도록 도와 자아(ego)가 온전한 기능을 하도록 함
조숙한 아이의 그림자 모든 것을 잘 아는 아이 • 말썽꾸러기 • 속임수를 잘 쓰고 현실적 농담을 잘함 • 조종하려고 함 • 다른 사람을 협박하는 것을 즐거워함 • 배신이나 비웃는 모습 • 모욕적 언어 사용 • 대화를 지배함 • 자신은 뛰어나고, 타인은 열등하다고 생각함 • 독선적 • 고립 • 책임을 지려 하지 않음 • 시기심 멍청이 • 개성, 창조성, 활기의 결핍 • 반응이 없고 멍하게 보임 • 유머 감각 부족 • 신체적으로 서투름 • 순진함 • 삶에 방향감이 없음 • 어리석음은 숨겨진 정서적 과장을 숨기기 위한 것임 • 더 이상 견딜 수 없을 때 과시적인 그림자 측면이 튀어나와 과시하는 모습을 보임	마법사의 그림자 조작자와 '순진한 자' • 지나친 자연 정복 • 언론, 정치적 조종 • 권력 추종 • 지식의 권력화

출처: Moore & Gillette (1994), pp. 49-142.

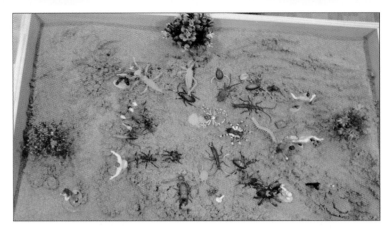

[그림 9-1] 13세 남자 아동 내담자의 부정적인 모성적 여성성의 극복과 관련된 모래장면

[그림 9-1]에서는 상자 중앙의 구멍에서 온갖 종류의 벌레들이 갑자기 폭발하듯이 나오고 있어 사람들이 비명을 지르며 도망치고 있다. 이 소년은 몇 달에 걸친 작업 끝에 땅속에서 징그러운 벌레들이 나오기 시작하는 장면을 만들었다. 아버지의 권위적이고 학대적인 모습에 대해 피해의식이 있던 아동 내담자의 어머니는 아들을 속박하고 아버지와는 다른 남자로 키우려고 통제하고 집착했다. 이 모래장면은 폭압적인 모권적 에너지를 겁주고 쫓아내는 장면이다. 아동 내담자는 이 장면이 자신의 어머니에 대한 감정과 관련이 있다는 것을 깨달았고 그 후 소년은 어머니를 객관적 관점에서 보기 시작하였으며, 과거의 어머니에 대한 감정과 어머니의 실체는 다른 것이었음을 깨닫기 시작했다. 결과적으로 어머니와의 관계가 개선되었다.

[그림 9-2] 20대 후반 남자 내담자의 모래장면

[그림 9-2]에서 전사에너지가 우세하기는 하지만 왕, 전사, 연인, 마법사를 모두 보여 주고 있는 이 20대 후반 남자 내담자의 모래장면에는 왕이자 연인인 남성 에너지가 주도하고 있다. 아직 완전한 인간 형태는 아니지만 초록색의 아니마 피규어가 이 남성 에너지와 함께 있다.

[그림 9-3] 모래놀이치료 중인 내담자가 세션에 가져온 사진

출처: 장미경(2015a), pp. 41-60.

세넥스는 경험, 지혜, 학문, 관습, 법칙 등으로 구체화되며, 자아의 기능으로 통합되는 것을 상징한다. 물론 이 원형에너지의 고착은 소년의 창조성, 자유를 상실하고 경직되는 것이다. [그림 9-3]에서 내담자는 내담자의 아니마의 감정 및 관계 기능을 손상시킨 부성 콤플렉스와 관련된 분노의 괴물에게 쫓기고 있다. 하지만 초록색 괴물은 긍정적인 잠재력도 갖고 있다. 도망치기만 할 것이 아니라 그것과 하나가 되어야 한다.

2) 여성의 여성성 발달

융과 케레니(Jung & Kerenyi, 1969)는 그리스 신화에서 '신성한 소녀' '신성한 아이'에 관해 서술하였는데, 융은 여기에서 그리스 신화의 코레(Kore, 소녀) 또는 코우로이(Kouroi, 소년)가 영웅 어린이원형을 상징한다고 보고 영웅 어린이의 조건을 설명하였다. 코레이든, 코우로이든 모두 가능성과 창조성을 가진 정신적 측면의 상징들이다. 우리 나라에서 영웅 소녀의 주제가 나타나는 가장 널리 알려져 있는 소녀는 민담인 심청전의 '심청'과

설화의 '바리공주'일 것이다. 이는 인내, 순종, 자기희생의 용기로 큰 뜻을 이루는 동양적인 여성 영웅원형 이미지이다(이부영, 2000, p. 218).

남성 영웅을 중심으로 기술한 캠벨(Campbell, 1949/2008)의 영웅의 여정과 비슷하면서도 조금은 다른 각도에서 머독(Murdock, 1990, pp. 1-4)은 여성성의 발달을 여성 영웅(heroine)의 여정의 측면에서 기술하였다. 머독의 여성 영웅의 여정은 여성과 여성이 거부한 여성성 사이의 분열을 치유하기 위한 여성의 영적 발달에 초점을 맞추고 있다. 캠벨은 여성에게는 여정이 필요 없다고 했다. 남성 영웅은 싸우고 도전하고 부딪히고 쟁취하지만 모든 신화에서 여성은 그냥 존재했으며, 여성이 해야 할 일은 그녀가 사람들이 도달하려고 하는 곳이라는 것을 깨닫는 것(Campbell, 1949/2008)이라는 것이다. 최근에는 투쟁, 경쟁, 쟁취를 특징으로 하는 남성적 영웅의 여정을 보여 주는 여성 영웅의 사례들이 늘고 있다. 어떤 유형의 여정이든 여성 자신이 멋진 특성을 갖고 있다는 것을 깨닫는다면 여성은 가짜 남성성 때문에 삶을 망치지는 않을 것이다. 여성 영웅의 여정은 여성적 정체성(identity)을 찾아가는 과정이다. 머독에 의하면 여정이 시작되는 특정한 나이가 있는 것은 아니며, '과거의 자신'이 더 이상 맞지 않을 때 이 여정이 일어난다.

[그림 9-4] 40대 초반 남자 내담자의 모래장면

강인한 여성성을 갖고 있는 것으로 보이는 여성 피규어가 있지만 대신 싸워 줄 모성을 필요로 하는 유약한 남성성을 가진 남자 내담자의 모래장면. 여자 피규어의 성적 측면이 강조되어 있으며, 일견 개성 있고 독립적인 여성성 측면을 보여 주는 듯하나 본인의 유약함을 감추는 과장된 여성성 이미지를 볼 수 있다.

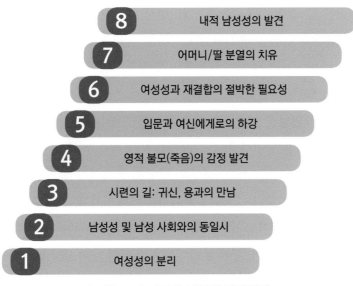

8	내적 남성성의 발견
7	어머니/딸 분열의 치유
6	여성성과 재결합의 절박한 필요성
5	입문과 여신에게로의 하강
4	영적 불모(죽음)의 감정 발견
3	시련의 길: 귀신, 용과의 만남
2	남성성 및 남성 사회와의 동일시
1	여성성의 분리

[그림 9-5] 머독의 여성성 발달단계

(1) 여성 영웅의 발달 과정

여성성의 분리   여성 영웅이 자아를 찾아가는 여정은 남성 중심의 사회 문화에서 여성성과의 분리로부터 시작된다. 남성 중심의 사회와 가정에서 소녀는 남성과 비교하여 여성이 열등하고 부족하며 결핍된 존재라고 배운다. 남성의 사회와 직업, 남성의 가치를 우월한 것으로 여기며 여성성과 여성적 삶을 거부한다. 그 결과, 소녀는 어머니의 사랑과 인정을 바라면서도 어머니보다 더 자유로운 삶을 위해 자신의 어머니처럼 살기를 거부한다. 그러나 중년 이후에 이르면 어머니는 남편과 자녀를 위해 자신을 희생한 삶에 대한 분노와 딸이 자신보다 더 많은 기회와 자유 그리고 재능을 가진 것에 대한 무의식적 분노로 딸에 대해 공격적 행동을 보이기도 하는데, 딸은 이것을 잡아먹는(devouring) 모성원형이미지와 연결시켜서 자신을 질식시키고 삶을 방해한다고 여기면서 독립과 남성적 삶을 더욱 추구한다.

남성성 및 남성 사회와의 동일시   여성성을 거부한 여성은 남성적인 사람, 직업, 지위, 상황을 동일시한다. 이들은 자신을 제대로 인도해 줄 여성이 아닌 남성 멘토를 원하지만 막상 발견하면 그 남성으로부터 명령을 받거나 가르침을 받아들이기 어려워한다. 여성성을 거부하기로 작정한 여성은 캠벨이 말하는 전통적인 영웅의 여정을 가게 되며, 투쟁, 경쟁, 쟁취하는 삶의 태도를 갖는다. 그러면서 그들은 여성이라는 열등감을 극복하기 위해 그리고 남성과 다름을 만회하고 보상하기 위해 지나치게 완벽주의적인 경향을 갖게 된다. 즉 남자 영웅처럼 싸우고 분투하는 것이다.

시련의 길: 귀신, 용과의 만남   여성은 안전한 부모의 가정을 떠나 자기 자신을 찾아 여정을 떠난다. 집이라는 것은 안전과 안정을 보장하지만 계속 거기에 머물러 있을 수 없는 충동이 올라온다. 학교를 가야 하고, 새로운 직업을 선택해야 하며, 여정을 가야 하고, 관계를 맺으며 갈등을 경험한다. 그 속에서 여성은 무엇인가를 찾아 헤맨다. 무엇인가를 찾고 있는지 알고 있다고 생각하지만 사실은 모른 채 어두운 밤을 헤맨다. 그러면서 자신의 긍정적인 자질을 발견하며, 동시에 타인에게 투사하는 자신의 부정적인 면 또는 문제를 보고 경험한다. 이 경험을 통해 여성은 더 이상 부모, 사랑하는 사람, 직장 상사, 그밖에 누구도 원망하지 않고 자신의 진실의 검을 가질 시간이고, 자신의 목소리를 찾을 시간이며, 자신의 운명의 길을 선택할 시간이 왔다는 것을 느낀다.

여성은 외부 세계에 존재하는 어려움과 장애물뿐 아니라 정신 내면 세계의 장애물과 싸워야 한다. 이때의 장애물은 외부에서는 학위 취득, 승진, 명예, 결혼, 재정 등에서의 어려움일 수 있다. 내면에 있는 장애물, 즉 꿈틀거리는 용은 그녀가 성공할 수 없을 것이니 자신을 보호하기 위해 시작하지 말라든가 너보다 더 잘하는 사람들이 너무 많다고 말하는 존재 또는 내면의 목소리일 수 있다. 반대로 사회적인 성공을 위해 무엇이든 할 수 있으니까 해 보라고 유혹하는 존재일 수도 있다. 이것은 자기의심과 경직성이다. 이 용들은 때때로 그녀의 부모, 선생님, 상사를 닮아 위압적으로 보일 것이다. 반대로, 하기만 하면 성공할 수 있으니(또는 성공해야만 하니까) 하고 싶은 것은 무엇이든 하라고 속삭이는 목소리일 수 있다.

내면에 '귀신(ogres)'이 존재한다. 귀신은 그녀의 결심과 인내를 시험하는 존재이며 한계를 정할 수 있는 능력을 시험하는 내면의 목소리이다. 심리적·신체적 한계를 모르고 계속 확장하는 것은 시달림, 싸움, 분투의 연속으로 이어져서 여성성 발달을 방해하기 때문에 한계를 정해야 하지만 내면에는 사회적 성공이든 자신의 한계를 정하고 자신의 진정한 삶을 보호하는 것은 쉽지 않다. 그럴수록 동료들은 그녀를 괴롭힌다고 느낄 것이고, 직업을 위한 자격 조건은 날로 까다로워질 것이며, 연인은 변심할 것이다. 좌충우돌과 시행착오의 삶을 살아간다. 더 큰 권력, 성취, 사랑 등을 위해 불법적인 것 또는 옳지 않은 행위에 대한 유혹을 받을 수도 있다. 이러한 삶은 시간이 흐르면서 내면의 여정을 따라 그녀는 자신의 자기 의심, 자기 중오, 우유부단함, 불안, 두려움에 직면하게 된다. 외부 세계는 변한 것이 없다고 하더라도 이제 더 이상 지속할 수 없을 것 같은 내적 세계에 다다른다.

어떤 여성들은 자신에게 그러한 삶이 맞지 않는다고 넌더리를 치면서 동시에 내적으로는 깊은 열등감에 시달리면서 그 모든 것으로부터 피하고자 하는 은밀한 욕망으로 결혼해 아이를 낳고 사는 평화로운 삶을 생각한다. 마치 결혼과 자녀가 그녀의 모든 문제를 해결해 줄 것 같은 착각에 빠진다. 따라서 자신을 구원해 줄 낭만적 사랑(father/lover/savior)를 찾는다. 이 순간은 결국 용, 즉 퇴행적 욕구가 승리한 순간이다.

영적 불모(죽음)의 감정 발견   남성적 성취를 추구하는 여성은 만족을 모른 채 분주히 일하며 일상을 재촉한다. 그러는 이유는 사실 상실감을 피하기 위해서이다. 여성 안에 있는 왜곡된 남성성은 한시도 그녀를 쉬지 못하도록 하는 폭군이며, 결코 만족함이 없고 더 많은 것을 성취하도록 몰아붙인다. 심지어 쉬고 있으면 뒤처지는 것 같아 불안해서 두통 등의 신체 증상에 시달린다. 그래서 너무 많은 일과 분주함으로 괴로움과 피로를 호소하면서도 쉴 줄을 모른다. 그러나 내면에는 그러한 삶에 대한 깊은 회의와 의심이 있다. 여성은 그들의 부모, 직장 상사 등의 기대 충족과 인정을 위해 주어지는 일이나 과제를 거절하지 못한다. 거절한다면 정말 중요한 것을 바보같이 포기했다는 불안에 휩싸이게 되기 때문이다. 그러한 과정에는 정신 내면, 즉 자기 자신을 돌보는 일은 없다. 성취와 성공은 건강과 정서적 평화를 희생한 대가이다. 만족할 만한 기술을 숙달하고, 독립을 성취하고, 자신이 선택한 분야에서 영향력 있는 인물이 된다고 해도 그녀에게 남는 것은 지친 감정과 어떻게 지속해야 할지 모르는 불확실의 감정이다. 이러한 감정은 알 수 없는 상실감으로 경험되는 경향이 있다. 그러나 이는 진정한 여성성에 대한 갈망이며, 여성 자신의 신체 안에 있는 진정으로 평화로운 곳을 향한 갈망이다. 이 시점은 기존의 삶의 패턴과 태도는 더 이상 맞지 않고 새로운 길은 아직 분명하지 않은 어두움의 상태라고 할 수 있다.

입문과 여신에게로의 하강   영적 불모(죽음)의 감정을 느낀 여성은 지하세계(underworld), 즉 영혼의 어두운 밤의 세계, 고래의 배, 어두운 여신의 배 또는 우울증으로의 하강을 시작한다. 여성의 삶이자 정체성이었던 자녀, 부모 또는 배우자의 죽음 경험이 지하세계로의 여정과 맞물려서 일어나는 경향이 있다. 또한 딸, 어머니, 애인, 배우자 등으로서의 역할이 끝났을 때에도 하강을 시작한다. 중요한 질병이나 사고, 자신감이나 삶에 대한 생기의 상실, 이사, 학위 취득의 실패, 중독적 측면에 대한 이해, 아픈 마음 등도 하강하게 만드는 요소들이다. 이에 은유적으로 땅을 파고 들어간다는 표현이 사용될 수 있는데, 여성의 입문을 표현하는 것이다. 그녀는 지하세계(무의식)에서 원형적 여성성, 즉 대모(Great Mother)를 만난다. 대모는 처음에는 어둡고 두렵게 느껴지지만 마침내 지하세계에 내려간 여성은 대모에게 돌봄과 받아들여짐을 경험하며 대모의 도움으로 자신의 진정한 여성성, 즉 진정한 자신을 발견한다.

여성성과 재결합의 절박한 필요성   여성이 깊은 무의식의 세계로 하강하고, 아버지의 영적 딸로서의 정체성을 포기하고 나면 여성성과의 재결합이 절박한 문제로 남게 된다. 남성적 영웅으로 살면서 발달하지 못한 부분들, 즉 신체, 정서, 여성적 영성(spirituality) 또는 내면의 어린 여자아이와의 재결합이라고 할 수 있다. 특히 신체와 영(spirit)으로 분열되면서 평가절하되고 발달하지 못했던 여성적 정체성의 근원인 신체와의 재연결이 절박해진다. 자녀를 생산하고 기르는 어머니적 신체뿐 아니라 성적인 신체로서의 성장도 필요하다. 신체와의 분열이 일어난 여성은 술, 음식, 약물, 과로, 과잉 운동 등으로 여성의 몸에 대한 불편함을 없애려고 한다. 어떻게 몸의 욕구들을 경청하고 그것들을 어떻게 돌봐야 하는지 모르는 것이다. 여신에게로의 하강에서 올라온 여성은 자신의 신체의 중요성을 깨닫고 신체 그리고 여성성의 신성함을 깨닫는다. 이러한 여성은 의식적으로 몸을 돌보고, 적당한 운동, 휴식, 치유, 건강한 성생활, 출산 등을 한다. 여성의 몸 자체는 여신이기 때문에 이러한 모든 활동은 여신적 삶의 부분이라고 할 수 있으며, 그것에서 나오는 지혜에 따라 살게 된다.

어머니/딸 분열의 치유   여성 영웅의 여정의 그다음 단계는 분열된 어머니/딸의 치유이다. 절대로 어머니처럼 살지 않겠다며 파괴적으로 정신 속에서 어머니를 '제거해 버린'

여성은 그것을 다시 되찾기 위해 많은 작업을 해야 한다. 반드시 개인적 어머니와의 재결합만을 의미하지 않는 어머니/딸 분열의 치유는 결과적으로 개인적 어머니를 수용하는 과정도 포함한다. 결국 이 과정은 여성이 자신 안에서 분열되어 떨어져 나갔던 여성성, 진정한 여성으로 사는 것의 신성함을 다시 수용하는 과정이다. 자녀를 완벽하게 키우고 성공시키겠다는 태도도 남성적이다. 이제는 과도한 성취, 성공, 인정 욕구를 내려놓고 여성으로서 자신을 있는 그대로 받아들인다.

내적 남성성의 발견　여성임을 평가절하하고 남성, 부성적 남성성을 동일시했던 여성의 정신 속에 완벽주의적이고 통제되지 않으며 한계가 없는, 즉 이루고 성취하고 정복하고 여성성을 학대하고 죽이는 남성성이 자리하고 있다는 것을 깨닫게 된다. 그러나 남성성도 원형이며, 남성성 그 자체가 부정적인 것은 아니다. 아니무스(Animus)가 여성 안에서 건강하게 성장할 수 있는 기회가 주어지지 않았기 때문에 왜곡되어 파괴적 성질을 갖게 된 것뿐이다. 그러한 왜곡된 남성성의 치유에는 수분이 풍부하고 영양가 있는 녹색의 여성적 치유에너지 그리고 자기원형(Self archetype)의 에너지가 필요하다. 그 결과는 남성성과 여성성의 신성한 결합, 즉 자기(Self)와 자아(ego)의 결혼, 대극(opposites)의 합일이다. 이러한 합일의 결과로 신성한 아이(divine child)가 태어난다. 새로운 사람이 되는 것이다. 이는 상징적으로 여성이 신성한 양성적 존재로서의 자신을 낳는다는 것을 의미한다.

[그림 9-6] 40대 초반 여성의 모래장면

심각한 인격장애 어머니로 인해 배열된 가혹한 모성콤플렉스로부터 오랫동안 시달려 오던 여성이 진정한 여성성을 발달시켜 나가는 과정을 보여 주는 모래장면, 조절을 상징하는 긍정적 남성성의 소방관, 긍정적이고 전통적인 모성성의 상징인 늙은 호박 그리고 새롭고 아름다운 여성의 상징인 초승달 천사가 있다. 이 내면 작업이 이루어지고 있음을 공사장의 거대한 기중기가 보여 주고 있다.

(2) 민담에서의 여성 영웅

〈심청전〉과 〈바리공주〉 같은 민담에도 여성 영웅의 여정이 들어 있다. 〈심청전〉은 약간 소설 형식을 띄고 있기는 하지만 한국의 전형적인 민담 가운데 하나이며, 여성 영웅의 여정을 잘 나타내고 있다. 심청은 본래 고귀한 신분이지만 그 사실을 모른 채 가부장적·맹목적 태도를 뜻하는 봉사 아버지를 위해 희생하는 과정에서 자신의 무의식성을 극복하는 여성성의 인격화라고 할 수 있다.

〈심청전〉

곽 씨 부인의 태몽에 심청은 선녀 옥녀가 학을 타고 내려온 서왕모의 딸이다. 심청의 어머니는 심청을 낳고 사망하였고 맹인인 심청의 아버지가 젖동냥을 하며 심청을 키웠다. 그러던 어느 날 심청의 아버지 심봉사는 공양미 삼백 석을 부처님에게 공양하면 눈을 뜰 수 있다는 승려의 말을 듣고 그러기로 약속한다. 심청은 부친을 속이고, 바다의 폭풍을 잠재우기 위해 바다 신에게 바칠 처녀 재물을 찾던 선원들에게 자신을 팔아 공양미 삼백 석을 산다. 그녀는 이 쌀을 절에 바친 후 인당수에 몸을 던진다. 바다 속 용왕은 눈먼 아버지를 위한 그녀의 효성에 감복하여 그녀를 아름다운 꽃의 형태로 만들어 생자의 세계로 보낸다. 한 어부가 그 꽃을 발견하고는 왕비가 세상을 떠난 후 혼자 지내던 왕에게 그 꽃을 갖다 바친다. 궁궐의 정원에서 그 꽃은 아름다운 여자로 변한다. 왕은 그녀를 아내로 삼는다. 심청은 눈먼 아버지를 찾기 위해 전국 방방곡곡으로부터 거지들을 불러들여 음식을 대접한다. 마지막 날, 그녀는 마침내 아버지를 발견한다. 기쁨에 넘치는 두 부녀가 손을 마주 잡고 우는 순간, 늙은 아버지는 눈을 뜬다.

〈심청전〉은 얼핏 효행을 강조하는 교훈적인 뜻을 지니고 있는 것으로 보이지만 그것은 이 이야기가 시대를 거치면서 효를 강조하는 유교적 사상과 같이 그 시대의 이데올로기적인 것이 이야기에 채색되었을 뿐 그 본질적 내용은 그렇지 않다. 심청은 영웅의 탄생이 그런 것처럼 출생부터 이미 초자연적인 후광에 싸여 태어났다. 심청은 장님 아버지로 대변되는 맹목적이며 유약한 가부장 사회의 집단의식을 보상하기 위해 이승(의식)에 나타난 신성한 소녀, 즉 아니마(Anima), 영혼의 원형이라고 할 수 있다. 그녀는 머독의 여성 영웅의 여정에 언급된 바와 같이 어머니의 사망으로 상징되는 어머니로부터의 버림받음을 경험하며 가부장적 남성 중심의 사회에서 여성성을 인정받지 못하고 남성적 원리에 따라 남성을 섬기는 삶을 살아가며 아버지로 대변되는 남성에 의해 버림받는다. 또한 당시의 시대적인 가부장적 가치관인 효를 동일시한다.

그녀는 시련의 길을 떠난다. 민담에는 자세히 나와 있지 않지만 몸을 바다에 던지기 위해 배를 타고 가는 과정에서 그녀는 자기의심과 회의의 영적 불모의 감정에 빠졌을지도 모른다. 그리고 나서 그녀는 지하세계로 하강한다. 즉, 영혼의 어두운 밤, 고래의 배, 어두운 여신의 배 또는 우울증으로의 하강을 시작한다. 처음에 여신의 세계는 어둡고 두렵게 느껴지지만 마침내 지하세계에 내려간 여성이 자신의 진정한 여성성을 발견하도록 돕는다. 이는 마치 여신 데메테르가 지하세계로 끌려간 딸 페르세포네(자신의 진정한 여성성)를 찾아 헤매는 것에 비유될 수 있을 것이다. 그리고 나서 그녀는 분열되어 떨어져 나갔던 여성성을 대모 여신의 품에서 재발견하게 되는데, 이는 바다 위에 떠오른 꽃으로 상징되고 있다. 이는 또한 분열되었던 어머니/딸의 재결합이라고도 할 수 있다. 바다는 치유하고 되살리는 행위와 밀접하게 관련되어 있으며, 바다의 용궁은 그 안에서 귀중한 변화 능력을 찾을 수 있는 자기(Self)의 상징이다. 그리고 나서 바다의 것을 빛의 세계로 이끌어 내는 어부에 의해, 즉 메신저 역할을 하는 아니무스에 의해 또 다른 남성성에게로 인도된다. 그녀가 그곳에서 자기 또는 진정한 남성성의 상징인 왕과 결합하게 되는 그 남성성은 아니마를 상실한, 즉 심청과의 결합을 필요로 하는 남성성이었던 것이다. 결국 이 둘의 결합에 의해 신성한 아이가 태어나는데, 그것은 아버지와의 상봉으로 아버지가 눈을 뜨는 것, 즉 심청의 정신이 진정한 의식의 빛에 이르는 것을 의미한다. 그러나 이러한 과정은 우연히 일어난 것이 아닌데 왕과 결혼한 심청은 아버지를 찾기 위해 엄청난 노력을 한다. 이는 무의식의 창조적 기능을 살리기 위해서는 의식의 적극성이 필요하다는 것을 암시한다(이부영, 2000, p. 278).

주인공인 일곱 번째 공주 바리는 전형적인 영웅 어린이의 불운을 겪어야 했다. 먼저, 가족과 부모로부터 버림을 받았고, 고행과 죽음과 재생의 성인 과정을 겪었다. 여자라고 해서 왕국의 고귀한 신분 사회에서 버림을 받았고 죽도록 고생하고 수행하여, 여자의 한을 무상신선과 결혼하여 칠동자(일곱 아들)를 낳은 것으로 풀었고, 죽음에서 회생시키는 영약을 얻어 병들어 죽은 부왕과 모후를 죽음에서 살려 내어 자기는 지상의 벼슬도 마다 하고 만신의 왕, 즉 무당이 되었다는 무조(최초의 무당) 전설이 되었다. 맹부의 눈을 뜨게 한 심청과 마찬가지로 시대 의식의 창조적 변화의 계기는 결코 의도적인 외형적 혁명이나 운동 같은 또는 호전적인 남성 영웅적 여정보다는 세속적 가치로부터 버림 받음, 고독한 방황을 기초로 자기희생과 지하세계로의 하강, 진정한 남성성의 발견 및 자기실현을 통해 가능하다는 것을 보여 주고 있다.

〈바리공주〉

옛날 옛적에 바리데기는 아들이 없었던 오구라는 왕의 일곱 번째 딸로 태어났다. 왕은 크게 좌절하여 막내딸을 돌상자에 넣어 연못에 버리게 했다. 그러나 하늘이 이를 불쌍히 여겨 용왕을 보내 우물에서 그녀를 건져 내게 했고 산신령으로 하여금 바리데기를 돌보게 했다. 왕의 버려진 공주인 바리데기는 자신의 정체성을 모른 채 산 속에서 행복하게 살았다. 그러던 어느 날 바리데기의 아버지인 왕이 병들게 되었다. 왕비는 왕의 질병을 고칠 수 있는 유일한 방법이 서역에 있는 샘에 가서 약수를 떠오는 것임을 알게 되었고, 여섯 명의 딸과 여섯 사위가 샘에 가서 약수를 떠다 줄 것을 원하였으나 여러 가지 변명을 하면서 모두 거절하였다. 왕비는 꿈속에 나타난 산신령의 계시로 버려진 공주가 사는 곳을 알게 되었다. 이 소식을 들은 바리공주는 왕궁으로 돌아와 스스로 서역에 약수를 가지러 가겠다고 했다. 여성이 가기에는 힘든 여정이라 바리데기는 남장을 하였다.

가는 길에 바리데기는 첫 번째로 황소로 밭을 갈고 있는 노인을 만났고, 노인은 길을 알려 주는 대가로 밭을 갈아 줄 것을 요구했다. 황소는 말을 안 듣고 밭은 쟁기가 안 들어갈 정도로 단단했기 때문에 그녀에게는 힘든 일이었다. 슬픔에 잠긴 그녀가 힘없이 흐느껴 울고 있을 때 갑자기 강한 바람과 함께 수천 마리의 두더지가 하늘에서 내려와 순식간에 밭을 갈아 주었다.

두 번째로 만난 사람은 시냇가에서 두 필의 천을 빨고 있던 노파였다. 노파는 길을 알려 주는 대신에 빨래를 해 달라고 요구했는데, 산더미처럼 쌓여 있는 빨래는 한 더미는 희고 다른 더미는 검었다. 노파의 요구는 흰 천은 검게, 검은 천은 희게 될 때까지 빨아 달라는 것이었다. 날씨가 너무 추웠고 색을 반대로 바꾸는 방법을 몰랐기 때문에 그녀에게는 무척 힘든 일이었다. 그러나 바리데기는 그 방법을 마침내 알아내어 진흙으로 흰 천을 빨면 검게 된다는 것을 알았다. 그러고 나서 바리데기는 노파를 무릎에서 낮잠 자게 하고 노파의 머리에 있는 이를 잡아 주다가 측은지심에 여정은 잊어버리고 이 노파를 돕기로 결심하였다.

세 번째로 만난 사람은 약수를 지키는 남자였는데, 그는 하늘에 죄를 지었기 때문에 벌로 약수를 지키는 일을 하게 된 사람이었다. 그 벌에서 벗어날 수 있는 방법은 여자와 결혼하고 세 명의 아이를 낳는 것이었고 그래야만 용서를 받고 하늘에 올라갈 수 있었다. 그래서 그는 여러 해 동안 곤경으로부터 자신을 구해 줄 여자가 나타나기만 기다렸다. 그는 바리데기가 젊은 여자라는 것을 알고 방향을 가르쳐 주는 대가로 결혼해 세 명의 아이를 낳아 달라고 요구했다. 그러나 그는 약속과 달리, 바리데기가 세 명의 아이를 낳은 후에도 약수로 가는 길을 가르쳐 주지 않았다.

약수를 찾기 위해 수만 리를 더 걸은 바리데기는 마침내 약수가 있는 곳에 도착하게 되었다. 가운데 돌기둥이 서 있는 정원이 있었고 돌기둥의 꼭대기에는 거북이 머리처럼 생긴 것이 조각되어 있었는데 거기에서 약수가 흘러나왔다. 그녀는 거북이 모양의 작은 병에 물을 담아 왕궁으로 돌아왔다. 그때 이미 아버지는 죽었고 막 장례를 치르려는 참이었으나, 그녀가 가져온 약수를 주자 다시 살아나 건강해졌다. 왕은 그녀에게 왕궁의 높은 자리를 주겠다고 제의했으나 바리공주는 거절하였고, 대신 길 잃은 영혼들을 하늘로 인도하는 무당이 되었다.

이 이야기는 여성 영웅의 여정을 보여 준다. 바리데기의 여정은 조셉 캠벨의 영웅의 여정과 유사하면서도 여정과 여정에서의 고난을 바라보는 태도가 확연히 다름을 보여 준다. 사실은 귀한 신분의 공주이지만 버림받은 천덕꾸러기라는 뜻의 '바리데기'라는 말 자체가 진정한 자신을 찾아야 한다는 상징적 의미를 내포하고 있다.

아들이 아니어서 돌상자에 넣어 버렸다는 것은 여성성이 결핍된 태도 그리고 여성성을 평가절하하는 가부장적 태도를 나타낸다. 구체적 삶으로 살아내지 못한 여성성 회복을 위한 여정은 이 민담에서 험난하게 묘사되어 있다. 공주 신분임을 모른다는 것은 신분의 고하를 의미하는 것이 아니라 자신이 그 자체로 고귀한 존재임을 모르고 사회적으로 내면화된 왜곡된 정체성을 가지고 살아가는 것을 의미한다. 여정에서 바리데기는 삶의 과정에서 생겨난 부모콤플렉스를 극복하고 남성성의 회복과 궁극적으로 자기(Self)와의 합일 과정을 경험한다. 거북이 머리처럼 생긴 돌기둥 꼭대기에서 약수가 흘러나온다는 것은 자아-자기 축으로부터 자기의 생명수가 흘러나온다는 것을 의미한다. 자기로 부터 얻은 것임을 상징하는 거북 모양의 병에 약수를 담아 경직되고 굳어버린 왕으로 상징되는 태도를 극복하고 권력, 명예, 부가 아닌 많은 사람을 이롭게 하는 길을 선택한다.

(3) 모래놀이치료에서의 여성 영웅 사례

어떤 모래장면들은 여성 영웅의 여정을 잘 드러내 준다. [그림 9-7]은 30대 초반 여자 내담자의 것으로서 영웅 여정의 모든 단계를 보여 주는 것은 아니지만 여성성의 발달의 중요한 요소들을 잘 보여 주는 사례이다. 이 모래장면을 만들 당시에 이 여성은 임박한 결혼과 관련된 불안 및 과도한 인정 욕구 때문에 모래놀이치료를 받게 되었다. 한국 사회의 집단적인 유능감콤플렉스 때문에 그녀는 학업적으로 과도한 성취 압력을 받았으며, 초등학교 이래로 많은 것을 성취해야 했다. 그러는 과정에서 열등콤플렉스가 생겼고 자신의 욕구와 상치되는 외부의 기대를 충족시키지 못한다고 생각되면 과도한 불안을 느꼈다. 다른 면으로는 여성의 삶이 지나치게 의존적이라는 감정을 경험하였으며, 어머니와 같은 삶을 살고 싶어 하지 않았다. 다른 말로 하면, 그녀는 자신의 여성성을 거부하고 남성적 가치를 동일시하면서 인정을 받고자 노력했다. 이 갈등적인 두 가지 태도는 그녀를 더욱 힘들게 했다.

세션이 거듭되면서 그녀는 자신이 하고 있는 것에 최선을 다했지만 충족되지 않는다는 것을 느끼기 시작했다. 처음에는 공허함과 지친 감정이 어디에서 오는지 알지 못했다. 그녀는 부모가 인정한, 아버지와 같은 남자친구와 결혼할 예정이었다. 그러나 내면에서 공허함을 느끼기 시작하면서 그녀는 자신을 있는 그대로 수용해 준, 결혼 예정자보다 훨씬 젊은 남성에게 끌렸다.

이런 상황은 결혼 계획에 심각한 문제를 일으켰다. 부모의 기대를 충족시켜야 한다는 압력과 자신의 진정한 감정 사이의 긴장 속에서 그녀는 불안과 우울에 시달렸고, 이는 결국 그녀를 지하세계로 하강하게 만들었다. 이 시점에서 그녀는 [그림 9-7]의 모래장면을 만들었다. 그 후 그녀는 시련의 길을 가기로 결심했다. 첫째, 그녀는 안전한 둥지인 부모의 집을 떠나기로 결심했다. 버림 받음을 경험하기로 한 것이다. 삶에 존재하는 어려움에 대해 누구도 원망하지 않기로 결심했다. 더 나아가 시련의 길에서 만나게 될 용, 귀신들과 맞닥뜨린다고 해도 돌아가지 않았다. 그녀는 용과 귀신을 의미하는 혐오스러운 뱀과 커다란 거미를 모래상자에 가져왔다. 여성의 의존 신화, 유능감콤플렉스의 또 다른 얼굴인 열등콤플렉스를 버리기로 결심했으며, 낭만적 사랑이 그녀를 구원해 줄 것이라는 믿음도 버렸다. 성공할 수 없을지도 모른다는 생각도 했다. 시련의 길에 수없이 많은 어려움이 있을 것이지만, 일단 시작하면 깊은 곳에서 정결한 샘물이 흘러나와 사막을 적실 것이라고 말했다. 이 모래장면을 만든 세션에서 그녀는 한 시간 내내 과거의 삶에 대한 후회와 미래에 대한 불안을 토로하였지만 용기 있게 나아갈 것이라고도 언급했다. 내담자는 이제 의식의 날선 진검을 갖게 된 것이며, 실제로 모래상자에서 여성 피규어가 뱀을 향해 검을 쥐고 있다.

[그림 9-7]
30대 초반 여자 내담자의 모래장면

2. 여성의 남성성(아니무스)과 남성의 여성성(아니마)의 발달단계

아니마(Anima)는 남성 안에 있는 여성성이며, 아니무스(Animus)는 여성 안에 있는 남성성이다. 아니무스와 아니마는 집단무의식, 즉 원형에 그 근원을 두고 있기는 하지만 개인무의식에 속해 있다고 보기도 한다. 아니무스와 아니마는 개인적인 것과 비개인적인 것을 연결하는 기능을 한다고 보기 때문이다. 그런 이유로 아니무스와 아니마는 '기능적 콤플렉스'로 불리며 외부 인격, 즉 자아를 보상하는 기능을 한다. 그러므로 아니마 또는 아니무스 원형에너지의 배열은 외부 적응과 이미 만들어진 이상적 자아 이미지에 혼란을 초래할 수도 있다. 아니마와 아니무스는 잠재적인 성적 특성뿐 아니라 이성에 대한 경험 그리고 '이성(즉, 여성이나 남성)'에 대한 집단이미지에 의해 결정된다.

아니마는 여성성, 즉 여성성 원형에 대해 남성이 가지고 있는 이미지와 관련되며, 아니무스는 남성성, 즉 남성성 원형에 대해 여성이 가지고 있는 이미지와 관련된다. 아니무스는 남성성 극의 정수이다. 즉, 권력, 의지, 행위, 진리, 의미에 방향 지어져 있으며, 이 개념은 의식적인 것을 뜻한다. 이미지는 외부의 남성에게 투사된다. ('남성적'인 것으로 동일시되는 경향이 있는) 자아의식성(ego-consciousness)의 발달 과정에서 남성 안에 있는 여성성은 배경에 남겨져서 '자연 상태'로 있게 된다.

본질적으로 여성적인 아니마는 주로 합일 또는 관계성의 원리인 에로스를 조건으로 하는 반면, 남성은 결정적이고 조절적인 원리인 추론, 로고스와 관련되는 경향이 있다. 융(Jung)에 따르면, 아니마는 남성의 영혼(soul)이며, '삶의 원형 그 자체'라고 할 수 있다.

1) 여성의 남성성(아니무스) 발달단계

울라노프(Ulanov, 1971)에 의하면 여성의 남성성(아니무스) 발달은 크게 4단계로 구분될 수 있는데, 이 단계들은 연령의 증가에 의해 자동적으로 이루어지는 것이 아니라 평생에 걸쳐 반복되는 나선형적인 심리발달이다.

(1) 1단계: 모권적 우로보로스(Matriarchal Uroborus)

모권으로부터 분리하고 자기를 발견해야 하는 사람들, 사회 관습, 집단적 태도 때문에 자기와의 연결을 상실한 상태의 사람들(단계)이다.

자기발견   이 단계는 아직 자아가 발달하지 않은 '전자아(pre-ego)' 단계에 해당한다. 원초적인 모-자녀 단일체 상태인 참여신비(participation mystique)의 단계로도 불리는 이 단계는 입에 꼬리를 물고 있는 뱀, 즉 우로보로스 형태로 상징화되는 경향이 있다. '충분히 좋은' 어머니-자녀 관계에서 개인의 어머니는 신성한 어린이에너지를 유아에게 투사하며 유아에게는 신비하고 신성한 어린이에너지가 활성화된다. 개인의 어머니는 또한 자신에게 신성한 또는 원형적 모성에너지를 투사하여 아동의 심적 상태를 전지전능하게 알고 있다는 느낌을 갖는다. 이 단계의 아동은 남성성이라고 불릴 만한 정신적 특질을 갖고 있지 않으며 자기(Self)와 연결되었을 때를 경험할 뿐이다. 이 자기발견의 시기에 자기(Self)는 심리적 자기가 아닌 신체자기(body-Self)로 경험된다. 신체적으로 돌보는 역할을 하는 어머니는 유아에게 신체자기의 역할을 하며, 따라서 어머니가 갖고 있는 심리적 문제는 아동의 최초의 자기배열에 부정적 영향을 주어 외상을 입게 한다. 아기가 경험하는 신체적 편안함은 심리적 조화의 발달로 이어진다. 노이만(Neumann)의 발달이론에서처럼 유아의 자기는 어머니의 자기(Self)에 속해 있으며 점진적으로 분리된다. 상징적으로 유아는 신체적 자기발견에 이르는 발달 과정을 경험한다. 성인 여성의 경우, 전혀 남성성을 갖고 있지 않은 여성이 존재할 수 있는지는 확신할 수 없으나 심리적, 정신적으로 모성적·우로보로스적 단일체 상태에 있기 때문에 남성성을 포함한 다른 심리적 가능성이 충분히 발달하지 못한 상태에 있는 여성들이 존재한다. 자아가 힘을 갖고 독립된 개인으로 살아가기 위해서는 마치 어린 아이처럼 먼저 자기발견을 이루어야 한다.

자기보존   이 단계에 있는 여성은 남성과 남성성으로부터 소원한 상태에 있으며, 남성과 남성성에 대한 편견으로 인해 여성들과의 연대감 그리고 자신의 여성성과의 연대감을 형성한다. 이 단계의 여성은 자신의 본질적 존재, 즉 자기(Self)로부터 소원한 상태이며 이러한 소원함은 의식성 발달을 위한 필수조건이다. 자기와의 소원한 상태에 지속적으로 머물게 되면 심리적·관계적 문제가 발생하고 문제는 성숙을 위한 기회가 되기 때문이다. 아직은 새로운 존재 단계, 즉 여성적 삶을 살아갈 준비가 되어 있지 않다고 할 수 있다. 자기발견에 이어 자기보존, 즉 자기와의 연결이 유지되어야 사회적·관습적 가치나 태도로부터 여성으로서의 고유성과 독특성을 유지할 수 있다. 그렇지 않으면 개인의 독특성과 반응성을 가지고 삶에 참여하는 것이 아니라 여성의 삶은 이러저러 해야 한다는 사회적·관습적 가치 및 태도에 따라 만들어진 집단의 기준을 따른다. 집단이 따르는 문화의 기준인 결혼을 했다고 하더라도 남편을 단순히 집안 식구나 자녀의 아버지로서, 어린아이나 소년으로서 또는 이방인이나 적으로서 간주하는 경향이 있다. 자신의 남성성과 관계를 맺지 못하는 여성은 남성과도 여성으로서의 진정한 관계를 맺지 못한다.

(2) 2단계: 부권적 우로보로스(Patriarchal Uroborus)

자기포기/자기고립(Self-surrender/Self-alienation)　　이 단계에서는 무의식으로부터 원형적 부성에너지가 출현하기 때문에 인격의 변화가 남성성의 과잉 발달로 나타날 수 있다. 개인의 아버지나 남자 형제, 조부 등과 같은 중요한 인물에게 신성한 부성에너지를 투사하여 이상적 역할을 기대하며 궁극적으로는 로맨틱한 남성 인물에게 투사된다. 이상적 기대는 실망, 갈등, 분노를 초래하거나 복종적 태도를 가져올 수밖에 없다.

　앞의 자기보존 단계에서 발달을 방해받은 여성은 이 원형적 부성에너지의 유입을 '침범(invasion)'이나 '매력적인 침투(ravishingly penetrating)'로 경험하기 때문에 이것을 내면의 분노나 힘으로 경험하는 경향이 있다. 일종의 팽창 상태라고 할 수 있다. 이와 관련된 이미지들은 꿈, 신화, 모래놀이치료에서 비, 번개, 뱀, 황소, 용, 괴물 그리고 다산과 죽음의 신 등이 있다. 이러한 에너지와의 동일시로 팽창이 발생하면서 영적·정서적·신체적 측면 사이에 강한 연결이 이루어진다. 어머니에 대한 강한 적개심 그리고 마녀 같은 퇴행적 모성원형 인물에 의해 사로잡혀 있는 이미지가 이어서 나타날 수 있다. 다시 말하면, 이상적 남성성을 갖고 있다고 판단되는 남성들에게 신성한 부성에너지를 투사하여 이상적 역할을 기대하는 팽창 때문에 상대적으로 어머니에 대한 적개심이 있을 수 있고 앞서 말한 마녀 같은 퇴행적 모성원형 인물에 의해 사로잡혀 있는 이미지가 나타날 수 있다. 이 여성성은 괴물의 목을 베는 영웅에 의해 부권적 우로보로스로부터 자유로워질 수 있다. 즉 여성 개인에게 도움이 되는, 삶에 통합을 가져오는 현실적인 남성성을 통합할 필요가 있다.

(3) 3단계: 부권(Patriarchate)

　무의식과의 관계에서 가능성 상태에 머물던 자아가 힘을 얻음에 따라 자아와 아니무스의 관계가 발달한다. 이 단계의 여성은 객관성, 추론, 비정서적 구분과 같은 남성적 문화 가치를 선호하는 반면, 주관성, 여성성, 정서성, 개인적인 것의 가치를 평가절하하고 자아가 부정적인 아니무스를 동일시한다. 이 단계에서 강력한 아니무스에 사로잡혀 있는 여성은 사회적으로 자신이 원하는 것이 무엇인지 그리고 그것을 어떻게 성취할 수 있는지 알고 있다. 그러나 여성성의 평가절하로 여성적 삶에 대한 평가절하와 지나치게 강한 남성적 삶의 추구는 삶에 위기(관계 문제, 실패, 좌절, 공허, 우울 등)를 초래한다. 그러나

[그림 9-8]
<미녀와 야수(Beauty and the Beast)>
(Elizabeth Tyler Wolcott, 1920)
여성의 남성성 발달을 상징하는 미녀와 야수 이야기

위기는 살아내지 못한 부분을 돌아보게 하는 기회가 될 수 있다.

(4) 4단계: 통합(Integration)

이 단계에서 1차적으로 활성화되는 원형은 자기원형이다. 따라서 이 단계의 특징은 자신과의 대면(따라서 여성은 존재함의 능력, 자신의 진실을 아는 능력을 활성화시킬 수 있다), 개성화, 자기발견, 자기희생이다. 자기희생은 자기원형이 활성화되면서 기존의 자아가 새로워지기 위해 상징적으로 자아가 '희생되는 것, 즉 죽는 것'을 의미한다. 이 단계의 여성은 자신의 여성적 자기(Feminine Self)와의 의식적 관계를 형성할 수 있으며, 그 결과로 사회적 성취, 완벽한 결혼 등 사회적으로 바람직하게 여기는 관습이나 관습에 대한 적개심에 의해 과격한 아니무스에 휘둘리는 삶이 아니라 자신의 독특성과 전체성을 반영하는 여성적인 삶, 여성으로서의 삶을 살아갈 수 있을 만큼 새로워짐과 창조성의 활성화를 경험한다.

2) 남성의 여성성(아니마) 발달단계

남성의 여성성(아니마)은 남성의 직관, 기분, 개인적 사랑 그리고 자연이나 무의식 등과 의식적 관계를 맺을 수 있는 능력과 같은 여성 심리적 경향성으로 인격화되는 경향이 있다. 아니마는 남성적 자아가 무의식과의 동일시 상태로부터 자유로워지고, 궁극적으로 자아와 무의식 사이의 관계를 연결하기 위해 분투할 때 집단무의식의 잡아먹는 모성, 즉 퇴행적 힘으로부터 벗어난다. 즉, 자신의 여성성, 에로스 측면과 관계를 맺을 수 있는 독립적인 남자가 될 수 있다. 에로스는 성적 측면만을 의미하는 것은 아니며 궁극적으로 자신의 감정을 수용하고 받아들이며 관계 맺는 아니마를 말한다. 내면의 긍정적 아니마적 측면이 실제 여성에게 투사되어 좋은 관계를 맺을 수 있게 된다.

융은 하와(이브), (트로이의) 헬렌, 마리아, 소피아라는 용어로의 인격화를 통해 4단계의 아니마 발달단계를 제시했다(Jung, 1984/2002, pp. 178-180). 남성이 가지고 있는 이러한 에로스의 각 단계는 자신의 내적 측면(감정, 관계성, 수용성)과의 관계 그리고 외부의 여성과 관계 맺을 수 있는 수준을 의미한다. 첫 단계를 상징하는 이브는 단지 생물학적인 여성성, 즉 여성은 곧 모성뿐인 생식 측면만을 나타내는 것으로 여성성을 받아들이는 것을 상징한다. 두 번째인 헬렌의 단계는 아직 주로 성적 에로스에 해당하지만, 미적·낭만적 수준의 여성성 단계로서 이 단계의 남성에게 여성은 자신만의 개인적 가치를 갖고 있는 상태를 나타낸다. 세 번째인 마리아의 단계는 에로스를 가장 높은 종교적 수준으로 높인 것으로 영성화(spiritualization) 단계이다. 이브와는 다른 모성성으로 영적인 모성성이라고 할 수 있다. 마지막 소피아의 단계는 가장 거룩하고 순수한 단계로서 헬렌을 영성화한 것이다. 이를 좀 더 구체적으로 설명하면 다음과 같다.

(1) 1단계

처음에 남자에게 여성성은 모성적 여성성이다. 어머니는 성실한 양육, 안전, 사랑의 제공자의 이미지로 존재하며 좋은 어머니(Good Mother)와의 관계 속에 있다. 이것은 선천적이고 본능적이며 생물학적인 관계이다. 청소년기는 남성적 자아와 남성적 에로스가 분화되어 있지 않다. 어머니와의 분리는 어느 정도 본능적 추동(drives) 형태의 에로스가 나타나는 것으로 시작되며, 이는 자위(masturbation)의 형태로 나타나거나, 부드럽고 순수하며 성적 경험이 없고 열정이 없는 소녀와의 성교 경험이나 성교 판타지 등으로 나타난다. 이 발달단계에 고착된 남성은 성교불능, 여성에게 완전히 통제 당함, 사고, 질병, 어리석음, 우울, 알코올 중독 상태에 있을 수 있다. 어머니와 무의식을 퇴행적으로 붙잡고 있는 남성은 모성적 아니마로 오염되어 자신의 아니마를 발달시키지 못하며 관계 맺기 능력이 손상된다.

(2) 2단계

이 단계는 '죽음의 결혼(marriage of death)'이라고 불리는데, 그 이유는 에로스의 침투로 소년의 에로스가 깨어남으로 인해 1단계에 존재했던 판타지 속의 처녀 아니마(Virginal Anima), 즉 소녀가 죽는 것을 의미하기 때문이다. 아니마는 이제 성적이고 열정적인 반면, 이 아니마가 투사되는 첫 번째 파트너는 개인적이고 진정한 관계를 맺고 있는 존재가 아닌 본능의 투사를 받는 존재로서, 그 진정한 존재성을 알지 못하고 본능적인 성적 관계만을 맺는 존재이다. 이 단계에 있는 남성은 자신의 아니마와 의식적이고 독립적인 관계를 맺지 못하고 아니마를 열정적으로 동일시할 뿐이다. 여성을 사랑하는 것이 아니라 사랑한다는 자신의 감정으로 인해 이미지화된 내적 존재를 투사하고 그것을 사랑하는 것이다. 또한 남성은 집단이 추구하는 성적 여성 이미지를 갖고 있는 여성에게 끌리며, 성적으로 모험적인 삶을 살면서 일시적인 관계만을 추구하는 돈 주앙과 같은 존재로 살아갈 수 있다. 이상적인 여성과 성적 본능을 충족시켜 주는 여성이 분리되어 있지 않아서 이상적 여성과 성적 본능을 충족시켜 주는 여성이 다른 존재라고 지각한다. 이상적 이미지를 가진 여성에게는 성적 본능을 갖지 않은 존재여야 한다고 인식하는 경향이 있다. 이런 남성은 기분이 변덕스럽고 불안정하며, 자신이 갖고 있는 여성에 대한 이상적 이미지를 충족시킬 수 있는 실제 여성을 그 어디에서도 만날 수 없다.

(3) 3단계

이 단계의 남성은 이제 여성을 자신의 욕구와는 상관없는 독립적인 존재로 볼 수 있는 능력을 갖는다. 여성에 대한 영적 헌신과 여성과의 관계에서 순수한 우정을 느낄 수 있는 능력이 있다. 사랑과 성적 욕망을 분리시킬 수 있게 되면서 성욕은 본능적인 힘으로만 존재하는 것이 아니라 구체적 여성과의 관계에 사랑과 함께 통합되는 힘이 된다는 것을 깨닫는다. 이 단계의 아니마는 욕구를 충족시켜 줄 수 있다면 아무 여성이라도 괜찮다는 식이 아니라 특정한 여성과 관계를 맺게 한다. 이 단계의 남성은 여성과의 관계를 지속할 수 있고 자신의 사랑이 어떤 사랑인지, 여성에게 투사되는 것이 무엇인지 의식할 수 있다.

(4) 4단계

아니마는 이제 의식과 무의식을 중재하는 역할을 통해 남성의 삶을 안내하는 역할을 한다. 이 단계의 남성은 삶의 의미를 느낄 수 있다. 자신의 감정을 존중하며 현실의 여성과의 관계를 존중한다. 아니마는 창조적 영감으로서 기능하는 경향이 있다. 이 단계의 남성은 현실의 어떤 여성도 자신의 내적인 여성성 이미지를 영구히 나타내거나 완전히 충족시킬 수 없다는 것을 인식한다. 모든 인간이 그런 것처럼 모든 여성은 불완전하다는 것을 인식하기 때문에 이상적 투사와 기대를 거두어들인다.

모래놀이치료 장면에는 앞에서 말하는 유형의 수많은 아니마와 아니무스 피규어가 등장하며, 각 피규어는 원형적 특성과 그 피규어를 선택한 개인의 여성성 또는 남성성을 상징한다.

힐(Hill, 1992)은 경직된 남성성과 여성성 그리고 역동적인 남성성과 여성성이 어떤 관계를 맺고 있는지를 그의 모델을 통하여 제시하였다. 경직된 남성성을 갖고 있는 사람은 질서, 규범, 조절, 의미 체계, 가치의 위계, 표준을 중시하며, 이는 강한 그림자를 만들어 낸다. 또한 대부(Great Father)의 상징을 나타낸다. 이런 부정적 남성성은 역동적 여성성

[그림 9-9] 모래놀이치료 중인 20대 후반 남자 내담자가 세션에 가져온 사진

출처: 장미경(2015a).

에 의해 완화될 수 있다. 역동적 여성성은 '변화된 상태(altered states)'에 비유할 수 있으며, 이는 진정으로 존재함과 자기수용이 이루어지는 것을 의미한다. 이러한 여성성이 통합되면 디오니소스(Diouysos), 마이나스(Maenads, 술의 신 바커스의 시녀, 광란의 여자), 트릭스터 등으로 상징화되는 상상과 놀이가 가능해지고, 내부와 외부, 자아와 타인 간에 경계가 생겨나며, 내면에 제3의 공간 또는 '잠재적 공간(potential space)'이 생겨난다.

[그림 9-9]에서 내담자는 무의식 상태로 잠들어 있던 아니마를 발견했다. 이 내담자는 이 상자를 열어 잠들었던 소녀를 깨웠다고 했으며, 그것은 자신의 내면에 죽어 있던 감정을 깨운 것이라고 하면서 감격스러워했다. 그녀의 다리에 있는 죽음을 상징하는 검은 리본과 손에 들고 있는 꽃이 대조를 이루고 있다. 그녀는 치유를 의미하는 초록색 상자에 잠들어 있었다.

제10장

모래놀이치료에서의 이야기

1. 모래놀이치료에서의 이야기 수준

　초보 모래놀이치료자들은 모래상자에 만들어진 장면과 내담자의 이야기가 서로 상관 없는 것이라는 큰 오해를 하는 경향이 있다. 이것은 마치 한 세션 동안에 두 사람의 내담 자가 있다는 말처럼 들린다. 당연하게도 모래놀이치료는 모래장면만을 모래상자에 만드 는 치료 접근이 아니라 언어로 하는 심리치료 및 상담의 요소를 포함한다. 언어로만 하 는 심리치료에서도 내담자의 의식적·의지적인 부분만 표현되고 다루어지는 것이 아니 라 내담자 정신의 무의식적 내용이 판타지적으로 표현되는 것을 포함하고 있는 것과 같 다. 예를 들어, 치료자에 대한 비합리적이거나 왜곡된 기대 등의 전이도 판타지에 해당 한다. 심리적 내용을 표현하는 언어는 종종 상징이 되기 때문이다.

　모래놀이치료에서 내담자들이 판타지적 내용만 언급하는 것은 아니며 판타지적으로 표현된 것도 아직 무의식 상태에 있지만 의식의 역치에 가까이 다가온 내용들일 가능성 이 높아서 작업을 통해 상대적으로 쉽게 의식화될 수 있는 부분을 많이 포함한다. 판타 지적 내용은 판타지를 만들어 낸 개인의 심리적인 주제를 포함하고 있기 때문이다. 따라 서 모래놀이치료는 모래상자에 어떤 장면이나 상황을 만드는 것에 의해서만 치료가 일 어나는 접근이 아니라 모래장면이나 그 밖의 삶의 내용과 관련된 이야기에서도 치료 효 과가 일어난다. 한 세션 내에서도 모래장면을 설명하는 가운데 무의식적 내용의 의식화 가 빠르게 진행되는 것을 종종 볼 수 있다.

　또 다른 오해는 모래장면에 대해 직접적으로 언급한 것만 모래놀이치료와 관련되고 그 외의 언급은 관련이 없다는 오해이다. 이런 오해는 모래장면에 대한 언급에 포함되어 있는 주제와 다른 것에 관한 언급에 포함되어 있는 주제가 다른 것이고 관련성이 없다는 오해에서 비롯된다. 모래놀이치료 작업에서는 의식적 · 무의식적 내용들이 모두 표현된다. 모래놀이치료가 무의식의 내용을 더 쉽게 표현할 수 있게 하기 때문에 모래장면과 연상에 표현된 내용을 그 순간에 이해할 수 없다고 해서 그것이 내담자의 어떤 부분을 표현하고 있는 것이 아니라고 생각하는 것은 큰 실수이다. 모래놀이치료자는 모래장면에 대한 내담자의 연상과 더불어 일견 연관성이 없어 보이는 언급 간에 연관성을 늘 가정하고 표현된 주제를 이해하려는 노력을 기울여야 한다.

신경생물학적 관점에서 언어는 좌뇌 발달과 관련되어 있다는 점을 고려할 때, 좌뇌는 우뇌에서 만들어 낸 이미지나 무의식적 내용을 의식화하여 언어로 표현하는 기능을 갖고 있다. 그렇다면 모래놀이치료에서 언어라는 것은 단순히 모래상자에 있는 것들을 설명하는 것일 수도 있지만 이미 무의식 안에 있는 내용들이 언어를 통해 표현된 것이라고 할 수 있다. 따라서 언어 내용 자체뿐 아니라 언어의 형태와 유형을 볼 필요가 있다. 언어를 경직된 단어 의미만의 의사소통 목적으로 사용한다면 언어는 신호체계에 불과하지만, 무의식적 내용을 나타내는 것으로 사용한다면 그때의 언어는 상징이다. 따라서 이야기는 모래장면에 대한 해석적 행위이기도 하면서 동시에 변화의 씨앗을 갖고 있는 상징적 과정이라고 할 수 있다.

그런 이유로 언어 상징의 형태로서 인간 심혼의 표현의 정수(essence)이자 인간 심혼의 보편적 주제를 담고 있는 동화, 전설, 신화 등이 세계 여러 곳에 존재하며 인간 정신에 깊은 영향을 준다. 보편적 주제를 갖고 있다는 것은 동화, 신화, 전설 등의 민담이 개인의 구체적인 상황을 언급하지는 않지만 모든 사람이 경험할 수 있는 또는 갖고 있는 본질을 이야기한다는 뜻이다.

바움(Baum, 2007)은 모래놀이치료에서 내담자들이 모래장면에 대해 언급한 언어 연상을 내용, 형태, 유형에 따라 11가지로 분류하였으며, 여기서는 구분이 조금 더 명확하도록 하기 위해 아홉 가지로 요약하여 제시하였다.

1) 피규어의 명명

피규어의 이름을 명명하는 정도의 연상은 제목에서 알 수 있듯이 피규어에 대한 개인적 상징성이나 심리적 주제와의 연관성을 전혀 인식하지 못하고 피규어의 이름을 명명하는 정도의 언어적 연상에 해당한다. 예를 들면, "이건 사자예요." "여기에는 아이들이 있어요."와 같은 패턴은 지능이 낮거나 언어문제를 갖고 있는 사람들에게서 나타나는 것만은 아니다. 언어를 유창하게 사용하는 사람도 상상력이 빈곤하거나 정신 내면에 깊이 들어가기를 주저하거나 자신을 노출하는 것에 대한 불편함이 있는 경우에 이러한 패턴을 보일 수 있다. 또한 정서적으로 심하게 억압되어 있는 내담자도 이런 식으로 표현할 수 있다. 그렇다 하더라도 치료자가 시간을 갖고 기다리면서 그 자체를 수용하려고 노력한다면 세션이 거듭될수록 내담자가 조금 더 구체적으로 표현하기 시작하는 것을 볼 수 있다.

2) 전체 장면의 명명

이것은 각 피규어의 이름을 지칭하기보다는 전체 장면을 명명하는 것으로, 이러한 패턴은 주로 아동의 모래놀이치료에서 나타나는 경우가 많다. 예를 들면, "그냥 공사하는 거예요." "싸우는 거예요." 등이다. 이런 경우에는 충분히 기다리면서 시간을 갖고 특정한 피규어나 장면에 대해 이야기해 줄 것을 내담자에게 요청하면 조금 더 많은 연상 정보를 얻을 수 있다. 그러나 너무 많은 질문이나 요청은 연상과 치유 과정을 방해할 수 있고 내담자가 표현하는 주제의 방향을 바꾸거나 치료자 중심의 세션을 만들 수 있다. 모래놀이치료 세션은 내담자를 위한 것이지 치료자의 궁금증을 충족시키는 세션이 아니다.

3) 피규어에 대한 설명

피규어에 대한 설명은 피규어의 이름을 명명하는 것에서 더 나아가 각 피규어에 대한 이야기가 나타나는 수준이다. 예를 들면, "여기 있는 이 여자 전사는 무척 힘이 세요. 절대로 지지 않죠." "여기에 있는 큰 나무는 싸울 때 숨거나 쉴 수 있는 곳이에요." 등과 같다. 이 패턴이 다음에서 설명할 여섯 번째의 '외부 설명자' 수준과 다른 점은 피규어에 대한 설명이 부분적인 설명일 뿐 전체 줄거리가 이어지지 않는다는 것이다. 전체 줄거리를 이야기하지 않는다고 해서 내담자에게 그 외의 상상이 없다는 뜻은 아니다. 있지만 표현하고 있지 않은 경우가 대부분이다. 표현하지 않는 이유는 표현할 필요를 느끼지 못하거나 작업에 몰입해 있거나 치료자와의 관계가 아직 편하지 않아서일 수 있다.

4) 장면과 피규어에 대한 설명

이 단계의 언어 사용에서 내담자는 피규어의 이름을 단순히 명명하기도 하지만 피규어와 장면을 설명하면서 동시에 자신의 내적 상태와 연결시킨다. 예를 들어, "여기 있는 것(피규어)은 무엇인가 무겁고 버거운 느낌의 것인데 누르는 느낌을 주는 것 같아요……. 지금의 저의 상태이죠……. 시간은 다가오는데 나는 아무것도 안 하고 있어요……."와 같다. 자신이 만든 모래상자 장면에 관해 언어 연상을 하면서 연상이 자신과 관련된다는 것 그리고 연상이 계속 깊어진다는 것을 내담자 스스로 인식한다.

5) 놀이로서 줄거리의 설명

아동의 모래놀이치료에서 종종 치료자는 아동이 움직이면서 놀이하고 있는 모습을 볼 수 있다. 아동은 놀이를 하면서 어떤 상황이 놀이에서 벌어지고 있는지 줄거리를 상세히 말해 주기도 한다. 물론 언어적 표현이 별로 없는 경우에도 놀이하고 있다는 것을 분명히 알 수 있다. "나쁜 사람들이 쳐들어 왔는데 이쪽 팀에서는 잘 몰랐어요. 아침에 일어나 보니까 적들이 쳐들어와 있었죠. 그래도 이 사람들은 준비가 잘되어 있어서 지지 않고 잘 물리칠 수 있어요. 이번에는 그렇게 해서 나쁜 사람들이 물러갔지만 언제 다시 올지 몰라요. 그래서 잘 준비해 놓아야 해요……. 이 나쁜 사람들은 이쪽 사람들이 갖고 있는 보물을 빼앗으러 온 거예요. 이 보물이 있어야만 힘을 쓸 수 있어요. 보물이 없어지면 힘도 없어져요." 이 언급에는 물론 피규어 명명하기, 장면과 피규어에 대한 이야기 등이 모두 포함되어 있다. 다음 페이지에서 설명한 외부 설명자로서 모래놀이의 극화와 다른 점은 내담자가 그 순간에 동일시하는 덤이나 피규어가 있는 것이다.

6) 외부 설명자로서 모래놀이의 극화

이 경우에는 내담자가 이야기의 등장인물로 묘사되기보다는 제3자의 관점에서 모래상자에서 일어나고 있는 일을 설명한다. 물론 이야기에는 줄거리가 있다. "이 마을에서 무슨 일이 벌어지고 있어요. 그런데 마을 사람들은 그걸 모르고 있어요. …… 누군가가 마을 입구로 들어오는 게 보여요."와 같은 표현을 예로 들 수 있다.

7) 놀이로서 극적 줄거리의 설명 및 내담자의 욕구, 태도, 감정의 표현

이러한 언어적 표현은 주로 성인의 모래놀이치료 장면에서 주로 볼 수 있다. 이들은 아동처럼 줄거리가 있는 극놀이 형태를 표현하지만 거기에 내담자 자신의 욕구, 태도, 감정을 이입시켜서 설명한다. 내담자가 이야기를 창조하고 그것을 설명할 뿐 아니라 내담자 자신이 이야기의 등장인물로 등장한다. 더 나아가 장면이 나타내고 있는 것에서 마치 피규어들이 살아서 움직이는 것처럼 이야기가 장면보다 더 진전한다. "옛날 어느 나라에 아름다운 공주가 있었는데 지금 왕자가 없어져서 찾고 있는 거예요. 공주의 아버지 때문에 왕자가 사라졌어요. 왕자를 빨리 찾아내야 해요. 왕자는 내가 찾아내 주기를 기다리고 있을 거예요. 그렇지 않으면 왕자는 마녀의 마법에 걸려 영영 다시 볼 수 없게 될지도 몰라요. 어떻게 해야 왕자를 찾을 수 있을지? 무엇인가를 찾아야 한다는 절박함이 있는데 웃기는 건 무엇을 찾아야 할지 모른다는 거에요. 막연하죠." 내담자의 연상은 옛날 이야기라는 상상의 놀이로 시작되었지만 어느 틈에 주인공이 '나'로 바뀌었고 자연스럽게 자신의 감정, 욕구와 연결되었다. 내담자는 모른다고 표현했지만 내담자의 손은 정확히 알고 있는 것 같다. 내담자가 지금 하고 있는 작업은 그녀의 삶에서 정서 및 관계 문제를 일으키고 있는 내면의 부성콤플렉스를 극복하고 건강하고 독립적이며 주도적인 남성성의 발달을 통한 갈등적 감정의 대극합일이다.

8) 이야기, 모래상자 장면, 내적-외적 세계 사이의 상호작용

모래놀이치료는 의식과 무의식, 내적 세계와 외적 세계를 중재하고 연결하는 기능을 한다. 그러한 점에서 외부의 구체적인 생활사건, 꿈, 사회적 사건 등과 관련된 장면들이 모래장면에 나타난다. 어떤 내담자들은 꿈 장면을 모래상자에 표현한다. 이때 내담자가 표현한 꿈은 꿈 자체만을 표현한 것이라고 보기 어렵다. 모래상자에 꿈을 언어나 모래장

면으로 표현하는 일종의 연상 과정을 통해 꿈의 무의식적 부분에 대해 더 많이 인식하게
되거나 꿈과 현실 사이의 간격을 메우거나 무의식이 꿈 상징으로 제시하는 해결책을 보
여 주는 장면을 만든다. 이러한 과정은 모래장면에 꿈을 묘사해서인지 꿈의 묘사를 언어
로 표현해서인지 구분하기 어려울만큼 꿈에 대한 설명과 모래장면이 상호작용하는 것을
볼 수 있다. 외부의 사건도 같은 방향에서 모래놀이치료와 상호작용한다. 따라서 외적
사건들은 내담자의 외적 삶뿐 아니라 내적 세계에도 영향을 주며 심리 내적 세계는 외부
세계에서의 삶에 영향을 준다. 내담자는 모래놀이치료 과정에서 이 영향들을 '소화'해 내
고 훈습하는 과정을 거친다.

　꿈과 마찬가지로 내담자가 모래상자에 표현한 외적 사건은 사건 그 자체가 아니라 내
담자에게 영향을 주는 의미 있는 것으로서의 사건이다. 내담자는 외적 사건 장면과 언어
적 설명을 통해 그 사건으로부터 영향을 받은 것이 무엇이고 영향을 받게 만든 개인적 ·
내적 · 정신적 내용이 무엇인지 깨달으며, 개인적 · 내적 · 정신적 내용이 어떻게 사건에
투사되어 영향을 받게 되었는지를 이해하게 된다. 예를 들어, 동네 저수지에서 어린아이
가 사고로 익사한 사건을 묘사한 여성 내담자가 있었다. 그 사건 이후로 동네 사람들이
고사를 지낸다고 하면서 돼지머리를 올린 제사상 장면을 만들었다. 내담자는 처음에 이
사건이 왜 자신의 뇌리에 그렇게 오래 남아 있으며 슬프게 기억되는지 알 수 없다고 했
다. 그러나 세션이 진행되면서 그녀는 어린 시절의 학대와 방임으로 '죽어버린' 자신 그
리고 질병으로 실제 사망한 오빠의 어린 시절에 대한 감정과 관련이 있다는 것을 깨달았
다. 이해 받지 못한 슬픔이 항상 삶에 자리하고 있었고 그것이 삶에 어떤 영향을 주는지
알지 못했던 것이다. 그러나 이제 그 감정을 애도하고 소중히 여기는 작업이 필요하다.
그 감정이 더 이상 삶에 고통을 주지 않도록 '고사'를 지내 위로해야 했다. 이 사례는 오
래 전 과거의 사건과 관련된 것이지만 이전 세션 이후에 일어난 사건을 보여 주는 모래
장면을 만드는 경우도 매우 흔하다. 이러한 외적 사건들 역시 같은 방식으로 표현된다.

　또한 구체적인 사건을 모래장면으로 묘사하지 않더라도 전반적인 삶의 태도가 어떻게
삶에 영향을 주고 있는지를 보여 주는 이야기들이 있다. 예를 들어, 어린 시절부터 부모
로부터 정서적 거절감을 경험하고 그것이 내담자의 삶에 강한 영향을 주었다면 내담자
가 만드는 모래장면마다 피규어와 내용이 다른 듯해도 거절의 이슈 또는 거절콤플렉스
가 흐를 것이며, 내담자는 반복되는 작업을 통해 이를 깨닫게 된다. 구체적 사건을 있는

그대로 재생한 것은 아니지만 외부에서 있었던 사건을 암시하는 장면들의 등장과 이에 대한 언어적 연상은 내담자의 외부 삶과 모래놀이치료가 상호작용하는 것임을 충분히 알 수 있다. 더 나아가 내담자는 모래상자에 묘사한 것에서 진전하여 자신의 문제를 극복하고 모래상자에는 없는 새로운 이야기를 하기도 한다. 이런 식으로 구체화된 새로운 삶을 위한 모래놀이치료와 이야기의 반복은 결국 실제 삶에서도 변화를 가져온다.

9) 모래장면이 아닌 치료가 이루어지는 이야기

이 유형은 모래상자에 나타나는 장면에는 세션마다 큰 변화가 없는 것처럼 보이지만 모래장면에 대한 이야기가 점점 진전되는 경우이다. 예를 들어, 중학교 1학년 남자 아동 내담자가 2년 동안 두 팀으로 나누어 싸우는 장면을 여러 가지 피규어와 구조물을 사용해 만들었다. 일견 큰 변화가 없어 보이는 모래장면의 연속이었다. 그러나 모래놀이치료 과정의 후반부에 이르자 아동 내담자는 적으로부터 방어하기 위한 성을 쌓는 작업에 몰두했고 한 세션의 시간을 모두 할애했다. 아동 내담자는 자신의 모래장면에 대해 자세한 얘기는 하지 않았지만 성을 쌓는 것이라고 했고 적들이 쳐들어오면 방어와 공격을 하기 위한 것이라고 했다. 그러나 한쪽 끝에 섬이 생겨나기 시작했고 성과 섬을 연결하는 다리를 만들었다. 이 섬은 아동 내담자의 자아를 상징하는 것으로 보였다. 강압적이고 집착적인 어머니로 인해 또래 관계와 감정조절에 어려움이 있었던 이 아동 내담자는 2년 간의 '싸움'을 통해 건강한 자신의 자아를 발달시킬 수 있었다.

2. 동화, 신화, 전설 등의 민담 해석과 모래놀이치료의 이야기

모래놀이치료 장면에서 내담자가 자신에 관한 이야기를 하는 것은 물론이고 판타지적이고 동화 같은 이야기를 창조하는 것을 볼 수 있다. 이러한 이야기들은 종종 동화, 신화, 전설 등과 같은 속성을 지니며, 따라서 그러한 이야기의 해석 또는 의미 창조는 동화, 신화 등과 같은 민담의 해석 과정과 동일하다. 상징이 등장하는 것은 무엇이든 그 해석 방법이 동일하기 때문이다. 모래놀이치료에서의 이야기이든 또는 민담이든 간에 그 해석은 원형 이미지를 표현하고 있는 다른 여러 가지 자료를 해석하는 경우와 마찬가지로 해석자의 무의식의 원형 배열(constellation)과 그 활성화를 촉진한다. 해석자는 이미지 상징을 해석하면서 동시에 자신의 무의식 내용을 볼 수 있게 된다. 또한 무의식의 원형 배열을 통하여 이미지의 새로운 의미가 이해되기도 한다. 따라서 모래놀이치료 이야기의 해석은 감정과 본능의 능동적 참여를 필요로 하는 민담 해석(이부영, 2000)처럼 내담자뿐 아니라 치료자에게도 체험적인 것이다.

동화, 신화, 전설, 영웅담 등을 포함해 민담이라고 한다. 폰 프란츠(von Franz, 1972/1993)에 의하면 동화, 신화, 영웅담의 구분이 항상 가능한 것은 아니며 구분은 대략적인 것이다. 동화는 평범한 사람들에 관한 평범한 이야기이며, 등장인물들은 평범한 이름을 갖고 있다. 인터넷, 책 등이 발달하지 않았던 과거에는 직업적으로 동화 이야기를 들려 주는 이가 있었다. 이 사람이 이야기의 자아(ego)의 기능을 했으며, 동화의 내용은 자아(ego)와 다른 세계에서 이루어지고 있는 일을 의미했다. 또한 동화는 무의식 차원, 감정 수준을 강조하는 데 비해 그 동화가 발생한 지역에서 다른 지역으로 이동하며, 따라서 국가적 집단의식과 연결되지 않는 경향이 있다. 동화는 지역을 이동하면서 내용이 바뀌지만 그 핵심은 바뀌지 않으며 이는 레비-브륄(Lévy-Bruhl)이 집단표상(representations collections)이라고 부른 참여신비(participation mystique)에 해당한다(von Franz, 1972/1993). 즉, 원형 정신은 시대와 문화를 초월하여 보편적인 것이기 때문이다. 그런 이유로 서양에 신데렐라와 백설공주가 있다면 유사하게 우리나라에는 콩쥐팥쥐와 장화홍련이 있다.

동화가 지역을 이동할 때 다시 얘기하고 전달되는 과정에서 처음에 그 동화가 생겨났을 때의 개인적 주제는 제거된다. 동화는 또한 엄청난 정신적 보상 재료라고 할 수 있다. 독일 동화인 '그리스도와 베드로' 이야기처럼 동화에 신의 이름이 등장하는 경우도 있는데, 이는 종교적·신화적 의미에서의 신의 이름이 아니라 단지 트릭스터인 경우가 대부분이다(von Franz, 1972/1993). 지나치게 신성하고 고결함을 트릭스터로 보상하고 있는 것이다.

동화의 발생 근원에 대한 설은 몇 가지가 있다. 첫째는 종교신화와 교리의 잔재가 동화로 전해졌다는 것이다. 본래 신화였으나 신화의 사회적·종교적 질서들이 쇠퇴하면서 신화의 나머지 부분들이 동화의 형태로 존속하게 되었다는 것인데 변형된 오디세이 같은 동화가 그 예라고 할 수 있다. 둘째는 문학의 일부가 동화로 전락했다는 것이다. 셋째는 누군가의 유사심리학적 경험이나 꿈이 있었고, 그 내용이 이웃으로 전달되면서 이야기의 핵(기본 구조)에 이웃이 관심 있어 하는 요소들이 첨가되거나 관심 없는 요소들이 제거되면서 다양한 버전의 이야기가 생겨났다는 것이다. 즉, 원형적인 것(기본 구조)만 존재하게 된 것이다(von Franz, 1974/1995). 꿈이나 유사심리학적 경험 외에도 각성 상태에서의 환각, 즉 원형적 내용이 개인의 생활에 침투해 들어온 어떤 사건 또는 집단 환각 같은 것에서 무의식적 내용의 침투에 의한 개인적 경험을 통해 원형적 이야기들이 만들어지기도 한다(von Franz, 1970). 그런 과정에서 이야기가 신화로 떠오르고 동화가 되어 다시 가라앉는다.

　이러한 발생 배경을 가진 동화를 어린이들을 위한 것으로 격하시킨 것은 원형적 재료를 유아적인 것으로 보는 현대인의 태도이다. 모든 이에게 호소할 수 있고 문명과 관련이 있는 기본 구조(의식적 내용)의 내용으로 낮아지면 더 잘 전파될 수 있다. 그러나 동화가 갖고 있는 기본 또는 핵심 구조(즉, 원형적 내용)는 특정한 문명의 영향을 덜 받게 만드는 효과가 있다. 왜냐하면 인간 정신의 원형은 인간 행동의 기본 구조이기 때문이다. 폰 프란츠가 자신의 저서 『민담에서의 그림자와 악(Shadow and evil in fairy tales)』(1974/1995)에서 인용한 스위스 민속학자 막스 루씨(Max Lüthi)에 의하면, 동화에서는 추상적·무의식적 세계와 만나는 인간의 자아(ego)를 볼 수 없다고 했다. '나는'으로 시작하는 동화가 없는 것에서 이 사실을 알 수 있다. 환상적 존재, 원형 이미지들을 볼 수 있을 뿐이다. 따라서 이야기를 해 주는 이야기꾼이 자아(ego)의 역할을 하게 되는 것이다. 그 예로서 동화에 나오는 영웅은 보통 인간이 아니므로 인간적 반응을 하지 않는다. 용을 만나도 놀라지 않는다. 동화가 동물 이야기로 이루어져 있는 경우가 많은데, 그것은 동물에 인간 정신을 투사한 것이기 때문이다.

　신화는 그야말로 신 또는 반(semi)신에 관한 이야기이며, 등장인물들이 태양, 달 같은 신적 이름을 갖고 있다. 또한 그 신화가 발생한 지역의 문명과 깊은 관련을 갖고 있다. 예를 들어, 『길가메시 서사시』는 바빌로니아, 수메르 문명과 깊은 관련이 있고, 오디세이는 그리스 문명과 깊은 관련성을 갖고 있다는 점에서 동화와 다르다(von Franz, 1974/1995). 그러한 맥락에서 신화는 민족적이라고 할 수 있다. 신화의 기본 구조나 원형적 요소들이 공식적 형태를 취하게 되며, 신화를 발생시킨 문화적·집단적 민족과 연결되기 마련이다. 따라서 알려진 역사적 자료와 인간의 의식에 더욱 가까운 내용을 띈다. 그렇다 보니 형태적인 면에서 동화보다 훨씬 아름답고 인상적이다. 그리고 원형적 모티프들을 문화적 · 민족적 수준까지 끌어올림으로써 종교적 · 시적 형태로 만들어서 그 민족의 문제를 나타내게 되며, 따라서 일반적인 인간의 특성을 상실하게 된다. 지역의 전설이 일반적 신화로 발달하기도 한다(von Franz, 1970). 이에 비해 영웅담은 폰 프란츠가 인용한 막스 루씨에 의하면 무의식의 신성한 경험을 가진 의식적 인간의 이야기(예: 금관을 쓴 뱀을 만난 경험을 현실처럼 묘사)라고 할 수 있다. 그 이유는 모든 신화가 신, 유령, 귀신을 마치 실제로 존재하는 것처럼 다루기 때문이다(von Franz, 1999).

모래놀이치료에서 모래장면을 만드는 내담자들이 마치 동화나 신화 같은 이야기를 만드는 것을 종종 볼 수 있다. 그러나 민담과 달리 매우 개인적 내용이 포함되어 있다. 민담, 특히 동화는 개인의 이야기가 빠진 집단무의식 과정을 가장 순수하고 간명하게 표현한 것이라고 할 수 있다. 앞에서 설명한 것처럼 구체적인 의식적 · 문화적 재료가 거의 포함되지 않은 가장 간명하고 간결한 형태의 원형을 표상하고 있는 것이다. 원형은 본래 사고, 감정, 정서, 판타지, 행위라는 하부구조를 갖고 있다. 민담은 또한 자기(Self)원형의 표현이라고 할 수 있으며, 민담은 자기원형에 대한 경험의 다양한 단계에 대한 평균적인 기술이라고 할 수 있다. 즉, 보통은 그림자 측면을 다루는 단계로 시작되고, 아니마/아니무스에 대한 경험을 다루는 이야기들이 있으며, 아니마/아니무스 뒤에 있는 부성/모성 이미지를 살짝 다루는 이야기들이 있다. 또한 접근할 수 없거나 성취할 수 없었던 보물(자기)을 찾는 과정을 묘사하기도 한다. 민담에는 유사심리학적 근거를 갖고 있는 지엽적 경험을 응축/결정화하고 개인적 · 사적인 구체적 요소들이 제거됨으로써 일반적인 인간 조건이 묘사된다. 그런 의미에서 내담자가 모래놀이치료에서 이야기를 자발적으로 만드는 것은 원형에너지의 보편적 표현으로서, 언제든지 나타날 수 있는 현상이라는 것을 알 수 있다. 그러나 이미 언급한 것처럼 모래놀이치료의 이야기와 민담이 다른 점은 모래놀이치료 이야기에는 원형적 · 보편적 내용뿐 아니라 개인적인 내용이 포함되어 있다는 것이다. '나'의 감정, 경험, 상징들도 함께 표현된다. 예를 들어, 라푼젤 이야기는 인간 정신의 보편적인 여러 가지 변화, 성장 과정을 상징적으로 묘사하고 있지만 개인의 이야기는 보편적인 과정에서 경험하고 느끼는 것에 대한 구체적 내용이 포함되었다. 삶에 일어났던 중요한 사건에 대한 감정, 태도, 세부적인 이야기들이 그 예이다.

융학파 분석가인 폰 프란츠(1972/1993)는 민담 해석을 위해 다음과 같은 과정을 거칠 것을 제안했다. 먼저, 이야기를 여러 측면으로 나눈다. 첫째는 시간과 장소인데 아주 드문 예외를 제외하고 민담에는 구체적인 시간과 공간 또는 장소에 대한 언급이 없다. 그것은 어딘지 모르거나 시간 구분 없는 집단무의식의 영원성을 상징하는 것이기 때문이며, 보통은 '옛날 옛적에' '아주 먼 옛날에' 등으로 시작한다. 또한 인물들의 이름에 대한 구체적 언급도 거의 없으며 있는 경우에도 주인공의 이름 정도가 제시될 뿐이다.

둘째는 등장인물의 수와 빠져 있는 사람이다. 이야기에 포함된 사람들, 즉 등장인물이 몇 명인지, 없는 사람은 누구인지를 보아야 한다. 보통은 이야기의 첫 부분에 등장한 사람의 수와 이야기 끝에 사람들의 수가 다르거나, 수가 같아도 등장인물의 구성이 다를 수 있고, 등장인물 수 자체가 다를 수도 있으며, 그것이 의미하는 것은 정신 내적 결핍, 즉 발달하지 못한 부분이다. 신데렐라, 콩쥐팥쥐, 백설공주 등의 이야기에는 좋은 어머니가 빠져 있다.

셋째는 이야기의 전개에서 문제의 시작이다. 이야기에는 바리데기 이야기처럼, 아픈 왕, 도둑 맞은 사과 또는 병든 아내와 같이 문제를 시사하는 부분이 등장하고, 그 문제를 해결하기 위해 이야기가 전개되는 것을 볼 수 있다.

넷째는 이야기의 격변이다. 예를 들어, 동화 〈라푼젤〉에서처럼 탑에 갇혀 있던 라푼젤이 왕자를 만나 행복하게 지내다가 마녀에게 발각되어 왕자는 시력을 잃고 사막을 헤매고, 라푼젤은 어린 아기와 함께 버려져 헤매게 되는 것이다. 이것은 주인공이 콤플렉스 해결을 위해 퇴행적·유아적 힘을 극복하기 위해 분투하는 것을 의미한다.

다섯째는 종결 또는 파국 부분인데, 이 부분은 긍정적일 수도 부정적일 수도 있다. 문제가 해결되는 경우에 왕자가 신데렐라와 결혼하고 두 사람은 그 이후로 행복하게 살았다거나 라푼젤과 왕자가 결국은 감동적으로 재회했다는 이야기로 끝날 수도 있고, 많은 등장인물이 바다에 빠져 결코 다시 소식을 듣지 못하게 되었다는 내용으로 끝날 수도 있다.

다음으로 이러한 과정을 거친 이야기를 분석심리학적으로 해석하기 위해 다음의 네 가지 요소를 고려하는 것이 필요하다.

첫째는 등장하는 상징이 무엇인가 살펴보는 것이다. 이야기에서 병든 왕을 예로 든다면 왕이라는 상징은 정신의 조절, 질서 중심, 즉 자기(Self), 원형적 부성 등을 의미할 수 있다. 따라서 왕이 병들었다는 것은 정신의 전체 중심으로서, 정신적 질서의 중심으로서 자기(Self)에너지와의 연결이 단절되었음을 의미하고, 자기와의 연결을 통해 자아가 새로워져야 함을 의미할 수 있다. 또 예를 들어, 라푼젤과 같은 이야기에서 첫 시작 부분이 자식이 없는 부부로 시작한다. 대극합일에 의한 새로운 의식화가 일어나지 않은 것을 상징한다. 이러한 변화 없는 상태는 원형적 작용에 의해 갈망을 갖게 만드는데 라푼젤 동화에서도 부인에게 상추를 먹고 싶어 하는 갈망이 생겨난다.

둘째는 어떤 특정한 이야기가 특수한 경우인지 또는 원형적 보편성을 지닌 이야기인지 알아보기 위해 유사한 모티프를 갖고 있는 다른 이야기들이 있는지 찾아보는 것이다. 이러한 과정을 확충 또는 확장(amplification)이라고 한다. 이는 여러 가지 유사한 이야기들을 검토하여 그 의미를 넓혀 가는 것을 의미하며, 비교 자료를 통해 원형적 평균을 알 수 있게 된다. 예를 들어, 〈잠자는 숲 속의 공주〉 이야기와 유사한 주제의 동화들(예: 〈신데렐라〉 〈백설공주〉 이야기)을 찾아보고 공통점을 발견함으로써 공통적인 원형적 의미를 발견할 수 있다.

셋째는 가능성의 구성을 통해 파생된 맥락으로서 분석한 이야기와 다른 이야기들을 비교했을 때 공통적인 부분 외에 다른 부분에 대한 의미를 파악하는 것이다. 같은 버전에 속하는 이야기라도 끝부분이 다르거나 중간 내용이 부분적으로 다른 경우가 있는데, 다른 이유와 그 의미를 여러 가지 가능성으로 상상해 봄으로써 이해하게 된다.

넷째는 이야기를 심리학적 언어로 해석하는 것이다. 예를 들어, '무서운 어머니가 영웅에 의해 극복되었다.'로만 머물지 말고 '무의식의 무력함(즉 변화, 성장에 대한 저항)이 더 높은 수준의 의식성을 향한 충동에 의해 극복되었다.'의 수준까지 해석해야 한다.

잘 알려진 이야기들 가운데 죽음이나 잠으로 사라졌던 소녀 여신이 어떤 시기에 돌아오는 이야기들이 많이 있으며 이 이야기 형태는 제목과 내용을 약간씩 달리하면서 전 세계에 퍼져 있다. 예를 들어, 데메테르 신화가 있는데 이 신화에서 페르세포네는 겨울에 사라졌다가 봄에 대지의 표면에 있는 어머니에게 돌아온다. 이런 이야기들은 매우 고태적이고 원형적인 모티프와 관련 있다. 〈잠자는 숲 속의 공주〉 이야기도 이와 관련된 대표적인 민담이다. 〈잠자는 숲 속의 공주〉 이야기의 줄거리는 다음과 같다.

〈잠자는 숲 속의 공주〉

아이를 간절히 원하던 어느 왕과 왕비가 귀여운 딸을 얻게 되었다. 공주의 탄생을 축하하기 위해 왕은 나라 안의 마법사들을 초대하기로 했다. 손님을 대접할 황금 접시가 열두 개밖에 없었기 때문에 부득이하게 왕은 열두 명의 마법사밖에 초대할 수가 없었다. 초대를 받은 마법사들은 한 사람씩 공주에게 마법을 걸어 아름다움, 지혜 등 훌륭한 선물을 주었다. 열한 번째의 마법사까지 선물을 주었을 때, 초대를 받지 못한 열세 번째 마법사가 나타나 "공주는 물레바늘에 찔려 죽을 것이다."라고 저주를 걸었다. 미처 선물을 주지 않았던 열두 번째 마법사는 그 저주를 풀 수는 없었지만 대신 죽음이 아닌 100년 동안 깊은 잠이 들도록 바꾸었다. 왕은 나라 안의 모든 물레를 불태우도록 했고, 이런 사실을 모른 채 공주는 무럭무럭 자라나 열다섯 살이 되었다. 혼자서 성을 돌아다니던 공주는 탑 꼭대기에서 실을 잣는 노파를 발견했고, 물레바늘에 손을 찔려 깊은 잠에 빠졌다. 공주뿐만 아니라 왕과 왕비, 성 안의 모든 사람이 잠이 들었고, 성은 가시덤불에 에워싸여 아무도 들어갈 수 없게 되었다. 많은 왕자들이 공주를 구하기 위해 성으로 들어가려고 했지만 모두 실패했다. 백 년이 지난 후 근처를 지나가던 한 왕자가 소문을 듣고 성을 찾아왔고, 그는 성으로 들어가 공주에게 입을 맞추었다. 잠에서 깨어난 공주는 왕자와 결혼해 행복하게 살았다.

이 이야기의 첫 번째 모티프는 기적적인 출생에 관한 것인데 종종 이야기에서 영웅이나 여성 영웅의 경우에 발생한다. 이 이야기에서 여성 영웅의 탄생이 기적적인 것은 탄생에 앞서 긴 시간의 불임 기간이 있었기 때문이다. 그렇게 해서 태어난 여성성은 그녀가 충분한 황금 접시나 술잔을 갖고 있지 않았기 때문에 탑에 갇히거나 잊혀지거나 잠이든다. 그렇게 만든 당사자도 잊혀진 여성성인데 이 이야기에 등장하는 마법사는 여신에 비유될 수 있는 존재로서 원형적 모티프이다. 여성성으로서 잊혀져 자신의 몫이 없다는 것에 화가 난 마법사는 어린아이를 저주한다. 이 저주는 죽음의 저주이며 자비로운 요정에 의해 풀린다.

무시를 당해 화가 난 마법사는 상처의 근원으로서 인간 내면에 있는 비난의 목소리를 상징할 수 있다. 아니무스의 바로 아래에는 비난의 감정이 있는 것이며, 비난적인 아니무스는 부정적인 모성콤플렉스와 깊은 관련이 있다. 그 이유는 이들이 어머니에게서 적절하게 받지 못한 따뜻함과 관심에 굶주려 있기 때문이다. 어머니에게 적절한 관심을 받지 못한 여성은 특히 까다롭고 항상 무시를 당한다고 느낀다. 좋은 요정 대모는 죽음을 백 년간의 잠으로 바꾸어 놓는데, 이는 긴 시간 동안의 무의식성과 억압이라고 할 수 있다. 이러한 상태는 현실에서 문제의 심각성이나 고통을 상대적으로 덜 느끼는, 문제해결이 아닌 의식성이 잠들어 버린 상태에 견줄 수 있다. 왕은 저주를 불러오는 모든 것을 왕궁에서 치워 버리지만 저주를 부르는 것은 정작 공주가 갖고 있다. 탑에서 실을 잣고 있던 노파는 바로 잊혀졌다는 사실에 분노한 마법사였다. 폰 프란츠에 의하면 평범한 노파처럼 보이는 이 존재는 우리 문명에서 잊혀진 여성 원리의 어두운 측면 또는 어머니 자연의 어둡고 불완전한 측면이다(von Franz, 1972/1993). 수용하고 포용하고 관계 맺는 여성성은 덜 가치롭게 여기고 도전하고 개발하고 결과적으로 '훼손'적인 남성적 원리는 긍정적인 것으로 여겨왔다.

　여성 영웅이 잠들어 있다는 것은 전체성이나 자기(Self)가 잠들어 있는 것, 즉 그 에너지와 단절되어 있는 것을 의미한다고 할 수 있다. 삶으로 실현되지 않고 가능성 상태로

[그림 10-1]
<잠자는 숲 속의 공주
(Sleeipng Beauty)>
(Elizabeth Tyler Wolcott, 1919)

만 있는 것이다. 그러한 상태는 비극, 갈등을 가져오지만 동시에 현실에 전체성을 가져오는 해결책의 가능성을 품고 있는 것이며 현실적이고 의식의 삶으로 실현되어야 하는 가능성과 같다(von Franz, 1972/1993). 민담에서는 왕자라는 긍정적 아니무스와의 만남을 통해 100년 동안 지속된 무의식성이 해결되고 전체성이 이루어진다. 긍정적 아니무스 또는 새로운 왕(자기)에너지와의 연결이다.

이렇게 오래전부터 구전되어 온 민담 외에도 내담자는 모래놀이치료 시간에 상상으로부터 이야기를 만든다. 다음 사례는 내담자가 모래놀이치료 시간에 자신이 만든 모래장면을 가지고 상상한 이야기 내용이다.

[그림 10-2]
<신데렐라(Cinderella)>
(Elizabeth Tyler Wolcott, 1918)
신데렐라를 돕고 있는 대모 요정

[그림 10-3] 20대 중반 여자 내담자의 모래장면

"공주들과 왕비들끼리 파티를 열기로 했어요. 사람이 되지 못한 인어공주가 파티 소식을 듣고 너무 가고 싶었지만, 다리가 없기 때문에 육지에 갈 수 없었어요. 그 사실을 안 공주들이 인어공주를 위해서 일부러 바다와 제일 가까운 곳에 파티를 열었고 인어공주와 함께 축제를 즐기기로 했어요. 인어공주는 고맙기는 했지만 다리 없는 자신이 창피하고 부끄러워서 용기를 내지 못했는데, 포세이돈이 육지까지 갈 수 있게 도와준다고 손을 내밀었고 용기를 북돋아 줘서 함께 파티까지 왔어요. 인어공주가 오자 다른 공주들이 기뻐하고 환영해 주니 인어공주도 너무 기뻐하고 있어요."

이 내담자의 이야기도 다리가 없는 인어로 상징화되고 있는 내담자의 여성성의 발달 과정을 의미한다고 할 수 있다.

제11장

애착, 신경생물학 그리고
모래놀이치료

1. 애착과 신경생물학

　무작위 대조로 이루어진 임상실험에 따르면, 다양한 형태의 심리치료가 심리적 어려움에 효과적이며 심리치료가 약물치료와 유사한 방식으로 심리적 어려움에 수반하는 신경생물학적 작용에 영향을 미친다. 그 예로서 우울증으로 고통받는 내담자들을 대상으로 이루어진 약물치료와 심리치료의 효과 비교연구를 들 수 있다. 우울증을 겪고 있는 사람들의 신경내분비 변화(주로 고코르티솔 혈증)는 전전두엽 피질, 해마 및 편도체에 구조적 및 기능적 변화를 일으키고 이들 뇌 영역 간의 연결성을 변화시키는 것으로 알려져 있다. 우울증 심리치료의 신경생물학적 효과에 대해 이루어진 심리치료 효과 연구 결과들을 보면, 심리치료는 치료자와 우울증 내담자 사이에 '유대감'이라는 양육적 효과를 갖고 있으며 유대감은 신경내분비 '균형'의 회복을 가져온다. 이 경로는 심리치료가 우울 증상 완화에 약물이 작용하는 방식과 동일한 방식으로 신경생물학적 작용을 한다는 것을 지지한다(Christopher, 2010).

　지난 20~30년에 걸친 신경영상 기술의 발달로 심리치료와 관련된 신경가소성적 변화를 비침습적으로 연구할 수 있게 되었다. 뇌에 미치는 심리치료의 영향을 다룬 종단 연구들을 분석한 메타연구 결과에 의하면, 강박장애, 공황장애, 단극성 주요 우울장애, 외상 후 스트레스 장애, 특정 공포증, 조현병 등에 있어 심리치료가 뇌의 비정상적인 활동 패턴의 정상화, 치료 전에는 활성화되지 않았던 영역의 추가 활성화 또는 이 두 가지 모두의 활성화를 가져왔으며, 일부 심리치료가 뇌 기능에 미치는 영향은 일부 장애에서 약물치료가 갖는 효과와 비슷하였다(Barsaglini et al., 2014).

　비침습적인 영상 기술 중 하나인 근적외선 분광법(functional Near Infrared Spectroscopy:

fNIRS)를 활용하여 모래놀이치료의 효과를 측정한 연구에서도 내담자뿐 아니라 치료자의 좌뇌와 우뇌 모두에서 뇌혈류 산소포화도의 활성화가 일어났다(장미경 외, 2023). 이 연구에서 흥미로운 것은 모래놀이치료를 하는 동안에 치료자와 내담자의 뇌혈류의 산소포화도가 동시화를 보였다는 것이다. 모래놀이치료에서 이루어진 연구는 아니지만 근적외선 분광법을 이용한 다른 연구들도 상호작용하는 두 사람의 뇌 사이에 동시화가 존재한다는 것을 보여 준다. 근적외선 분광기를 사용하여 피아자(Piazza)와 그의 동료연구자들(2020)은 9~15개월 된 아기와 성인이 눈을 마주 보고 놀이하는 실험에서 세상에 대한 높은 수준의 이해에 관여하는 뇌 영역에서 동시화를 발견했다. 아기에게는 세상에 대한 높은 수준의 이해 능력이 없다고 알려져 있으나 이 연구 결과는 그렇지 않음을 보여 준다. 이 연구자들은 유아-성인의 신경활성화와 상호 눈 맞춤, 유아의 미소 짓기, 공동 주의, 성인의 언어 운율과 동시화가 관련 있음을 보여 주었다. 측정 조건은 어머니 무릎 위에 앉아 있는 유아와 실험자가 마주 보고 놀잇감 가지고 놀기, 노래 불러 주기, 책 읽어 주기 등의 놀이 활동을 하는 조건과 실험자가 아기에게 등을 돌리고 다른 성인과 상호작용하는 조건이었다. 마주 보고 놀이하는 조건에서만 유아-성인 간에 전전두엽피질의 뇌혈류 산소포화도의 동시화가 발생했다. 두 사람의 전전두엽 피질은 공동 눈 맞춤, 유아의 정서 표현, 공동 사물 응시 때에 역동적으로 활성화되었다.

대인 간 대뇌 동시화(interpersonal brain synchronization)를 가져오는 요인은 두 사람 사이의 높은 이해 및 공유 수준으로 알려져 있다(Stephens et al., 2010; Mu, Cerritos, & Khan, 2018). 따라서 신경학적 동시화는 상호작용하는 두 사람의 친밀함의 정도, 즉 사회적 시선과 긍정적인 감정을 느낄 때에 이루어지는 경향이 있다고 할 수 있다(Kinreich et al., 2017). 같은 맥락에서 두 사람이 협력적이고 참여적인 상호작용을 할 때 구두 의사소통(Jiang et al., 2012)이든 비언어적 의사소통(Cui, Bryant, & Reiss, 2012; Fishburn et al., 2018)이든 상관없이 두 사람의 대뇌 간에 동시화가 전반적으로 증가하기 때문이다(Kinreich et al., 2017; Stephens et al., 2010).

심리치료 관계가 제공하는 성장 촉진적 환경은 경험에 좌우되는 우뇌의 암묵적 자기의 성숙을 촉진한다. 알바레스(Alvarez, 2005)와 쇼어(Schore, 2012)는 우뇌와 연결된 무의식의 작동 원리를 정신신경생물학적으로 재구성하였다. 이들의 주장에 의하면, 심각한 정신병리를 발생시키는 생애 초기의 학대, 애착외상과 같은 경험은 무의식을 의식화하는 것에 문제를 일으키는 것이 아니라 우뇌, 즉 무의식 자체의 형성을 방해하며 이 경우에 심리치료 작업은 우뇌, 즉 무의식을 재형성하는 것에 관한 것이 된다. 심리치료에서 복잡한 암묵적 자기감(의식하는 자기감뿐 아니라)의 발달을 촉진하기 위해서는 정서 탐색에 관여하는 정서 우뇌의 암묵적·무의식적 기능이 필요하다. 심리치료에서 가장 중요한 것은 심리치료자가 내담자를 위해 어떤 것을 하는지, 무슨 말을 해 주는지가 중요한 것이 아니라 내담자의 암묵적 자기가 처리하지 못하는 정서적 스트레스를 받는 순간에 치료자가 내담자와 암묵적, 주관적으로 어떻게 함께해 줄 수 있는가 하는 것이다. 이것은 치료자의 담아주고 견뎌주는 능력과 깊이 연결된다. 다른 말로 하면 심리치료 관계는 방해 받은 애착을 다시 형성하는 과정이다.

모래놀이치료에 참여하는 내담자의 연령 범위가 어린 아동부터 성인에 이르기까지 다양하기 때문에 내담자가 맺어 온 애착 및 관계의 특성은 모래놀이치료에 있어 치료 과정에 영향을 주어 모래, 모래상자의 사용, 피규어 선택, 피규어 배열 등 여러 가지에 영향을 주면서 다양한 양상이 나타날 수 있게 한다. 따라서 내담자가 성인이든 아동이든 치료자로서 모래놀이치료자가 내담자의 애착 특성, 즉 관계 특성의 이해가 선행되어야 한다.

특히 모래놀이치료는 안전하고 보호적인 공간을 제공하고 치료자가 내담자의 언어와 모래장면 및 피규어뿐 아니라 침묵 속에서도 내담자가 무의식적으로 보여 주는 감정에 심리적, 신체적으로 느끼는 것에 반응하는 것을 강조하는데, 이는 재연(reenactment) 개념으로 잘 설명될 수 있다. 내담자가 언어적으로 표현하는 것 외에 내담자의 어린 시절의 관계 애착 외상으로 인해 감당할 수 없었던 외상 경험에서 기인한 의식되지 않은 감정들이 해리되어 신체 움직임, 자세, 목소리 톤, 시선 등의 변화를 통해 나타나며, 타인의 반응을 외상적으로 받아들임으로써 다시 한번 외상을 재경험한다.

잘 알려져 있다시피 에인스워스와 그의 동료들(Ainsworth et al., 1978)은 다양한 애착 패턴이 삶을 증진하는 효과와 삶을 위협하는 효과를 갖고 있다고 하면서 애착 패턴을 안정 애착, 회피 애착, 양가적 애착, 혼란 애착 등으로 분류하였다. 안정 애착을 형성한 유아는 자존감이 높고, 정서적으로 건강하며 자아탄력성이 좋다. 또한 긍정적 정서, 주도성, 사회적 역량감을 갖고 있으며, 또래와의 놀이에 집중하는 경향이 있다. 회피 애착을 보이는 유아는 뚱하고 교만하고 반항적이다. 분명하게 분노를 표현하고 타인의 반응을 통제하려고 하며 타인을 종종 원망하고 희생자로 만든다. 양가적 애착을 가진 유아는 매달리고 미성숙하고 부모에게 어린아이로 취급되며 종종 희생자 패턴을 발달시킨다. 혼란 애착을 가진 유아는 병리적 문제, 특히 경계선 성격장애 문제를 갖기 쉽고, 현실과 판타지를 구분하지 못하는 위험에 빠지면 해결책 없는 두려움에 빠져서 팽창된 성격을 갖기 쉽다. 가장 문제시되는 네 번째 애착 유형은 혼란 애착 유형(또는 비조직화 애착)이며 혼란 애착 패턴을 형성한 개인은 애착을 형성하는 시기에 외상적인 부모-자녀 관계를 맺었을 가능성이 높다. 부모는 정신적으로 건강하지 못하거나 학대의 희생자였던 사람이었을 가능성이 높으며, 아동에게 감정적, 신체적으로 적절히 반응하지 못하고 아직 조절되지 않는 아동의 정서적·신체적 반응을 공감하고 조절하는 능력이 없었던 사람들이다. 이러한 부정적 관계와 반응을 달리 처리할 수 있는 심리적 능력이 없는 유아는 가장 원시적 방어기제인 해리(dissociation)를 사용하게 된다. 결과적으로는 부정적이지만, 이는 인간의 뇌세포가 신경생물학적으로 개인을 보호하기 위해 사용하는 방법이기도 하다. 또한 그 결과가 파괴적이기는 하지만, 정신적 해리 방어의 작용 원리는 자신과 타인의 감정을 의식하지 못하게 함으로써 다시 발생할지도 모르는 외상으로부터 보호하려고 한다는 데 있다. 언어가 아직 없는 생애 초기의 외상은 신체적으로 처리되고, 그 표현 역시 신체적으로밖에는 이루어지지 않는다. 따라서 심각한 관계 외상으로 인한 정서적 문제를 가진 내담자의 경우(경미한 경우도 마찬가지이기는 하지만)에는 해리 증상을 확인하고 개입하기 위해 신체 움직임, 소리, 눈빛, 억양 등을 세밀히 관찰하고, 치료자 역시도 신체를 통해 그러한 반응을 느낄 수 있는 훈련이 필요하다.

볼비(Bowlby, 1988)는 애착체계는 생물학적 필요성에 의한 것이며, 따라서 뇌와 연결된다고 하였다. 볼비에 의하면 애착의 1차 동기는 세상에 더 잘 대처할 수 있을 것이라고 지각되는 개인에 대한 접근성을 획득하는 것이며, 애착 행동은 애착 대상에게 근접하거나 애착 대상을 얻게 만드는 형태의 모든 행동이다. 이러한 행동을 획득한 사람은 애착 인물이 유용하고 반응적임을 알고 있고, 그 인물이 강하고 안정감을 주며 관계를 가치 있게 여기고 지속하는 사람임을 알고 있다. 애착 행동은 초기 아동기에 형성되지만 생애 주기 전체, 특히 비상시에 관찰된다. 안정적 애착은 관계와 삶의 만족감의 근원이다.

이와 같은 가장 초기의 정서 학습은 충분히 좋은 환경에서 어머니와 아기가 서로를 알아 가면서 자연스럽게 이루어진다(Wilkinson, 2010). 이 경험은 집중적이고 안정적인 어머니가 아기에게 제공할 수 있는 민감한 정서 조절을 반드시 포함하며, 이는 아동이 적절한 때에 자기조절 능력을 발달시키게 한다. 웨인리브(Weinrib, 1983/2004)에 의하면, 초기 모성 박탈이 자아(ego)의 발달을 심각하게 방해하는 원형적 모성 이미지 손상을 가져온다는 가정 위에서 모래놀이치료자는 내담자의 혼란된 우로보로스적 모-자녀 단일체(uroboric mother-child unity)를 은유적으로 재건함으로써 원형적 모성 이미지의 손상을 회복하려고 한다. 즉 치료자는 일시적이기는 하지만 긍정적 모성으로 기능한다. 현실에 존재하는 치료자라는 긍정적 모성을 통해 내담자의 긍정적 모성성이 배열되고 외부의 실제적인 모성 존재 없이도 스스로의 감정을 담아내고 자아가 심하게 손상되지 않는 상태에 이른다. 이는 자기(Self)에너지의 긍정적 배열, 정신 체계의 자연스러운 기능의 회복, 효율적 자아(ego)의 일관성 있는 출현을 가능하게 한다.

애착이 갖고 있는 생물학적 기능은 보호 기능이다. 애착 인물을 안전기지(secure base)로 지각하는 경험은 '신체적 · 정서적 안정감'의 발달을 가져온다. 성인 애착 패턴에 관한 연구를 보면 시간이 지나도 유아기에 형성된 애착 패턴이 안정적으로 유지되는 것을 알 수 있다(Main et al., 2005). 사람들은 무의식적으로 초기에 형성된 애착 패턴에 따라 타인으로부터 반응을 '이끌어 낸다.' 따라서 부모는 그들 자신이 부모로부터 경험한 것과 유사한 관계 패턴을 자녀와의 관계에서 반복할 가능성이 높다. 관계 유형의 세대 간 전이라고 불리는 것에 해당하는 것이라고 할 수 있다.

그러나 아동기에 불안정 애착을 형성한 사람들이 성인이 되었을 때 반드시 자녀와 불안정 애착을 형성한다고만은 할 수 없다. 차이를 가져오는 것은 아동기 때 자신에게 일어난 일에 관해 응집적인 이야기를 만들어 낼 수 있는가 하는 것이라는 연구 결과가 있다. 왜 그런 일이 일어났는지 이해하는 사람 그리고 어릴 때 그런 식으로 취급을 받은 사실에 대해서 의미를 만들어 낼 수 있는 사람은 부정적 애착으로부터 영향을 덜 받은 것으로 알려져 있다(Main et al., 2005). 의미를 만들어 내는 것을 '성찰적 기능하기(reflective functioning)'라고 하며 의미 만들기와 반대되는 것은 자기 자신에 대한 이해가 불완전하거나 타당하지 않은 것이다.

아기들이 견딜 수 없는 압도적인 경험을 담아 주고, 처리해 주고, 참을 수 있는 형태로 다시 존재해 주는 어머니에게 의존한다. 이것을 위해 어머니는 아기의 스트레스를 이해하고 견뎌 주며 아기의 유익을 위해 어머니가 노력하고 있다는 것, 어머니의 노력을 아기가 이해하고 있다는 것을 어머니가 알고 있음을 아기에게 다시 전달하는 돌봄의 언어로 의사소통을 한다. 어머니는 이것을 과장되고 재미있고 때로는 모순적인 목소리와 몸짓 등으로 아기의 얼굴 표정과 목소리를 미러링해 준다. 어머니가 보여 주는 외적 모습이 아기의 내적 경험과 일치할 때 어머니는 피난처이자 안전기지로서의 아기의 애착 관계에 대한 확신감을 강화한다. 아기의 내적 경험이 어머니가 미러링한 외적 모습과 일치하지 않으면 그리고 이것이 지속적으로 반복되면 아기는 거짓 자기, 공허한 자기 또는 자기애적으로 과대한 자기(self)를 발달시킬 정도로 취약해진다.

심리치료는 내담자에게 새로운 애착 관계를 만드는 과정이라고 할 수 있는데, 어린 시절의 발달이 경직되었거나 방해를 받았다면 어떻게 건강한 성찰적 기능을 발달시킬 수 있을까? 치료 상황에서는 모-자녀 관계와 동일한 상징적 역동이 치료자와 내담자 관계에서 일어난다. 그렇다면 성찰적인 타인과의 놀이가 건강한 성찰적 기능의 발달을 촉진할 수 있다는 것을 의미한다. 어머니의 성찰적 태도를 통해 아기는 자신의 감정과 상상(내면 세계)을 외부 현실 세계와 연결 지을 수 있게 된다. 타인에게 인식되고 이해받을 때 아동(또는 내담자)은 순수하게 심리적이고 정서적인 자기를 발달시킨다. 마찬가지로 심리치료에서 내담자는 치료자의 얼굴 표정과 몸짓 등을 통해 반영되는 자신의 이미지를 치료자의 정신 속에서 발견한다. 여기서 얼굴과 몸에서 일어나는 매우 빠른 표현 그리고 이 표현에 대해 똑같이 빠른 반응이 무의식적으로 일어나는 것에 주목해야 한다. 그렇기 때문에 내담자는 타인에게 알려지는 과정에서 자신의 이미지를 알게 된다. 타인의 마음과 관계를 맺고 타인의 마음을 이해하는 능력은 거울뉴런, 신경체계의 동시화 기능 등 때문에 가능하다. 이 능력을 갖도록 우리의 뇌가 '배선'되어 있기는 하지만, 사회적 경험이 이 잠재력을 구체화한다.

어머니가 아기에게 조율 또는 조절하는 양육 기능도 성찰적 기능이다. 예를 들어, 아기가 어머니와의 상호작용을 원치 않을 때는 어머니가 기다리는 것 역시 조절 또는 조율하는 것이다. 비비(Beebe)는 유아와 혼란된 애착을 형성하는 어머니들이 이러한 조절 또는 조율을 하지 못하며 그 이유는 어머니 자신의 관계 외상 경험 또는 정신질환 등으로 인한 것이 몸동작, 목소리 톤, 눈 맞춤, 얼굴 표정 등을 통해 드러나기 때문임을 기술했다(Beebe & Lachmann, 2014). 이러한 것들은 인간의 의식이 인식하지 못하는 1/10초 이하의 시간 동안에 발생할 수 있지만 유아는 순간적, 무의식적으로 이런 비언어적 · 신체적 · 암묵적 단서들에 영향을 받는다. 이런 어머니의 자녀는 자신의 감정을 조절하고 타인의 감정을 공감하는 능력의 발달이 손상된다. 분석심리학의 관점에서 표현하자면, 자녀에게 잘 조율하고 상호주관적 상호작용을 하는 어머니는 아동의 무의식에 있는 모성 원형적 에너지를 자극하여 어린 시절에 어머니가 했던 역할을 스스로에게 하면서 스스로의 감정을 인식, 조절하고 타인을 공감하는 사람으로 성장하게 한다.

비비는 유아가 생후 4개월 때의 모-자녀 상호작용을 비디오로 녹화해서 연속장면으로 먼저 보고 초 단위로 중단시켜서 표정을 관찰했다. 흥미롭게도 이때 연속장면으로는 감지할 수 없는 순간적인 표정을 아기와 어머니에게서 발견했다(Beebe & Lachmann, 2014). 생후 4개월에 이미 혼란 애착의 가능성을 보이는 유아에 대한 종단연구를 보면 혼란 애착 그리고 혼란 애착을 야기한 어머니의 '혼란된 의사소통(애착평가척도로 측정)'이 초기 성인 애착의 불안정성, 해리, 기타 수많은 문제를 예측하는 것을 알 수 있다.

1세 때의 안정 애착은 아동기에 더 나은 또래 관계, 학교 수행, 정서 조절 능력뿐 아니라 덜 병리적인 것과 관련되어 있지만(Sroufe, 1983) 1세 때의 혼란 애착은 아동기의 통제적 행동, 처벌적이거나 돌봄적인 행동, 외현화 행동, 공격성을 예측해 낸다는 것은 이미 잘 알려져 있다(Dutra et al., 2009). 그러나 12개월에서 18개월경의 혼란 애착이 초기 성인기 결과까지 예측해 준다는 연구 결과들도 있다. 상당한 양의 종단연구를 보면 유아 애착 상태가 초기 성인기 결과를 예측할 수 있는 발달경로를 만든다(Dutra et al., 2009; Fraley 2002; Grossmann et al., 2002; Shi et al., 2012; Waters et al., 2000).

비비가 강조하는 것도 역시 시선, 얼굴 표정, 목소리, 방향성 및 터치 같은 신체적 · 감각적인 것의 중요성 그리고 심리치료의 비해석적 · 절차적 방식과 관련된 행위의 순서이다. 이것은 극단적인 애착 결핍, 파괴의 경우라고 할 수 있는 학대 생존아동의 심리치료에서도 볼 수 있다. 비언어적 · 신체감각적 · 비해석적 방법에 의한 심리치료가 필요하며 순간적으로 일어나는 행위의 순서가 중요하다. 순서라는 것은 갑작스런 기분 변화, 순간적인 목소리나 톤의 변화, 이유를 알 수 없는 공격적 행동, 수행 기술이나 능력의 갑작스런 변화 등 일종의 해리적 행동이다. 이것은 바로 어린 시절에 주양육자와 영아가 관계 맺는 방식이며 학대, 폭력 등으로 인해 방해 받은 이 과정을 치료 과정에서 반복하면서 회복의 방향으로 나아가기 때문이다. 아동의 이러한 행동은 이 행동을 유발하는 트리거가 존재한다. 예를 들어, 아동이 공격적 행동을 하는 이유는 어떤 단서에 대해 학대가 일어날 것 같은 지각을 일으키기 때문이다. 학대가 더 이상 일어나지 않음에도 불구하고 해리 상태에서 아동은 여전히 지금-여기에서 학대가 일어나는 것으로 받아들인다. 때문에 아동을 돌보는 사람이 최선을 다해 돌봐 주더라도 공격 행동의 대상이 될 수밖에 없다. 그러나 이 해리적 행동의 트리거가 되는 단서는 학대와는 전혀 관련이 없으며 매우 중립적인 것, 심지어 보호적인 것이라는 데 문제가 있다. 아동의 이런 반응이 아동의 적응을 어렵게 만들고 관계 형성을 할 수 없게 만들기 때문이다.

2. 모래놀이치료와 신경생물학

모래놀이치료는 언어뿐 아니라 신체적 반응, 정서와 인지적 표상을 마음에 담고 반영하는 치료모델을 지지한다. 칼피안(Kalffian) 모래놀이치료는 내담자의 정서를 견디고 담아 주는 치료자의 능력, 전이와 역전이를 구별하고 지나친 해석의 유혹에 저항하는 능력을 증가시키는 자기지식과 능력을 필요로 한다. 이 마음에 담는 또는 정신화해 주는 존재는 자유롭고 보호적인 공간을 만들어 내며, 이는 내담자의 내적 치유를 지원하고 인내심 있게 정신이 발달을 자극하는 긴장을 해결하도록 기다려 주는 것과 관련있다. 이것은 인지, 지식, 의식, 의지 등만을 강조하지 않고 신경생물학적·본능적 측면, 즉 몸과 정신의 상호 관계 또는 이분법적이지 않은 전체적 존재를 강조하는 것이다.

1) 신경생물학적 구조

비언어적·신체적인 것의 강조는 우뇌의 기능과 일치한다. 우뇌의 기능에 관한 다양하고 방대한 연구들을 개관한 쇼어(2012, 2022)도 비언어적 의사소통, 신경화학적·신경생물학적 발달에 영향을 주는 우뇌의 깊은 관여가 중요하다고 강조했다. 그는 어머니의 적절한 반응은 유아가 가지고 있는 유전적·생물학적 가능성을 자극해서 신경세포 조직화와 발달을 가져온다(Schore, 2012)고 했다. 건강한 정신은 사회적 맥락에서 발달하는 건강한 뇌의 신경활성화에 의해 좌우된다(Schore, 2012). 월린(Wallin, 2007)은 다양한 뇌 구조의 기능과 관계를 개관하면서 뇌의 세 가지 구조 수준을 언급했는데, 신체 기능을 조절하고 반사 기능을 활성화시키는 뇌간, 정서를 처리하는 변연계, 경험을 이해하고 세상과의 상호작용을 조직화하는 신피질 등이 그것이다. 이 세 가지 구조에서 중요한 것은 기능의 통합이며 따라서 뇌의 서로 다른 부분 간의 의사소통과 통합은 방해받고 혼란될 수 있고 그 결과로 여러 차원에서 역기능이 나타날 수 있다.

견디고 담아 주고 반영해 주는 공감 기능을 담당하는 대뇌 세포로 알려진 것이 거울뉴런이다. 거울뉴런은 뇌세포 중에서 타인과 자신의 감정을 인식하고 공감하는 것과 관련된 신경세포로 알려져 있으며, 특히 언어 이전의 신체적 반응과 관련되어 발달하는 기능과 관련된 구조이다. 거울뉴런과 우뇌의 기능을 구체적으로 이해하기 위해 먼저 뉴런을 비롯한 대뇌의 구조와 기능에 대해 간략히 살펴보겠다.

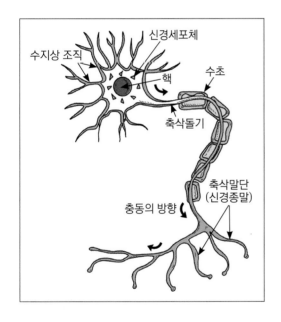

[그림 11-1] 뉴런의 구조

(1) 뉴런

- 성인의 뇌에는 약 1,000억 개의 뉴런과 100조 개의 시냅스가 있다.
- 출생 당시 유아의 뇌는 약 450~460g 정도의 무게다.
- 20세경에 이르면 뇌는 약 1,200~1,400g 정도가 된다.
- 학습은 경험에 대한 반응으로 발생하는 뉴런 간의 연결을 가져온다.
- 뉴런은 핵이 있는 세포로 구성되어 있으며, 세포체의 한쪽 끝에는 축삭돌기가, 다른

한쪽 끝에는 수상돌기가 있다.
- 핵은 여러 가지 단백질을 만들기 위해 세포에 지시를 내린다.
- 신경전달물질의 방출을 통해 정보를 전달한다.
- 축삭돌기는 그 길이가 1m 정도 된다.
- 특정 상황에서 새로운 축삭돌기 축삭말단(신경종말)이 생겨난다.
- 하나의 뉴런은 인접한 뉴런들과 최대 1,000개까지의 연결을 만든다.
- 가지 같은 수상돌기는 축삭돌기 축삭말단(신경종말)과 수상돌기 사이의 간격과 시냅 스를 거쳐 전달되는 화학물질의 형태로 정보를 전달받는다.
- 수상돌기 표면에는 특별한 수용기가 있다.
- 신경전달물질은 효소에 의해 파괴되거나 재사용되기 위해 축삭돌기 축삭말단(신경 종말)으로 되돌려진다.
- 신경전달물질은 활성적이거나 억제적이다.
- 뉴런의 수상돌기로부터 축삭돌기 축삭말단(신경종말)으로 전달되는 메시지는 화학 적이라기보다는 전기적이다.
- 뇌 발달에서 축삭돌기 축삭말단(신경종말)과 수상돌기는 새로운 신경회로를 만들거 나 강화하기 위해 생겨나며 특정 시점에 이르면 생화학적 '가지치기'가 이루어진다.

(2) 신경 가소성

한 번 이루어진 신경 발달은 고정되어 변화 불가능한 것이 아니라 새로운 경험에 의해 외상적 반응을 일으키는 뉴런 연결을 우회하는 새로운 뉴런 연결을 만들어 내며 이것을 신경 가소성(plasticity)이라고 한다. 외상 경험으로 인해 지속적으로 관계에서 외상을 경 험하는 사람도 심리치료의 교정적이고 수용적이며 반복적인 관계 경험에 의해 긍정적 반응을 하는 새로운 신경 연결이 생겨난다는 것을 의미한다.

이 과정을 요약하여 정리하면 다음과 같다.
- 다른 뉴런과의 연결을 증가 또는 감소시키기 위해 변화하는 뉴런의 능력이다.
- 최소의 변화는 보통 시냅스의 신경화학적 강화의 형태로 발생한다.
- 현재의 연구들은 새로운 경험이 새로운 축삭돌기 축삭말단(신경종말)과 시냅스를 형

성시키며 심지어 성인의 뇌에서도 신경 가소성이 작용한다는 것을 보여 준다.

　신경 가소성은 긍정적 기능과 부정적 기능을 구분하지 않기 때문에 강박장애, 외상 후 스트레스 장애와 같은 장애들이 뉴런 연결로 강화됨으로써 압도당한 내담자가 압도적 감정을 멈출 수 없게 만드는 정서 신경회로를 만든다. 이것은 내담자들이 의지로 변화하지 못하는 이유에 대한 최신의 신경생물학적 답인 것 같다. 외상 경험 그리고 그로 인해 지속적으로 발생하는 병리적 어려움이 뇌 신경회로의 변화 때문이라는 것이다. 그러나 이 말은 또한 희망적인 측면도 갖고 있다. 앞서 언급한 것처럼 긍정적 경험이 반복되면 신경회로에 변화가 일어날 수 있는 가소성을 말하고 있기 때문이다.

2) 뇌의 구조

(1) 두 반구의 기능
- **우반구**
  - 비직선적 · 총체적(부분이 아니라 전체로 보는) 사고
  - 강렬한 정서
  - 촉감, 소리, 몸짓, 눈 맞춤, 이미지 등 신체감각을 통한 소통
  - 사회적 인식
  - 비언어적 의사소통
  - 시간이 흐르면서 존재하게 되는 이미지, 주제, 개인적 자아의 느낌을 만들어낸다.
- **좌반구**
  - 직선적 사고
  - 논리적, 분석적
  - 인과적 추론
  - 언어 처리
  - 논리적 의미를 만들고 언어로 표현할 수 없는 감정 상태/지각에 언어를 부여하고자 한다.

(2) 뇌량(corpus callosum)

- 뇌의 좌우 반구를 연결하는 섬유로서 이 섬유를 통해 좌반구와 우반구의 통합이 이루어진다.
- 연구자들은 외상 경험이 있는 사람들의 뇌량 섬유의 부피가 외상 경험이 없는 사람들에 비해 작다는 것을 발견했다.
- 이 섬유의 부피 감소의 영향은 정서적 우뇌와 언어적 좌뇌의 연결 부재이다. 즉 우뇌의 정서 경험을 언어적으로 표현할 방법이 없어지는 것이다.
- 이러한 사실은 신경학적 · 심리학적 통합이 외상에 의해 손상된다는 것을 의미한다 (Wallin, 2007).

(3) 뇌 반구의 영역에 따른 기능

- **전두엽**
  - 문제해결, 자발성, 기억, 언어, 동기, 판단, 충동 통제, 사회적 및 성적 행동을 관장하는 영역이다.
- **두정엽**
  - 감각 처리에 의해 촉감, 냄새 그리고 공간인식을 담당하며, 눈과 손의 협응, 팔 동작에 관여한다.
  - 문자언어와 구어의 소리 협응을 담당하는 베르니케 영역으로 알려진 부분을 포함한다.
- **측두엽**
  - 정서 처리에 관여하며, 냄새, 맛, 지각, 기억, 음악이해, 공격성, 성적 행동에 관여한다.
  - 뇌의 언어영역에 해당한다.
- **후두엽**
  - 뇌의 뒷부분으로 시각과 인식을 담당한다.

(4) 대뇌변연계

뇌의 좌우 반구는 신피질로 구성된 반면, 변연계는 구피질로 구성되어 있다. 변연계는 하등 포유류의 피질이며, 다음의 부분과 기능으로 구성되어 있다.

- 기저핵(basal ganglia)
  - 신체협응에 관여한다.
  - 원치 않는 움직임을 억제하기 위해 소뇌와 함께 작용한다.
- 시상(thalamus)
  - 대뇌피질로 가는 문. 시상을 통해 더 고차원의 뇌로 감각 정보를 전달한다.
- 시상하부(hypothalamus)
  - 자율신경계를 통제한다.
  - 정서 반응과 행동의 중심 기능을 담당한다.
  - 체온, 음식물 투입, 수분 균형과 갈증을 조절한다.
  - 수면 각성주기를 통제한다.
  - 내분비계를 통제한다.
  - 시상하부에 뇌하수체가 위치한다.

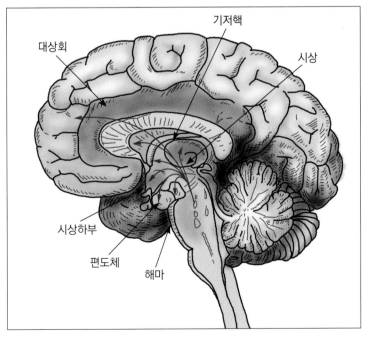

[그림 11-2] 대뇌변연계

- 대상회(cingulate gyrus)
  - 변연계 간뇌처럼 변연계와 메시지를 주고받는 파이프 역할을 한다.
- 편도체(amygdala)
  - 자극들을 연결하고 연상에 이르게 한다(예: 냄새는 특정한 이미지를 촉발한다).
  - 동일한 자극으로부터 오는 감각지각의 스펙트럼을 만들어 냄으로써 감각자극의 정서적 영향을 관장한다(예: 자기 자신의 오토바이 소리는 소음으로 지각되지 않는다).
  - 얼굴 인식을 관장한다.
- 해마(hippocampus)
  - 단기기억에서 장기기억으로 정보를 전달하는 기능을 한다.

3) 우뇌 기능의 비대칭성과 정서 발달

우뇌의 기능은 무엇이고 왜 중요한가? 정서가 먼저 좌뇌에 의해 인지되고 그다음에 처리되는 것이 아니라 우뇌가 처리한 감정이 좌뇌에 의해 인지되는 것이기 때문에 우뇌의 작용에 중요성이 있다. 출생 후 2년 동안에는 우뇌만 발달하며, 공교롭게도 이때는 애착이 발달하는 결정적 시기이다. 애착은 신경회로의 발달을 가져온다. 결정적 애착 형성 시기의 신경회로의 발달은 주로 우뇌에서 이루어지기 때문에 좌뇌의 언어가 아닌 어머니의 우뇌와 아기의 우뇌 간의 상호작용, 즉 몸짓, 자세, 표정, 목소리 톤, 신체 움직임, 제스처 등의 정서적 상호작용을 통해 유아의 애착 즉 정서적 관계가 공동 창조되고 그 결과로 정서 조절이 이루어진다.

여러 가지 스트레스로 어머니가 아기와의 관계에 집중하지 못하거나 어머니에게 정신적 문제가 있을 때 아기에게 관계 외상이 발생한다. 외상이 심한 경우에는 부정적 정서와 같은 외상의 여파를 유아가 과잉각성이라는 신경생물학적 반응을 통해 조절하려고 하지만 한계에 이르면 아무 일도 없는 것처럼 과소각성이 일어나면서 압도적 감정으로부터 심리적 거리를 두는 방어 기제인 해리가 발생할 수 있다(Beebe & Lachmann, 2014; Schore, 2012; Silberg, 2021). 뇌의 신경회로가 발달하는 시기의 해리는 뇌 구조 발달을 방해한다. 해리는 일평생 개인의 관계 특성을 좌우하며 친밀한 관계에서 철수하게 만들 수 있다. 신경생물학적인 것과 심리적인 것은 통합적으로 작용한다는 것을 알 수 있다.

외상 경험으로 발생한 해리는 현실 생활뿐 아니라 치료 장면에서도 치료자와의 관계에서 내담자의 무의식적·우뇌적 특성, 즉 몸짓, 표정, 목소리 톤, 신체 움직임의 변화 등으로 재연되는 경향이 있다. 물론 관계 형성의 거부, 친밀한 관계에 대한 두려움 등으로도 표현된다. 또한 의식적인 표현이 아니라 무의식적이다. 따라서 내담자의 언어 표현뿐 아니라 내담자의 이런 신체적·우뇌적·무의식적·암묵적 표현에 대해 치료자 자신의 신체 및 정서 반응을 인식함으로써 해리 상태에 있는 내담자의 부정적 감정을 인식하고 작업할 수 있는 임상 훈련이 필요하다. 창조적인 치료 관계는 건강한 부모-자녀 관계처럼 치료자에 의해서가 아니라 내담자와 치료자에 의해 공동 창조된다. 애착 외상에 의해 신경회로의 발달이 손상되었다고 하더라도 1~3년간의 비교적 장기치료에 의해 좋아진다는 보고들이 있다. 글래스(Glass, 2008)와 쇼어(Schore, 2012)에 의하면, 단기치료로는 심각한 외상에 의한 신경회로의 문제를 회복하기가 어려우며 집중적이고 반복적인 정신역동적 치료만이 효과를 가져올 수 있다. 그 증거로서 뇌영상, 분자생물학, 신경유전학 연구 결과를 보면 심리치료가 뇌 기능과 구조를 변화시키는 것을 알 수 있다. 그 예로 케이와 케이(Kay & Kay, 2008), 에트킨 등(Etkin et al., 2005)의 연구에 따르면, 심리치료는 국소 뇌 혈류, 신경전달물질 대사, 유전자 발현, 시냅스 가소성의 지속적인 변화에 영향을 미친다.

또 다른 신경과학자인 야코보니(Iacoboni, 2009)와 그의 연구팀은 거울뉴런을 발견했다. 거울뉴런이 모-자녀 간의 비언어적 상호작용에서 가장 중요한 모방을 가능하게 하는 신경생물학적 원리로서, 결과적으로 거울뉴런은 유아로 하여금 타인의 행동을 모방하고 행동의 의도를 인식하게 하는 사회적 공감 능력의 기초를 이룬다(예: 미소 거울뉴런). 따라서 어린 시절의 관계에서의 어려움이나 정서적 외상은 거울 뉴런의 발달을 방해하며 건강한 대인관계를 가능하게 하는 신경생물학적 공감 능력의 발달을 방해한다.

이전에 언급한 것처럼 이러한 과학적 발견들은 인간관계 및 정서에 대한 과학적 결정론처럼 들리게 하지만, 다행스러운 것은 이 신경학적 원리에 의하면 성장한 후에도 적절한 교정적 관계 경험에 의해 부정적인 신경회로를 우회하는 새로운 회로를 만들어 낼 수 있다는 것이다(Bogolepova & Malofeeva, 2001; Glass, 2008; Schore, 2012). 여기에는 부모상담 또는 부모교육의 예방적 필요성도 있다.

쇼어(1994, 2005, 2012)에 의하면 인간의 우뇌는 정서적 자기감(sense of self)의 발달과

정서 처리를 담당한다. 우뇌는 어머니와의 애착 관계의 상호주관적인 정서 교류에 의해 발달하고 결과적으로 자기감을 발달시킨다. 우뇌는 좌뇌처럼 언어를 사용하지 않기 때문에 언어가 발달하기 이전인 2~3년 동안에 아기의 우뇌와 어머니의 우뇌 사이에서 이루어지는 의사소통은 암묵적이고 무의식적이며, 이 암묵적이고 무의식적인 과정은 유아기에 비언어적·신체적·정서적 단서를 신속하게 자동적으로 처리한다. 여기서 정서적 단서는 운율화된 언어화(목소리의 톤, 억양, 멜로디 등), 시각적(eye-to-eye) 메시지의 협응, 촉감적·신체적 제스처를 의미한다. 이는 볼비(1969/1999)가 발달하는 자기와 1차 대상 사이의 애착 의사소통의 필수적 수단으로서 '얼굴 표정, 자세, 목소리 톤'을 기술한 것과 일치한다(Schore, 2001). 이와 같이 언어를 사용하지 않는 우반구의 양자 관계의 감정을 암묵적으로 처리하는 것은 비언어적 애착을 형성하며, 그 결과 애착 경험은 암묵적·무의식적 수준에서 작용하는 정서 조절 전략을 대뇌에 부호화하고 이것은 내적 작동 모델에 각인된다. 신경생물학적으로 각인된 내적 작동 모델은 유아가 성장하면서 지속적으로 감정을 적절히 조절할 수 있게 한다. 즉, 신생아의 우반구는 어머니와 주변 사람들의 말의 멜로디, 목소리의 억양에 강력하게 반응한다(Bogolepova & Malofeeva, 2001, p. 353). 결과적으로 어린 시절의 부적절한 애착, 관계 외상은 그 외상을 반복하게 하는 신경회로를 만든다.

쇼어(2012)나 비비와 라흐만(Beebe & Lachmann, 2014)처럼 신경생물학적 발견을 심리치료에 적용하고 심리치료 개입이 인간의 신경회로를 바꿀 수 있다고 주장하는 사람들의 이론의 초점은 치료자의 주관성, 즉 치료자의 주관적 감정, 상상, 신체감각과 암묵적인 신체자기가 어린 시절에 형성된 내담자의 자기병리 치료에 활용된다는 것을 경험적으로 이해하는 것이다. 건강한 개인으로 성장할 것인지 아니면 정서적·정신적 어려움을 가진 사람으로 살아갈 것인지는 출생 후에 두뇌 발달이 결정적으로 이루어지는 시기에 대뇌신경세포 발달에 영향을 미치는 주양육자의 돌봄이며, 이 관계가 신경회로뿐 아니라 유전자의 발현을 후천적으로 변형시키며 더 나아가 변형된 유전자 발현이 다음 세대로 유전된다는 후성유전학적 발견은 과학이 심리치료 분야에 중요한 영향을 준 공헌이다.

쇼어(2012)는 글럭먼과 아들러(Gluckman & Adler, 2004) 등의 발달생물학 및 생리학의 연구 결과들을 인용하여 건강과 질병이 발달 과정에서 기인한다는 발달적 기원모델의 주장과 이 결과들이 일치한다는 의견을 제시하였다. "출생 이전의 모든 것은 유전적이며 출생 이후의 모든 것은 학습한 것이라는 생각은 잘못된 것이다."(Gluckman & Adler, 2004). 학습은 태아기에 이미 시작된다. 임신 마지막 3개월부터 출생 후 2년까지 두뇌가 신속하게 발달하는 기간 중에 정서, 관계 등과 관련된 학습이 일어난다(Schore & McIntosh, 2011). 이 시기에 대뇌의 시냅스 생성율은 초당 40,000개로 알려져 있다.

이 시기는 결정적인 애착이 형성되는 시기이므로 "애착은 필수적으로 아기의 우뇌와 주양육자의 우뇌 간에 발생하는 상호작용을 통해 형성된다."(Schore, 2012)고 할 수 있다. 따라서 언어 이전 시기에 이루어진 애착 그리고 그와 연관된 정서는 어린 시절은 물론이고 그 이후에도 비언어적이며 사회적 · 정서적 · 신체적 의사소통 형태로 영향을 미친다(Schore & McIntosh, 2011). 영아와 어머니의 우뇌 간에 이루어지는 애착 교류는 1/100초 단위만큼 빠르게 수행되기 때문에 의식적 · 언어적 수준에서는 인식이 불가능하다. 인간이 의식적으로 인지할 수 있는 시간은 3/10초 이상이어야 한다.

비의식적 절차에 의한 인식을 보여 주는 흥미로운 실험이 있다. 딤버그와 그의 동료연구자들(Dimberg et al., 2000)은 '정서적 얼굴 표정에 따른 무의식적 표정 반응'이라는 연구에서 의식은 인지하지 못하는 짧은 순간의 표정이 감정 반응을 일으킨다는 것을 보여 주었다. 이 실험에서 연구자들은 순간노출기를 사용하여 매우 짧은 시간 동안에 나타나는 얼굴의 감정 표현에 대한 반응을 연구했다. 전극 장치를 피험자의 얼굴에 붙이고 피험자에게 땀샘을 측정할 것이라고 거짓으로 말한다. 피험자들에게 어떤 한 사람의 얼굴에 대해 세 장의 슬라이드를 순차적으로 보여 주었는데 중립적인 표정 30ms(30/1000초), 감정 표정(예, 화, 기쁨) 30ms, 그리고 다시 중립적인 표정을 30ms 동안 제시했다. 중립적인 표정은 정서적 표정의 '마스크'이다. 세 장의 슬라이드를 순차적으로 제시한 총 시간은 거의 1/10초인데 대략 인간의 뇌가 의식적으로 자극을 지각하는 데 걸리는 시간이다. 뇌는 30ms의 자극을 등록(register)은 하지만 의식적으로 인식하기에는 너무 짧은 시간이다. 피험자는 중립적 표정을 보았다고 보고한다. 그럼에도 불구하고 피실험자의 얼굴에 부착한 전극은 얼굴 사진을 볼 때 피실험자가 사진에 나타난 얼굴의 감정(예, 화)을 따라했다는 것을 나타냈다. 그러나 피험자는 본 것을 인식하지 못했지만 신체가 정서적으로 반응했다는 것은 정서적 반응은 의식 밖에서도 일어난다는 것을 의미한다. 즉, 면대면 의사소통의 중요한 측면은 무의식 수준에서 일어난다는 것이다.

이 연구의 연구자들은 연구 결과를 미러뉴런의 작용과 연결 지었지만 다른 개념들과 연결된다고 가정할 수 있다. 즉, 이것은 상호작용하는 두 사람의 대뇌 간의 동시화 원리에 의한 현상을 부분적으로 설명해 줄 것이며 동시성, 투사적 동일시, 상호주관성 등의 현상을 부분적으로 설명해 주는 신경생물학적 원리일 것이다. 또한 이것은 외상을 경험한 아동들의 해리적 행동의 신경생물학적 근거를 설명해 준다. 갑작스런 기분 변화, 학습 등에서의 수행 능력의 기복, 갑작스런 공격적 행동, 기억 상실 등이 아동의 해리적 증상의 대표적인 것들인데 이러한 것들은 아동이 의식하지 못하는 단서에 의해 순간적으로 발생하기 때문이다.

파커와 동료들(Parker et al., 2004)이 수행한 '스트레스 예방 접종' 연구를 보면 아동기에 경험한 스트레스가 신경회로 발달, 정서 조절, 관계 형성 능력 등에 어떤 영향을 미치는지 알 수 있다. 이들에 의하면, 아동기에 경험한 만성 스트레스는 종종 대처 능력의 손상을 초래하며 스트레스에 대한 시상하부-뇌하수체-부신 축(HPA axis)의 반응성을 고조시켜서 성인에게 정신건강문제의 위험을 높인다는 것은 이미 확인된 이론이다. 그러나 어린 시절의 스트레스원에 대한 적당한 노출은 예방 접종처럼 해로운 영향으로부터 보호할 수 있는 능력을 만들어 내는 긍정적 측면도 갖고 있다. 인생의 이른 시점에 적당한 스트레스 사건을 미리 경험하게 되면 후에 정서적으로 도전받는 환경에 다시 부딪혔을 때 효과적인 각성 조절 및 정서 조절을 할 수 있게 된다. 즉, 수용적이고 지지적인 어머니가 존재하는 상황에서 견딜 수 있는 정도의 스트레스원에 반복적으로 노출되는 경험은 정서적인 자기조절을 훈련시키고 강화한다. 이와 같은 경험이 누적될 때 스트레스 저항성의 기초가 발달하게 된다. 애착을 담당하는 우뇌의 암묵적인 신체 중심적 자기조절의 이중 과정인 상호작용적 조절의 맥락 속에서 타인과의 상호작용을 통하여 탄력 있게 정서 상태를 조절하는 능력은 상호주관성(intersubjectivity) 측면에서의 상호작용을 의미한다.

토론토(Toronto, 2001)는 인간 발달의 초기 단계에서 비언어적 경험의 중요한 특성을 기술하였다. "개인이 언어로 표현할 수 없는 기간 동안의 삶은 결핍, 발달 정지, 병리의 발생과 깊은 관련이 있다. 뿐만 아니라 창조성, 예술성, 종교, 직관 및 사랑과 관련되며 이러한 것들의 풍부한 원천"이다. 앞서 기술한 바와 같이 우반구의 적응 기능들은 생애 초기 애착경험의 영향을 받는다. 건강한 애착은 중추신경계 및 자율신경계 각성을 조절하고 암묵적·절차적 정서 기억을 우뇌에 저장한다. 우뇌에 저장된 애착 경험은 새로움, 위협, 예기치 않은 자극의 처리를 정상적으로 담당한다. 즉, 스트레스에 대한 반응으로 분비가 변화하는 코르티솔의 분비를 조절한다. 스트레스 대항을 위한 이런 반응 과정은 생존의 필수 기능을 통제하는 것이며, 유기체가 필요에 따라 스트레스에 능동적 및 수동적으로 대처하도록 만드는 능력이라고 할 수 있다.

생애 초기에 애착 외상을 경험했다면 우뇌의 이런 기능들이 손상되고 우뇌와 좌뇌의 소통을 통해 부정적 정서, 고통을 수용하고 적절히 표현하는 능력이 손상된다. 르 두(Le Doux, 2000)에 의하면 애착을 형성하는 시기의 생애 초기 경험이 긍정적 자극이 아닌 공포심을 일으키는 관계 자극으로 인해 대뇌의 공포체계에 의해 활성화된다면 정서 상태에 의해 조정되는 성격 형성이 애정 어리고 낙천적으로 발달하기보다는 부정성과 무망감을 갖게 된다.

어린 시절의 애착 외상으로 인해 만성적으로 스트레스를 조절하지 못하는 극단적인 경우 중 하나가 경계선 성격장애라고 할 수 있는데, 경계선 성격장애를 갖고 있는 어머니들의 부모 기능을 보면 관계 외상, 즉 애착 외상이 어떻게 일어나는지를 극명하게 알 수 있다. 뉴먼과 스티븐슨(Newman & Stevenson, 2005)에 의하면 이 어머니들은 매우 취약한 사람들로서 내적 동요가 심하고, 어린 시절에 학대를 경험하였으며, 학대적 관계에서 애착을 경험한 것 때문에 그러한 관계가 유아와의 관계에서 재현될 수 있다. 애착 외상이라는 것은 단 한 번의 경험이 아니라 만성적이고 누적적인 경험이기 때문에 이러한 특성의 관계 외상이 다른 관계에서 재현되는 것이다. 정상적인 어머니들은 아기와의 조율을 이루어 내지 못한 경우에도 매우 짧은 시간에 유아와의 상호작용을 통해 다시 조율을 회복함으로써 유아의 심리적·신체적 상태를 다시 회복시키지만, 관계 외상을 경험한 어머니들은 상호작용 속에서 유아에게 회복을 제공하지 못하기 때문에 부정적 상태가 장기간 지속될 수밖에 없다. 그렇다면 에인스워스와 동료들(1978)의 애착 유형 가운데 가장 부정적인 애착 유형이 D유형(혼란 애착)인데, 이 유형은 스트레스를 가장 많이 경험하는 유형으로서 혼란되고 방향감 없는 애착 패턴을 특징으로 한다. 이는 아동이 정서적 어려움에 직면했을 때 대처 행동을 하지 못한다는 것을 의미한다(Schore, 2012).

스트레스에 직면했을 때 인간은 자율신경이 활성화되면서 교감신경 반응이 갑자기 증가하여 혈압, 심장박동, 호흡 등이 증가한다. 위험과 같은 스트레스에 당면하여 싸우기 위해 몸의 에너지를 각성시키는 과정이다. 스트레스가 지속되면 과잉각성 상태가 된다. 그러나 교감신경을 지속적으로 과잉각성시켜도 스트레스에 대처할 수 없다는 위협을 느끼면, 즉 정신건강을 압도하고 심리적 생존을 위협하는 정서의 홍수(Bromberg, 2006)가 일어나면 죽음을 모방한 상태로 신속한 이동이 일어날 수 있다(Porges, 1997). 이는 상징적으로 보존을 위한 비움직임의 상태라고 할 수 있는 해리(dissociation) 상태이다(Bromberg, 2006). 해리는 교감신경의 과잉각성 상태에서 부교감신경이 관여하는 과소각성 상태로 이동하는 것을 의미한다. 과잉각성 시에는 혈압과 심박률이 증가하지만 해리적 방어 상태에 의해 과소각성 상태가 되면 미주신경긴장(vagal tone), 미주신경등쪽숨뇌(dorsal vagal medulla)의 조절에 의해 혈압과 심박률이 감소한다.

해리적 과소각성 상태는 외부의 자극에 관여하지 않고 얼어붙은 상태로 환경 및 부모와의 접촉을 벗어난 것처럼 허공을 멍하니 응시하는 모습으로 나타날 수 있다. 쇼어(2012)가 제시한 다음의 예를 보면 언어를 사용해서 자신을 표현하지 못하는 유아가 학대적인 어머니에 대한 반응으로서 과잉각성에서 해리적 과소각성으로 어떻게 신속히 이동하는지를 알 수 있다. "어머니가 부르는 소리에 한 유아가 상체와 어깨를 구부리더니 흥분해서 앞으로 움직이면서 엉뚱하게도 웃음소리 같은 비명을 질렀다. 귀에 거슬리는 웃음소리는 울음으로 변했고, 몸을 앞으로 구부리면서 숨을 들이쉬지 않고 스트레스 가득한 표정을 지었다. 그러면서 갑자기 조용해지더니 멍하니 허공을 응시했다."(Schore, 2012, pp. 269-270) 이 멍해지는 순간이 해리에 해당한다. 어머니와의 상호작용이 매우 스트레스가 되기 때문에 다른 방법으로 자신을 방어할 능력이 없는 유아는 현실에 존재하지 않는 것처럼 해리되어 멍한 상태가 된다. 그런데 이러한 상태는 한 번의 발생으로 끝나는 것이 아니라 부교감신경의 대사 붕괴를 초래한다. 이것은 '움직임이 없는' 상태를 의미한다. 즉 해리는 심박수를 낮추며 자율신경의 비자발적인 비개입 그리고 궁극적으로는 과소각성 및 심리생리학적인 신체 자기의 대사 붕괴를 초래한다(Schore, 2012, p. 270). 그러한 의미에서 쇼어는 이를 '부교감신경의 보존 위축 철수'라고 이름하였다. 이것의 다른 이름으로 '가짜 죽음이라는 위험한 자세로 생존하고자 함' '견딜 수 없는 상황으로부터의 탈애착' '피할 수 없을 때 피하기' '최후의 방어 전략' 등으로 불린다(Schore, 2012). 이 순간은 개인, 상황에 따라 다르기는 하지만 매우 짧은 순간에도 발생하기 때문에 치료자가 의식적으로 감지하기 어려울 수도 있다. 그리고 해리 증상 또는 행동에는 멍해지는 것만 있는 것이 아니며 여러 가지로 나타날 수 있다. 해리 증상들 간에 그리고 해리 상태와 정상적 상태 간에 인식이 있는 경우도 있고 없는 경우도 있으며 의식한다고 해도 의지적으로 해리적 증상 또는 행동을 통제하지 못한다. 로버트슨과 보울비(Robertson & Bowlby, 1952)는 어린 아동의 정서 반응을 세 개의 단계로 기술하였으며 그 세 번째 단계가 이 개념들과 관련이 있다. 세 단계는 저항, 절망 그리고 장기적 분리에 대한 반응으로서의 탈애착인데, 탈애착 상태는 바로 해리적 과소각성 상태에 해당한다고 할 수 있다.

많은 학자의 연구 결과 중에서 무엇보다 중요한 것은 그것이 과잉각성이든 과소각성이든 부정적 발달을 초래하는 관계 외상 및 애착 외상이 단순히 부정적인 심리적 경로를 만들어 심리적 어려움을 겪는 것뿐 아니라 부정적인 신경학적 경로를 만들어 부정적인 관계 경험을 반복할 수밖에 없도록 만든다는 것이다. 교정적 경험이 주어지지 않으면 일평생 관계 외상 경험을 반복할 수 있다는 의미이기도 하다. 와트(Watt, 2003, p. 12)는 "아동이 주로 분리, 스트레스, 두려움, 분노 등에 대한 경험만을 가지고 성장한다면 이들은 나쁜 병적인 발달경로를 가게 될 것이며, 나쁜 발달경로는 나쁜 심리적 경로만이 아니라 나쁜 신경학적 경로이다."라고 언급하였다. 이러한 원리 때문에 아동은 단지 부정적인 부모와의 경험에 대처하기 위해서만 해리방어를 사용하는 것이 아니라 그 이후의 삶의 과정에서 일어나는 광범위한 스트레스원에 대처하기 위한 방어로서 해리를 사용하게 된다(Allen & Coyne, 1995).

해리적 방어 기제는 일상생활과 관계에 적응하기 어렵게 만든다. 쇼어(2014)는 여러 임상연구를 종합하여 아동학대장애(pediatric maltreatment disorder), 해리성 정체성 장애(dissociative identity disorder), 외상 후 스트레스 장애(post traumatic stress disorder), 정신증적 장애(psychotic disorders), 반응성 애착장애(reactive attachment disorder of infants), 섭식장애(eating disorders), 약물 및 알코올 중독(substance abuse and alcoholism), 전환장애(somatoform disorders), 경계선 성격장애(borderline personality disorder) 등이 모두 생애 초기의 부정적인 애착 외상, 학대, 방임에 의한 해리적 방어기제가 그 원인이라고 결론을 내렸다. 그러나 해리는 외상이 일어나던 당시에는 정서적, 신체적 생존을 위한 신체의 '적응적' 선택이었다(Silberg, 2021).

4) 심리치료에서의 우뇌: 전이/역전이, 상호주관성

정신역동적 심리치료 접근을 하는 치료자들 가운데에는 신경생물학적 관점을 도입하여 치료자와 내담자의 우뇌 간의 의사소통 그리고 우뇌가 갖고 있는 무의식적 · 정서적 기억의 중요성을 강조하는 치료자들이 있다. 우뇌에는 신체지각, 자기인식과 관련된 기억이 저장되어 있다(Gainotti, 2006). 치료 장면에서 전이가 인식되는 방식 그리고 전이의 발생원인과 관련하여 정신역동적 심리치료를 연구하는 학자들의 설명에 따르면, 전이에 대한 인식 없이는 정서를 다룰 수 없으며 전이는 양육자와의 생애 초기 정서적 애착 패턴에 좌우된다(Pincus, Freeman, & Modell, 2007). 생애 초기 경험들은 언어를 통해 좌뇌에 저장되는 것이 아니라 비언어적 · 암묵적 · 신체적 · 무의식적 형태로 우뇌에 저장되며, 신체 동작, 신체감각, 목소리 톤, 이미지, 상상, 감정, 눈 맞춤 등의 수단에 의해 전달된다. 따라서 치료세션 동안에 언어를 통해 내담자의 좌뇌와 치료자의 좌뇌 간의 의사소통이 이루어질 뿐 아니라 내담자의 우뇌와 치료자의 우뇌 간에도 언어와는 다른 소통 방법으로 의사소통이 일어난다(Schore, 1994). 물론 치료자 쪽에서 경험하는 것은 역전이라고 부른다. 슈렌과 그라프만(Shuren & Grafman, 2002)에 의하면, "우반구는 개인이 경험한 사건과 관련된 정서 상태의 표상을 갖고 있다. 개인이 그와 유사한 상황에 처하면 과거의 정서 경험의 표상이 우반구에 의해 상기되고 추론 과정에 통합되어" 의식된다. 우반구는 우리가 경험하는 세계를 복잡하지만 일관성 있게 만들기 위해 귀, 눈, 기타 다른 감각기관에서 오는 정보 그리고 기억에서 오는 정보를 포함한 여러 가지 요소를 의식에 취합하는 데 관여한다. 우반구와 좌반구의 표상이 이렇게 같지 않기 때문에 두 반구가 통합될 필요가 있으며, 이 통합 과정에는 우반구가 관여하며 우반구 하나만으로 양반구가 모두 알고 있는 지식을 사용하고 전체로 통합할 수 있다(McGilchrist, 2009)는 점에서 우반구의 중요성이 있다고 할 수 있다.

그런 의미에서 치료자는 내담자의 정서 상태에 경청해야 한다. 특히 인간 목소리의 작은 차이를 조율할 줄 알아야 하며, 치료 도구로서 치료자도 자신의 무의식을 인식하는 훈련된 능력을 갖고 있어야 한다(Rizzuto, 2009). 우뇌적이고 암묵적이며 신체적인 것은 항상 바로 의식되고 알아차릴 수 있는 것이 아니기 때문이다. 그러나 무의식적으로는 이것을 알아차릴 수 있는데 이때는 내담자의 것이 아닌 치료자의 것으로 인식되기도 한다. 그렇다면 내담자와 의사소통하는 치료자 자신의 무의식을 이해함으로써 내담자의 무의식을 이해하고 의식화해야 한다. 리주토(Rizzuto, 2009)는 무의식적 과정에 관해 알고 싶다면 내담자의 생리적인 것 및 관련 신체 변화, 즉 신체 자세의 변화, 얼굴 표정의 변화, 눈맞춤의 변화, 눈 감기, 삼키기, 피부의 붉어짐, 뺨으로 흐르는 눈물, 눈에 그득히 고였으나 흐르지 않는 눈물 등을 예리하게 관찰해야 한다고 강조하였다. 그는 신체가 보이는 반응을 생리적 역전이라고 불렀으며, 생리적 역전이를 투사적 동일시 또는 상호주관성과 같은 개념으로 보았다. 즉, 치료자 신체의 변화는 어떤 것이 내담자에게서 발생했거나 변화했음을 의미할 수 있다. 이때의 변화라는 것은 억압에서 해리로의 전환이다. 억압된 경험과 감정들은 상대적으로 작은 노력에 의해서 의식될 수 있고 한때 의식했던 것들이지만 해리가 일어났다는 것은 단순히 기억의 소실이 아니라 우뇌 구조 자체가 붕괴되었거나 제대로 형성되지 않았을 가능성을 시사한다(Schore, 2014). 이는 새로운 긍정적 신경회로를 만들 수 있는 심리치료와 같은 긍정적 경험을 장기간 필요로 한다는 것을 의미한다.

　치료자와 내담자 간에 무의식적으로 일어나는 현상을 설명해 주는 또 다른 신경생물학적 근거 중 하나는 상호작용하는 두 사람이 대뇌 간의 동시화(synchronization, synchrony) 현상이다. 인간의 뇌는 타인의 행동, 감정, 의도 등에 공감하는 능력을 태생적으로 갖고 있다. 의식하지 못하는 상황에서도 뇌 혈류의 산소포화도, 뇌파 등이 상대방의 상태에 따라 변화하고 상대방 역시 변화한다. 두 사람의 변화 사이에 시간 차이는 있지만 두 사람의 뇌는 같은 패턴으로 함께 변화한다. 근적외선 분광기(fNIRS), 자기공명영상 장비(fMRI) 장비 등을 사용한 뇌 하이퍼스캐닝 연구 결과들로 드러나는 이러한 동시화 현상은 서로에게 맞추려는 의도를 갖고 있는 사람들 사이에서 그리고 모-자녀나 연인 같은 친밀한 관계에서 더 많이 발생하는 경향이 있다(장미경 외, 2023; Pan et al., 2017; Wikstrom et al., 2022).

　어린 시절의 관계 외상, 학대, 방임, 안정적이지 못한 양육자 등으로 인해 해리상태가 발생한 사람들은 개인적 상황과 사회적 경험을 인식하지 못하는 경향이 있으며 따라서 그러한 상황들을 관계 유지를 위한 방향 설정에 활용하지 못하거나 정상적인 대인 교류에 필요한 여러 경험 측면과 의미 있게 상호작용하지 못한다(Leavitt, 2001)는 측면에서 사회적으로 역기능적이다. 이러한 해리 방어는 궁극적으로 타인과의 관계를 조절하는 역할, 즉 거리를 두어 외상으로부터 개인을 보호하는 역할을 한다. 이러한 성격을 가진 사람은 무의식적이고 수동적으로 거리를 두며 친밀한 관계에서 정서를 느끼지 못하도록 없애 버린다(Schore, 2009). 그 결과, 해리 때문에 무의식적인 부정적 정서를 의식적으로 경험하지 못하게 된다.

따라서 치료 효과를 위해 치료자는 무의식에 대한 깊은 이해, 즉 우뇌의 민감성을 증진하는 것이 필요하다. 정서적으로 민감한 치료자의 이 우뇌 민감성은 언어 외의 방법으로 표현된다. 내담자의 신체 중심의 무의식적 정신과 의사소통하는 치료자의 신체중심적 · 무의식적 능력을 말한다. 진정한 치료 도구는 바로 치료자와 내담자 사이의 관계이며 그 안에서 작용하고 있는 것들이다(Stern, 2008). 더 구체적으로 말하자면, 치료자와 내담자가 경험한 생애 초기 애착 관계에 근원을 두고 있는 치료 동맹은 우뇌에서 우뇌로 소통되는 비언어적 얼굴 표정, 목소리, 촉감, 몸짓, 쉬기, 침묵, 구문의 리듬과 같은 정서적 의사소통을 읽는 능력이다(Schore, 2012, 2014). 이 무의식적 의사소통은 내담자와 치료자 모두에게 두 사람이 다루고 있는 정서와 판타지를 이후에 의식할 수 있게 하고, 궁극적으로는 언어화할 수 있게 한다(Jacobs, 1994). 칼셰드(Kalsched)는 이 점에 대해 다음과 같이 언급하였다.

> 생애 초기에 외상을 경험한 내담자가 다시 잘 살아가기 위해서는 전이 속에서 외상을 다시 경험하는 고통을 겪어야 한다. 이렇게 전이를 반복하는 것은 개인의 기억 방식이며, 실제로 외상의 치유를 가져올 수 있고, 이러한 변화를 필요로 하는, 치료 중에 드러나는 분노로부터 치료자와 내담자가 살아남게 한다(Kalsched, 2003, p. 147).

과거 경험에서 유래한 외상 감정을 치료 상황에서 촉발시키는 것은 본래의 외상 상황과 닮아 있는 특정한 자극 사건, 장면, 장소 등이다. 치료 상황에서 매우 작은 사건이 발생하거나 치료자가 어떤 것을 말하거나 얼굴 표정만 움직여도 외상 감정이 촉발될 수 있다. 그러나 실제 촉발자는 내담자 내면에 있다(Meares, 2005). 즉, 해리적 행동을 발생시키는 트리거에 대한 설명과 동일하다.

우뇌는 좌뇌가 사용하는 언어로 소통하는 대뇌가 아니며 신체적 · 이미지적 방식으로 의사소통을 하기 때문에 이미지와 상징은 우뇌와 관련된 것이라고 할 수 있다. 우뇌적 경험에 개방적인 태도를 가질 때 상징 형성은 보다 쉽게 이루어질 수 있을 것이다.

3. 반복적인 교정적 관계 경험: 뇌신경 세포의 가소성

학대와 같은 생애 초기 역경은 이후의 정신적 문제와 신체 질병을 일으킬 위험을 높이며 후성유전학적 원리에 의해 다음 세대로 전이되는 것으로 알려져 있다(Yang et al., 2013). 후성유전학은 DNA 염기서열의 변화를 수반하지 않는 게놈의 기능과 관련된 변형을 의미한다(Zhang & Meaney, 2010). 따라서 아동 학대 같은 외상으로 인한 다양한 건강 문제는 예방 가능한 것임을 의미하며 외상으로 인한 질병의 발병은 제대로 치료되지 않은 결과임을 의미한다(Nanni, Uher, & Danese, 2012). 후성유전학적 변화는 오래 지속되는 경우가 많지만 반드시 영구적인 것은 아니다.

교정적 경험 또는 교정적 관계 경험이라는 것은 과거에 외상적이거나 학대적인 관계에서 비롯된 경험을 교정하는 수용적이고 공감적인 관계를 의미하는 것으로서 치료 장면에서는 치료 관계가 된다. 교정적 관계 경험을 통해 내담자는 과거의 관계 패턴을 수정하고 새롭고 건강한 방식으로 관계를 맺어 갈 수 있게 된다. 비비와 라흐만(Beebe & Lachmann, 2014)이 제시한 내담자 경험이 바로 이런 교정적 경험의 예에 해당한다. 이들은 정신증을 가진 어머니 밑에서 성장한 젊은 여성 내담자의 예를 들었다. 이 내담자의 어머니는 딸의 눈빛이 위험하고 타인을 해칠 수 있기 때문에 사람들에게 쳐다보지 말라고 했으며, 그 결과 딸은 자신은 사랑받을 수 없는 존재이며 타인을 해칠 수 있는 나쁜 사람이라는 인식으로 오랫동안 고통을 받았다. 치료 중에도 치료자에게 자신을 보지 말라고 했으며 자신은 고개를 숙이고 있었다. 비비와 라흐만은 내담자와의 치료 장면에서 내담자와 치료자 자신을 두 대의 카메라로 녹화하여 내담자에게 보여 주는 실험을 했는데, 당연히 이 내담자는 자신의 녹화 내용을 보지 않으려고 했다. 스스로도 자신을 볼 수 없었던 것이다. 비비와 라흐만은 내담자에게 자신의 녹화 내용 대신에 치료자가 녹화된 장면을 시청하도록 했다. 치료자와 대화를 나누는 내담자의 목소리는 들리지만 내담자의 모습은 보이지 않는 녹화 장면이었다. 여러 세션에 걸쳐 녹화 장면에서 치료자가 자신에게 언어, 표정, 목소리 톤, 몸짓 등으로 반응하는 것을 보았다. 이 장면을 보면서 내담자는 자신도 타인에게 사랑과 공감을 받을 수 있는 존재이며 자신이 타인에게 위험한 존재가 아니라는 교정적 관계 경험을 하게 되었다. 그 이유는 미러뉴런의 원리를 통해 내담자의 얼굴을 미러링하고 있는 치료자의 얼굴에서 자신을 보았기 때문일 것이다. 치료자의 얼굴에 드러난 그녀는 누군가를 해칠 사람도 아니었고 치료자를 웃게 만들고 치료자의 공감을 이끌어 내는 괜찮은 존재였다. 이 경험을 통해 내담자는 자신에 대한 새로운 인식을 갖게 되었고, 타인과의 관계 맺음에 대한 두려움을 완화시킬 수 있었다. 이렇듯 치료는 교정적인 관계 경험을 제공하는 데 목적이 있으며, 이 교정적 관계 경험이 내담자에게 내면화되고 스스로 내면의 질서 중심인 자기원형의 에너지를 활성화시켜서 수용적인 삶을 살아가게 한다.

교정적 관계 경험에서 또 한 가지 중요한 것은 교정적 관계 경험은 일회성의 경험이 아니라는 것이다. 더 구체적으로 표현하면 긍정적 관계 경험이 반복적으로 이루어질 때 외상적 관계 경험을 교정하는 관계 경험이 된다. 그러한 이유로 외상 경험이 심각할수록 장기의 치료 기간이 필요하다. 장기간의 심리치료는 어린 시절 외상 경험으로 발달하지 못했거나 손상된 뇌신경 세포를 우회하는 새로운 신경회로를 만들어 낸다는 의미를 포함한다. 이미 다 성장한 뇌신경 세포는 결정적으로 다시 생겨나지 않을 것이라고 생각하지만 현대의 뇌신경 연구들에서는 이미 손상된 뇌신경은 회복되지 않지만 새로운 긍정적 경험의 반복은 손상된 회로를 우회하는 새로운 신경회로를 만들어 낼 수 있음을 밝혔다(Schore, 2012). 이것은 사고 등으로 신체의 일부가 파괴되었을 때 재활치료를 통해 움직일 수 있게 되는 원리와 같다. 재활치료를 통해 움직이지 못하는 신체 부위를 인위적으로 수천 번, 수만 번 움직이게 한다. 이러한 반복적 재활 운동은 손상된 신경회로를 회복시키는 것이 아니라 마비된 신체 부위를 움직이게 하는 새로운 신경회로를 만들어 낸다. 특히 어린 시절의 외상 경험은 이후의 삶에서도 계속 외상 감정을 느끼게 만드는 관계를 만들어내는 신경회로의 발달을 가져온다. 앞에서 예로 든 젊은 여성의 경우에도 자연스런 타인들의 반응을 자신을 싫어하고 자신이 나쁜 사람이어서 그런 반응을 한다고 받아들인다. 이것은 매우 외상적인 관계 경험과 감정을 초래한다. 의지적인 노력은 한계가 있으며 인지적으로 그것이 아니라는 것을 알고 있다고 하더라도 그러한 감정에 빠지는 것을 피할 수 없다. 따라서 외상이 심한 내담자에게 언어에 의한 단기 치료는 효과적이라고 보기 어렵다. 네메로프(Nemeroff) 등은 심각한 외상을 경험한 내담자의 뇌 신경회로가 생겨나려면 주 2회 이상의 심리치료가 최소 1년 이상 필요하다는 것을 자신의 임상 경험과 여러 연구를 통해 발견했다(Nemeroff et al., 2003).

제12장

모래놀이치료의 해석:
의미 창조

1. 모래장면의 해석: 의미 창조

모래놀이치료를 매력적으로 만들고 모래놀이치료자들이 가장 흥미로워 하는 부분이 바로 모래장면의 의미 해석이다. 그러나 아이러니하게도 모래놀이치료자들이 가장 어려워하면서 가장 못하는 부분이 바로 의미 해석이다. 그렇게 느끼는 이유는 무의식이 표현하는 방식에 대한 이해 부족과 수련 부족 때문이다.

이 장의 제목에서 '해석'이라는 표현을 사용하고는 있지만 해석이라는 표현보다는 의미 창조라는 표현이 더 적합하다. 해석이라는 표현의 의미에는 내담자가 모르는 것을 권위 있는 치료자가 알고 있기 때문에 알려 준다는 의미를 내포하고 있다. 치료자가 모래놀이치료 장면의 의미를 알게 되는 것은 내담자가 어떤 방식으로든 표현했기 때문임에도 불구하고 치료자가 알아낸 것이라는 오해나 착각을 하기 쉽다. 여기서 해석은 영어의 'interpretation'을 번역한 것인데 어떤 치료자들은 'interpretation'이 아니라 내용을 단지 '다른 언어'로 표현하는 'translation'이라는 표현을 사용하자고 제안하기도 한다. 'interpretation'은 단순한 옮김의 해석을 의미하는 것이 아니기 때문이다. 그리고 내담자의 연상이나 확충 없는 상징 해석은 의미를 오해할 가능성이 높고 치료자 주도적인 접근이다. 충분한 시간을 갖고 내담자에게 자발적으로 떠오르는 것들을 기다릴 때 그 의미가 점진적으로 드러난다. 이것은 내담자 중심의 그리고 내담자 안에서 만들어지는 의미의 창조이다. 이 과정을 기다릴 때 치료자에게도 서서히 의미의 창조가 전달되는 것을 경험할 수 있다.

모래장면을 해석할 때 많은 치료자들이 피규어의 의미에 골몰하는 경향을 보인다. 그러나 내담자가 모래작업을 할 때 상자에 피규어를 놓는 경우도 있지만 피규어를 전혀 사용하지 않고 모래와 물 또는 모래만 사용하는 경우도 종종 있다. 피규어가 없는 경우에도 모래상자, 모래, 물 등만으로 피규어가 있는 경우보다 더 의미 있는 장면을 창조할 수 있기 때문에 피규어 사용의 유무는 그다지 중요하지 않다. 피규어가 있든 없든 모래장면의 해석 즉 의미 창조를 위해 다음과 같은 사항들을 고려해야 한다.

1) 상징에 대한 태도 및 상징의 의미 해석 과정

모래장면을 볼 때 먼저 공간 구분을 하는 것이 필요하다. 중심, 오른쪽 앞과 뒤, 왼쪽 앞과 뒤 그리고 네 군데의 각 모서리로 나누어서 본다. 당연히 전체도 보아야 한다. 전체는 정신의 구조와 우주를 나타낸다(Weinberg, 2014).

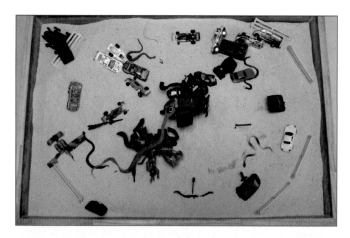

[그림 12-1]
중학교 2학년 남자
청소년의 모래장면
이 모래사진은 일견 혼란스러워
보이지만 중심과 사위의 방향이 잘
나타나 있다.

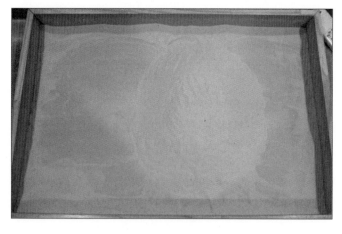

[그림 12-2]
20대 초반 여자 내담자의
모래장면
가운데로 모래를 모으려는 시도가
보이기는 하지만 방향이 잘 구분되
지 않는 모습이다.

자발적으로 떠오르는 상징의 의미를 이해하기 위해 상징 해석 시에 치료자가 고려해야 할 상징에 대한 태도와 상징 해석과정을 간략히 요약하면 다음과 같다.

- 내담자와 세션을 진행할 때 치료자에게 특별하게 느껴지는 신체 감각
- 떠오르는 상상
- 모래장면에 대해 처음에 든 감정
- 내담자의 연상
- 내담자의 연상을 듣고 난 이후에 든 생각
- 어린 시절 기억을 비롯해 생각나는 기억
- 모래장면 전체의 특징
- 모래상자에서 처음에 시선이 간 곳과 시간을 두고 천천히 보았을 때 다르게 보이는 것
- 모래장면으로부터 연상되는 신화나 동화
- 이 모든 과정의 결과로 모래장면과 내담자에 대해 알게 된 것

이 과정을 통해 내담자의 배경정보, 주호소 증상, 언어 연상, 태도, 감정 그리고 상징의 보편적 의미와 개인적 의미 등을 통합하여 상징의 종합적인 의미를 이해할 필요가 있다. 그렇지 않고 상징사전과 같은 보편적 의미에만 의존하여 모래장면을 해석한다면 잘못된 해석을 하게 될 뿐 아니라 궁극적으로 내담자에 대한 잘못된 이해에 근거한 치료 과정을 가게 된다. 모래, 모래상자, 물 그리고 피규어를 포함한 상징을 해석할 때 상징의 사전적 의미만을 고려한다면 해석은 거의 틀릴 가능성이 높다. 내담자의 개인적 경험, 확충, 연상 등을 충분히 들어야만 원형적 의미와 개인적 의미를 이해할 수 있다. 또한 같은 상징이라고 하더라도 내담자에 따라 그 의미가 다를 수 있다. 새를 예로 들면 어떤 내담자에게 새는 자유나 초월의 상징일 수 있지만 어린 시절에 새에게 얼굴을 쪼인 적이 있는 내담자에게는 공포의 상징일 수 있다. 뿐만 아니라 동일한 내담자가 동일한 상징을 사용했다고 하더라도 세션에 따라 그 의미가 달라질 수 있다. 초반 세션에는 새가 공포의 상징이었지만 공포에서 벗어난 이후의 새는 자유의 상징이 될 수 있다. 무의식이 소통하는 방식과 시간 소비는 의식이 하는 방식과 매우 다르기 때문에 자아의식 중심적으로 성급

하게 명확히 알고자 한다면 무의식이 주는 메시지를 이해하기 어렵다. 따라서 치료자는 인내 해야하고 무의식의 소통 방식에 익숙해져야 한다.

2) 주제 측면에서의 모래장면의 의미 이해

직선적으로 의미를 탐색하는 '연상(association)'과 달리 상징의 의미를 이해하는 과정을 융(Jung)은 '확충(amplifidcation)'이라고 불렀다. 이것은 본래 융이 꿈 해석에서 사용했던 의미 창조의 방법이었다. 이는 연상 방법 외에 동화, 신화, 의례 및 모든 인문과학, 더 나아가 영화, 문학작품, 역사, 과학적 지식, 현대에 발생한 사건들에까지 확충하여 들어 있는 공통적인 모티프를 찾아내어 꿈의 상징이 의미하는 바를 찾아내는 과정이다. 이 과정을 통해 꿈 상징의 의미가 보편적인 것인지 개인적인 것인지를 알고자 한다. 상징의 의미는 개인적 의미뿐 아니라 인류의 정신문화유산에서 보편적이고 공통적인 주제와 연결되어 있다는 것을 전제로 한다. 때문에 융학파의 정신분석은 상징 재료를 설명하기 위해 다양한 문화적 재료를 사용하여 의례, 신화에 관한 지식을 수집한다. 사람들은 신화, 동화, 영화, 문학작품의 주제가 꿈과 같은 상징을 설명해 낸다는 것에 놀라워한다. 이러한 방법을 사용하는 이유는 다른 방법으로는 무의식을 의식화하기 어렵기 때문이다. 상징을 사용하는 심리치료 접근인 모래놀이치료는 꿈 상징 해석의 방법과 같은 확충의 방법을 사용한다. 확충 방법의 타당성은 인류 문화유산에 들어 있는 주제가 내담자의 깊은 내면과 일치하고 내면의 깊은 무의식과 연결되었을 때의 정서가 내담자와 치료자에게 깊은 감동을 준다는 것에 있다.

힐(Hill, 2010)에 의하면, 확충은 신화나 의례적 이미지와 관련된 내담자의 정서 배열을 비교하고 정의하고 평가하고 해석해 내는 것이다. 확충은 논변적 상징성과 직관적 상징성 간의 간격을 메우는 것이며, 신화적 이미지의 즉각성과 비교, 성찰, 개념의 수단을 사용해서 언어로 그것의 의미 확장 사이를 메우는 것이다. 확충의 목표는 이미지를 개념으로 바꾸는 것이 아니라 상상을 자극하고 역사적인 모체 안에 그것을 근거시키는 것이다. 인간이 의례, 몸짓, 태도의 상징을 어느 정도 통합하지 않으면 인간은 삶의 근거를 잃게 된다. 확충은 특정한 삶의 맥락에 대해 정서와 상징으로 표현된 고태적(즉, 원형적) 의미의 형태와 연결하는 작업이다(Hill, 2010).

[그림 12-3] 20대 후반 남자 내담자의 첫 번째 모래장면

출처: 장미경(2015a, pp. 41-61).

(1) 외상 경험

성인이든, 아동이든, 청소년이든 내담자들은 외상적 경험을 직접 또는 상징적인 방식으로 모래상자에 표현한다. 예를 들어, 성폭력 경험이 있는 내담자들은 정화의 의미로 욕조 피규어를 반복적으로 모래상자에 배치하거나 사고, 재난 경험이 있는 내담자들은 튼튼한 울타리로 안정을 보장하려고 한다. 부모의 폭력 등 반복적이고 복합적인 외상을 경험한 아동들은 도움을 줄 수 있는 경찰차, 소방차, 구급차 등을 반복적으로 사용하거나 도둑이 들어오지 못하도록 이중, 삼중으로 힘이 좋은 존재가 지키는 장면을 만들기도 한다. 또는 심각한 교통사고로 부모와 자신이 사망할 뻔한 경험을 한 아동은 끊임없이 사고가 나서 구급차가 오고 사람들이 피 흘리는 장면을 만든다.

(2) 휴식

직업, 사회적 성취, 가족에 대한 헌신 등으로 지친 성인 내담자들 가운데에는 바닷가에서 쉬거나 외국의 휴양지로 떠나거나 해먹 위에 누워 있는 장면을 만든다. 이는 쉼에 대한 갈망이며 내면의 평온에 대한 갈망이다. 학습과 가족, 사회의 압력에 지친 아동, 청소년 내담자들도 자신의 방에서 어떤 간섭도 없이 자신이 좋아하는 것을 즐기는 장면을 만들기도 하며 좋아하는 애니메이션이나 웹툰의 장면에 있는 모습을 만들기도 한다. 또한 젊은 날의 고생과 어려움을 다 지나 보내고 초월한 노년의 모습을 묘사하기도 한다. 모두 휴식과 평화로움에 대한 갈망이다. 휴식, 쉼에 대한 강력한 끌림은 단순히 신체적으로 피로하기 때문만은 아니다. 사회적·내적 압력은 정서적 고갈을 가져오며 원형적으로 내면에서 균형을 잡아 창조적 방향으로 리비도가 쓰이게 하려는 역동의 작용이다. 따라서 쉼은 원형적 특성을 갖고 있다.

(3) 보상

우리의 정신은 한쪽으로 쏠린 것을 바로잡고자 하는 본질적 힘, 즉 보상(compensation) 기능을 갖고 있다. 한쪽으로 쏠린 정신은 우리의 삶을 전체로 살아내지 못하고 왜곡된 삶을 살아가게 만들며 왜곡된 삶은 심리적·정서적 소진을 가져온다. 예를 들어, 어린 시절에 행복하고 안정적이지 못한 가정 경험을 했거나 부모와 함께 살지 못했던 사람은 모래상자만으로는 모자라서 이중, 삼중의 보호 울타리가 있는 공간을 만들고 아름다운 집에 이상적인 가족이 행복하게 살고 있는 장면을 만든다.

[그림 12-4]
40대 중반 여자 내담자의 모래장면
평화롭게 노후를 지내는 노년 부부로, 마음의 휴식과 평화에 대한 바람이 묘사되어 있다.

[그림 12-5]
20대 중반 여자내담자의 모래장면
지나치게 자신의 무의식이나 내면에 대해 잘 모르는 내담자의 모래장면은 완전히 반대되어 보이는 것에 끌리고 있음을 보여 주고 있다.

(4) 입문

모래놀이치료에 자주 등장하는 주제 가운데 하나는 입문(initiation)이다. 대표적 입문 주제는 전통적으로 어린이가 성인의 세계에 입문할 때 부족의 원로들이 입문자들을 위해 특정한 의식(ritual)을 거행하는 성인식이다. 즉 어린이가 성인의 세계에 입문하는 의식이다. 이 의식에서 입문자가 경험하는 것은 성인에게 요구되는 고통 견디기, 홀로 있음 등을 통해 성인으로 살아가는 데 필요한 능력에 대한 시험이며 시험에 통과하면 모권으로부터 벗어나 성인의 권리를 갖는다. 의례의 구체적인 방법은 시대, 문화, 집단, 지역 등에 따라 다르다. 모래놀이치료에서 상징적 입문식은 한 발달단계에서 다음 발달단계로 넘어갈 때 또는 삶의 한 국면에서 다른 국면으로 들어갈 때를 의미한다. 예를 들어, 의미 없는 결혼생활을 청산하고 새로운 삶을 시작하는 여성의 모래장면에는 과거로부터 온 것의 청산, 새로운 출발 등을 상징하는 장면들이 나타날 수 있다. 또한 그러한 변화의 순간에 모래놀이치료를 받는다는 것 자체가 상징적인 입문 의식이 될 수 있다. 대부분의 지역과 문화에서 청소년은 성인이 되기 위해 입문의식을 거쳤지만, 현대 문명에서는 입문의식 전통이 사라지고 있어 오늘날의 청소년은 스스로 입문의식을 할 수밖에 없다. 청소년들은 부모로부터 스스로를 차단하고 문을 잠그고 자신의 방으로 들어가 혼자만의 우울 상태에 들어가거나 또래와 집단을 만들어 자신들만의 의식을 한다. 하나의 국면을 청산하고 또 다른 삶의 국면으로 들어간다는 의미에서 입문을 위한 장소는 새로운 삶의 잉태 장소이며, 상징적인 죽음과 재탄생의 장소이다. 입문을 통해 새로운 의식이 탄생하며, 과거의 것은 상징적으로 죽음 상태에 이르게 된다.

[그림 12-6] 아일랜드 뉴그레인지 무덤 입구

어두운 밤바다, 원형적 모성의 자궁으로 들어가는 입문의 통로의 상징이다. 뉴그레인지는 1년 중 밤의 길이가 가장 긴 동짓날에 태양이 떠오를 때 입구가 태양과 일직선이 되면서 빛이 통과한다.

(5) 어두운 밤바다 여정

어두운 밤바다로의 여정(dark night sea journey)은 모래놀이치료에서 자주 등장하는 주제이다. 마침내 여정을 떠나고 여러 가지 괴물을 만나 싸우는 장면들이 다양한 피규어로 묘사된다. 어두운 밤바다 여정은 신화에서 종종 등장하는 원형적 모티프로서, 우울증 그리고 신경증적 에너지 상실과 심리학적으로 관련되어 있다. 인생의 중반에 해당하는 성인에게 우울증은 기존에 리비도를 쏟아붓던 직업, 관계, 가족, 성취 등에 대한 흥미가 감소하고 내면의 감정에 집중하게 한다. 아동, 청소년이라면 퇴행적 · 유아적 리비도를 극복하고 자아를 발달시키는 것이다. 밤바다 여정은 일종의 하데스(지하세계, 즉 무의식)에게로의 하강이고, 이승, 의식성을 초월한 유령의 세계로의 여정이며, 따라서 무의식과 융합되는 것이다(Jung, 1954/1993d, par. 455). 신화적으로 밤바다 여정은 용이나 바다괴물에게 삼킴을 당하는 모티프이다. 또한 십자가 처형, 불구, 유괴 등으로도 상징화된다. 이 고난은 다음날 아침 떠오르는 태양으로 상징되는 태양신과 영웅에 의해 극복된다. 이것은 의식이 무의식에 잡아먹히는 것이 아니라 무의식의 부정적 원형에너지를 극복하는 것이다. 자기(Self)와의 연결을 통해 자아가 발달하면서 외부에서 강요된 것이 아닌 자신의 고유한 정체성을 확립하고 독립적인 삶을 살아가면서 동시에 자기와의 연결성을 유지하는 삶이다. 이는 길가메시, 오시리스, 그리스도, 단테, 오디세이, 아이네이아스 등의 이야기에서 볼 수 있는 공통 주제이기도 하다. 융은 이러한 전설, 신화에 대해 신경증의 발병과 진행에서 에너지의 퇴행적 상실을 보여 주는 것으로서 상징적으로 해석하였다.

영웅은 리비도가 변화하는 것의 상징이다. 영웅이 용에게 잡히는 것은 퇴행적 방향이고, 동쪽('어두운 밤바다 여정')으로의 여정이며, 정신 내적 세계의 조건에 적응하려는 노력을 상징한다. 의식화를 향해 가기 위해서는 먼저 어두운 밤바다로 내려가야 하기 때문이다. 영웅이 용에게 완전히 잡아먹히고 용의 뱃속으로 사라지는 것은 외부 세계로부터 흥미를 완전히 거두어들이는 것을 나타낸다. 용, 괴물을 극복하는 것은 내면세계의 조건에 대한 적응을 성취하는 것이며, 해가 뜨는 순간에 새의 도움을 받아 이 괴물의 뱃속에서 튀어나오는 것은 발달의 재개를 상징한다(Jung, 1960/1981, par. 68). 성인이라면 개성화를 향한 과정을 지속적으로 가는 것이며 아동, 청소년이라면 유아적 사랑의 상실에 대한 불안과 집착을 버리고 자신의 힘으로 살아가는 것이다. 어두운 밤바다 여정의 모티프를 갖고 있는 모든 신화는 인간이 지각한 태양의 움직임과 관련이 있는데, 융은 이를 "매일 밤마다 어머니의 물속(무의식)으로 가라앉았다가 아침에 새롭게 태어나는 불멸의 신과 같은 바다를 항해한다."(Jung, 1956/1990b, par. 306)라고 서정적인 이미지로 묘사하였다. 사람들은 일생 동안 이러한 싸이클의 삶을 반복한다. 우울증의 에너지 상실과 같은 상징성을 가진 태양의 가라앉음은 재탄생을 위한 전주곡이다. 치유의 물에서 정화된 태양, 즉 새로워진 자아의식성은 다시 살아간다.

(6) 신성성

　모래놀이치료자들이 내담자와의 작업에서 경험하는 주제 중 하나는 신성성(numinosity)이다. 이것은 내담자의 내면에 있는 신성함의 에너지가 모래장면에 배열되었기 때문일 수도 있고 특정 피규어에 대해 내담자가 느끼는 감정 때문일 수도 있으나, 어떤 경우이든 내담자가 신성함을 느낀다면 공동 전이 또는 원형적 전이/역전이 원리에 의해 치료자도 그것을 느낀다. 진정한 원형에너지의 배열은 강한 정서적 경험을 수반한다. 이 신성함은 심리학적으로 자기(Self)와 관련된 것으로 사람, 사물 또는 상황에 대한 기술이 깊은 정서적 공명을 일으키는 것이다. 이때의 신성성을 의미하는 'numinosity'라는 단어는 라틴어 'numinosum'에 어원을 가진 단어로서 의식적 의지와는 독립적으로 역동적인 것 또는 효과를 칭하는 말이다. 종교적 가르침은 항상 이 경험이 외적 원인에서 기인하는 것으로 설명하지만 분석심리학의 신성성은 내적인 것에서 기인하는 경험이다. 물론 내적 경험이 신과 같은 외적 존재에게 투사되는 경향이 있다. 'numinosum'은 눈에 보이는 대상 또는 의식의 특정한 변화를 일으키는 눈에 보이지 않는 존재(신)의 영향력에 속한 것이다. 모래장면에는 의식적인 것뿐 아니라 무의식적인 것, 특히 집단무의식의 원형적 이미지들이 나타나기 때문에 '어떤 것 너머의 존재', 신성한 어떤 것에 관한 느낌이나 이미지가 나타난다. 이러한 영적 차원의 신성한 경험은 매우 치유적인데 원형이 대극 사이를 연결하는 기능을 갖고 있기 때문에 이러한 신성함의 이미지들은 대극적 갈등 감정을 연결하고 치유하는 기능을 함으로써 증상의 개선을 가져올 뿐 아니라 인격의 확장을 가져온다.

　무엇보다 모래놀이치료는 내담자가 자신의 내면 세계에 몰입해서 진정성을 찾아가는 과정이고, 이에 대한 치료자의 깊은 존중이 있기 때문에 신성하게 느껴진다.

[그림 12-7] 고대 푸에블로 인디언이 종교의식을 거행한 신성한 방 또는 신성한 장소
출처: 북드럼 홈페이지(http://www.bookdrum.com/books/blood-meridian/1334/bookmark/160935.html).

(7) 여정, 탐구

모래상자에는 다양한 장면의 여정, 탐구 과정이 묘사된다. 이 여정은 모래놀이치료를 통한 영웅의 여정, 즉 자신의 내면 세계로의 여정이다. 이 여정은 주로 배를 타고 항해를 시작하려고 하거나 항해 중 어려움에 맞닥뜨리는 장면으로 상징화되는 경우가 종종 있다. 여정의 장면은 치료 초기에 나타나는 경우도 있지만 어느 정도 여러 세션이 진행된 이후에 나타나는 경우도 종종 있다. 특히 여정의 시작 장면은 내담자에게 감정적으로 설

[그림 12-8] 40대 중반 여자 내담자의 모래장면
오랜 기간의 치료를 통해 학대적이었던 아버지 그리고 아들과 밀착되어 학대적 아버지로부터 자녀들을 보호하지 못했던 어머니로 인해 생겨난 부모콤플렉스의 늪을 빠져나가기 위해 드디어 보트를 타고 여정을 떠나는 모습이다. 이러한 늪은 거대한 범선이나 선박보다는 작은 보트로 조용히 빠져 나가는 것이 지혜롭고 여성적인 방식일 것이다. 그것은 원시적이지만 순수한 아니무스(보트를 젓고 있는 토인으로 상징화되어 있는 남성성)의 도움을 받아서 가능한 것이다.

렘과 기대를 주기도 하지만 두려움을 일으킬 수도 있기 때문에 내담자에 따라 오랫동안 망설이거나 여정에 필요한 것들을 준비하는 데 많은 시간과 에너지를 소모하기도 한다.

(8) 콤플렉스

함께 뭉쳐진 덩어리라는 어원적 의미를 갖고 있는 콤플렉스는 살아가는 과정에서 발생한 경험이나 외상으로 시작되며 유사한 사건이나 경험으로 확장되고 나중에는 최초의 경험과는 상관없어 보이는 사건이나 상황에까지 확장된다. 콤플렉스는 의식적 의지와 상관없이 독립적으로 자신을 드러내어 자아의식성을 사로잡아서 일시적으로 자아와는 다른 인격으로 기능하는 경향을 갖고 있다. 대체로 의식의 경향과 반대 방향으로 힘을 발휘할 수 있는 감정적 힘을 가지고 있다. 예를 들어, 외모콤플렉스가 있는 사람은 많은 상황이나 관계의 결과를 자신의 외모와 관련짓거나 다른 사람들을 외모 중심적으로 보는 경향을 보인다. 특히 외상과 관련된 감정의 폭발은 그 개인의 인격을 공격하는 것과 같아서 공룡, 악어, 거대한 뱀 등 맹수나 위험한 동물 또는 동물의 공격으로 상징화되기도 한다. 외상적 감정이 의식에서 분열되어 무의식 상태에 있을 때 관련 콤플렉스의 자율성이 더 커지는 경향이 있다(Jung, 1984/2001). 물론 콤플렉스를 의미하는 상징은 동물로만 나타나는 것은 아니며, 모래놀이치료에서 다양한 상징과 장면으로 나타날 수 있다. 그러나 콤플렉스가 항상 부정적 의미만을 갖고 있는 것은 아니다. 개인의 역량이나 적응성 같은 긍정적 측면도 삶의 과정에서 억압되면서 콤플렉스화 될 수 있다.

(9) 에너지의 집중

어떤 내담자들은 모래를 한쪽으로 모으거나 높이 쌓거나 모래 위에 가운데로 집중하는 형태를 만들거나 피규어를 이용해서 에너지의 집중을 연상시키는 장면을 만든다. 이러한 장면들은 어떤 에너지가 모이고 있는 듯한 상상을 일으킨다. 가장 대표적인 경우가 자기(Self) 배열을 위해 에너지가 중심으로 몰리고 있는 듯한 느낌을 주는 중심화(centering 또는 centroversion)이다. 또한 중심을 원으로 둘러싸고 있는 만다라 모습의 장면도 에너지의 집중이라고 할 수 있다. 자기(Self)에너지가 배열되면 모래상자의 중심이 강조되는 경우가 많은데, 상자의 가운데를 중심으로 모래를 볼록하게 쌓거나 동심원 형태가 나타나거나 중심에 의미있는 피규어를 놓는 경우 등이다. 에너지의 집중화는 새로운 발달을 위해 필요한 것이며 충분한 작업을 할 수 있는 시간이 주어진다면 집중화된 자기(Self)에너지에서 자아(ego)가 발달하는 것을 볼 수 있다. 이것은 마치 식물의 싹이 대지의 토양을 뚫고 나오는 과정과 유사하다. 그 외에도 무의식을 의식화하기 위해 또는 무의식에 있는 내용에 직면할 때의 불안을 이기기 위해 자원이나 에너지를 집중시키는 듯한 장면, 무의식 상태에 있는 자료들을 한데 모음으로써 삶을 회고적으로 돌아보는 듯한 장면들도 있다.

[그림 12-9] 어린 시절부터 부모 사이의 갈등과 폭력을 경험해 온
20대 초반 여자 내담자의 모래장면

(10) 에너지의 흐름

에너지의 집중과는 약간 다른 의미를 갖고 있는 에너지의 흐름은 물의 흐름, 자동차의 흐름, 피규어의 배치 흐름 등이다. 집중된 에너지는 자아의 '양육' 또는 새로워짐을 위해 흐를 필요가 있다. 막혔던 에너지는 집중을 위해 다시 흐를 필요가 있다. 그리고 에너지 흐름의 방향도 중요한 요소이다. 예를 들어, 자동차를 연이어 놓은 것이 어떤 흐름을 연상시킨다면 그 흐름이 일방향적인지 아니면 양방향적인지를 구분함으로써 에너지가 소통되고 있는지 아니면 한쪽 방향으로 흘러서 원활한 정신에너지의 흐름이 일어나지 않는지를 구분해야 한다. 가장 이상적인 것은 의식과 무의식 사이, 자아와 자기 사이, 기타 여러 대극 사이의 에너지 흐름이다. 그럴 때 전체성이라는 통합의 방향으로 갈 수 있다.

(11) 통제 상태, 권위/힘에 대한 대항

모래장면에서 통제를 당하고 있는 상태에 관한 많은 상징을 볼 수 있다. 자유롭고 진정하게 발달해야 하는 자아 또는 여성적 또는 남성적 자아를 상징하는 피규어가 끔찍한 감옥에 갇혀 있는 장면, 동물 등으로 상징되는 본능적 요소가 에너지를 발산할 수 없게 갇혀 있는 장면 등이 그 예이다. 그러나 일종의 긍정적 조절 또는 보호를 상징하는 긍정적인 통제 장면도 있다. 예를 들어, 위험으로부터 긍정적 측면들을 보호하기 위해 울타리, 경찰, 담장, 무기, 군인 등으로 보호하는 경우이다. 맹수와 가축들이 구분 없이 한곳에 있고 위협적으로 느껴진다면 적절한 보호와 구분이 없을 가능성을 의미한다. 권위나 거대한 힘에 대한 대항은 어린 시절부터 두려움의 대상이었던 '아버지' 그리고 그로 인해 생겨난 부정적 부성콤플렉스에 대한 대항 또는 분리 등으로 표현될 수 있다. 거대한 맹수 피규어 등의 위협은 본능적 힘뿐 아니라 거대한 원형적 힘 또는 그로 인한 콤플렉스의 상징이기 때문이다.

(12) 오래되고 낡고 비생산적인 상태, 태도, 신념, 행동에 대한 위협

많은 내담자가 자신의 신념, 태도, 행동 패턴이 더 이상 삶에 유효하지 않다는 것을 아는 경우에도 바꾸기 어려워 한다. 바꾸기 어려운 이유는 변화에 대한 두려움, 과거 패턴을 바꾸는 것에 대한 죄책감, 다른 사람들의 비난 등 때문이다. 그러나 의식 상태의 어떤 태도나 신념 또는 행동 패턴이 너무 오래되어 타성(inertia)에 젖으면 더 이상 새로운 신념, 태도, 행동 패턴 등을 만들어 낼 수 없고 개인은 무기력 상태에 빠지기 때문에 무의식의 에너지와 연결되어 새로워질 필요가 있다. 이것은 과거의 낡은 것들은 대극적인 피규어나 장면으로 상징화되는 경향이 있다. 예를 들어, 자유로운 어린이와 속박을 당하는 인물이 대비되어 등장할 수 있다. 또한 죽음으로 상징화되기도 한다. 죽음의 위협을 받는 형태로 모래장면에서 표현될 수 있다. 그러한 의미에서 죽음은 종종 부정적이기보다는 인격의 확장과 발달을 위해 필요한 것, 즉 기존의 낡은 태도의 죽음을 상징한다고 할 수 있다. 따라서 위협을 받고 있는 것이 무엇인지를 이해하는 것이 중요하다.

(13) 분노

다른 심리치료적 접근에서와 마찬가지로 모래놀이치료에서도 분노와 관련된 주제가 자주 등장한다. 모래놀이치료에서 언어 사용 이전 단계의 분노는 화산폭발, 포효하는 맹수나 괴물, 파괴적이거나 공격적인 피규어 등으로 표현되는 경향이 있다. 이러한 분노는 내담자가 의식하고 있으나 분노 표현에 대한 부정적 태도 때문에 시간이 지나서 표현되는 경우도 있고, 모래놀이치료 작업을 통해 의식하게 되는 경우도 있다. 또한 피규어가 아닌 모래를 두 손으로 짓이기거나 던지거나 묻는 등의 행동으로 분노를 표현하기도 한다.

(14) 본능

본능은 어떤 창조적 활동을 향한 비자발적인(의식의 측면에서) 추동이라고 할 수 있다. 모든 정신 과정은 의식의 통제를 받지 않는 본능적 에너지를 갖고 있으며 본능은 본래 사회적 적응이 가능하지 않은 에너지이다(Jung, 1960/1981b). 그러나 융에 의하면 본능은 정신으로부터 고립되어 떨어져 있는 것이 아니며, 실제 삶에서 동떨어져 있는 것도 아니다. 모든 정신적 요소는 대극을 이루고 있기 때문에 당연히 본능 요소의 반대 극에는 영적·정신적 특성으로 발달하는 원형적 내용이 있다. 따라서 본능은 항상 불가피하게 아직은 고태적이며 불분명한 상태에 있는 삶의 철학적 태도와 짝을 이룬다. 본능은 사고를 자극하며 인간이 자유의지의 제한을 받지 않는다면 본능과 의지가 대극을 이루기 때문에 강박적으로 충족되려는 본능의 성향으로 인해 강박적 사고를 갖게 될 수 있다. 그만큼 생리적·본능적인 것과 정신적인 것은 떼어 낼 수 없는 불가분의 관계에 있다(Jung, 1954/1993g, par. 185). 지나치게 정신화된 본능은 자율적인 콤플렉스의 형태로 복수하며 신경증을 유발한다. 즉, 의식성이 지나치게 영화되어(over-spiritualized) 본능적 토대와 너무 떨어져 있게 되면 정신 안에 있는 자율적 조절 과정이 활성화되어 균형을 잡으려는 시도(보상기능)가 일어난다. 예를 들어, 지나치게 성취 중심적 태도를 갖고 있다면 또는 지나치게 종교적 삶을 중요시한다면 감정, 몸, 건강, 여러 가지 적절한 욕구 등의 본능은 적절한 삶을 영위하지 못하고 관련된 증상을 갖게 할 수 있다. 이러한 측면은 종종 뱀 등의 동물로 상징화된다(Jung, 1956/1990a, par. 615). 예를 들어, 꿈이나 모래에 등장한 뱀은 본능과 의식성의 두 측면 간의 갈등의 위협적 측면을 나타낼 가능성이 있다. 반면 지나치게 본능적인 태도는 문명화된 인간을 왜곡시키며, 지나친 문명화는 본능을 아프게 만든다. 고유한 인격적 측면을 살지 못하는 것, 창조된 그대로의 전인적 모습으로 살지 못하는 것은 인간 본능을 억압하는 것이라고 할 수 있다.

　프로이트와 달리 융은 본능을 상당히 넓게 해석하였다. 그는 본능적 요소를 다섯 가지로 분류하였다. 배고픔, 성욕, 활동성, 반성적/성찰적 사고, 창조성이 그것이다. 배고픔은 자기보존을 위한 주요 본능으로서 아마도 모든 추동 중 가장 기본적일 것이다. 성욕은 특히 정신화되는 경향이 높은 본능적 요소로서 정신화를 통해 순수하게 생물학적인 에너지를 다른 통로(예: 관계성)로 가게 한다. 활동성의 충동은 움직임, 변화, 침착하지 못함과 놀이 등으로 표현된다. 반성적 사고에는 종교적 충동과 의미 추구가 포함된다. 창조성에 대해서 융은 예술 창조의 충동으로 언급하였다. 그가 창조성을 본능적 요소에 포함시킨 이유는 그것이 본능처럼 매우 역동적으로 움직이고 강박적이기 때문이다. 진정한 자신으로 살지 못하는 사람에게 창조성의 본능은 진정한 자신 즉 전체 인격을 실현하도록 힘을 발휘한다. 융은 창조성이 분석 과정에 의해서만 증진될 수 있다고 생각했다. 마음의 병은 창조성의 발현을 방해하기 때문에 분석과 치료 과정을 통해 질병이 먼저 치유되어야 하기 때문이다. 인격의 전체성을 향한 창조적 충동은 분석뿐 아니라 예술적 행위 등을 통해 실현된다고 보기 때문에 창조성이라는 본능은 더욱 의미를 갖는다.

　한편, 어린 시절의 정신은 자신의 본능적 충동과 외부의 압력을 구분하지 못하기 때문에 가장 중요한 관계에 있는 부모에게 본능적 충동을 투사해서 동물로 상징화하는 경향이 있다. 부모와의 관계가 만족스럽고 긍정적이라면 부모는 순응적인 동물로 묘사될 것이고, 그 반대라면 무섭고 두려운 맹수나 괴물로 상징될 가능성이 높다. 부모와 만족스런 관계에 있지 못하다면 아동은 두려움이나 불안이라는 본능적 감정을 느낄 것이고 이것을 부모에게 투사한다.

(15) 어린 시절의 부모 경험

　어린 시절의 부모 경험은 어린 시절에만 영향을 주는 제한적 경험이 아니다. 많은 성인 내담자는 자신도 모르게 어린 시절 부모의 영향으로 인한 삶의 패턴이 존재한다는 것을 깨닫는다. 예를 들어, 매우 통제적인 어머니를 경험한 젊은 여성의 모래상자에는 연약한 피부를 갖고 있는 연체동물들을 잡아먹는 상어, 무시무시한 집게발을 가진 거대한 게, 휘어감는 발을 가진 문어 등의 상징이 나타났다. 그러한 피규어들로 상징되는 여성의 어린 시절 경험은 성인이 된 후에도 삶의 일들을 통제하고자 하게 만들며 통제하기 위해, 통제되지 않을까 봐 그리고 통제되지 않은 상황과 관계들로 인해 끊임없이 괴로움을 가져온다.

(16) 본능적 측면과 이성적 · 합리적 측면의 통합

본능적 측면과 이성적 · 합리적 측면의 통합은 인격의 전체성을 성취하기 위해 달성되어야 하는 것 중 하나이다. 본능적 측면에 압도당해 조절되지 않거나 본능적 측면과의 연결이 단절되어 비현실적인 세계에서 살게 되는 경우가 종종 일어나기 때문이다. 본능

[그림 12-10] 인간과 바다동물의 춤

본능과 더불어 살아가는 한 여성. 아일랜드 아란 섬의 두 친구, 야생의 돌고래와 인간 여성이 우정을 나누며 춤을 추고 있다.

[그림 12-11] 게오르크 야니(Georg Janny)의 <힘의 알레고리(All Allegory of Power)>(1918)
본능과 초월적 측면의 관계를 보여 주는 그림

적 측면과 이성적·합리적 측면의 통합 또는 통합의 필요성은 두 영역으로 나누어진 모습으로 등장하거나 각 측면을 나타내는 피규어들 간의 관계로 나타나기도 한다. 또는 감옥에 갇혀 있거나 자유롭지 못하거나 경직된 모습으로 나타나기도 한다.

(17) 싸움, 갈등

모래놀이치료 장면에서 수많은 싸움이나 갈등 장면을 목격할 수 있다. 언어로만 이루어지는 상담에 비해 피규어로 상징화되는 작업이기 때문에 그것이 어느 정도의 에너지와 긴장감을 가진 갈등적 상황이나 주제인지 보다 쉽게 파악할 수 있다. 내담자에 따라서는 유사한 싸움 장면을 수개월씩 지속하기도 한다. 갈등과 싸움은 내적 긴장으로 인한 우유부단, 결정되지 않음의 상태라고 할 수 있다. 융에 의하면 견딜 수 없는 갈등은 삶이 옳은 방향으로 가고 있다는 증거이다. 갈등이 없는 삶은 반쪽짜리 삶이거나 천사에게나 해당하는 초월적인 삶일 것이다(Jung, 1973, p. 375). 자기(Self)는 대극 간의 갈등 속에서 출현하는데, 그 이유는 갈등을 해결하고 통합된 인격을 가져오기 위한, 자기(Self)의 대극의 합일(coincidentia oppositorum)의 기능이다(Jung, 1953/1993, par. 259)이다. 물론 갈등은 신경증의 증상이기도 하지만 갈등 자체가 신경증적이라고는 할 수 없다. 어느 정도의 갈등은 심지어 필요하기조차 한데 대극 간에 긴장이 없으면 발달 과정이 억제되기 때문이다. 융에 의하면 갈등이 신경증적인 경우는 지나치게 갈등이 심각해서 의식의 정상적 기능을 방해할 때이다. 융의 갈등 개념에서 중요한 것은 정신이 자기조절 기능을 갖고 있음을 보여 주는 것이 갈등이라는 점이다. 대극 간의 갈등이 발생하면 즉 두 가지의 태도가 서로 갈등을 일으키고 그것을 의식한다면 갈등을 해결하기 위해 자기에너지의 배열 같은 내면에 해결을 위한 일이 발생하며 이것의 해결은 본질적으로 비합리적이고 예측 불가능한 것이다. 그럼에도 이 해결책은 자기 자신과 외부 상황에 대한 새로운 태도를 가져다주며 평화를 가져올 수 있게 하기 때문에 정신이 자기조절을 통해 전체성의 방향으로 가게 한다. 갈등을 해결하기 전에는 긴장 속에 묶여 있는 에너지가 방출되고 리비도의 진행이 이루어지며 이때 방출된 에너지는 삶을 증진하는 창조적 방향에 쓰일 수 있게 된다. 즉 한쪽으로 치우쳐 살아보지 못한 부분의 삶을 살게 한다. 융은 이를 제3의 것(tertium non datur) 또는 초월적 기능이라고 불렀는데, 그 이유는 대극, 즉 두 극을 초월한 것이기 때문이다. 대극 간의 긴장을 견디는 것은 인내와 강력한 자아를 필요로 하며,

그렇지 않으면 절박함 때문에 성급하게 잘못된 결정을 하게 되고 그러면 더 강력하게 대극이 배열되고 갈등도 더 강력해진다.

신경증적 갈등의 작업에는 분리된 인격, 즉 콤플렉스에 대한 작업이 포함된다. 콤플렉스는 잘 의식되지 않기 때문에 외부로 투사되는 경향이 있어서 타인과의 갈등은 필연적으로 자기 자신 안에 있는 무의식적 갈등의 외현화라고 할 수 있다. 또한 의식된 콤플렉스라고 하더라도 벗어나는 일이 쉽지만은 않다.

모래놀이치료에서 갈등이나 갈등적 싸움을 상징하는 장면이나 피규어는 『길가메시 서사시』의 길가메시와 엔키두, 성서에서 서로에게 그림자적 존재인 카인과 아벨과 같은 적대적 형제, 두 국가 또는 두 팀 간의 싸움, 두 대장들 간의 싸움, 동물 또는 괴물과 인간의 싸움, 로봇과 동물 또는 인간의 싸움, 불특정 다수 간의 싸움 등으로 다양하게 나타난다. 물론 대극적인 색깔, 위치, 색상 등으로도 표현된다.

(18) 휴식과 치유

휴식과 치유도 모래놀이치료에서 자주 등장하는 주제 중 하나이다. 특히 한국 사회에서 사람들은 성취하기 위해 경쟁하느라 또는 성취하지 못하는 자신을 받아들이지 못해 갈등하느라 지쳐 있는 경우가 많다. 또한 정서적·심리적·관계적 문제와 씨름하느라 지쳐 있는 사람들도 있다. 모든 사람에게 휴식을 갈망하는 원형에너지가 배열된다. 이때의 휴식은 치유를 촉진한다. 휴식이 원형적이라는 것은 기독교 성서의 창세기에서도 볼 수 있다. 세상을 창조하느라 엿새 동안 일을 한 신은 일곱 번째 날에 쉰다. 이러한 주제는 고요하고 평화로운 해변, 산, 여행, 안식처 등에서 쉬는 장면 등으로 표현되는 경우가 많다.

(19) 여성성과 남성성

융에 의하면 인간에게는 여성성과 남성성인 모두 존재한다. 즉, 여성에게는 원형적 남성성인 아니무스(Animus)가 존재하고 남성에게는 원형적 여성성인 아니마(Anima)가 존재한다. 아니마와 아니무스는 한쪽으로 치우친 전체 인격의 통합을 촉진하기 위해 의식과 무의식을 연결하는 기능을 한다. 원형적 여성성이나 남성성의 통합 여부는 그것들이 의미하는 삶에 대한 태도에 영향을 미친다. 삶에 대해 남성적 태도가 지나치거나 부족한 것 또는 여성적 태도가 지나치거나 부족한 것은 정신 내부와 정신 외부의 삶에 대한 태도에 영향을 미친다. 지나치게 남성적 태도로 살아가는 남자는 자신과 타인의 감정을 인식하고 수용하기 힘들어 하며 결과적으로 관계성의 어려움으로 고통받을 수 있다. 여성의 지나친 남성적 태도도 그 여성 개인에게 유사한 문제를 가져올 수 있다. 모래놀이치료에서 남성성은 왕, 전사, 신, 마법사, 소년, 아버지, 노인, 성직자, 여러 유형의 평범한 남자 피규어로 나타날 수 있으며 여성성은 여왕, 공주, 요정, 소녀, 노파, 어머니, 여신, 각종 유형의 평범한 여자 피규어로 나타난다. 이 피규어들과 다른 요소들 간의 관계는 내담자가 현재 또는 앞으로 처하게 될 정신발달의 단계를 나타낸다. 영웅의 여정에서 마녀에게 잡힌 공주를 구하는 것은 분화되지 못한 아니마를 발달시키는 것을 상징하는 대표적인 이야기 상징이다. 앞에서 예를 든 피규어 가운데에는 여성성의 상징이거나 남성성의 상징이면서 동시에 모성과 부성의 상징인 것들도 있다. 중복되는 이유는 여성성과 남성성이 발달할 때 부모의 여성성과 남성성으로 시작하며 궁극적으로 독립적인 여성성, 남성성을 발달시키기 때문이다.

(20) 대극의 분화와 합일

대극은 본래 하나의 상태였으나 한 극은 의식되고 다른 한 극은 무의식화되어 자아는 마치 하나만이 존재하는 것으로 지각하기 때문에 대극으로 경험된다. 자아는 마치 의식적인 극만 존재하는 것으로 지각하지만, 정신발달 과정에서 의식적 신념, 태도, 가치관 등의 발달은 필연적으로 무의식 상태에 남아 있는 내용을 대극으로 갖게 된다. 다른 말로 하면, 의식과 무의식은 대극이다. 자아의식이 신념, 태도, 가치관 등에서 대극적인 것을 인식하고 수용한다면 의식이 확장되고 인격이 커질 수 있다. 무의식 상태에 있는 내용들이 의식에 수용되는 데에는 내적·정서적 갈등이 따른다. 이 갈등은 무의식의 내용이 의식에 가까이 올수록 커지는 경향이 있다. 즉, 궁극적으로는 갈등적이고 대극적인 감정, 태도 등의 합일이 일어나야 하지만 합일이 일어나기 위해서는 먼저 대극의 분화가 이루어져야 하며 서서히 의식되기 시작하는 무의식의 내용, 즉 의식의 대극은 갈등을 가져온다. 그림자를 예로 든다면, 성장 과정에서 집단적 가치관이 강화하지 않는 태도나 가치 혹은 특성은 억압되어 무의식화되고, 반대로 강화되는 것은 의식적 자아의 특성을 이루게 되는데, 이때 억압된 것과 의식하고 있는 것은 대극을 이루게 되고 억압된 것은 그림자 상태에 있게 된다. 대극 합일은 개성화의 과정에서 발생하는 현상이다. 모래놀이치료에서는 쌍으로 등장하는 피규어, 대극적 상황, 갈등적 상황, 상반된 내용, 두려움이나 불안을 일으키는 요소, 결혼, 조화, 관계성, 연결 등을 나타내는 피규어들이 대극 합일의 필요성이나 대극 합일의 상태를 나타내는 상징이나 장면이라고 할 수 있다.

분석심리학에서 대극의 합일을 의미하는 라틴어 'conjunctio'는 연금술에서 화학적 조합을 의미하는 용어다. 심리학적으로 이 말은 대극의 합일이며 동시에 대극 합일은 그 결과로 새로운 가능성의 탄생을 의미한다. 이는 여러 가지 형태로 모래장면에 상징화될 수 있으며 대극 합일의 상징 중 대표적인 것이 결혼식이다. 결혼이라는 것은 상징적으로 정신 내면의 결핍된 부분과의 결혼, 즉 통합 또는 통합이 필요하다는 것을 상징하며 남녀의 결혼은 결과적으로 자녀라는 제3의 것을 만들기 때문이다. 또 다른 상징의 예는 만다라이다. 대극을 합일하고 갈등을 통합하여 질서를 가져오고 인격의 통합을 가져오는 것은 자기(Self)원형의 작용이며 만다라는 이것을 나타내는 상징 중 하나이다. 앞서 언급한 바와 같이 대극 합일은 피규어 간의 연결, 화합 등으로도 표현될 수 있으며, 인격의 전체성을 상징하는 만다라 또는 그보다 초기 형태의 만다라와 유사한 형태 외에도 자기(Self)를 상징하는 구 모양이나 귀중한 피규어, 모래 구조물 등이 나타난다.

(21) 축하, 신성한 의식

모래장면에는 신성한 의식(ritual)이나 축하의 장면이 종종 나타난다. 신성한 의식은 원형적으로 입문, 신성 결혼도 될 수 있고 현실적으로는 개인에게 의미 있는 의식이나 축하, 새로운 발달단계로의 진전일 수 있다.

(22) 아기 또는 새로운 생명의 탄생

아기 또는 새로운 생명의 탄생의 상징은 종종 무의식 상태에 있는 내용들이 의식되기 시작할 때를 의미한다. 기존의 태도, 관념, 감정 등이 새로워진 긍정적인 부분을 상징하지만 새롭게 의식된 내용들은 아직 안정적으로 의식적 인격에 통합되지 못하기 때문에 아기를 키우듯이 안정화시키는 양육 과정이 필요하다. 과거의 태도, 감정, 생각 등이 아직 확고하지 못하여 새로운 것으로 대체하는 것에 대해 죄책감, 불안 등을 일으킬 수 있기 때문이다. 객관적 세계에서의 새로운 일의 시작도 아기 또는 새로운 생명의 탄생에 비유될 수 있다. 또한 원형적 수준에서 어린이는 자기(Self)의 상징이기도 하다. 아기가 자기에너지의 배열을 상징하는 경우에 이 아기는 신성한 어린이(divine child), 즉 아기 예수, 아기 크리슈나, 기타 신성한 형태의 아기나 어린이 피규어가 사용된다.

(23) 영웅과 보물 획득

신성한 어린이 또는 영웅은 장애물을 극복하고 목표를 성취하는 것과 관련된 원형적 주제이다. 심리학적으로 말하자면, 영웅은 무의식으로부터 자아가 분화되고 다시 자기와 연결되는 과정에 있는 개인의 내적 상태를 의미한다. 영웅의 여정이 진척될 때마다 개인은 더욱 성숙한 인격을 발달시키게 된다. 영웅이 장애물을 극복하는 과정은 무의식으로의 여정이며 이 여정은 고래의 배, 어두운 밤바다로의 여정으로 상징화된다. 영웅은 깊은 무의식으로 들어가 소명을 다해야 한다. 어두운 밤바다로 들어가서 영웅이 가져와야 할 것은 보물, 공주, 반지, 황금알, 생명의 명약 등인데, 이는 심리학적으로 자신의 진정한 감정과 독특한 잠재력을 은유적으로 일컫는, 즉 영웅이 성공적으로 목적을 달성하는 것을 일컫는 용어이다(Jung, 1956/1990b). 불사의 선약인 생명의 명약과 아리따운 공주, 즉 아니마를 획득하여 인간 세상으로 무사히 귀환한 경우에만 영웅이라고 할 수 있다. 따라서 모래놀이치료에서의 보물 획득은 연령에 적합한 발달의 성취, 자아발달, 문제/갈등의 완화 또는 해결, 대극의 합일, 관계의 회복, 자아-자기 축의 연결과 그로 인한 문제의 해결 등을 의미할 수 있다. 영웅의 여정으로 상징화되는 여정에서 영웅의 여정으로 소명을 받은 내담자가 여정을 떠나지 않거나 중도에 포기하는 경우에는 영웅이라고 칭할 수 없다(Campbell, 1949/2008).

(24) 트릭스터

트릭스터(trickster)는 양가적인 특성을 가진 무의식적 그림자의 속성을 상징하는 용어이다. 트릭스터는 불완전한 인간이면서 동시에 초인간적인 존재, 야수적이면서도 신성한 존재이다. 이것의 가장 큰 특성은 개인이 이것을 의식하느냐 하지 못하느냐 하는 것이다(Jung, 1959/1990a, par. 472). 이 말은 우리 자신의 그림자를 어떻게 취급하느냐에 따라 트릭스터가 긍정적 영향을 줄 수도 있고 부정적 영향을 줄 수도 있다는 의미이다. 문명화된, 즉 지나치게 의식에 치우친 삶을 살고 있는 사람들, 특히 남들을 따라, 시대적·문화적 유행을 따라 보편적 특성의 삶을 살고 있는 현대인들은 트릭스터의 존재를 잊고 있다. 단지 자신의 운명이 불행하다고 느낄 때 누군가 자신의 운명에 '트릭(trick)', 즉 장난을 치고 있다고 그저 생각할 뿐이다. 결코 자신 안에 숨어 있으면서 동시에 결코 해로움이 없는 속성이 있다고 생각하지 못한다. 그러나 지속적으로 이 부분을 억압하면 트릭스터는 결국 해로운 '트릭'을 부리게 된다. 트릭스터 피규어는 모래놀이치료 장면에서 종종 등장하는데, 그것은 방관자적 역할로 등장할 수도 있고 우스꽝스럽거나 두려운 모습으로 나타날 수도 있고 요정이나 동물 등으로 나타날 수도 있다.

(25) 노현자

노현자(wise old man)는 남성적 영(spirit)이 인격화된 표현이다. 남성의 아니마는 이 노현자의 딸이라고 할 수 있으며, 여성의 심리에서 노현자는 아니무스 측면이다. 반면에 남성과 여성 모두에게 공통적인 여성성은 대모(Great Mother)이다. 노현자는 꿈, 적극적 상상, 모래놀이치료 등에서 마법사, 성직자, 산신령, 성스러운 남성적 존재, 권위 있는 인물 등 다양한 모습으로 상징화되어 등장한다.

[그림 12-12]
40대 초반 여성의 모래장면
노현자 두 명이 책을 펴 들고 이야기를 나누고 있다.

(26) 테메노스

모래놀이치료실 그리고 모래놀이치료자와 내담자의 관계는 종종 테메노스(Temenos)에 비유되곤 한다. 테메노스는 외부 세계로부터 구분되는 신성한 공간을 의미한다. 그리스에서 테메노스는 숲 속이나 언덕 위에 있는 작은 공간으로, 사람들은 매우 신중하게 이 공간에 들어가야 했다. 일단 테메노스에 들어간 사람은 죄에 상관없이 잡아가거나 죽일 수 없었다. 즉 죽음이 허락되지 않는 신성하고 보호를 받는 공간이다. 'temenos'는 분리, 차별을 의미하는 그리스어 'temno'라는 단어에서 유래했다. 이는 삶의 의미 없음과 삶의 세속적 측면으로부터 분리, 즉 특별한 목적을 위해 분리되고 고립됨을 의미한다(von Franz, 1970, p. 82). 분석심리학에서 치료 관계를 둘러싼 개인적 담아 줌(containing)과 사적인 느낌을 설명하기 위해 테메노스라는 표현을 차용했다. 융에 의하면 테메노스를 만들거나 보존할 필요는 만다라와 같이 사위의 특성을 가진 꿈 이미지를 그리는 것에서 나타난다. 만다라 상징은 정확히 신성한 장소, 중심을 보호하는 테메노스의 의미를 갖고 있다. 그리고 테메노스는 무의식적 이미지의 객관화에서 가장 중요한 모티프 중 하나이다. 외부 세계로 빠져나가는 것 또는 외부 세계에서 영향을 받은 것에서 인격의 중심을 보호하는 수단으로서의 상징성을 갖고 있다. 결국 치료 관계는 내담자에게 일어나는 것 그리고 치료 관계 안에서 일어나는 것이 외부의 영향에 의해 좌우되지 않도록 보호하고 담아 주는 역할을 하는 신성하고 보호적인 관계라고 할 수 있다. 치료자가 이러한 치료 관계의 모델을 깊이 인식하고 있을 때 치유적 에너지가 밖으로 새어 나가는 일이 없을 것이다. 그것은 마치 연금술의 도가니 또는 증류관의 진공 상태에서 본질적 물질을 추출하는 변화 과정과 유사하다.

(27) 자아발달

새로운 생명의 탄생도 자아발달과 관련된다. 그러나 자아발달은 생명의 탄생의 형태로만 상징화되는 것은 아니며 여러 가지의 형태로 상징화된다. 예를 들면, 자동차 특히 승용차는 자유롭게 움직일 수 있는 에너지의 측면에서 자아 발달의 에너지를 상징할 수도 있고 칼프(Kalff)의 언급대로 사각형을 비롯한 사위도 때로는 자아발달을 상징할 수 있다. 다음의 모래 사진은 초등학교 6학년 남자 아동의 모래장면으로 상자의 오른쪽 뒷부분에 섬처럼 자아가 생겨나고 있는 것을 볼 수 있다. 자아를 세상과 연결하고 다량의 물로 표현되고 있는 부정적 모성성으로부터 튼튼한 자아를 건설하기 위한 집중적인 작업이 있었다는 것을 대부분의 자리를 차지하고 있는 울타리, 다리 등에서 볼 수 있다.

[그림 12-13] 12세 남자 아동의 자아 건설을 위한 모래장면

(28) 시장, 지역사회로 돌아옴

이것은 내면으로의 여정의 한 주기가 끝나고 일상으로 돌아옴 또는 돌아와야 함을 상징적으로 표현한 것이다. 내적 사건과 함께 내면으로 쏠렸던 에너지를 외적 창조성과 현실 관계로 자유롭게 해 주는 것이다. 즉, 시장, 지역사회는 현실의 삶을 의미한다. 시장, 지역사회로 돌아오면 한동안 감정적 고요 상태에 있을 수 있으며, 어느 정도 시간이 지나면 이 고요 상태는 그렇지 못한 내면의 상태와 대극을 이루어 또다시 갈등적 상태에 빠지게 된다. 그렇다고 해서 과거의 문제가 반복된다는 측면에서 갈등적 상태가 아니라 더 넓은 인격의 확장을 위한 다른 차원에서의 반복이라고 할 수 있다.

3) 형태, 구조, 패턴, 관계 등의 측면에서의 모래놀이치료 의미 범주

(1) 사위

사위(quaternity)는 보통 정사각형이나 원 그리고 대칭으로 이루어진 사중 또는 사중이 중복되는 형태의 이미지로서 원초적이고 원형적인 형태이다. 심리학적으로 사위는 전체성(wholeness)을 의미한다. 사위의 중심점에 의해 만들어지는 십자가 모양은 우주적인 것을 나타내며, 도덕적·종교적 정점을 의미한다. 원은 온전성과 완벽함을 나타내며, 하늘, 태양, 신을 의미한다. 자발적으로 만들어진 사위는 그것이 의식적으로 만들어졌든 혹은 꿈이나 판타지에서 나타났든 간에 무의식 자료를 흡수해 내는 자아의 능력을 나타낸다. 그렇지만 정신이 해체 및 와해되는 것으로부터 스스로를 보호하기 위한 정신의 방어적 시도로서 만다라 모양의 사위가 나타날 수 있다. 따라서 모래놀이치료에서 여러 피규어나 모래의 구조를 통해 나타나는 사위가 통합을 나타내는 것인지, 앞으로 이루어 가야 할 방향을 나타내는 것인지, 또는 어떤 심리적 위험이나 어려움을 나타내는 신호인지를 구분해야 한다.

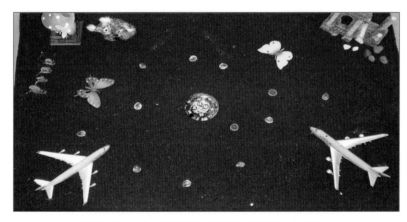

[그림 12-14] 40대 중반 여자 내담자의 모래장면

자기애적이고 경계선적인 인격을 지닌 어머니와 무력한 아버지 사이에서 성장한 내담자는 자신의 삶 없이 타인의 기대를 충족시키기 위해 살면서 아들이 희생되는 것을 경험하고 자신의 여정을 가기 시작했다. 사위와 중심화가 만다라 형상을 상징하고 있다. 그녀에게 자유와 초월을 상징하는 나비와 비행기가 중심을 향하고 있다. 진정한 자유와 초월은 내면의 중심을 향하는 작업임을 상징한다.

(2) 기타 원초적 형태

앞서 언급한 사위성(사각, 십자) 외에도 융은 환자들과의 작업에서 환자들에게 꿈이나 연상을 그리기, 춤 등으로 확장할 수 있는 기회를 주었을 때 무의식으로부터 오는 압력을 완화시킨다는 것을 발견했다. 처음에는 혼란스러웠던 이미지들이 시간이 흐르면서 특정한 모티프와 형식 요소들로 압축되는 것을 관찰했는데, 그것은 대극적인 이원성으로서 밝음과 어둠, 위와 아래, 좌우의 대극과, 대극들의 제3의 것으로의 통합, 회전(원, 구), 나선형 그리고 마침내는 중심화에 이른다는 것이었다(Jung, 1984/2002, pp. 65-67). 중심화는 에너지의 몰입을 통한 발달의 정점을 이루며 만다라 이미지로 연결된다. 이러한 형상의 상징들은 모래놀이치료 작업에서 무수히 볼 수 있는 것들로, 의식적으로 만들어진다기보다는 원형적 힘에 의해 만들어지는 패턴이라는 것을 알 수 있다. [그림 12-15]의 세 장의 사진은 약 5천 년 전의 신석기 시대의 무덤 기단에 새겨진 원초적 문양으로서 역시 나선형이나 회전하는 원형을 보여 준다.

[그림 12-15] 신석기 시대 무덤의 기단석 문양

(3) 조율 또는 공명

조율이나 공명(resonance)은 모래놀이치료의 특정 요소들 간의 긍정적인 공명과 조화에 관한 것이다. 이것은 특정 요소들 간의 관계의 특성이다. 첫째는 내담자가 선택하여 모래상자에 위치시킨 피규어들 간에 공명과 조화가 있는가 하는 것이다. 모래상자에는 내담자에 따라 수많은 피규어가 등장할 수 있는데, 그것이 사람 피규어이든 물건 피규어이든 간에 피규어들 간의 관계 또는 특정 피규어와 나머지 피규어들의 관계는 내담자의 내면이나 환경의 어떤 요소들 간의 조화나 일치 또는 부조화나 불일치를 의미할 가능성이 크다. 둘째는 내담자와 모래장면 전체가 잘 공명 또는 조율하는가이다. 예를 들어, 모래상자에 표현된 분위기나 정서와 내담자가 몸이나 언어로 표현하는 정서가 조화롭지 못한 경우가 있는데, 그러한 경우에는 그것이 내담자의 어떤 특성을 나타내고 있는지 탐색해야 한다.

(4) 자기조절

조절과 통제의 이미지, 담장, 자연적 경계 또는 경찰관, 소방관과 같은 권위를 나타내는 피규어가 경계와 자기조절의 상징이라고 할 수 있다. 반면에 조율적이지 못하고 자기조절에서 벗어난 장면이 등장하기도 한다. 예를 들어, 모성 피규어가 아동을 보호하지 못하거나 아동을 사회화하는 것을 저지하거나 또는 막는 태도를 취하는 것을 들 수 있다. 즉, 성장을 저지하는 요소들, 가령 어머니나 어머니 이미지를 사용하지 못하거나, 철수 또는 거절, 정서적 불안정성이나 침입도 그러한 경우에 해당하며, 내담자 자신이나 내담자 이미지를 극단적으로 내면화하거나 극단적으로 외현화된 행동으로 나타내는 경우이다.

(5) 여러 차원의 표상

모래놀이치료는 언어만을 사용하는 치료적 접근과 달리, 언어뿐 아니라 감각을 포함한 여러 차원의 표상을 사용한다는 점에서 다양하며 총체적이라고 할 수 있다. 더 나아가 각 차원 또는 여러 차원이 함께 의미를 상징한다. 이 여러 차원의 표상을 제시하면 다음과 같다.

- **감각 경험**: 모래 어루만지기, 모래 뿌리기, 반복적으로 모래나 피규어 만지기
- **정서적 표상**: 사물 부딪히기, 사물로 두드리기와 같은 행위, 한 피규어를 다른 피규어가 안게 하거나 칼로 위협하기 등

- **범주적 표상**: 개개의 동물이나 사물보다는 곤충류, 공룡류와 같이 형태적 범주를 강조하는 피규어의 배치
- **상징적 표상**: 각 피규어 또는 특정 피규어 관계가 갖는 상징성. 상징적 수준에서의 표상은 의식이 해결하지 못하는 문제를 무의식과 의식의 매개를 통해 치유를 증진시킨다.
- **언어적 표현**: 모래장면을 만들 때 또는 완성하고 난 후에 언급된 표현을 말한다. 언어적 표현에는 은유, 명명하기, 이야기하기, 설명하기 등이 있다.

중요한 것은 이 여러 차원의 표상을 종합적으로 고려하여 내담자가 모래놀이치료 작업을 통해 표현하고자 하는 것을 이해하는 것이다. 즉, 내담자가 의식적, 무의식적으로 표현하는 것의 의미를 이해하기 위해 감각적·정서적·범주적/개념적·언어적 표현 등 여러 범주의 표상 과정을 연결하여 조합해야 한다.

(6) 모래놀이치료에서의 '통찰 경험'

모래놀이치료는 내담자가 창조한 모래장면을 통해 궁극적으로 내담자 스스로의 힘에 의한 통찰을 지향한다. 모래놀이치료에서 치료자나 내담자의 영역에서의 상징이나 관계의 의미에 관한 섬광 같은 통찰이 일어난다. 이러한 통찰이 순간적인 것이어도 통찰이 일어나기까지 의식적·무의식적 차원에서의 작업이 이루어져 왔기 때문에 가능한 것이라고 할 수 있다. 순간적인 통찰은 매우 보상적이어서 내담자의 내적·외적 상황과 감정, 관계 등을 변화시킨다.

(7) 잠재적 공간과 모래상자

모래상자에 만들어진 장면은 잠재적 공간이라는 측면에서의 의미도 담고 있다. 내담자나 치료자에게 떠오르는 이미지들은 각자의 '내적 눈'에 보이는 것이며, 과거와의 연결, 내담자와 치료자 사이의 현재 관계, 또는 미래의 것을 살짝 엿보는 것이라고 할 수 있기 때문에 현실적인 또는 현재에 존재하는 공간과 다른 잠재적 의미의 공간이기도 하다.

(8) 공

공(쭝, Void)은 무가 아니라 분화가 없으면서 가능성으로 채워진 '텅 빈' 공간이다. 태초의 혼돈, 대극 분화 이전의 참여신비(participation mystique) 또는 동일체 상태라고 할 수 있다. 이것이 이미지나 모래놀이치료에서 나타나는 것을 볼 수 있다. 예를 들면, 텅 빈 중심이 있는막힌 원 같은 것이 이에 속한다. 비어 있는 공간은 앞으로 의식화되고, 발달할 측면 또는 자원을 의미할 수 있다.

(9) 질서와 혼돈

모래상자를 전반적으로 보았을 때 질서나 혼돈의 측면에서 받는 인상을 말한다. 이 인상에는 부서졌거나, 주름졌거나, 평평하지 않은 형태들, 원 형태의 시작이나 끊긴 길 등으로 표현되는 분할적 이미지, 큰 구 안의 작은 구, 큰 원 안의 작은 원, 큰 사람 인형 안에 작은 사람 인형 등으로 상징되는 분할에 의한 크기의 변화, 동일한 주제나 동일한 정서의 여러 이미지를 나타내는 자기 유사성, 서로 다른 정서적 표상 또는 서로 다른 정신의 상징적 표상으로 나타나는 자기 상이성이 있다. 이것이 내담자 개인에게 갖는 의미를 알기 위해서는 이러한 질서와 혼돈의 표현과 내담자의 연상, 주호소 문제, 치료자의 역전이적 인상과 상상 등을 종합할 필요가 있다.

(10) '부모-자녀' 관계

부모-자녀 관계는 원형적인 것과 개인의 현실적 관계 두 가지로 상징화된다. 모래상자에는 다양한 형태의 부모-자녀 관계가 등장한다. 융에 의하면 상징이 더 고태적이고 더 '심층적일' 때, 즉 더 생리적인 층으로 내려갈수록, 점점 더 집단적·보편적인 것이 되고 '물질적'인 것이 된다(Jung, 1984/2002, p. 264). 그러한 관점에서 보면 인간 형태보다는 동물 형태로 등장하는 부모-자녀 상징이 좀 더 무의식적이라고 할 수 있다. 그렇다고 해도 동물 형태의 부모-자녀 상징은 원형적인 부모-자녀 관계와 개인적인 부모-자녀 관계가 모두 표현된 것이라고 할 수 있다.

(11) 깊은 감정 단계로의 하강 또는 깊은 감정 단계로부터의 상승 주기의 반복

일반적으로 무의식은 '아래' '깊은 것' '지하', 의식은 '위' '하늘' 등의 방향으로 상징화되는 경향이 있다. 인격의 확장을 위한 무의식의 의식화는 직선적이고 일회적인 과정이 아니라 다분히 나선형적 과정으로 상징화될 수 있는 반복적이고 점진적인 과정이라고 할 수 있다. 또한 의식화를 위한 상승의 과정은 무의식, 즉 내면 세계로의 하강 후에 일어나는 것이기 때문에 깊은 감정 단계로의 상승과 하강이 반복된다. 이러한 주제는 모래상자에 매우 상징적으로 잘 표현된다. 모래 그 자체의 물리적 특성을 이용해 표현되기도 하고, 피규어의 특성을 통해 표현되기도 하며, 내담자의 상상을 통해 표현되기도 한다.

(12) 초월

상징은 무의식적인 것을 표상하기 때문에 대극을 이어 준다. 초월적 기능, 즉 대극의 긴장이 의식에서 해결된 후에 생기는 제3의 것을 통한 대극의 합일을 의미한다. 융 (1960/1981b)은 대극 또는 양극 사이의 심리적 긴장이 심리적 성장의 선행조건이라고 강조했다. 한 극은 다른 사람이나 혹은 상황으로 우리 자신 밖으로 투사될 수 있다. 심리적 발달의 두 상태로서 노이만(Neumann, 1954)이 확인한 '혼돈'과 '창조'는 인생 전반에 자주 존재한다. 혼돈은 시작, 어두움, 미지의 것, 무의식, 모든 발달의 잠재력을 포함하고 있는 원초적 자기(primal Self)이며, 창조는 심리적 빛의 출현, 즉 인간 의식의 탄생을 의미한다. 모래놀이치료에서 주요한 대극에는 남성성/여성성, 선/악, 흑/백, 하늘/땅, 영적인/물질적인, 탄생/죽음 등이 있다.

(13) 영적 길을 탐색함

어려움에 반복적으로 직면하는 사람은 막연하면서도 영적이며 초월적인 벗어남을 바라게 된다. 현실에 존재하는 어려움을 극복하거나 대극적 갈등을 극복하기 위해 인간의 정신은 더 고차원의 영적 여정을 추구하는데, 이러한 경향은 특정한 종교와 관련이 있다기보다는 인간 정신의 종교성이 영적인 삶을 추구하게 만든다. 이 여정은 모래장면에서 특정한 종교 상징이나 기타 여러 가지 영적이거나 신성한 상징으로 나타난다.

(14) 그림자 또는 콤플렉스와의 직면

그림자나 콤플렉스는 어린 시절의 양육, 관습, 외상, 기타 경험 등 사회적 압력에 의해 만들어진다. 보편적·가족적 신념이나 태도를 가치 있게 여기지 않았거나 심리적 외상 등으로 억압되었던 측면들이 의식에 통합된다면 의식의 인식과는 달리 긍정적 에너지를 갖게 된다. 의식에 통합되기 이전에 이렇게 억압된 측면들은 나쁘거나 사악하거나 열등한 측면들로 인식된다. 이러한 측면들은 사회화의 결과이기도 하다. 모래장면에 이기심, 열등함, 유능함, 자율성 등에 관련된 상징 또는 장면이 등장한다.

(15) 희생/죽음

그림자 또는 콤플렉스의 통합은 낡은 태도, 신념, 행동, 관계의 희생 또는 죽음과도 관련이 있다. 착하고 참아야 하고 순종적인 관계 패턴을 강화 받아 왔다면 그 개인의 그림자에는 이기심, 자신의 욕구를 주장하는 측면이 억압되어 있다. 억압된 측면이 통합되기 위해서는 의식에 자신을 참고 살아야 한다는 낡은 태도, 신념, 행동, 관계 패턴이 희생되어야 하며, 이는 모래장면에서 죽음의 상징으로 표현되기도 한다. 따라서 죽어야 하는 부분인지 아니면 죽어서는 안 될 부분이 위협에 직면한 것인지에 대한 분별이 필요하다. 결과적으로 새로운 태도, 신념, 행동, 관계의 창조/탄생이 이루어진다.

(16) 자기(Self)에너지의 배열

모래놀이치료에서 신성성과 송연함을 느끼게 되는 경우가 있다. 자기(Self)에너지가 배열되는 장면을 볼 수 있는데, 이때 시각적 상징으로 가장 많이 나타나는 것이 피규어나 모래를 사용해서 만든 만다라 같은 형상의 중심의 원이나 구이다. 이 외에도 귀중한 보물, 크리스털, 세계 수(생명나무) 등으로 상징화되기도 한다. 자기(Self)는 모든 대극을 포함하고 합일하기 때문에 정신에 자기에너지가 배열되면 갈등적 감정, 태도 등이 통합되고 내적 상처가 치유되며 자기확신감을 갖게 된다. 그러나 이러한 상징이 등장했다고 해서 모두 동일한 의미를 갖게 되는 것은 아니다. 자아의 의식적 목표와 혼동하는 경우도 있고, 앞으로 배열되어야 함을 의미하는 경우도 있기 때문이다.

(17) 자아-자기 축의 강화: 자아의 상대화

인격 발달에서 궁극적인 것은 자기(Self)에너지의 배열과 자아(ego)와의 연결 축이 활성화되는 것이다. 이것을 노이만(1973)은 자아-자기 축(ego-Self axis)의 상대화(relativization)라고 명명하였다. 이 축은 자아로 하여금 자신이 우주의 전체가 아니라 자기(Self)에 포함된 극히 작은 부분임을 상대적으로 인식하고 더 큰 존재를 받아들이는 것 또는 자아중심성을 내려놓는 것을 의미한다. 이 장면은 모래놀이치료에서 원과 사각의 조화로 나타나는 경향이 있다.

(18) 다른 세계와의 구분

때로 모래장면에 서로 다른 세계 사이를 구분 짓는 경계가 등장하기도 한다. 예를 들어, 마을과 외부 세계를 구분 짓는 수호신이 대표적인 경계 상징이다. 이때의 경계는 장승 같은 수호신의 형태일 때도 있고, 인왕역사와 금강역사 같은 종교적 피규어일 수도 있다. 또한 유사하면서도 다른 형태인 나무 기둥이나 신전의 기둥일 수 있다. 이러한 피규어들에 의해 구분되는 세계는 이승과 저승, 현실과 판타지 세계, 신의 세계와 인간세계, 의식과 무의식의 세계 등 다양하다.

[그림 12-16]
북아메리카
인디언의 장승

2. 모래놀이치료의 의미 해석을 위한 분석 요소

결론적으로 주제 측면에서의 모래장면의 이해 부분에서 제시한 주제를 포함하여 내담자 정신 과정의 의미를 이해하기 위해 다음과 같은 범주들로 나누어서 모래장면 및 모래장면과 관련된 이야기 등을 분석하는 것이 필요하다.

장미경(2015c, 미간행)은 모래놀이치료 의미 해석에 있어 상징, 주제, 태도, 기타 여러 사항을 고려하여 체크리스트를 제작하였다. 이 체크리스트는 세션별로 모래장면이나 자신의 삶 등에 관하여 내담자가 연상한 것을 기록한 다음에 범주별로 체크한다. 이 체크리스트만으로 모래장면의 의미가 도출되는 것이 아니라 이 체크리스트에서 나온 자료 그리고 이전까지의 상담, 모래장면과 상징에 대한 내담자의 상상과 연상, 치료자의 상징에 대한 지식, 내담자의 배경 정보, 주호소 문제 등 여러 가지 측면을 고려할 때 모래장면의 의미 이해가 이루어진다.

〈표 12-1〉 모래놀이치료 범주 체크리스트(중복 표시 가능)

모래놀이에 대한 내담자의 태도
• 매우 몰입함
• 흥미진진해함
• 신기해 하거나 호기심을 갖지만 몰입하는 정도는 아님
• 특별한 관심을 나타내지 않음
• 모래장면을 만들기는 하지만 특별한 의미를 두지는 않음
• 유치하거나 중요하지 않다고 생각하여 모래장면 만들기를 거부
• 한두 번 모래장면을 만든 이후의 세션부터는 만들기를 거부
• 잘 만들지 못한다며 만들기를 거부
• 모래장면을 만들고 의미를 가정하지만 치료자에게 전적으로 해석을 위임

피규어 사용	
• 모래만 사용	• 모래와 물만 사용
• 물만 사용	• 모래 없이 피규어만 사용
• 모래와 피규어 사용	• 모래, 물, 피규어 모두 사용

주로 사용된 피규어의 범주
• 사람: 농부, 군인, 경찰관, 소방관, 의사 등
• 집안 도구: 가구, 가전제품, 주방 도구 등
• 건축물: 건물, 다리, 탑, 풍차, 물레방아, 유적 등
• 음식물
• 자동차
• 표지판
• 건설장비

- 군인
- 무기
- 동물: 가축, 맹수, 초식동물, 상상의 동물
- 식물: 나무, 꽃, 열매, 수풀 등
- 종교 및 영적 피규어: 예수, 부처, 마리아, 힌두교의 각종 신상, 이슬람교의 신상 등 각종 신상 및 탑, 촛대와 같은 종교용품, 산신령, 노현자 등
- 상상 및 원형적 존재
  - 상상의 인물: 마법사, 마술사, 요정, 마녀, 동화나 만화의 등장인물, 영웅, 악인 등
  - 신화적 존재: 제우스, 헤라, 마고할미, 단군, 웅녀 등 신화 속의 등장인물
  - 사람: 왕, 여왕, 왕자, 공주, 요정, 마녀, 마법사
  - 형태: 사위 또는 사각형, 만다라, 정육면체, 구, 원, 정사각형, 삼각형, 피라미드, 태양, 달, 별 등
- 보물: 황금, 보석, 비즈, 구슬, 크리스털, 보석 성분을 함유한 광물, 기타 중요한 것
- 그림자(트릭스터)와 죽음 모형: 해골, 묘비, 관, 뼈, 괴물 등 어둡고 무서운 모형
- 자연물: 조개껍데기, 산호 등
- 자연 구조물: 산, 바위, 돌, 폭포, 강, 시내, 연못, 샘, 우물, 화산 등
- 건축 재료: 타일, 스틱, 점토, 종이, 끈, 풀, 낚싯줄
- 불: 양초, 향초, 라이터, 화롯불, 모닥불, 기타 불
- 공류: 공, 기구, 풍선
- 깃발
- 여성용품: 신데렐라 구두, 거울
- 기호품: 술, 담배, 차
- 구체적 모양이나 용도가 정해져 있지 않은 피규어
- 기타 (   )

만들어진 과정	
• 신중한	• 몰입하는
• 흥분된	• 경이로워 하는
• 흥미진진한	• 서두르는
• 주저함 없는	• 피규어를 자주 바꾸는
• 피규어 위치를 자주 바꾸는	• 모래놀이 작업을 하는 위치를 자주 바꾸는
• 장면을 완전히 다시 시작하는	• 상담자에게 계속 말을 거는
• 기타 ( )	

모래의 사용	
• 모래를 만지지 않으려고 함	• 주로 모래를 만짐
• 모래를 파거나 피규어를 묻음	• 모래 위에 피규어를 올려놓기만 함
• 모래를 일부 또는 모두 다른 곳에 덜어 냄	

물의 사용	
• 물을 전혀 사용하지 않음	• 물을 손가락 등으로 모래 표면에 뿌림
• 모래가 축축할 정도로 물을 사용함	• 모래가 완전히 잠길 정도로 물을 사용함
• 모래가 없는 빈 상자에 물을 부어 사용함	

공간의 사용	
• 꽉 찬	• 드문드문한
• 두드러진 빈 공간이 있는	• 상자 바깥까지 피규어가 놓인
• 두 개 이상의 상자를 사용함	• 중심이 비어 있는
• 피규어가 심하게 많이 놓인	• 적절히 사용된

모래장면에 대한 내담자의 감정 반응	
• 깊이 감동한	• 편안해 하는
• 무엇인가 해소된 듯한	• 깨달은
• 기뻐하는	• 만족스러워 하는
• 슬퍼하는	• 화내는
• 설명하려고 하는	• 치료자의 반응을 궁금해 하는
• 마음에 들어 하지 않는	• 장면에 대한 감정 반응이 전혀 없는

모래장면으로부터 유추되는 주제	
• 관계성	• 입문
• 혼돈	• 신성성
• 여정	• 출발/떠남
• 중심화	• 조절
• 본능	• 쉼(휴식)
• 여성성	• 남성성
• 모성성	• 탄생
• 영웅	• 보물
• 갈등	• 죽음
• 트릭스터	• 자기배열
• 그림자	• 파괴

- 애도
- 독립/분화
- 사랑
- 끝맺음
- 대극의 합일
- 축하
- 도전
- 기타 (   )

- 전체성
- 성장
- 단절
- 자아-자기 축
- 양육
- 경쟁
- 통합

피규어 간의 관계

- 긍정적 관계의 피규어
- 독립적인 피규어
- 관계성이 있어 보이는 피규어가 없음

- 협동적 관계의 피규어
- 대립적 또는 갈등적 관계의 피규어

경계

- 잘 구분되면서도 조화로운 경계
- 모호한 경계

- 부분적으로 조화로운 경계
- 지나치게 경직된 경계

경계 표시를 위해 사용된 피규어

- 울타리/담장
- 강
- 건물
- 나무
- 방향성
- 기타 (   )

- 산
- 가구
- 길
- 용기(container)
- 모래 자국

에너지의 방향성

- 양방향으로 흐름
- 중심을 향해 흐름
- 막히거나 차단된 방향이 있음
- 기타 (   )

- 한쪽 방향으로 흐름
- 중심에서 밖을 향해 흐름
- 방향성을 전혀 알 수 없음

모래장면의 전체 배치

- 사각의 형태를 이룸
- 삼각의 형태를 이룸
- 원의 형태를 이룸
- 동심원의 형태를 이룸

- 사각과 원이 교차되거나 병행한 형태를 이룸
- 만다라 형태를 이룸
- 특정한 형태를 구분하기 어려움
- 기타 (   )

모래장면에 대한 이야기 수준

- 피규어의 이름을 말함
- 피규어의 역할을 말함
- 피규어 간의 관계를 말함
- 전체 장면을 이야기로 구성
- 동화 또는 신화 등과 모래장면을 연결하여 말함
- 판타지적 이야기로 구성하여 말함
- 내담자 자신의 일상과 모래장면을 연결하여 말함
- 내담자 자신의 심리적 이슈 또는 주호소 문제와 모래장면을 연결하여 말함
- 기타 (   )

모래장면과 내담자의 이야기 간의 관련성

- 잘 일치함
- 전혀 일치하지 않음
- 부분적으로 일치함
- 알 수 없음

모래장면에 대한 치료자의 감정 및 신체 반응

- 졸림
- 지루함
- 답답함
- 화
- 조급함
- 의심
- 안타까움
- 집중의 어려움
- 두근거림
- 기쁨
- 기대됨
- 내담자에 대한 이상화
- 모래장면을 전혀 이해할 수 없다는 느낌
- 시간이 천천히 가는 듯한 느낌
- 피곤함
- 특정 신체 부위의 통증이나 가려움
- 슬픔
- 고통스러운 마음
- 불안
- 우울
- 공상
- 갑작스럽게 떠오르는 기억
- 설렘
- 편안함
- 긴장감
- 내담자가 바보 같다는 느낌
- 무능력한 치료자라는 느낌
- 거리감

- 내담자를 잘 안다는 안도감
- 내담자와 잘 공명한다는 느낌
- 내담자가 치료자에게 경청하지 않는다는 느낌
- 모래장면이 마음에 들지 않음
- 시간이 천천히 가는 느낌
- 많은 것을 설명해 주어야 할 것 같은 느낌
- 모래장면의 의미에 대해 잘 알아야 할 것 같은 압박감
- 아무 느낌 없음

전반적인 분위기	
• 충만한	• 신비한
• 신성한	• 밝은
• 기쁜	• 아름다운
• 에너지 넘치는	• 균형감 있는
• 슬픈	• 피상적인
• 쓸쓸한	• 황량한
• 산만한	• 아무 느낌 없는
• 에너지가 없는	• 기괴한
• 연령에 맞지 않는	• 무서운
• 위협적인	• 폭력적인
• 성장과 쇠약	• 흐름과 채움
• 갈등과 해결	• 속도와 정지
• 흥분과 고요	• 미묘한 활동성과 꿈같은 이탈

- 위대함과 간결함, 처음 느꼈던 모든 것이 영원히 지나감
- 모래상자에서의 생명력과 죽음/파괴의 효과
- 담겨진 공간
- 감각적으로 경험되는 공간
- 공간 조성
- 공간의 활성화(빚기, 조각하기, 파내기, 쌓아 올리기, 파묻기, 구멍 내기, 그리고 피규어 놓기 등을 통하여)
- 죽은 장소
- 특징적인 공간
- 특징적인 피규어

- 감정적인 공간의 조직화(예: 신성한 공간, 양육적 공간, 생존을 위한 경쟁이나 싸움의 장, 둥지, 기쁨의 정원)
- 안정적인 틀 또는 경계(모래상자 자체나 상자 안에 제한된 공간)
- 공간의 연결
- 근본적인 형태의 등장(예: 원, 삼각형, 나선형, 평행선)
- 눈에 띄는 장면. 눈에 잘 띄고, 더욱 일치되며, 더욱 생기 있게 하는 장면
- 안정적이고 역동적이며 리드미컬한 패턴
- 온도의 표현(warm/cold)으로서의 색깔, 움직임(전진하기/후퇴하기), 강도(고양시키기/부드럽게 하기/지배하기), 긴장의 창조, 무게의 분배
- 대칭과 비대칭
- 눈에 띄지 않는 공간에 대한 판타지(예: 상자 뒷부분에 놓인 작은 피규어, 큰 피규어로 가리기)
- 기타 (   )

제13장

모래놀이치료에서 전이와 역전이

융(Jung)은 전이가 치료 관계에서 작용하는 힘이며 그 작용의 방향이 치유적일 수도 있고 그렇지 않을 수도 있다는 것을 인식했다. 융은 이에 대해 다음과 같이 언급했다.

전이(transference)는 어떤 사람에게는 만병통치약이지만 다른 사람에게는 순전히 독으로 작용하는 약물과 같다. 전이의 출현은 어떤 사람에게는 좋은 방향으로의 전환을 의미하고, 또 다른 사람에게는 방해물과 악화 혹은 더 나쁜 일이 되며, 또 다른 사람에게는 별로 중요하지 않은 것이다. 그러나 일반적으로 말하자면 전이는 대부분 온갖 다양한 색깔로 변화하는 위험한 현상이며, 전이가 있는 것과 없는 것은 둘 다 마찬가지로 중요한 의미를 갖고 있다(1954/1993e, p. 164).

치료 관계는 일종의 독특한 '투사(projection)'와 관련된 것이다. 투사는 개인의 주관적인 정신적 요소를 외부 대상(대상으로서의 사람)에게 무의식적으로 옮기는 것, 즉 전이(transference)하는 것으로 정의할 수 있다. 투사는 전의식적, 비자발적, 비지각적, 비의도적으로 발생하며 모든 관계에 항상 존재하는 역동이다. 투사한다는 것 자체가 투사하는 사람 자신은 투사 내용이 자신의 내적인 것인지 아니면 자신 밖의 외부, 즉 객체에 존재하는 것인지를 구분하지 못한다는 것을 의미한다.

치료장면에서 전이는 내담자가 치료자에게 하는 투사이고, 역전이(counter-transference)는 반대로 치료자가 내담자에게 하는 투사라고 구분한다. 본래 고전적 정신분석에서 전이는 주로 과거의 감정을 현재로 가져와서 현재의 인물에게 투사하는 것을 의미했다. 프로이트(Freud)는 전이라는 용어를 그의 여성 환자들이 그를 사랑하게 될 때 일어나는 현상을 기술하기 위해 처음으로 사용했다. 프로이트는 여성 내담자들의 그러한 감정이 어린 시절 부모와의 관계에서 경험한 충동과 감정 즉 유아적 충동을 분석가에게 반복하고 있다고 생각했다. 프로이트는 이 감정을 항상 성적인 것으로 보았으며, 분석가에게 내담자와 사랑에 빠지는 역전이를 피하라고 경고하기도 했다(Bradway & McCoard, 1997, p. 32; Freud, 1915, p. 97, p. 157).

그러나 융은 전이를 프로이트가 성적 측면에서만 이해하는 것에 반대하였으며, 성적인 것은 그중 매우 일부분에 해당하는 충동이라는 관점에서 역전이를 이해하고 이에 연금술 개념을 적용했다. 그는 전이를 연금술적인 신비주의적 결혼 또는 합일(conjunctio)의 활성화로 보았다. 신비주의적 결혼 또는 합일이 치료 관계에서 갖는 상징성은 내담자의 정신에서 발달하지 못하고 결핍된 것과의 '결혼', 즉 통합을 의미하는 것이며, 이는 인격 통합의 방향으로 나아가고자 하는 원형적 충동이 인간 정신 내부에 존재하기 때문이다. 연금술적 개념이라는 것은 연금술이 본래 이물질과 섞여 있는 본질적이고 순수한 물질을 얻기 위해 증류, 연단의 과정과 관련된 기술을 의미하는데, 융은 이러한 개념을 상징적으로 인간 정신의 변화 과정에 적용한 것이다. 이러한 정신의 통합을 향한 원형적 에너지가 내담자 자신의 정신 내적인 것으로 지각되지 못하고 밖으로 치료자에게 투사될 때 내담자는 특별한 전이 감정을 치료자에게 갖게 된다는 것이다. 내담자가 이 경험의 원형적 과정과 의미를 의식하도록 돕는 과정이 치료 과정이다. 융은 이 부분에 대해 다음과 같이 언급했다.

객관 단계의 해석이 단조롭고 성과 없이 끝나려고 할 때 그때 비로소 우리는 꿈에 나오는 의사(치료자)의 모습이 환자(내담자)에게 속하는, 투사된 내용의 상징이라고 해석해야 될 때라는 것을 안다. 만약 우리가 그렇게 하지 않을 경우, 분석가(치료자)는 꿈의 내용을 유아적 욕구로 환원함으로써 전이를 평가절하하는 동시에 전이를 파괴하거나, 전이를 현실로 받아들여서 환자를 위해(심지어 환자의 무의식적 저항에 반하여) 스스로를 희생할 수밖에 없다. 후자의 경우에는 치료에 참여하는 모든 이가 손해를 입는다. 그리고 의사(역주: 치료자)는 대개 최악의 상태에서 떠나게 된다. 그러나 의사(역주: 치료자)의 모습을 주관 단계로 끌어올리는 데 성공하면 모든 전이된(투사된) 내용은 환자(역주: 내담자)에게 다시 그 본래의 가치와 함께 넘겨지게 된다(Jung, 1954/2001, pp. 190-191).

인격의 각 부분이 골고루 균형 있게 발달하지 못하고 열등한 부분이 생기면, 이는 인간 정신의 중심, 내면의 본질적인 부분에 해당하는 자기(Self)와 갈등상태에 놓이게 된다. 이 자기(Self)는 치료 과정에서 여러 가지 이미지 상징으로 나타날 수 있으며, 그중 가장 대표적인 것이 신(神)의 이미지이다. 이 이미지는 개인무의식에서 유래하는 것이 아니라 전적으로 집단적 무의식에서 유래하는 이미지이다(Jung, 1953/2004). 내담자가 자기원형을 치료자에게 투사하는 전이가 발생하면 내담자는 치료자를 과대하게 큰 인물 또는 이미지로 지각하는 전이 관계가 만들어질 수 있다. 따라서 그러한 경우에 내담자의 전이는 치료자와의 개인적인 관계나 개인적 감정에 관한 것이 아니라 원형적 전이, 즉 내담자가 자신의 내면에서 만나야 하는 에너지 또는 삶의 역동으로 이해해야 한다. 어린 시절의 원망, 소원, 결핍, 상처 등에서 유래하는 전이는 개인의 역사에서 기인하는 것이지만 그것을 극복하고 궁극적으로 개성화, 즉 자기(Self) 실현의 방향으로 내담자를 가게 하는 작용을 하는 전이는 모든 사람이 보편적으로 가지고 있는 원형에너지의 작용에 의한 것이다. 따라서 치료 과정에서 전이의 의미와 기능을 인식하는 것이 필요하다. 미국의 이탈리아계 분석가인 컨폴티(Conforti, 1999)도 원형적 패턴 조망이라는 용어를 사용하여 치료적 관계를 'attractor site'라고 설명했다. 그의 'attractor site' 개념은 단어 뜻이 내포하고 있는 바와 같이, 치료 관계는 그 자체로 내담자에게 배열된 원형의 핵심 내용에 공명하는 어떤 내용을 치료 관계에 끌어들이는 힘을 갖고 있다. 자기원형적 측면이 치료 관계에 배열되었다면 그것에 공명하는 내용이 치료 관계에 끌어들여진다. 그 예로서 치료자에 대한 이상화 또는 치료자를 완벽한 존재라는 이미지를 갖고 있는 전이가 이루어지는 것을 볼 수 있다. 이런 이상화에 대해 치료자는 처음에 내담자의 어린 시절의 경험을 탐색할 것이다. 이 객관 단계의 해석에서 더 이상 그 의미를 찾아낼 수 없을 때 융의 언급처럼 원형적 의미를 찾아야 한다. 이와 같이 내담자가 치료자에게 하는 전이의 많은 부분이 원형적인 것이라는 점을 고려할 때 치료 관계에 대한 컨폴티의 설명도 초개인적(transpersonal) 측면, 즉 집단무의식적 측면을 강조한 것이라고 할 수 있다.

월린(Wallin, 2007)은 애착이 신경과학적 차원을 갖고 있기 때문에 그 측면에서 치료 관계를 설명하였다. 그는 일종의 애착 관계인 치료 관계가 아동이든 성인이든 내담자의 손상된 신경생물학적 발달과 심리적 발달의 회복에 매우 중요하다고 보았다. 그의 이론을 심리치료적 관점에 적용해 본다면, 정신 내면에서의 원형에너지는 정신 외부의 관계에서 투사되고 구체화되며 투사 및 구체화된 내용을 통해 내면의 원형 패턴 이미지를 의식에 통합하는 것이 가능해진다. 월린에 의하면 비언어적 경험(관계 재연을 포함한)은 발달하는 자기(self)의 핵심을 형성하고 치료자-내담자 관계를 통해 변화된다[여기서 자기(self)는 융의 자기(Self)와 다른 개념이며 융의 자아의 개념에 더 가깝다고 할 수 있다]. 치료자-내담자 관계 역동은 심리치료 작업의 핵심인 내담자의 무의식에 있는 내용을 재연(re-enactment)하게 한다. 따라서 치료자는 관계에서 드러나는 이 원형 패턴을 인식해야 하며 이 무의식이 재연에 따라 그 내용을 인식할 수 있어야 한다(Wallin, 2007). 내담자의 무의식 내용의 재연은 항상 나선형적으로 반복되며 반복의 결과로 투사된 것의 의미를 통찰한다. 또한 치료자와 내담자가 서로에게 미치는 영향이 반영된다. 물론 예외 없이 항상 내담자의 공헌이 치료자의 공헌보다 크다. 어떤 것이 마음 바깥에 있는 것으로 지각되지 않고 자기 자신에 속한 것으로 인식한다면 회상 과정, 즉 투사된 내용을 투사한 주체에게 되돌리는 통합 과정이 시작된다. 그러한 의미에서 내담자와 치료자는 치료 과정을 통해 모두 변화하게 된다. 그것은 마치 연금술 과정에서 연금술 증류관에 들어 있는 내용물만 정제되는 것이 아니라 그 과정을 함께하고 있는 산파인 연금술사의 정신 내면도 변화되는 것에 비유할 수 있다. 앞서 기술한 바와 같이, 그런 의미에서 융은 치료 과정을 연금술적 변화 과정에 비유했다.

고전적 정신분석가였으며 오늘날과는 다른 형태이기는 하지만 처음으로 모래놀이치료를 시작한 인물인 로웬펠드(Lowenfeld)는 정신분석이론에 따라 전이/역전이를 피하고자 했고, 그러기 위해 아동과의 놀이치료에서 세션 마다 치료자를 바꾸었다. 치료자와 내담자 관계라는 치료적 전이/역전이 관계를 치료의 모체로 활용하는 오늘날과는 사뭇 다른 접근이었다고 할 수 있다. 칼프(Kalff)는 모래놀이치료에서 긍정적 전이를 가정하였으며, 치유 효과를 갖고 있는 심리치료는 치료자가 내담자에게 자유롭고 보호적인 공간을 제공하는 것이라고 생각했다. 인간의 정신 내면에는 치유를 향한 타고난 잠재력이 있기 때문에 긍정적인 치료 관계를 제공한다면 타고난 치유잠재력에 따라 내담자에게 치유가 일어날 것이라는 관점이다. 이 치유잠재력이라는 것을 분석심리학적 용어로 바꾼다면 원형적 전이(archetypal transference)라고 할 수 있으며 내담자와 치료자 간에 만들어진 깊은 무의식적 유대는 변화, 변환 또는 의식화의 증가를 통해 나타난다(Montecchi, 1991). 치료자와 내담자의 직접적인 치료 관계, 모래상자 안의 피규어 그리고 피규어들의 관계성 같은 상징적 요소들이 이런 부분을 드러낸다.

브래드웨이와 맥코드(Bradway & McCoard, 1997, p. 34)에 의하면 치료자와 내담자의 관계에는 치료실에서 치료자의 물리적 위치도 치료 관계에 대한 것을 말해 줄 수 있다. 모래상자에서 중요한 피규어의 위치나 장면의 방향이 치료자가 앉아 있는 방향을 향하거나 치료자의 시야를 가리기도 하며 이것이 치료자에 대한 내담자의 전이를 상징할 수 있기 때문이다. 또한 모래놀이치료 시간에 내담자는 전이와 관련된 자신의 꿈을 보고하기도 하고 꿈 내용을 모래상자에 재연하기도 한다. 물론 모래장면으로 재연하는 과정에서 꿈 내용이 일부 달라지거나 그 의미가 더 의식되는 발달이 일어난다. 또한 강한 감정을 보고하기도 하는데, 이 모든 것은 전이와 관련된 내용일 수 있다. 물론 내담자가 이런 꿈이나 감정을 표현하지 않는 경우도 있다.

내담자뿐 아니라 치료 과정에 대한 치료자의 전이 감정, 즉 역전이도 강력하거나 세미한 감정 또는 꿈으로 나타날 수 있고, 그것이 치료 과정에 도움이 될 수 있는가 없는가의 여부에 따라 치료자가 내담자에게 표현하거나 표현하지 않을 수 있다. 치료자의 치료 과정에 대한 감정은 치료실 세팅을 위해 피규어를 선택하는 것 또는 슈퍼비전을 받거나 제공하는 과정에도 반영될 수 있다. 치료자가 모래놀이치료실 그리고 내담자에게 제공해야 할 세팅의 유형에 대해 갖고 있는 생각이나 기준은 모두 치료자의 역전이 반응이다. 그런 이유로 모래놀이치료실마다 피규어의 종류나 크기, 배치 등이 다르다. 슈퍼비전을 받을 때 슈퍼바이지가 특정 내담자에 대해 기술하는 감정뿐 아니라 방식, 태도 등도 치료자가 의식하든 하지 못하든 치료자의 내담자에 대한 역전이 반응에 해당한다.

내담자의 전이가 내담자만에 의한 전적인 과거나 현재에서 기인한 감정의 투사가 아니라 치료자의 과거 그리고 현재 경험이 함께 작용한다는 관점에서 브래드웨이와 맥코드(1997)는 융의 원형적 전이/역전이 개념에서 가져온 공동 전이(co-transference)의 개념을 제안했다. '공동'이라는 표현에서 알 수 있듯이 내담자만의 전이가 아니라 치료자와 내담자의 동시적 전이, 즉 전이/역전이를 말한다. 또한 공동 전이는 감정이 과거뿐 아니라 현재에 벌어지고 있는 것에 의해 필연적으로 결정된다고 본다. 내담자와 치료자 모두 서로에게 투사하고 있는 것일 수 있으며, 그 내용은 각자의 정신에서 사용되지 않은 또는 억압된 부분이거나 과거에서 온 개인의 기억이거나 원형 이미지이다. 그리고 두 사람 모두 삶에서 중요했던 인물을 투사하고 있는 것이라고 보았고, 이 모든 것은 무의식적 수준에서 이루어진다. 브래드웨이와 맥코드에 의하면 치료 관계는 두 사람의 투사와 반응의 혼합 즉 완전한 혼합, 가치 있는 혼합이며 이 혼합이 공동 전이다. 전이/역전이가 순차적으로 두 현상이 발생한다는 것을 강조하는 개념이라면, 공동 전이는 순간적으로 동시에 일어나는 것임을 강조하는 개념이라고 할 수 있다(Bradway & McCoard, 1997). 그러한 의미에서 공동 전이는 정신 내적인 것이면서 동시에 바깥의 대인관계적인 것이다. 심지어 공동 전이는 첫 번째 세션이 이루어지기 전에도 일어날 수 있다. 모래놀이치료를 하기로 세션 예약을 할 때 치료자와 내담자는 서로에 대한 이미지, 감정, 기대 등을 가지며 서로에 대한 상상을 하기 때문이다.

1. 내담자와 치료자의 관계 모델

치료자가 치료자와 내담자의 관계를 어떤 모델로 보느냐에 따라 내담자와 치료 과정에 대한 치료자의 역할, 태도, 기대 등이 달라진다. 관계 모델은 치료자가 의식하는 것일 수도 있고 그렇지 않은 것일 수도 있다. 모래놀이치료에 적용시켜 볼 수 있는 내담자와 치료자의 관계에서 이 둘을 어떤 관계로 볼 것인지에 대한 방향을 제시해 줄 수 있는 내담자-치료자 관계에 관한 몇 가지 모델이 있는데, 예를 들면 다음과 같다.

1) 모-자녀 모델

이 모델은 치료자의 모성적이고 양육적인 측면을 강조하는 치료 관계 모델이다. 내담자의 어린 시절 부모-자녀 관계가 내담자의 현재 관계에 영향을 준다는 입장으로서 내담자가 과거 부모와의 관계 역동을 치료자와의 관계에 투사하고 치료자 역시도 부모와 같은 관점에서 내담자를 상담하고 돌본다는 것을 전제로 하는 관계 모델이다. 많은 치료자들이 무의식적 또는 의식적으로 이 관계 모델을 가정하는 경향이 있다. 치료 관계는 내담자가 돌봄과 사랑을 받는다고 느끼게 하고 그 안에서 멈추거나 상처난 부분을 치유할 수 있지만 궁극적으로는 독립과 성장이 필요하기 때문에 치료자가 이러한 관계 유형이 작용하고 있다는 것을 깨닫지 못한다면 내담자에 따라서는 내담자의 성장과 독립에 방해될 수도 있다. 내담자가 영원히 치료에 머무를 수 없으며 치료자 또한 치료 시간 외에는 부모 노릇을 할 수 없기 때문이다.

2) 권력 모델

이 모델은 내담자와 치료 과정에 대해 통제하고 통제를 유지하려는 치료자의 충동을 강조하는 모델이다(Stein, 1984/1992). 물론 치료 상황에서 공공연하게 힘을 행사하려는 치료자는 없겠지만 특정 상황에 대해 미묘하게 또는 강력하게 통제하려고 할 수 있다. 예를 들면, 내담자의 심리 상태나 약물 복용 등에 대해 타당하지 않은 조언을 주려고 하는 경우이다. 조언을 주는 것 자체가 문제가 아니라 그 과정에서 작용하고 있는 치료자의 역동이 문제이다. 치료자 자신을 내담자보다 더 많이 알고 있고 더 능력 있는 사람으로 보고 그것을 활용해서 무엇인가 내담자에게 주어야 하고 내담자는 그 말에 복종해야 한다고 무의식적 또는 의식적으로 지각한다면 그때의 내담자와 치료자의 관계에는 힘의 역동이 배열되었다고 할 수 있다. 내담자 또한 치료자를 자신보다 우월하다거나 내담자의 삶에 필요한 것들을 전능한 존재처럼 알려 준다고 지각한다면 내담자 역시 치료자와의 관계에서 힘에 근거한 관계 형성을 하고 있는 것이다. 내담자에 따라서는 자신이 치료자의 반응과 행동을 통제하려고 시도할 수 있으며 이것 역시 권력 관계의 배열이라고 볼 수 있다. 물론 치료자라는 존재는 심리치료 분야에서 전문성을 가진 인물이기 때문에 그 권위가 부정되어야 한다는 의미는 아니다. 때로 전문가로서의 권위가 치료에 필요하다.

3) 샤머니즘적 모델

이 모델은 내담자와의 깊은 공명을 통해 치료자가 마치 샤먼처럼 내담자의 '불편' '병'을 치료자 자신의 것으로 취하여 스스로 치유하면 내담자의 불편, 병이 치유된다고 보는 치료자-내담자 관계 모델이다(Stein, 1984/1992). 샤먼은 전통사회에서 치유자이자 종교 지도자였다. 결과적으로 샤먼은 자신을 치유할 뿐 아니라 내담자와 신적인 힘 사이의 치유적 만남을 중재한다. 이 관점에서 심리치료의 치유는 샤먼이 샤머니즘 의례를 하는 것처럼 모래놀이, 꿈, 적극적 상상 등을 통해 무의식에서 오는 치유 원형의 상징을 찾음으로써 이루어질 수 있다고 본다.

미국의 정신과의사이자 심리치료자인 크리프너(Krippner, 2012)는 실제로 전통사회의 샤먼의 기능과 역할이 현대 사회의 심리치료자가 하는 기능이나 역할과 유사하다고 보고 비교하는 논문을 저술했다(pp. 72-79). 샤먼은 샤머니즘적 의례를 통해 사회 집단의 유익에 사용될 수 있는 힘과 지식을 얻기 위해 신의 세계, 즉 '영적 세계(spiritual world)'로 들어간다. 전통적으로 샤먼의 역할은 치유자, 상담자, 심리치료자의 역할이며 질병을 예측, 예방, 진단 및 치료한다. 그런 의미에서 샤먼은 현대의 심리치료자와 마찬가지로 내담자가 고통받는 질병의 특성, 내담자의 특성, 내담자가 처한 환경의 특성, 치료의 특성 측면에서 작업한다. 미국의 정신과의사인 토레이(Torrey, 1986)도 비슷한 맥락에서 샤먼과 심리치료자의 치료 행위는 네 가지의 기본 원리 측면에서 공통적이라고 보았다. ① 진단에 의미를 주고 과정에 이름을 붙이는 세계관의 공유, ② 내담자의 회복을 촉진하는 치료자의 개인적 자질, ③ 내담자의 긍정적 기대(예: 희망, 신념, 플라시보 효과 등), ④ 내담자의 숙달감 등이 그것이다.

진단에 의미를 주고 과정에 이름을 붙이는 세계관을 공유한다는 것은 치유 과정에 대한 명명과 관련이 있다. 이것은 내담자의 조건에 대한 치료자와 내담자 간의 합의라고 할 수 있는데, 내담자에게 누군가가 고통을 이해하고 있다는 것과 그러한 조건을 갖고 있는 사람이 내담자만이 아니라는 것 그리고 나을 수 있는 방법이 있다는 것을 설득시키는 것이다. 클라인먼(Kleinman, 1980)은 질병을 'disease'와 'illness'의 두 가지 유형으로 분류했다. 'disease'라는 말은 생물학적/심리학적 과정이 부정적으로 기능하는 상태를 말하며, 'illness'는 'disease'에 대한 심리사회적 경험과 의미를 말한다. 현재의 질병은 더 강인한 사람을 만들기 위한 신의 단련이라든가 또는 신의 벌이라든가 식의 의미부여를 그 예로 들 수 있다. 'disease'에서 'illness'를 만드는 것이 심리치료자가 하는 일로서 질병에 대한 세계관의 공유에 해당한다. 주의, 지각, 인지, 평가, 정서적 반응성, 가족 및 사회망과의 의사소통 측면에서의 'disease'에 대한 내담자의 반응이 포함되며, 'illness'는 'disease'를 개인, 지역사회, 문화에 독특한 행동과 경험으로 만든다. 따라서 동일한 'disease'가 문화에 따라 다르게 개념화될 수 있다.

샤먼은 강한 신체, 정신적 헌신 그리고 자기통제력을 가진 사람이었다(Rogers, 1982). 샤먼은 자신의 꿈, 비전, 상상 과정을 인간의 건강과 질병에 관한 중요한 정보의 근원으로 사용한다. 일견 대단히 주관적인 것으로 들리는 이 정보는 샤먼이 상처 입은 치유자라는 상징과 상징의 치유력이 작용하는 근원이다. 샤먼이 먼저 내담자의 고통과 질병을 자기의 것으로 취하고 자기 자신의 고통과 질병을 극복했다면 내담자의 신뢰와 존경을 받게 되며, 성공적 치료를 위한 심리적 기초를 다졌다고 할 수 있다. 이것은 오늘날 심리치료에서 치료자–내담자 관계의 상호주관성으로 부르는 것을 의미한다는 것을 직감하게 한다.

내담자의 긍정적 기대는 희망이나 플라시보라고도 할 수 있지만 치유에 대한 동기 그리고 긍정적 결과에 중요한 영향을 미치는 요소이다. 심리치료에서 치료 작업에 대한 긍정적 기대, 즉 동기가 부족한 내담자의 심리치료는 유지되기 어렵고 유지된다고 하더라도 긍정적 결과를 얻기 어렵다는 것을 경험한다. 그래서 치료자는 내담자의 치유와 변화에 대한 동기화 작업을 먼저 한다. 샤먼도 같은 기능을 한다. 샤먼은 자신의 내담자에게 회복될 수 있다는 기대와 동기를 부여하고자 노력한다.

치유에 대한 내담자의 긍정적 기대는 내담자의 성숙과 관련되어 있는 숙달감과도 밀접한 관계가 있다. 크리프너(2012)도 토레이와 마찬가지로 샤머니즘적 치료 모델의 가장 중요한 부분으로서 내담자의 숙달감(sense of mastery)을 지목했다. 그는 많은 샤머니즘적 치유에서 'curing'과 'healing'을 구분하는 것을 보았다. 'curing'은 고통의 증상을 제거하고 내담자에게 건강을 회복시켜 주는 것이며, 'healing'은 지역사회, 우주, 자신의 신체, 마음, 정서, 영성(spirituality)과의 조화 또는 이 모든 부분의 전체성을 획득하는 것이다. 때로 내담자의 질병은 '치유될 수 없을 수도' 있는데, 그 이유는 질병이 치명적이기 때문이다. 그러나 고통을 치유하지는 못했지만 내담자는 자신의 삶을 돌아보고, 삶에서 의미를 찾고, 궁극적으로는 죽음과 화해하고 죽음을 받아들이는 법을 치료자에게서 배운 결과로 정신적(mentally)·정서적·영적 '치유(healed)'를 성취할 수 있다(Achterberg, 1985). 이것은 분석심리학적 심리치료의 목표가 증상의 제거나 성격의 변화를 넘어 증상과 함께 살아가는 것까지 포함한다는 것과 일맥상통한다. 이러한 관점은 증상의 완화 또는 제거를 넘어 전체 인격의 통합을 의미하는 개성화와 관련된다고 할 수 있다.

이 치료 관계 모델은 치료자가 내담자의 질병과 불편을 자기의 것으로 느끼는 것에 비유될 만큼 깊이 느낀다는 점에서 치료자에게 매우 큰 부담을 주고 희생을 가져올 수 있는 모델이다. 모든 내담자의 질병과 불편을 치료자가 떠안을 수 없고 떠 안는다면 치료자의 수명이 짧아질지도 모른다.

4) 산파 모델

산파는 여성이 아기를 출산할 때 출산을 돕는 여성을 일컫는 말이다. 따라서 산파 모델은 내담자의 자기(Self)의 심리적 탄생 과정의 산파로 치료자를 보는 치료적 관계 모델이다. 내담자는 이전에 갖고 있던 미성숙한 삶의 태도에서 벗어나는 경험을 한다. 미성숙한 삶의 태도라는 것은 자신의 그림자가 자신의 삶과 태도에 미치는 영향을 인식하지 못한 채 그림자로 인한 감정에 지배당하면서 타인과 외부 세계에 투사하고 타인과 외부 세계가 문제라는 태도로 살아가는 것을 의미한다. 이 그림자 지배적인 의식의 태도는 더 나아가 조력자 역할을 하는 치료자의 도움으로 '더 깊고, 더 옳고, 더 포괄적인 것', 즉 자기(Self)를 경험하게 된다(Stein, 1984/1992). 이 전이/역전이 관계에서 치료자는 자신을 내담자 안에서 일어나고 있는 창조적 과정의 조력자이다. 여기서 치료자와 내담자가 서로 교환하는 것은 창조성과 자기(Self)의 나타남이다. 창조성이라는 것은 그림자에 얽매이는 삶의 태도 등 한쪽으로 치우친 삶을 바로잡음으로써 인격의 성숙을 창조한다는 의미에서의 창조성이다. 이러한 과정은 진정하고 본질적인 자기의 출현 또는 자기와의 만남으로까지 이어질 수 있다. 자기와의 만남이라는 것은 힘의 숙달이나 치료자가 내담자의 문제를 자기의 것으로 떠안는 샤머니즘적 치유가 아니라 꿈이나 모래놀이, 기타 상징 작업을 통해 은유적으로 일어나는 자기(Self)의 탄생이다. 궁극적으로 치료자의 과업은 내담자의 무의식이 스스로를 드러내도록 돕는 일이다. 산파처럼 이 자기(Self)를 세상으로 받아내는 일이며 자기의 탄생을 알리는 상징 의미의 통역자이다. 이 관계 모델에서는 자아의 표현이 상대적으로 덜 중요하다.

5) 상처 입은 치유자 모델

상처 입은 치유자(wounded healer)는 치료 관계에서 배열될 수 있는 원형적 역동성이다. 이 용어는 자신의 상처를 인식하고 다른 사람들의 상처를 치유할 수 있는 피난처(sanctuary)를 그리스의 고대 항구 도시 에피다우로스에 설립한 고대 그리스 의사 아스클레피오스의 전설에서 유래했다. 치유 받기를 원하는 사람들은 양육(incubation)이라고 불리는 과정을 통과했다. 처음에 그들은 신체뿐 아니라 영혼을 정화하는 효과가 있다고 생각하면서 정화의 목욕을 했다. 신체에 의해 오염되지 않은 영혼은 자유로워져서 신들과 소통한다는 믿음이다. 준비한 희생 예물을 신에게 드린 후 아픈 자는 의자 위에 누워 잠을 잔다. 운이 좋으면 치유의 꿈을 꾼다. 운이 더 좋으면 밤에 치유를 상징하는 뱀이 와서 그를 문다.

상처 입은 치료자는 자신 역시도 내담자와의 상호 관계를 통해 지속적인 발달 과정을 경험하는 사람으로 본다. 자신의 상처에 주의를 집중하면 치료자는 "자신의 문제와 약점을 고통스럽게 직면하고 궁극적으로 자기인식에 이르게 된다…… 그 결과 자신의 야망과 욕구 및 당면 과업이 무엇인지 명확하게 인식할 수 있게 된다. 치료자는 내담자를 만나는 이유가 다른 사람에 대한 어떤 은밀한 동기가 아니라 진정한 관심이라는 것을 알기 때문에 정직, 연민, 겸손으로 다른 사람들(내담자들)에게 다가간다."(Maeder, 1989, p. 77) 헤이스(Hayes, 2002)가 완(Whan, 1987)을 인용하여 설명한 것처럼, 치료자는 상처 입은 사람이면서 동시에 치료자가 될 수 있는 이중의 능력을 갖고 있어야 하며 그렇지 않으면 내담자만이 모든 문제의 근원이라는 부담, 즉 내담자만이 상처 입은 사람이라는 모든 부담을 떠안게 된다. 다른 말로 하면, 치료자의 상처가 치료 과정과 내담자에게 미치는 영향을 전혀 알지 못한 채 모든 현상과 상황은 전적으로 내담자의 것이 되어 버린다는 것이다. 또한 치료자는 내담자에게 정신건강의 목표를 달성하기 힘든 막연한 목표가 아닌 과정으로 경험하는 사람의 본보기가 될 수 있다. 즉, 목표 달성에만 의미가 있는 것이 아니라 치유라는 목표를 향해 가는 과정이 치유의 일부임을 치료자를 통해 인식하게 된다. 그런 이유로 많은 치료자가 내담자에게 일어나는 변화가 치료자의 변화를 내담자가 경험했기 때문이라고 말한다(Remen et al., 1985, p. 85).

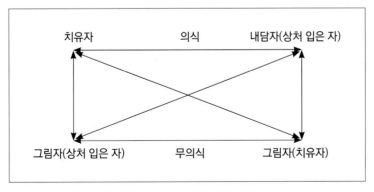

[그림 13-1] 치료자-내담자 관계의 상호작용의 방향

출처: Sharp (1991), p. 150.

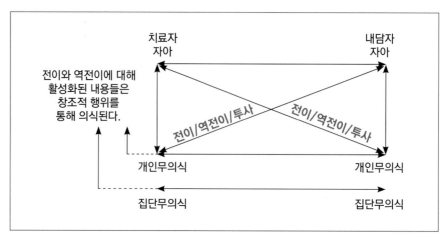

[그림 13-2] 치료자와 내담자의 전이/역전이/투사

출처: Kast (1992), p. 144.

꿈이나 상상 과정을 인간의 건강과 질병의 중요한 정보 근원으로 본 아흐터베르크 (Achterberg, 1985)는 '상처 입은 치유자'에 대한 상상을 포함한 상징과 은유의 치유력을 강조했다. 따라서 상처 입은 치유자로서 치료자가 자신의 개인적 비극, 질병 또는 악조건을 극복하고 수련을 잘 받았다면 치료자가 자신의 문제를 어느 정도 극복했다고 할 수 있기 때문에 심리치료 과정에 대한 내담자의 긍정적 기대가 충족되는 것과 같은 맥락이다. 상처 입은 치유자 원형의 작용 방향은 융(Jung, 1954/1993)이 치료 관계에서의 의사소통을 예시하기 위해 사용한 다이어그램에서도 볼 수 있다(Sharp, 1991, pp. 149-150).

[그림 13-1]과 [그림 13-2]의 치료자-내담자 관계 사각형에는 이중으로 되어 있는 여섯 개의 화살표가 있으며, 이는 의사소통이 각 방향으로 이루어질 수 있음을 보여 준다. 열두 개의 방향으로 치료자와 내담자 사이에서 정보가 흘러간다.

이 패러다임에 의하면 오랫동안의 치료 후에 상대적으로 의식되기는 하지만 치료자의 상처는 오랫동안 그림자를 드리운다. 상처는 항상 특정한 상황에서 재배열되며, 특히 유사한 상처를 가진 내담자들과 치료 작업을 할 때 그러하다. 이것은 치료에서 역전이의 기초가 된다. 한편, 상처 입은 내담자 안에 있는 내면의 치유자는 그림자 상태로 있지만 존재한다. 내담자의 상처는 치료자의 상처를 의식적, 무의식적으로 활성화시킨다.

이 모델에서 치료자와 내담자 사이의 무의식적 관계는 치유 과정에서 의식적, 언어적으로 의사소통되는 것만큼 중요하다. 여기에 다음의 두 가지 시사점이 있다(Sharp, 1991, p. 151).

- 내담자의 치유는 치료자가 자신의 무의식과 지속적인 직면적 관계를 유지할 때 일어날 수 있다. 그렇지 않으면, 치료자는 팽창의 하나인 구세주 원형을 동일시하게 되어 치료자가 내담자의 모든 문제를 해결해 주어야 한다는 판타지에 빠지게 된다.
- 분석심리학 분야는 위험한 직업인데, 그 이유는 치료자가 영원히 타인의 상처에 감염되는(또는 자신의 상처를 다시 경험하는) 경향이 있기 때문이다.

이러한 치료자-내담자 관계에 대해 융은 다음과 같이 언급했다.

무의식을 영원히 사라지게 할 수 있는 분석은 없다. 분석가(역주: 치료자)는 끊임없이 공부해야 하며 각 사례마다 새로운 문제를 가져오기 때문에 이전에 배열된 적이 결코 없는 무의식적 가정을 제기한다는 것을 잊어서는 안 된다. 철저하게 이루어지는 모든 치료의 절반은 의사(역주: 치료자) 자신에 대한 철저한 검토로 이루어진다. 왜냐하면 치료자 자신이 올바로 서 있을 때만이 환자(역주: 내담자)를 제대로 세울 수 있기 때문이다(Jung, 1954/1993b, par. 239).

그러나 전이 작용에 의해 내담자가 치료자에게 투사한 것을 치료자가 의식하지 못하지만 치료자에게도 유사한 이슈가 존재하는 투사일 때 내담자의 전이는 치료자의 역전이를 일으킨다. 즉, 치료자는 특정한 감정, 신체감각, 직관, 이미지 또는 어떤 상상이 떠오르는 것을 경험하거나 동시성적으로 어떤 사건을 경험한다. 이 순간에 치료자는 객체, 즉 내담자와 참여신비(participation mystique) 또는 신비한 무의식적 단일체 상태에 있다고 할 수 있다. 따라서 역전이가 내담자의 문제 개선에 유익을 줄 것인지 또는 장애가 될 것인지는 치료자가 역전이를 얼마만큼 의식화해 낼 수 있느냐에 달려 있다(Jung, 1984/2004, pp. 195-196).

6) 전이/역전이로 해석할 수 있는 에피소드의 예(Weinberg, 2014)

전이와 역전이는 첫 세션이 시작되기도 전에 전화 한 통화나 세션과 세션 사이에도 발생할 수 있다. 다음에 예시한 경험들은 모두 부정적 경험으로 들린다. 그러나 말 그대로의 부정적인 의미만을 갖고 있는 것은 아니다. 예를 들어, 상대방에 대한 이상화 자체는 부정적인 것이지만 상대방에 대한 이상화가 내면의 무엇의 투사인지를 깨닫게 된다면 이상화는 내담자나 치료자가 성숙해질 수 있는 기회가 된다는 점에서 긍정적이다.

- 서로에 대한 이상화
- 치료자가 자신을 이해할 수 있을 것인지에 대한 내담자의 의구심
- 내담자가 치료자에게 반응하는 방식에 대한 치료자의 의구심
- 내담자가 치료 과정에 충실할 것인지 또는 심층에 들어갈 위험을 감수할 준비가 되어 있는지에 대한 의구심
- 세션 약속을 지키지 않음
- 지각
- 내담자의 부재중 전화에 치료자가 전화하지 않음
- 거리 두기, 거리감
- 과잉개입
- 내담자가 감정적일 때 편안하게 해 주려고 하거나 구해 주려는 끊임없는 노력
- 논쟁적, 방어적, 또는 동정적인 성향
- 신체의 긴장감
- 졸림
- 상상에 빠짐, 주의산만
- 긁기
- 반점, 목의 통증 같은 신체 질병
- 성적 판타지를 포함한 여러 가지 판타지 등등

다음은 모래놀이치료자를 대상으로 이루어진 연구는 아니지만 전이 현상을 보여 주는 흥미로운 연구이다. 이건(Egan)과 카(Carr)의 신체 중심 역전이 척도(Egan and Carr Body-Centred Countertransference Scale)를 사용하여 175명의 아일랜드 심리치료자(여자 122명, 남자 53명)에 대해 이루어진 한 종단연구에서 치료자들이 경험한 역전이 현상을 조사했다(Hamilton et al., 2020). 가장 많이 보고된 신체 역전이 증상을 순서대로 제시하면 다음

과 같다. (a) 근육 긴장 81%, (b) 눈물 78%, (c) 졸음 72%, (d) 하품 69%, (e) 목이 조여드는 느낌 46%, (f) 두통 43%, (g) 위장장해 43%, (h) 예상치 못한 몸의 움직임 29%, (i) 성적 각성 29%, (j) 목소리가 커짐 28%, (k) 관절 통증 26%, (l) 메스꺼움 24%, (m) 어지러움 20%, (n) 성기의 통증 7.5%

앞서 언급한 것처럼 이 예들은 모두 부정적으로 보이는 것들만 언급하고 있지만 치료자들이 경험하는 긍정적인 역전이들도 상당히 많이 있다. 그러나 내담자들이 심리치료, 상담에 오는 이유는 부정적인 이유로 오기 때문에 치료 초반일수록 부정적으로 느껴지는 역전이 경험을 할 가능성이 높다. 이것은 또한 내담자들이 그들의 삶에서 부정적인 것에 대해 억압하거나 회피하거나 무의식 상태에 있어 투사하고 있을 가능성이 높은 것에서도 비롯된다.

2. 상징 형성으로 나타나는 전이/역전이

전이(transference)와 역전이(counter-transference)는 치료에서의 전환점이라고 할 수 있다(Kast, 1992). 이전에 언급한 것처럼, 전이/역전이는 분석심리학적 용어로 표현하자면 치료자와 내담자의 콤플렉스가 투사되고 얽히는 과정이다. 치료 과정에서 내담자뿐 아니라 치료자의 콤플렉스가 치료 관계에 배열되고 콤플렉스는 판타지를 활성화시키면서 치료에서 콤플렉스를 다루게 하여 콤플렉스에 사로잡힘으로부터 자유로워지는 전환점이 된다. 그러나 내담자의 어떤 콤플렉스에 대해 무의식 상태로 있거나 정서적으로 이해되지 않는 한, 콤플렉스는 전이/역전이로만 경험되고 종종 공모적(collusive) 전이/역전이라고 부르는 상태에 빠지게 한다. 이해되지 않은 콤플렉스는 종종 치료자가 의식하지 못한 상태에서 치료 장면에 배열되고, 이는 내담자뿐 아니라 치료자의 판타지를 활성화시키는데, 이것은 상징 형성을 위한 전제 조건이 되어 결국 어느 시점에 이르러 내담자 또는 상담자에게 어떤 상징 이미지가 떠오르게 된다. 판타지는 꿈, 비전, 모래피규어나 모래장면 등으로 떠오르며, 이는 무의식 상태에 있는 내담자의 콤플렉스 및 그와 관련된 트라우마를 이해할 수 있는 기회가 되고, 당연히 치유와 성장을 촉진하는 기회가 된다.

판타지 속에서 상징 형태로 무의식 내용이 표현되는 이유는 무의식이 언어가 아니라 이미지를 통해 자신을 표현하기 때문이다.

카스트(Kast, 1992, p. 157)는 치료 장면에서의 공모적 전이/역전이의 상징 형성에 대해 기술하였는데, 공모적 전이/역전이는 치료자의 행동이 내담자의 행동에 의해 더 극단화되는 것을 말한다. 치료자가 이 공모적 전이/역전이 과정을 인식하는 경우라도 아직은 내담자의 최초의 행동 패턴이 바뀌지 않은 상태이다. 내담자가 갖고 있는 부정적 관계 패턴이 내담자에게 인식되지 못한 채 치료자와의 관계에서도 반복되는 것이다. 그렇게 되는 이유는 콤플렉스 때문이다(Kast, 1992, p. 157). 융은 콤플렉스에 대해 다음과 같이 주장했다.

> 적응의 요구와 도전에 맞설 수 있는 개인의 기질적 무능 간의 충돌에서 기인한다. 이러한 관점에서 보았을 때, 콤플렉스는 우리로 하여금 개인의 소인을 진단할 수 있는 가치 있는 증상이라고 할 수 있다(Jung, 1971, par. 926).

내담자가 어린 시절에 환경 적응의 요구와 기질적 미흡함 속에서 강화 받지 못해 억압되어 만들어진 콤플렉스는 친밀한 사람들에게 투사된다. 예를 들어, 부모와의 관계에서 발달한 콤플렉스는 심리치료 장면에서 치료자에게 투사되어 내담자의 어린 시절의 부모 역할을 주게 된다. 그 반대의 경우에도 일어날 수 있다. 그런 상황에서 내담자는 평상시에 하던 고착된 반응을 하게 되고, 두 사람은 알 수 없는 정서적 압력을 느끼게 된다. 그러면 두 사람은 그런 일이 없었던 것으로 여기게 되는데, 이것이 바로 콤플렉스에 사로잡힌 상태, 즉 공모적 전이/역전이 상태에 놓이는 것이다(Kast, 1992, pp. 157-159). 그러나 치료자의 노력과 공감적 이해를 통해 내담자가 이러한 전이/역전이를 이해하고 과거에 콤플렉스를 발생시켰던 상황 그리고 콤플렉스가 반복되는 특정한 상황에 대한 이해를 하게 된다면 이러한 공모적 전이/역전이 상황은 해소될 수 있다. 과정에서 역시 전환점이 되는 전이/역전이를 이해하게 해 주는 것은 바로 새로운 상징 형성이다. 의식이 콤플렉스에 사로잡혀 있음을 이해하지 못할 때 무의식은 내담자나 치료자 또는 두 사람 모두의 꿈, 상상, 모래장면 등을 통해 이러한 전이/역전이 관계에 대한 상징 이미지를 만들어 내며, 이는 치료에서 전환이 일어나는 결정적 계기가 된다.

3. 치료적 직관

직관(intuition)은 어떤 사실에 대해 언어적 · 합리적 · 논리적 · 의식적 노력 없이 겉보기에 주관적으로 느껴지는 것으로 치료자와 내담자가 세션 중에 이러한 직관에 의해 서로를 이해하는 과정을 거친다. 직관의 정의를 살펴보면, 창조적 직관은 "언어화하기 어렵고, 정서로 충만한 인식 또는 판단으로 정의되는데, 이는 총체적 연상을 통해 이르게 된, 이전의 학습과 경험에 근거하고 있는 것이다."(Volz, Rübsamen, & von Cramon, 2008, p. 319) 사회신경과학적 관점에서의 직관은 "암묵적 학습을 통해 얻어진 지식의 사용과 관련된 주관적 경험"(Lieberman, 2000, p. 109)이다. 쇼어(Schore, 2012)는 치료적 직관에 대해 "논거라는 의식의 중재나 합리적 과정 없이 의식적 인식 안으로 스며드는 직접적 앎"이라는 개념을 인용하면서 이 정의는 좌반구가 아닌 우반구의 기능을 기술한 것이라고 주장하였다(Lieberman, 2000; Schore, 2012). 이러한 개념들을 미루어 볼 때, 치료적 직관은 내담자가 무의식 상태로 있거나 언어화하지 않은 정신의 재료를 치료자의 의식이나 논의를 이용하지 않고 직접 알게 되는 것을 의미한다. 물론 이러한 현상은 내담자에게도 발생한다. 나르바에스(Narvaez, 2010)에 따르면 직관교육이 잘 이루어진 개인들은 "……어떤 행동이 효과적인지, 그것을 어떻게 수행해야 하는지 알고 있다. 초보 치료자는 문제해결을 위해 의식적이고 의지적인 노력이라는 방법을 사용하지만, 잘 교육받은 직관의 치료자는 고통스럽게 배운, 훨씬 더 무의식적이고 깊으며 자동적인 지식을 통합해 낸다."(Narvaez, 2010, p. 171) 흔히 생각하기를 직관은 타고난다고 생각하기 쉬우나, 앞의 설명에 따르면 직관은 힘든 훈련 과정을 통해 교육될 수 있음을 알 수 있다. 치료자의 직관교육은 직관이 사용하는 의사소통 방법에 대한 민감성을 높이는 것을 말한다.

쇼어가 언급한 바와 같이 직관적 소통을 위해 사용하는 것은 우뇌가 사용하는 의사소통 방법과 일치한다. 반 랜커와 커밍스(Van Lancker & Cummings, 1999)에 의하면 좌뇌는 순서를 분석하는 데 전문적인 반면, 우뇌는 패턴 처리에 우월성을 갖는다. 즉, 패턴 인식과 얼굴, 코드, 복잡한 피치, 자세, 목소리와 같은 여러 유형의 자극 이해에서는 정상적인 우반구가 우월성을 갖고 있다(Van Lancker & Cummings, 2006, p. 223). 직관적으로 조율된 치료자는 순간순간 내담자의 전언어적 특성, 신체 동작, 신체감각, 이미지, 정서, 관계에 대한 느낌, 자발성, 즉각성, 게슈탈트적 특성, 총체적 관점(총체적인 우반구의 모든 기능)을 분석한다. 이 직관은 무의식과 관련되며(Volz & von Cramon, 2006), 이미지, 감정, 신체감각, 은유와 같이 우뇌에 저장된 비언어적 표상에서 나온다. 직관은 언어가 아니라 감정 그 자체 그리고 생각과 의문에 근거하고 있는 최초의 상상으로 구체화되는 것이다. 그런데 이러한 직관적 소통에서 사용되는 상징 이미지, 감정, 자세, 몸짓, 신체감각, 목소리 톤, 피치, 얼굴 표정, 은유 같은 것들은 포포스(Popous, 2007)나 올린스키와 하워드(Orlinsky & Howard, 1986) 같은 신경애착이론가, 신경정신분석 학자들이 주장하는 바와 같이 유아를 어머니에게 묶어 주는 비언어적 · 전합리적 표현에서 비롯되며, 이는 생애 전체를 통해 개인들 사이에서 직관적으로 느껴지는 정서적-관계적 의사소통의 매개체가 된다(Orlinsky & Howard, 1986, p. 343). 따라서 심리생물학적으로 조율된 주양육자와 유아 사이의 목소리, 목소리 톤, 신체감각, 얼굴 표정, 눈 맞춤 등으로 이루어지는 직관적 반응과 내담자와 치료자 사이의 관계에서 직관적으로 느껴지는 것은 동일한 원리에 의해 이루어지는 것이라고 할 수 있으며, 신경과학자들의 연구에 의하면 이는 상당히 정확하다(Schore, 2012; Volz & von Cramon, 2006). 따라서 직관은 주관적이기만 한 현상이 아니라 신경생물학적 근거를 갖고 있는 현상이라고 할 수 있다. 이러한 직관적 과정을 통해 치료자는 언어적이고 의식적인 수준에서 이루어지는 상담 외에 비언어적이고 상징적인 수준에서 이루어지는 또 다른 심리치료 과정을 이해할 수 있게 된다.

상징을 활용하는 분석심리학적 접근 같은 정신역동적 심리치료 분야에서 치료자는 상상과 직관이라는 수단을 사용하여 치료자의 우뇌로 내담자의 우뇌에 경청한다(Marcus, 1997). 따라서 언어만이 아닌 모래와 피규어라는 상징을 사용하는 모래놀이치료에 있어 상징을 통한 의사소통, 즉 비언어적이고 직관적인 의사소통으로 생애 초기에 발생할 수 있는 트라우마에까지 접근할 수 있으며, 언어로 표현되지 않은 깊은 정서를 표현해 낼 수 있게 한다.

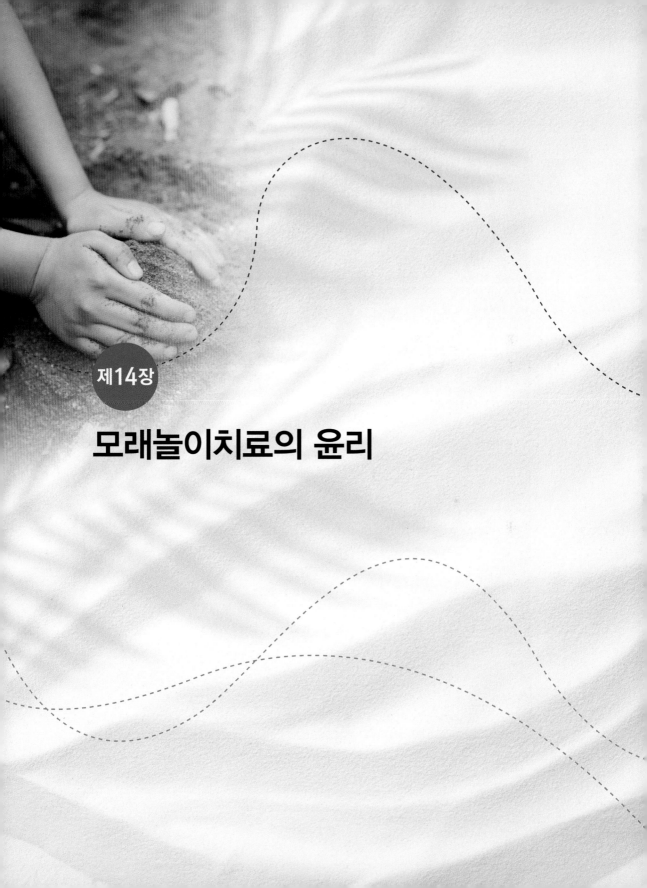

제14장

모래놀이치료의 윤리

모래놀이치료 분야의 치료 윤리는 다른 심리치료에서 강조하는 윤리적 측면을 공유하면서 동시에 모래놀이치료가 갖는 특성으로 인해 고려해야 하는 윤리적 측면을 포함한다. 모래놀이치료가 갖는 가장 두드러진 특성은 모래놀이치료의 결과로 모래상자에 내담자가 만든 장면이 남는다는 것이다. 또한 모래상자에 대한 사진을 찍어 보관하는 경우가 대부분이기 때문에 사진이 남게 된다는 특성도 있다. 모래놀이치료자들 중에는 내담자와 나눈 대화 내용과 내담자의 개인정보에 대한 비밀보장의 필요성과 엄격성은 잘 인식하고 있지만 모래상자 장면에 대한 비밀보장의 중요성에 대해서는 인식하지 못하는 경우가 있다.

　치료가 종결된 후 두 사람의 관계 측면에서 치료자와 내담자 사이의 전이/역전이를 해소하는 데 대략 3~5년 정도가 걸린다고 본다면(Friedman & Mitchell, 2007), 그 이전에 두 사람이 다른 관계를 맺는 것에 대해서는 부정적으로 본다. 또한 치료자는 내담자의 욕구 그리고 내담자에게 미치는 치료자의 영향력을 인식하면서 내담자의 복지를 가장 중요시하기 때문에 전문가적 판단을 손상시킬 수 있는 가까운 친구, 친척의 치료와 같은 이중 관계를 피하려는 노력을 해야 한다. 학생이나 슈퍼바이지뿐 아니라 내담자를 포함한 이중 관계의 경우에는 특별히 주의해야 하며, 동시에 어떤 상황에서는 이중 관계를 완전히 피할 수 없음도 인정되어야 한다(Friedman & Mitchell, 2007, p. 6).

　또 다른 모래놀이치료 윤리 관련 이슈는 모래놀이치료자로 자격을 갖추는 것 자체가 윤리적 문제와 관련된다는 것이다. 자격을 갖춘다는 것은 적절한 교육과 훈련을 받았음을 의미하는 것이기 때문이다. 자격 있는 모래놀이치료자가 되기 위해서는 먼저 관련 전문 분야에서 취득한 적절한 학위(석사학위 이상)가 있어야 한다. 각 전문가 조직은 자격을 위한 조직 자체의 윤리강령을 갖고 있으며, 미국의 경우에는 대부분 모래놀이치료자들은 각각 별도로 되어 있는 주정부 규정, 전문가 윤리강령, 미국모래놀이치료학회 윤리강령 등의 세 가지 윤리강령을 준수한다.

국제모래놀이치료학회(International Society for Sandplay Therapy)가 모래놀이치료자 및 훈련 중인 치료자들에게 요구하는 모래놀이치료 윤리강령을 요약하면 다음과 같다.

- 모래놀이치료자는 높은 수준의 치료 윤리를 준수해야 하며, 항상 내담자의 최선의 이익을 위해 판단해야 한다.
- 치료를 시작하기 전에 모래놀이치료자는 치료 방법의 특성, 세션 빈도, 모래놀이치료 비용, 모래놀이치료 장소, 기타 최소의 조건 등에 대해 내담자에게 공지하여야 한다.
- 모래놀이치료자는 내담자에게 제공한 전문서비스에 대한 기록을 만들어 보관해야 한다.
- 모래놀이치료자는 내담자의 사생활 보호의 권리를 존중하고, 내담자의 동의나 적절한 법적 · 윤리적 정당성 없이 비밀보장이 필요한 정보를 공유해서는 안 된다.
- 비밀보장을 할 수 없는 경우에 대한 예외 규정을 내담자에게 알려야 한다.
- 학술대회, 사례발표, 논문, 책 저술과 같은 전문가 모임 활동에서 내담자의 자료가 활용될 때 내담자의 동의를 구해야 하며, 그러한 경우에도 신분이 노출되지 않도록 해야 한다.
- 모래놀이치료자는 내담자나 내담자의 가족과 비전문적 관계를 맺어서는 안 된다.
- 모래놀이치료자는 현재의 내담자 및 그들의 가족 등과 성적 관계를 맺어서는 안 된다.
- 모래놀이치료자는 내담자를 유기하거나 방임해서는 안 된다. 따라서 치료자의 휴가나 질병 중에도 필요한 경우에는 치료가 지속될 수 있도록 배려해야 한다.
- 내담자가 더 이상의 치료를 필요로 하지 않는 경우에는 치료 관계를 종료하여야 한다. 이때는 적절한 종결 과정이 이루어져야 한다.

또한 모래놀이치료는 아니지만 미국상담학회(American Counseling Association: ACA) 윤리 규정에 의하면 상담자는 내담자에 관한 정보 및 기록에 있어 내담자에게 세션을 기록

하는 것에 대해 허락을 구하고 슈퍼바이저와 동료들에게 기록한 자료의 공개를 허용하지 않는 한 반드시 비밀을 보장해야 한다. 미국상담학회는 모래상자의 사진에 대한 것을 물론 규정하지 않고 있지만, 모래상자의 사진은 세션 기록에 포함되는 것이기 때문에 기록에 해당하는 비밀보장 규정에 포함된다.

지금까지 언급한 것 중 몇 가지 중요한 부분들에 대해 구체적으로 기술하면 다음과 같다.

1. 비밀보장의 의무

다른 모든 심리치료에서와 마찬가지로 모래놀이치료의 가장 중요한 윤리적 이슈는 비밀보장에 관한 것이다. 내담자의 사적 정보 및 상담 과정에 대한 비밀보장은 내담자 사례발표와 관련되어 있는데, 미국상담학회에서는 비밀보장에 대해서 "알아볼 수 있는 내담자의 사례 내용은 사례 세미나나 전문가 회의에서 발표해서는 안 되며 슈퍼비전에만 국한되어야 한다."(ACA, 2014, p. 12)라고 규정하고 있다. 내담자의 사례를 공개하거나 논문 내용에 포함시킬 때는 내담자로부터 자신의 사례를 제시해도 좋다는 서면 허가서에 서명을 받아야 하며, 공개되는 내용과 장소를 내담자에게 알려야 한다. 다른 심리치료 접근과 달리 모래놀이치료는 내담자가 만든 모래장면을 사진으로 기록하며 따라서 사진에 대한 비밀보장 역시 중요한 이슈이다. 내담자의 사적 정보 및 상담 과정 자료가 비밀보장의 대상에 포함되는 것처럼 모래상자의 사진 역시 비밀보장의 범위에 포함된다. 그러므로 사진을 찍을 때에도 사고에 의해 사진이 공개되는 것에 대비하여 내담자의 실명이 적힌 이름표보다는 상담자만 알 수 있는 번호나 이름을 붙이는 것이 바람직하다.

내담자가 만든 모래장면은 다른 사람이 볼 수 없도록 다음 세션 전에 반드시 치워야 하며, 아동 내담자와의 세션 후 부모상담을 할 때에도 부모가 모래상자를 보지 않도록 해야 한다. 모래장면 사진은 내담자의 언어적 언급과 마찬가지로 비밀보장의 원칙에 따라 보관되어야 한다.

기관에 소속해서 모래놀이치료를 하는 치료자들은 기관으로부터 기록을 기관에 보관할 것을 요구 받는다. 심리치료에 대한 이해가 없는 기관이나 기관장이 있는 경우에는 기관의 규정을 내세워 비밀보장에 대한 관리 규정 없이 이것을 요구한다. 그러한 경우에 치료자는 내담자 정보의 비밀보장 원칙과 기관 규정 사이에서 갈등과 스트레스를 느끼게 된다. 기관의 요구에 순응하여 정보를 제공하고 철저한 정보 관리가 안 되어 정보가 유출되는 경우에 치료자는 법적·윤리적·전문가적 책임에서 자유로울 수 없다. 기관이 정보를 보관하는 방법에 있어 컴퓨터 등의 디바이스 보안, 컴퓨터 및 정보에 접근할 수 있는 사람의 제한과 비밀보장 서약서 및 교육이 이루어진 경우에 한해서 기록을 보관한다. 그러한 경우에도 이름 등 개인의 정보를 가명으로 기록하여야 한다.

　기업 상담과 같이 내담자가 속한 기업이 중간 알선업체에 상담비를 지불하고 상담을 의뢰하는 경우에 중간 업체는 상담의 기록을 요구하거나 보육원 등에서 아동을 상담에 의뢰하고 상담 내용을 요구하는 경우가 있다. 비밀보장 예외사항을 제외한 나머지 내용은 절대로 공유되어서는 안 되는 정보이며 기관이 내담자를 도울 수 있는 방향에 대한 조언 등의 정보만을 제공해야 한다.

2. 모래놀이치료 수련과 치료 윤리

　모든 심리치료와 상담직의 윤리강령은 치료자/상담자가 충분히 훈련받지 않은 개입 접근은 내담자에게 사용하지 말 것을 규정하고 있다. 이 윤리강령은 당연히 모래놀이치료에도 적용된다. 특히 언어로만 이루어지는 대부분의 심리치료 및 상담 접근과 달리 모래놀이치료는 모래, 모래상자, 물, 피규어를 사용하고 내담자의 의식뿐 아니라 무의식의 투사 및 원형의 작용을 중시하기 때문에 이러한 작용을 이해하기 위해서는 경험이 많고 자격 있는 슈퍼바이저에게 반드시 슈퍼비전을 받아야 한다. 사실 이것은 권고가 아니라 윤리적 의무사항이다. 내담자의 모래놀이치료 과정이나 모래상자 장면에 대한 조급한 해석이나 치료자의 전적인 투사와 역전이에만 근거한 부적절한 해석을 하고 이것을 내담자와 공유하는 것은 치료의 방향을 혼란스럽게 하고 내담자가 성취할 수 있는 최대의 치유를 약화시키거나 오히려 악화시킬 수 있다. 몇 시간의 워크숍 참여만으로 모래상자와 피규어를 몇 가지 구입하고 용감하게 내담자에게 모래놀이치료를 권하고 그 의미를 임의적으로 해석하여 내담자에게 돌려 준다면 그것은 심각한 윤리위반이며 내담자에게 매우 위험한 것이다. 또한 그러한 상태로 모래놀이치료를 하는 치료자 역시 오래 가지 못하고 지쳐버리거나 자기애적 열등감에 빠지게 될 것이다.

또한 아이러니 하게도 슈퍼바이지는 모래놀이치료를 하지만 그의 슈퍼바이저가 모래놀이치료 경험이 없는 경우도 있는데 이럴 때는 슈퍼비전이 아무 의미가 없을 뿐 아니라 내담자의 치유 효과와 모래놀이치료자의 내담자 이해를 방해할 수 있다. 칼프(Kalff)의 모래놀이치료의 핵심은 신체적·심리적 차원을 모두 갖춘 자유롭고 보호적 공간에 관한 개념이다. 이것은 슈퍼비전 과정에도 적용된다. 제대로 수련 받지 못한 슈퍼바이저가 슈퍼바이지에게 '자유롭고 보호적인 공간'을 제공하지 못한다면 치료자는 모래놀이치료자로서 전문성 발전에 해를 입으며 더 궁극적으로는 내담자에게 해를 끼친다. 경험이 부족한 치료자는 자신이 받는 슈퍼비전이 모래놀이치료의 과정에서 적절하고 전문적인 것인지 구분을 하지 못할 수 있다. 이러한 상황에 있는 슈퍼바이저는 내담자뿐 아니라 치료자에게 전문가로서의 윤리적 책무성을 다하지 못한다.

수련 중에 있는 모래놀이치료자가 슈퍼비전을 받는다고 해도 내담자의 내면 세계의 깊은 내용을 충분히 이해하고 치유를 기대하는 것에는 한계가 있다. 그렇다면 어떻게 충분한 이해에 이를 수 있는가? 그것은 슈퍼비전 뿐 아니라 수련자 자신의 모래놀이치료 개인 분석을 필요로 한다. 심리치료나 상담에서 일어나는 현상과 작용에 관해 기술하고자 많은 경험 있는 치료자들이 노력하지만 언어적 설명으로 충분히 기술되지 않는 특수한 것들이 상담과 심리치료 과정에 존재한다. 특히 무의식, 심혼, 영적 과정과 초월 등의 개념을 강조하는 모래놀이치료는 더욱 그러하다. 그렇기 때문에 치료자 본인의 모래놀이치료 분석을 요구한다.

3. 전이/역전이에서의 치료 윤리

전이 및 역전이에 관한 장에서 설명한 바와 같이 전이/역전이는 일반적으로 내담자에 대한 더 나은 이해를 얻고 치료자 자신에 대한 깊은 자기인식을 개발하는 기초 근거로 사용된다. '전이는 현재의 관계에서 발생하고 있지만 과거로부터 해결되지 않은 무의식적 경험에서 비롯된 정서적 반응'이라고 정의할 수 있다. 반대로, 역전이는 치료자가 경험한 내담자에 대한 의식적 또는 무의식적 정서적 반응이다(Barker, 2003). 전이와 역전이의 내용은 긍정적이거나 부정적일 수 있으므로 치료자는 이 내용에 근거해서 내담자의 과거에 해결되지 않은 상태로 남아 있는 갈등 해결을 위해 내담자를 도울 수 있다. 치료자는 또한 자신의 역전이를 통해서 내담자가 자신과 주변 사람들에게 미치는 영향에 대해서도 알 수 있다. 브래드웨이(1991)는 전이와 역전이를 넘어서 원형적 전이 개념에서 빌려온 공동 전이(co-transference) 개념을 제안했다. 공동 전이에서 발생하는 감정은 현재와 과거 사건에 의해 결정되며 긍정적 감정과 부정적 감정 그리고 무의식적인 내용과 의식적인 내용 모두를 포함한다. '공동'이라는 표현에서 알 수 있듯이 전이는 내담자에게만 발생하는 것이 아니라 치료자에게도 발생한다. 즉, 치료자와 내담자 모두 서로에게 자신의 것을 투사한다. 두 사람 모두 자신이 의식하지 못하는 부분, 억압된 부분, 과거에 대해 갖고 있는 개인적 이미지를 투사하거나 또는 원형적 이미지를 투사하면서 매달 수 있는 고리를 서로에게서 찾을 수 있다. 투사는 전적으로 무의식 수준에서 이루어지지만 그 결과는 두 사람 모두 영향을 주고받는다. 따라서 치료 관계는 겉으로 드러나는 것처럼 단순하지 않고 복잡하다. 공동 전이의 발생원인과 그것이 두 사람에게 갖는 의미를 이해하지 못한다면 그 결과는 치료자와 내담자 모두에게 부정적인 것이 될 수 있다.

브래드웨이와 맥코드(Bradway & McCourd, 1997, p. 34)는 공동 전이의 개념이 기존의 전이 및 역전이 개념과 어떻게 다른지 설명했다. 이들은 '역(counter)'의 느낌보다는 '공동(co)'의 느낌이라는 용어를 사용하여 치료자와 내담자 사이의 치료적 감정 관계를 공동 전이라고 설명했다. 전이/역전이라는 용어가 감정이 일어나는 순서를 의미하는 것과 달리 공동의 감정은 거의 동시에 일어나는 감정이라고 기술했다. 그러나 공동 전이이든 전이/역전이이든 전이 이슈를 치료자가 적절히 해결하지 못한다면 그것은 치료자의 치료 역량을 전문화 하지 못했다는 점에서 그리고 그 결과가 치료를 방해하고 내담자를 위험에 노출시킨다는 점에서 윤리적 문제를 발생시킨다. 심리학자의 윤리 원칙 및 행동 강령(Ethical Principles of Psychologists and Code of Conduct)에서는 심리학자에게 "내담자/환자에게 해를 끼치지 않도록 해야 하며…… 예측 가능하고 피할 수 없는 경우에는 해를 최소화하기 위해 합리적인 조치를 취해야 한다"라고 권고하고 있다(American Psychological Association, 2010). 미국사회사업가협회(National Association of Social Workers)의 윤리강령도 "사회사업가의 일차적 책임은 내담자의 복지를 증진하는 것"이라고 규정하고 있다

(National Association of Social Workers, 2008). 이것은 치료자가 공동 전이에서 다루어지고 있는 이슈가 무엇이고 그것이 어떻게 치료 관계에 영향을 주는지 모른다면 내담자에게 해를 주게 된다는 인식을 가져야 한다는 것을 의미한다.

앞에서 언급한 바와 같이 전이/역전이이든 공동 전이이든 이 현상에는 치료자와 내담자의 개인 경험, 사회, 문화적 배경, 원형에너지의 배열 등 여러 가지 요소가 작용하여 발생한다. 이러한 배경은 상대방에 대한 이해에 긍정적 요소로 작용할 수도 있고 부정적 요소로 작용할 수도 있다. 예를 들어, 동성애 내담자가 동성애를 반대하는 종교를 가진 치료자를 만났다고 가정해 보자. 이 조합은 여러 가지의 전이/역전이, 공동 전이를 발생시킬 수 있다. 동성애자들은 이성애자들이 주류를 차지하고 있는 사회에서 소수자로 살아가기 때문에 겪는 어려움들이 있고, 그 결과 폭력에 노출되거나 자살시도 비율이 이성애자들에 비해 몇 배 높다(McNabb, 2020). 만약 이러한 치료자-내담자 조합에서 치료자가 내담자를 비판하거나 죄책감을 주거나 상담을 거절한다면 내담자에게 어떤 결과가 발생할지 알 수 없다. 만약 이 내담자가 동성애자로 살아가는 것에서 겪는 어려움 때문에 치료자를 찾아왔다면 의식적인 감정뿐 아니라 무의식적인 거부감이나 불편함 또는 비난을 배제하기 어려울 수 있다. 동성애에 대해 각 개인은 자신의 생각과 관점을 가질 수 있지만 치료자로서 타인의 삶의 방식을 비판하거나 판단할 권리는 없다. 동성애 내담자는 삶의 어려움을 극복하고 자신의 전체성을 실현하기 위해 치료를 받으러 왔을 텐데 치료자의 판단적 태도는 이 내담자의 자기실현을 방해할 수 있다. 그러한 점에서 치료자는 치료 윤리를 위반할 수 있다.

이러한 치료 윤리 위반 가능성은 자신에 대한 진지한 탐색과 슈퍼비전 등을 통해 해결될 수 있다. 슈퍼비전은 치료자에게 자신과 내담자, 그리고 그들 사이의 역학 관계에 대해 더 깊이 통찰할 수 있는 기회를 제공한다. 이는 궁극적으로 치료 효과를 높이고 치료자-내담자 간의 해로운 역동의 가능성을 줄이는 데 도움이 된다. 융의 관점에서 말하자면, 모래놀이치료를 슈퍼비전하는 것은 무의식과 창조적 상상력을 슈퍼비전하는 것이다(Friedman & Mitchell, 2008, p. 2). 가장 중요한 것은 치료자가 자신의 한계와 무의식적 상태를 최선을 다해 인식하려는 태도이다. 무의식 상태의 내용을 다 인식할 수 있으나 현재 순간의 인식 내용이 틀린 것이거나 전적인 투사이거나 맞는 것이라고 하더라도 현재 시점에서는 내담자에게 적절한 것이 아닐 수 있다는 의심을 갖는 것은 그렇지 않은 경우와는 다른 치료 결과를 가져온다. 또한 치료자와 종교인이라는 정체성 두 가지를 동시에 갖고 있는 것이 갖는 유익을 인식하는 것 그리고 두 가지 사이의 경계 및 한계를 구분하는 작업이 필요하다. 예에서와 같이, 때로는 대립될 수 있기 때문이다. 이러한 현상은 동성애 내담자뿐 아니라 양성애자, 범죄자, 약물중독자 등 다양한 유형의 내담자와의 관계에서도 발생할 수 있다.

4. 모래놀이치료의 신성성에 대한 모래놀이치료자의 윤리

모래놀이치료자들은 종종 내담자의 모래놀이 작업에서 어떤 신성성을 경험한다고 말한다. 이 신성성은 내담자가 경험하는 것이면서 동시에 치료자가 경험하는 것이다. 인간에게는 본질적이고 신성한 것을 발견하고 그것과의 연결성을 느끼려는 본성이 있다. 인간은 자신도 모르게 신성성과 연결되면 인간의 갈등과 문제가 해결되거나 초월될 것이라는 기대를 갖는다. 이러한 본성은 어떤 한 시대나 한 장소에서만 나타나는 것이 아니라 인류 역사 전체를 통틀어 분명하게 나타나는 현상이다(Warfield, 2012). 인간의 이런 본성이 사회 제도화된 것이 종교이다. 종교는 그것이 하등종교인가 고등종교인가에 따라 신을 규정하고 신을 숭배하는 방식이 다르기는 하지만 대부분의 종교에서는 신에 대해 어떤 물리적 존재를 상정한다. 물리적 구조물이나 장소는 개인이 성스러운 것 또는 신성한 것과 연결될 수 있는 지점으로 간주될 수 있으며(Warfield, 2012), 이것은 신성성의 투사이다. 이러한 장소는 때로 삶의 의미를 발견하려는 사람들의 '여정' '목적지'라는 표현을 통해 영적 순례로 상징화되기도 한다(Davidson & Gitlitz, 2002). 그러나 순례라는 표현에서 알 수 있듯이 성스러운 장소 또는 공간은 반드시 제도적 종교나 제도적 영성의 장소에 관한 것일 필요는 없다. 우리나라의 전통문화 중에는 조용하고 신성한 밤이나 새벽에 집 주변에 사람의 왕래가 적거나 없는 고요한 장소에 정결한 물을 떠 놓고 알 수 없는 어떤 신에게 비는 민간 풍습이 있었다. 또한 통과의례, 신성한 서약, 정체성의 재확인 또는 발견, 죄에 대한 속죄, 치유를 목적으로 하는 행위에도 상징적이고 신성한 장소가 존재한다(Davidson & Gitlitz, 2002). 물론 여기서의 장소나 공간은 그 곳이 어떤 곳이든 인간에 존재하는 신성성의 투사와 관련된 장소들을 말하는 것이다.

모래놀이치료에서도 내담자들이 모래상자를 이러한 상징적이고 영적이며 신성한 장소로 지각한다는 것을 알 수 있다. 이 신성성은 단순히 과거의 특정 경험이나 현재의 문제 또는 미래의 기대에만 국한되는 것이 아니다. 이렇게 구체적이고 물질적인 것들에만 국한된다면 신성성은 느껴지지 않을 것이다. 내담자들은 자신의 진정한 삶의 의미와 인간으로서의 정체성을 찾기 위해 자신을 위한 모래놀이치료 작업에 몰입한다. 이 몰입이라는 것은 자신의 삶에 대한 진실성, 성실성, 완전한 헌신 그리고 심오함에서 나오는 것이다. 단순히 순응이나 거부 또는 갈등 속에서 시간을 허비하는 것이 아니라 자신의 삶에 대한 진정한 책임감을 갖는 자세이다. 이 진실성, 성실성, 완전한 헌신, 책임감 등은 신성성을 느끼게 하는 것과 관련된다. 내담자들은 이것들을 위해 모래놀이에 몰입한다. 칼프가 말한 "자유롭고 보호받는 공간"은 상징적으로 마켈(Markell)이 공기, 불, 물, 땅의 네 가지 원소의 힘과 하늘, 땅, 지하 세계의 세 가지 우주 영역이 만나는 장소(Markell 2002, p. 59), 즉 온 우주를 상징한다. 이 작업은 내담자를 비롯한 인간이 어디서 왔는지를 알려 준다. 대부분의 내담자들은 열등감, 낮은 자존감, 정체성의 혼란, 내적 갈등으로 인한 소진 상태, 관계의 상실 등 여러 가지 어려움으로 삶의 방향을 상실했거나 혼란스러워 하는 상태로 모래놀이치료에 도움을 구하러 온다. 내담자들의 몰입 상태에서 모래놀이치료자는 내담자가 내면에 있지만 알지 못했던 본질적인 답을 찾게 도우며 이것은 신성하고 영적인 것으로 경험된다. 삶에 존재하는 모든 어려움에도 불구하고 존재 자체는 신성하다는 것을 깨달은 내담자들은 전과는 다른 모습으로 살아간다.

그래서 모래놀이치료와 같이 신성성을 강조하는 심리치료 작업은 그 주변에 금줄(sacred rope)를 친 신성한 공간, 즉 테메노스로 상징화되어 왔다. 전통적으로 우리 문화에서는 아기가 태어났거나 신에게 제사를 지내거나 일 년 동안 먹을 장을 담글 때 집 문 앞이나 제사 장소 주변이나 항아리에 금줄을 쳤다. 그 의미는 금줄이 쳐진 내부는 신성한 곳이나 함부로 출입하거나 만지지 말라는 뜻이었다(Jang, 2009). 성황당 앞에 금줄이 쳐진 이유도 그 곳은 신과 관련된 장소이기 때문이다. 이것에 대해 허만은 본질적으로 모래상자는 "지속적인 정체성에 대한 상징적 생명줄"을 제공한다고 표현하기도 했다(Hummon 1989, p. 219).

만약 모래놀이치료자가 내담자의 모래놀이치료 작업의 신성성과 신비함을 인식하지 못하거나 그 개념에 대해 무지하다면 모래놀이치료는 구체적 수준에서 머물러 모래상자의 피규어가 부모인지 직장 상사인지 구분하는 것에만 시간을 허비할 가능성이 있고 치료자는 내담자의 전체성 작업을 방해하는 존재가 되기 때문에 모래놀이치료 윤리 위반이다.

　모래놀이치료 작업의 신성성과 관련하여 모래놀이치료자가 윤리를 위반하기 쉬운 또 다른 요소는 내담자의 전이에 대한 치료자의 태도와 관련된다. 모래놀이치료 작업에서 신비함과 신성성을 경험하는 내담자들 가운데에는 그러한 경험을 가져오는 것이 치료자라는 전이를 하는 사람들이 많다. 이때 치료자는 신성성과 신비함 또는 영적 경험이 내담자의 내면의 원형적 투사이며 치료자는 단지 목격자이자 지지자라는 것을 강조해야 하지만 자기애적 이슈가 불충분하게 해소된 치료자들은 은연중에 이것을 자신의 특성으로 받아들이고 팽창되어서 내담자의 작업과 신성함을 내담자에게 온전히 돌려 주지 못한다. 물론 내담자가 자신의 '순례'를 가기 위해서는 치료자와 치료 과정에 대한 신뢰, 믿음, 희망이 필요하기 때문에 치료자를 강력하고 신적 위치에 올려놓는 전이가 발생하기도 한다. 그러나 이러한 전이 상태가 지속되게 두는 것은 위험하며 내담자의 전이에도 불구하고 치료자는 하나의 인간으로서 내담자와의 치료 작업에 존재해야 한다(Jung, 1951, p.116). 때문에 융은 내담자들이 처한 상황이 내담자마다 다르기 때문에 치료자는 지속적으로 자기학습을 해야 한다고 경고했다. 모래놀이치료 과정에서 치료적 침묵을 강조하는 이유도 여기에 있다. 치료자의 역전이에 의한 반응은 내담자의 내면 작업을 방해할 수 있다. 그러나 침묵은 방관이나 알 수 없음이나 친밀감의 부족이 아니다. 내면의 신성성과 치유 원형이 배열될 수 있게 하는, 언어적 상호관계보다 더욱 강력하고 치유적인 것이다. 목격자로서 치료자는 침묵을 통해 내담자를 위한 공간에 존재하고 내담자와의 관계를 형성할 수 있는 것이다. 다른 장에서 기술한 바와 같이 침묵은 무의식적인 심리적 내용 재료를 방출하게 하고 치료자와 내담자 사이에 강력한 친밀감을 형성하게 하기 때문이다(Rajski, 2003, p. 181). 침묵은 또한 일종의 명상 또는 기도로 보기도 하며 역동적인 "일종의 신성한 심리치료"(Keating et al., 2007, p. 65)로 보기 때문에 내담자의 신성한 여정을 위한 상징적·물리적 공간을 제공한다.

　모래놀이치료 작업에서는 제3의 것(Third One)을 경험하게 된다. 일종의 중간 영역이라고도 할 수 있는 이 영역은 전적으로 물질적이거나 전적으로 영적인 것이 아니다. 또한 전적으로 내담자에게 속한 것이거나 전적으로 치료자에게 속한 것도 아니다. 또한 전적으로 정신 내적인 것도 아니고 정신 외적인 것도 아니다. 침묵 속에서 내담자의 원형 이미지의 안내를 따르는 모래놀이치료 과정에서 경계가 존재함과 존재하지 않음이 하나가 되는 순간이 존재하게 된다. 이것은 매우 신성하고 신비한 것으로 경험된다. 외적 경험과 내적 경험으로 구성된 삶의 개념을 넘는 이 공간과 상태는 관계 안에서 그러한 것이 발생할 수 있도록 허용할 때 새로운 것이 발생할 수 있다. 두 사람이 점유하고 있는 공간이 변화하거나 두 사람이 주체가 되어 이 '제3의 것'을 관찰하는 것이 아니라, 두 사람이 그 안에 있다고 느끼기 시작하고 그것에 의해 움직이게 되는 것이다. 각자가 객체가 되고, 공간 자체와 공간의 감정 상태가 주체가 된다. 결론적으로 피규어의 선택, 모래의 구조물 형성 등의 과정 무의식이 깨어나고, 동시에 더 성공해야 하고 더 성취해야 한다는 식의 의식의 야망과 목적의식은 침묵하게 된다. 이런 식으로 모래놀이치료는 융이 초월적 기능이라고 부르는 것을 촉진하여 삶에 대한 완전히 새로운 태도를 갖게 한다 (Kalff, 2000). 모래놀이치료 작업에서 내담자가 성스러운 공간, 구체적인 상징 이미지, 그리고 근본적인 원초적 이미지와의 연결을 통해 얻게 되는 변화적이고 종종 신비로운 경험은 신과의 소통 또는 신의 계시와 유사할 수 있다(Martinez, 2011). 이것은 다른 말로, 내면의 원형적 힘에 자신의 존재를 내맡기는 순간이다. 이러한 경험은 개인의 낡고 갈등에 찬 관계를 변화시킨다. 치료자와 내담자의 관계에 훨씬 더 큰 존재, 참으로 신성한 차원이 있다는 것을 인식하는 순간이다(Schwartz-Salant 1998, pp. 5-6). 모래놀이치료자가 이것을 인식하지 못한다면 존재할 필요가 있을까? 치료자가 인식하지 못한다면 그것은 모래놀이치료 윤리 위반이다.

5. 온라인 슈퍼비전에서의 윤리적 이슈

코로나 발생 이전에도 온라인 슈퍼비전이 이루어지기는 했지만 특히 코로나 기간 동안에 온라인 슈퍼비전이 증가했고, 그 이후에도 이어지는 경향을 보이고 있다. 온라인으로 이루어지는 수련은 사실 슈퍼비전에만 국한되는 것은 아니다. 모래놀이치료 수련에서 중요하게 여기는 모래놀이치료 개인 분석도 일정 부분 온라인으로 이루어지고 있다. 줌(Zoom) 등의 매체를 사용한 화상 회의와 같은 온라인 슈퍼비전의 구체적인 특징은 대면 슈퍼비전과 달리 슈퍼바이저와 슈퍼바이지가 직접 만나지 않는다는 것이다. 슈퍼바이지는 내담자에 관한 정보와 모래 사진을 화상을 통해 공유하고 그것에 대해 대화한다. 직접 대면하지 않는 형태의 슈퍼비전은 슈퍼바이저나 슈퍼바이지에게 물리적으로 매우 편리한 방법으로서 어느 정도 심리적 안전감을 제공하면서 외국처럼 멀리 떨어져 있는 사이에서도 슈퍼비전이 가능하게 한다. 또한 비대면 만남은 어떤 면에서 감정적 이슈를 덜 부담스럽게 오픈할 수 있게 한다.

당연히 내담자의 개인정보를 포함한 비밀보장 등 대면 슈퍼비전에서 요구되는 모든 치료 윤리가 온라인 슈퍼비전에서도 요구되지만 대면 슈퍼비전과 달리 온라인 슈퍼비전에는 추가 제기한다. 그 첫 번째는 대면에서 사용하는 페이퍼로 된 정보는 슈퍼바이저만이 공유할 수 있지만 비대면 슈퍼비전에서는 컴퓨터, 스마트폰, 태블릿 PC 등등 디바이스로 공유한 정보가 남게되고 공유된 정보가 어떻게 사용될지 보증할 수 없다는 문제가 발생한다. 보증할 수 없다는 것은 윤리성의 책무성을 심각하게 생각하지 못하는 치료자나 집단 슈퍼바이지에 의해 공유되거나 사고로 유출되거나 보안상의 문제로 해킹될 수 있다는 것을 의미한다. 물론 여러 가지 방법에 의해 이러한 가능성을 차단하려고 노력하지만 완전한 보장이란 존재하지 않는 것 같다. 예를 들어, 온라인 화상 회의 시 주최 측에서 녹화하는 경우에는 이를 공개적으로 알리는 공지가 화면상에서 이루어지지만 다른 기기를 이용해서 녹음, 녹화, 촬영할 경우에는 이를 감지할 방법이 없다. 또한 화면상으로 보이지 않아도 슈퍼바이지가 사전에 공식적으로 인정되지 않은 제3의 인물과 함께 슈퍼비전에 들어와 있는 경우도 있다. 모래놀이치료자가 개인에게 속한 상담실이 아닌 센터나 기관에서 치료자로 일하는 경우 그리고 공유 컴퓨터를 사용하거나 기관 내 공용 네트워크를 통해 개인 컴퓨터를 사용하는 경우에도 의도하지 않은 개인정보 유출이 발생할 수 있다. 또한 연결되어 있지 않은 컴퓨터라도 스크린에 특정 내담자의 모래사진이 열려 있는 채로 자리를 비우거나 컴퓨터를 잠그지 않은 경우에도 정보 유출이 일어날 수 있다. 물론 휴대용 기기의 경우에는 분실, 도난의 위험성도 있다.

따라서 슈퍼바이저와 슈퍼바이지는 복잡한 비밀번호 외에도 책상을 비울 때는 비밀번호가 설정된 화면 보호기를 사용하여 사무실의 다른 사람이 기밀 자료를 볼 수 없도록 해야 한다. 암호화 소프트웨어를 사용하면 만약의 경우에 해킹을 당한다고 하더라도 해커가 전송 내용을 읽을 수 있는 가능성을 줄일 수 있다. 기관 내 공용 네트워크를 통한 전송을 사용하는 경우에는 권한이 없는 사람이 읽을 수 있는 가능성을 줄일 수 있는 프로그램을 사용하여야 한다. 강력한 보안시스템은 보안 침해의 위험을 줄일 수 있다.

때문에 온라인으로 슈퍼비전을 받는다면 내담자에게 온라인 슈퍼비전이 갖는 추가의 어려움을 알리면서 이에 대한 동의를 받아야 한다. 이 동의서에는 어느 정도의 정보까지 공개되는지, 어떤 방법을 사용해서 온라인 슈퍼비전이 이루어지는지, 치료자와 슈퍼바이저 외에 다른 슈퍼바이지의 참여 유무, 다른 슈퍼바이지가 참여한다면 그들은 어떤 비밀보장의 의무와 책임이 있는지, 위반이 발생했을 경우에 어떤 법적 조치와 윤리적 책임이 수반되는지 그리고 치료자와 모든 참여자가 최선을 다해 내담자의 정보를 보호하기 위해 최선을 다할 것이라는 사실이 포함되어야 한다. 물론 슈퍼비전 자체가 무엇인지(슈퍼비전의 목적, 즉 슈퍼비전이 내담자에게 주는 이점, 슈퍼비전이 정신건강을 담당하는 심리치료, 상담 전문직의 일반적인 관행이라는 점 등), 치료자가 비대면 슈퍼비전을 받아야 하는 이유도 알려야 하며, 그것이 모든 심리치료자에게 요구되는 윤리적 책무의 한 과정임도 알려야 한다. 사회적으로는 위반, 침해, 피해 등이 발생했을 경우를 대비한 금전적 보상의 보험제도도 만들어져야 한다.

참고문헌

김성일(2004). 중세 고딕교회에 나타난 태양신전 구조의 고고학적 이해. 지중해지역연구, 8(1), 1-27.

이부영(1986). 한국설화에 나타난 치료자 원형상: 손님굿 무가를 중심으로. 심성연구, 1, 5-27.

이부영(2000). 한국민담의 심층분석. 집문당.

임재해(1999). 하회탈 하회탈춤. 지식산업사.

장미경(2014). Play in Sandplay and in Play Therapy. 캐나다모래놀이치료학회 2015 학술발표자료집.

장미경(2015a). 아동기 부모와의 정서적 거리감으로 인해 손상된 관계성 및 남성성의 회복과정에서 나타나는 상징: 사례를 중심으로. 아시아아동복지연구, 13(4), 41-60.

장미경(2015b). 모래놀이치료에서 탈의 원형적, 심리학적 상징성. 상징과 모래놀이치료, 5(2), 1-10.

장미경(2015c). 모래놀이치료 범주 체크리스트 개발. 미간행.

장미경(2018). 놀이치료. 창지사.

장미경, Allan Schore, 이세화, 이여름, 권미라, 김소명(2023). 모래놀이치료에서 치료자-내담자 간 우뇌 간(inter-brain) 동시화(synchronization) 현상에 관한 fNIRS 하이퍼스캐닝연구. 상징과 모래놀이치료, 14(1), 17-72.

장미경, 이여름(2021). 놀이의 신성성과 치유목적성. 상징과 모래놀이치료, 11(2), 1-43.

Achterberg, J. (1985). *Imagery in healing: Shamanism and modern medicine*. Shambhala.

Adams, P. L. (1982). The psychoanalytic process in adults and children. *Psychoanalytic Study of the Child, 43*, 245-261.

Ainsworth, M. D. S., Blehar, M. C., Waters, E., & Wall, S. (1978). *Patterns of attachment: A psychological study of the strange situation*. Erlhaum.

Allen, J. G., & Coyne, L. (1995). Dissociation and vulnerability to psychotic experience. The Dissociative Experiences Scale and the MMPI-2. *Journal of Nervous and Mental Disease,*

183, 615−622.

American Counseling Association. (2014). 2014 ACA Code of Ethics.

American Psychological Association. (2010). Ethical principles of psychologists and code of conduct. http://www.apa.org/ethics/code/

Annehale, C. (2006). The alchemy of color in Flannery O'Conner's "Revelation". *Spring 74 (Alchemy)*, 107−122.

Arguelles, J., & Arguelles, M. (1985). *Mandala*. Shambhala.

Arguelles, M., & Arguelles, J. (1977). *The feminine: Spacious as the sky*. Shambhala.

Astor, J. (1995). *Michael Fordham: Innovations in Analytical Psychology*. Routledge.

Astor, J. (1998). Fordham's development of Jung in the context of infancy and childhood. In I. Alister & C. Hauke (Eds.), *Contemporary Jungian Analysis: Post−Jungian Perspectives from the Society of Analytical Psychology* (pp. 7−16). Routledge.

Axline, V. M. (1969). *Play therapy*. Ballantine Books.

Bachelard, G. (1982). *Water and dreams: An essay on the imagination of matter*. The Pegasus.

Barsaglini, A., Sartori, G., Benetti, S., Pettersson−Yeo, A., & Mechelli, A. (2014). He effects of psychotherapy on brain function: A systematic and critical review. *Progress in Neurobiology, 114,* 1−14.

Baum, N. (2007). Sandplay pictures and stories: Where does the therapeutic process manifest itself first? In B. Weinberg & N. Baum (Eds.), *Sandplay and the psyche inner landscape and outer realities* (pp. 141−178). Thera Art.

Baynes, H. G. (1950). *The provisional life in analytical psychology and the English mind*. Methuen Co. Ltd.

Beebe, B., & Lachmann, F. M. (2002). *Infant research and adult treatment: Co−constructing interactions*. The Analytic Press.

Beebe, B., & Lachmann, F. M. (2014). *The origins of attachment: Infant research and adult treatment*. Routledge.

Berry, P. (2000). An approach to the dream. In B. Sells (Ed.), *Working with images*. Spring Publications.

Bettelheim, B. (1977). *The uses of enchantment: The meaning and importance of fairytales*. Vintage Books.

Blake, W. (2009). *The Varieties Of Religious Experience: A Study In Human Nature*. Seven Treasurers Publication.

Bogolepova, I. N., & Malofeeva, L. I. (2001). Characteristics of the development of speech motor areas 44 and 55 in the left and right hemispheres of the human brain in early post-natal ontogenesis. *Neuroscience and Behavioral Physiology, 31*, 13–18.

Borges, J. L. (2000). Epilogue for 'The Maker'. In J. L. Borges, *Selected poems* (by Alexander Coleman ed.). Penguin.

Bowlby, J. (1969/1999). *Attachment. Attachment and loss* (vol. 1, 2nd ed.). Basic Books.

Bowlby, J. (1988). *A secure base: Parent-child attachment and healthy human development*. Basic Books.

Bowyer, R. L. (1970). *Lowenfeld world techinque*. Pergamon Press.

Bradway, K. (1991). Transference and countertransference in sandplay therapy. *Journal of Sandplay Therapy, 1*(1), 25–43.

Bradway, K. (1994). Sandplay is meant for healing. *Journal of Sandplay Therapy, 3*(2), 9–12.

Bradway, K., & McCoard, B. (1997). *Sandplay: Silent workshop of the psyche*. Routledge.

Bromberg, P. M. (2006). *Awakening the dreamer: Clinical journeys*. Analytic Press.

Campbell, J. (1949/2008). *The hero with a thousand faced*. New World Library.

Caspari, E. (2003). *Animal life in nature, myth and dreams*. Chiron Publications.

Cast, V. (1992). *The dynamics of symbols*. Fromm International Publishing Corporation.

Chartrand, T. L., & Bargh, J. A. (1999). The cameleon effect: The perception-behavior link and social interaction. *Journal of Personality & Social Psychology, 76*, 893–910.

Chiron Publications (1993). *The Heder dictionary of symbols*. Chiron Publications.

Chodorow, J. (2001). Emotions and archetypal imagination. Presentation at the National Conference of Jungian Analysis.

Christopher, S. F. (2010). A review of the neurobiological effects of psychotherapy for depression. *Psychotherapy: Theory, Research, Practice, Training, 47*(4), 603–615.

Cirlot, J. E. (2014). *A dictionary of symbols* (2nd ed.). Welcome Rain Publishers.

Colman, A., & Colman, L. (1988). *The father: Mythology and changing roles*. Chiron Publications.

Conforti, M. (1999). *Field, form, and fate: Patterns in mind, nature, and psyche*. Spring Publications, Inc.

Damasio, A. (2012). *Self comes to mind*. Random House Inc.

Davidson, L. K., & Gitlitz, D. M. (2002). *Pilgrimage from Ganges to Graceland: An encyclopedia*. ABC-CLIO.

Dimberg, U., Thunberg, M., & Elmehed, K. (2000). Unconscious facial reactions to emotional facial expressions. *American Psychological Society, 11*, 86-89.

Douglas, M. (1970). *Purity and danger*. RKP.

Driver, C (2022). Michael Fordham's Theories of Human Development: An Analytical Psychology Perspective. *Journal of Symbols & Sandplay Therapy, 13*(2), 1-14. doi https://doi.org/ 10.12964/jsst.22006.

Dubuc, B. (2010). The brain from top to bottom. http://thebrain.mcgill.ca.

Dutra, L., Bureau, J., Holmes, B., Lyubchik, A., & Lyons-Ruth, K. (2009). Quality of early care and childhood trauma: A prospective study of developmental pathways to dissociation. *Journal of Nervous and Mental Disease, 197*(6), 383-390.

Eberle, S. G. (2014). The elements of play: Toward a philosophy and a definition of play. *Journal of Play, 6,* 214-233.

Edinger, E. (1972/2016). 자아발달과 원형 (*Ego and archetype*). (장미경 역). 학지사.

Eliade, M. (1958). *Patterns in comparative religion*. Sheed and Ward.

Eliade, M. (1969). *The quest: History and meaning in religion*. The University of Chicago Press.

Elliot, T. S. (1971). *Four quarters*. A Harvest Book.

Elman, J. L. (1998). *Rethinking innateness: A connectionist perspective on development*. MIT Press.

Fideler, D. (2014). *Restoring the soul of the world: Our living bond with natures intelligence*. Inner Tradition.

Fonagy, P., Gergely, G., Jurist, E., & Target, M. (2002). *Affect regulation, mentalization and the development of the self.* Other Press.

Fordham, M. (1957). *New development in analytical psychology.* Routledge & Kegan Paul.

Fordham, M. (1969). *Children as individuals.* Hodder & Stoughton.

Fordham, M. (1976). *The Self and autism.* H. Karnac Books.

Fraley, R. C. (2002). Attachment stability from infancy to adulthood: Meta-analysis and dynamic modeling of developmental mechanisms. *Personality and Social Psychology Review, 6*(2), 123–131.

France, A. (1988). *Consuming psychotherapy.* Free Association Books.

Frank, J. D. (1973). *Persuasion and healing* (2nd ed.). Schocken Books.

Frank, J. D., & Frank, J. B. (1991). *Persuasion and healing* (3rd ed.). Johns Hopkins University Press.

Freud, S. (1915). Papers on technique of psychotherapy. *Standard edition of the complete psychological works of Sigmund Freud, 12*, 97–157.

Friedman, H. S., & Mitchell, R. R. (2007/2011). 모래놀이치료 수퍼비젼 (*Supervision of sandplay therapy*). (장미경, 이미애, 이상희, 채경선, 홍은주 역). 한국임상모래놀이치료학회.

Gainotti, G. (2006). Unconscious emotional memories and the right hemisphere. *Psychoanalysis and Neuroscience, 23*, 151–171.

Gallese, V., Eagle M. E., & Migone, P. (2007). Intentional attunement: Mirror neurons and the neural underpinnings of interpersonal relations. *Journal of the American Psychoanalytic Association, 55*(1), 131–176.

Gennep, A. V. (1960). *The rites of passage.* University of Chicago Press.

Glass, R. M. (2008). Psychodynamic psychotherapy and research evidence. Bambi survives Gozilla? *Journal of the American Association, 300,* 1587–1589.

Gluckman, P. D., & Adler, H. M. (2004). Living with the past: Evolution, development, and patterns of disease. *Science, 305,* 1733–1736.

Gold, P. (1994). *Navajo & Tibetan sacred wisdom: The circle of the spirit.* Inner Traditions International.

Grossmann, K. E., Grossmann, K., Winter, M., & Zimmermann, P. (2002). Attachment relationships and appraisal of partnership: From early experience of sensitive support to later relationship representation. In L. Pulkkinen & A. Caspi (Eds.), *Paths to successful development* (pp. 73-105). Cambridge University Press.

Grubbs, G. (2005). *The sandplay categorical checklist for sandplay analysis.* Rubedo Publishing.

Gurian, M. (1993). *The prince and the king: Healing the father-son wound: A guided journey of initiation.* Jeremy P. Tarcher/Perigee Books.

Hamilton, L., Hannigan, B., Egan, J., Trimble, T., Donaghey, C., & Osborn, K. (2020). An exploration of body-centred countertransference in Irish Therapists. *Clinical Psychology Today, 4*(2), 26-38.

Harris, J. (1993). *The herder dictionary of symbols.* Chiron Publications.

Harris, J. (2001). *Jung and Yoga: The psyche-body connection.* Inner City Books.

Hayes, J. A. (2002). Playing with fire: Countertransference and clinical epistemology. *Journal of Contemporary Psychotherapy, 32*, 93-100.

Heller, M. (2012). *Body psychotherapy: History, concepts, and methods.* W. W. Norton & Norton Company.

Heller, M., & Haynal, V. (1997). A doctor's face: Mirror of his patient's suicidal projects. In J. Guimon (Ed.), *The body in psychotherapy.* Karger.

Henderson, J. L. (1967/2015). *Threshold of initiation.* Chiron Publications.

Henderson, R. (2006). Jung and alchemy: An interview with Thomas Moore. *Spring, 74 (Alchemy)*, 123-136.

Hill, G. S. (1992). *Masculine and feminine: The natural flow of opposites in the psyche.* Shambhala.

Hill, J. (2010). Amplification: Unveiling emergent patterns of meaning. In M. Stein (Ed.), *Jungian psychoanalysis working in the spirit of C. G. Jung* (pp. 109-117). Open Court.

Hillman, J. (1986). Notes on white supremacy: Essaying an archetypal account of historical events. *Spring*, 29-58.

Hillman, J. (1992). *Re-visioning psychology*. Perennial.

Hillman, J. (1996). *The soul's code: In search of character and calling*. Random House.

Hillman, J. (2000). Image-sense. In B. Sells (Ed.), *Working with images*. Spring Publications.

Hobson, J. A. (1999). The new neuropsychology of sleep: Implications for psychoanalysis. *Neuropsychoanalysis, 1*(2), 157–183.

Hobson, J. A., & Pace-Schott, E. F. (1999). Response to commentaries on the new neuropsychology of sleep: Implication for neuropsychoanalysts. *Neuropsychoanalysis, 1*(2), 206–224.

Hopwood, A. (2012). *Jung's Model of the Psyche*. Society of Analytical Psychology. http://www.thesap.org.uk/resources/articles-on-jungian-psychology-2/carl-gustav-jung/jungs-model-psyche

Horne, A. (1989). Sally: A middle group approach to early trauma in a latency child. *Journal of Child Psychotherapy, 15*(1), 79–98.

Hummon, D. M. (1989). House, home and identity in contemporary American culture. In S. M. Low & E. Chambers (Eds.), *Housing culture and design: A comparative perspective* (pp. 207–228). University of Pennsylvania Press.

Humphris, M. (2013). Reflection: Books and events-On becoming a Jungian sandplay therapist: The Healing spirit of sandplay in nauture by Lenore Steinhardt. *Journal of Sandplay Therapists, 22*.

Hutchison, W. D., Davis, K. D., Lozano, A. M., Tasker, R. R., & Dastrovsky, J. O. (1999). Pain-related neurons in the human cingulate cortex. *Nature Neuroscience, 2*(5), 403–405.

Iacoboni, M. (2009). *The science of empathy and how we connect with others*. Picador One.

Jacobs, T. J. (1994). Nonverbal and physiological responses to stress: The right hemisphere and the hypothalamo-pituitary-adrenal axis, an inquiry into problems of human bonding. *Integrative Physiological and Behavioral Science, 28*, 369–387.

Jacoby, M. (1990). *Individuation and narcissism: The psychology of self in Jung and Kohut*. Routledge.

Jaffe, A. (1962/2003). C. G. Jung의 회상, 꿈, 그리고 사상 (*Erinnerungen, Traume, Gedanken von*

C. G. Jung). (이부영 역). 집문당.

Jang, M. (2007). Rocks: Symbol of individuation. *Journal of Sandply Therapy, 16*(2), 21−28.

Jang, M. (2009). Implication of the sacred rope in analytical psychology and sandplay therapy. *Journal of Sandplay Therapy, 18*(2), 21−30.

Jang, M. (2012). The effect of group sandplay therapy on the social anxiety, loneliness and self−esteem. *Arts in Psychotherapy, 39*(1), 38−41.

Jasinski, T. J. (2014). Silence: A circumambulation. http://e−jungian.com.

Jilek, W. G. (1982). *Indian healing: Shamanic ceremonialism in the Pacific Northwest today.* Hancock House.

Johannes, L. (2014). *Reflections: Books and events Reflections on the spirit of story in sandplay. Journal of Sandplay Therapists, 23.*

Johnson, R. (1997). *Owning your own shadow: Understanding the dark side of the psyche.* Harper.

Jones, S. M. S., & Krippner, S. (2012). *The voice of rolling thunder: A medicine man's wisdom for walking thered road.* Bear.

Jouvet, M. (1999). *The paradox of sleep: The story of dreaming.* MIT Press.

Jung, C. G., & Kerenyi, C. (1969). *Essays on a science of mythology: The myth of the divine child and the mysteries of Eleusis.* Princeton University Press.

Jung, C. G. (1951). Fundamental questions of psychotherapy. In H. Read, M. Fordham, G. Adler, & W. McGuire (Eds.), *Collected works of C. G. Jung* (vol. 16, pp. 111−125). Princeton University Press.

Jung, C. G. (1953/1972). The function of the unconscious. In C. G. Jung (Ed.), *Two essays in analytical psychology* (2nd ed.). Princeton University Press.

Jung, C. G. (1953/1993). *Psychology and alchemy* (2nd ed.). Princeton University Press.

Jung, C. G. (1954/1993a). Medicine and psychotherapy. In C. G. Jung (Ed.), *The practice of psychotherapy: Essays on the psychology of the transference and other subjects* (2nd ed.). Routledge.

Jung, C. G. (1954/1993b). Fundamental questions of psychotherapy. In C. G. Jung (Ed.), *The practice of psychotherapy: Essays on the psychology of the transference and other subjects* (2nd ed.). Routledge.

Jung, C. G. (1954/1993c). The psychology of the transference In C. G. Jung (Ed.), *The practice of psychotherapy: Essays on the psychology of the transference and other subjects* (2nd ed.). Routledge.

Jung, C. G. (1954/1993d). Immersion in the bath. In C. G. Jung (Ed.), *Practice of psychotherapy: Essays on the psychology of the transference and other subjects* (2nd ed.). Routledge.

Jung, C. G. (1954/1993e). The psychology of the transference. In C. G. Jung (Ed.), *Practice of psychotherapy: Essays on the psychology of the transference and other subjects* (2nd ed.). Routledge.

Jung, C. G. (1954/1993f). The aims of psychotherapy. In C. G. Jung (Ed.), *Practice of psychotherapy: Essays on the psychology of the transference and other subjects* (2nd ed.). Routledge.

Jung, C. G. (1954/1993g). Psychotherapy and a philosophy of life. In C. G. Jung (Ed.), *Practice of psychotherapy: Essays on the psychology of the transference and other subjects* (2nd ed.). Routledge.

Jung, C. G. (1956/1990a). Symbols of mother and of rebirth. In C. G. Jung (Ed.), *Symbols of transformation* (2nd ed.). Princeton University Press.

Jung, C. G. (1956/1990b). The origin of hero. In C. G. Jung (Ed.), *Symbols of transformation* (2nd ed.). Princeton University Press.

Jung, C. G. (1956/1990c). The sacrifice. In C. G. Jung (Ed.), *Symbols of transformation* (2nd ed.). Princeton University Press.

Jung, C. G. (1956/1990d). The dual mother. In C. G. Jung (Ed.), *Symbols of transformation* (2nd ed.). Princeton University Press.

Jung, C. G. (1959/1990a). On the psychology of the trickster−figure. In C. G. Jung (Ed.), *The archetypes and the collective unconscious* (2nd ed.). Princeton University Press.

Jung, C. G. (1959/1990b). The psychology of the child archetype. In C. G. Jung (Ed.), *The archetypes and the collective unconscious* (2nd ed.). Princeton University Press.

Jung, C. G. (1959/1990c). The psychological aspect of mother archetype. In C. G. Jung (Ed.), *The archetypes and the collective unconscious* (2nd ed.). Princeton University Press.

Jung, C. G. (1959/1990d). Concerning Mandala symbolism. In C. G. Jung (Ed.), *The archetypes and the collective unconscious* (2nd ed.). Princeton University Press.

Jung, C. G. (1959/1990e). Answer to Job. In C. G. Jung (Ed.), *Psychology and religion*. Princeton University Press.

Jung, C. G. (1960/1981a). On the nature of psyche. In C. G. Jung (Ed.), *The structure and dynamics of the psyche* (2nd ed.). Princeton University Press.

Jung, C. G. (1960/1981b). Transcendent function. In C. G. Jung (Ed.), *The structure and dynamics of the psyche* (2nd ed.). Princeton Uiversity Press.

Jung, C. G. (1960/1981c). On the psychic energy. In C. G. Jung (Ed.), *The structure and dynamics of the psyche* (2nd ed.). Princeton University Press.

Jung, C. G. (1960/1981d). The structure of the psyche. In C. G. Jung, *The structure and dynamics of the psyche* (2nd ed.). Princeton University Press.

Jung, C. G. (1961). Good HouseKeeping. 1961년 12월호 인터뷰 기사.

Jung, C. G. (1963). *Memory, dreams, reflection*. Random House.

Jung, C. G. (1963/1989). Conjunction. In C. G. Jung (Ed.), *Mysterium coniunctionis*. Princeton University Press.

Jung, C. G. (1966/1993). Principles of practical psychotherapy. In C. G. Jung (Ed.), *The practice of psychotherapy* (2nd ed.). Routledge.

Jung, C. G. (1967/1983). Paracelsus as a spiritual phenomena. In C. G. Jung (Ed.), *Alchemical studies* (2nd ed.). Princeton University Press.

Jung, C. G. (1968/1988). *Man and his symbols*. Anchor Press.

Jung, C. G. (1970). *Four archetypes: Mother/rebirth/spirit/trickster*. Princeton University Press.

Jung, C. G. (1971). Psychological theory of types. In C. G. Jung (Ed.), *A psychological types*. Princeton University Press.

Jung, C. G. (1973). *C. G. Jung letters. Vol. 1: 1906－1950*. Princeton University Press.

Jung, C. G. (1978/1990). Psychology of eastern meditation. In C. G. Jung (Ed.), *Psychology and the East*. Princeton University Press.

Jung, C. G. (1984/2001). 정신 요법의 기본 문제 (*Grundwerk C. G. Jung: Grundfragen zur Praxis*). 한국융연구원 C. G. 융 저작 번역서 1권. (한국융연구원 C. G. 융 저작 번역위원회 역). 솔출판사.

Jung, C. G. (1984/2002). 원형과 무의식 (*Archetyp und Unbewusstes*). 한국융연구원 C. G. 융 저작 번역서 2권. (한국융연구원 C. G. 융 저작 번역위원회 역). 솔출판사.

Jung, C. G. (1984/2004). 인격과 전이 (*Persöonlichkeit und Übertragung*). 한국융연구원 C. G. 융 저작 번역서 3권. (한국융연구원 C. G. 융 저작 번역위원회 역). 솔출판사.

Jung, C. G. (1985/2004). 연금술에서 본 구원의 관념 (*Erlösungsvorstellungen in der Alchemie*). 한국융연구원 C. G. 융 저작 번역서 6권. (한국융연구원 C. G. 융 저작 번역위원회 역). 솔출판사.

Jung, C. G. (2009a). *The red book: Liber novus*. W. W. Norton & Company.

Jung, C. G. (2009b). *The red book: Liber novus—A reader's edition*. W. W. Norton & Company.

Kalff, D. (1966). *Symbolism and child analysis*. Unpublished transcription of seminar at Footlighters' Child Guidance Clinic, Hollywood Presbyterian Hospital.

Kalff, D. (1980). *Sandplay: A psychotherapeutic approach to the psyche*. Temenos Press.

Kalff, M. (2000). Forward. In D. M. Kalff (Ed.), *Sandplay: A psychotherapeutic approach to the psyche* (pp. v–xv). Temenos.

Kalsched, D. (1996). *Inner world of trauma: Archetypal defenses of the personal spirit*. Routledge.

Kalsched, D. (2003). Daimonic elements in early trauma. *Journal of Analytical Psychology, 48*(2), 145–169.

Kalsched, D. (2014). *Trauma and the soul*. Routledge.

Kane, S. (1998). *Wisdom of the myth tellers*. Broadview Press.

Kast, V. (1992). *The dynamics of symbols: Fundamentals of Jungian psychotherapy*. Fromm International.

Kauffman, S. (1995). *At home in the universe: These arch for the laws of self—organization and complexity*. Oxford University Press.

Keating, T., Pennington, B., & Clarke, T. (2007). *Finding grace at the centre* (3rd ed.). Skylight Paths.

Kleinman, A. (1980). *Patients and healers in the context of culture*. University of California Press.

Knox, J. M. (2001). Memories, fantasies, archetypes: An exploration of some connections between cognitive science and analytical psychology. *Journal of Analytical Psychology, 46*, 613–635.

Knox, J. M. (2003). *Archetype, attachment, analysis: Jungian psychology and the emergent mind*. Routledge.

Kohut, H. (1977). *The restoration of the self*. University of Chicago Press.

Krippner, S. (2012). Shamans as healers, counselors, and psychotherapists. *International Journal of Transpersonal Studies, 31*(2), 72–79.

Krippner, S., & Welch, P. (1992). *Spiritual dimensions of healing*. Irvington.

Landreth, G. L. (1991). *Play therapy: The art of relationship*. Accelerated Development.

Landy, J. R. (1993). *Persona and performance: The meaning of role in drama, therapy, and everyday life*. Guilford Press.

Langer, S. (1953). *Feeling and form*. Charles Scribner's Sons.

Leavitt, F. (2001). MMPI profile characteristics of women with varying levels of normal dissociation. *Journal of Clinical Psychology, 57*(12), 1469–1477.

Levi–Strauss, C. (1963). *Structural anthropology*. Basic Books.

Lewis, M., Feiring, C., & Rosenthal, S. (2000). Attachment over time. *Child Development, 71*, 707–720.

Lieberman, M. D. (2000). Intuition: A social cognitive neuroscience approach. *Psychological Bulletin, 126*(1), 109–137.

Lockhart, R. (1987). *Psyche speaks: A Jungian approach to self and world*. Chiron Publications.

Lowenfeld, M. (1935/1991). *Play in childhood*. Mac Keith Press.

Luria, A. (1973). *The working brain*. Penguin.

Lyons-Ruth, K. (1999). The two-person unconscious. *Psychoanalytic Inquiry, 19*, 576-617.

McNabb, C. (2020). *Queer Adolescence: Understanding the Lives of Lesbian, Gay, Bisexual, Transgender, Queer, Intersex, and Asexual Youth*. Rowman & Littlefield Publishers.

Maeder, T. (1989). *Children of psychiatrists and other psychotherapists*. Harper & Row Publishers.

Mahler, M., & Pine, F. (2000). *The psychological birth of the human infant symbiosis and individuation*. Basic Books.

Main, M., Hesse, E., & Kaplan, N. (2005). Predictability of attachment behavior and representational processes at 1, 6, and 19 years of age. In K. E. Grossmann, K. Grossmann, & E. Waters (Eds.), *Attachment from infancy to adulthood: The major longitudinal studies*. Guilford Press.

Marcus, D. M. (1997). On knowing what one knows. *Psychoanalysis Quarterly, 66*, 219-241.

Markell, M. J. (2002). *Sand, water, silence: The embodiment of spirit: Explorations in matter and psyche*. Jessica Kingsley Pubs.

Martinez, I. (2011). Reading for psyche: Numinosity. *Journal of Jungian Scholarly Studies, 7*(4), 1-15.

McDowell, M. J. (1999). Jungian analysis and biology. Retrieved October 13, 2012, from http://cogprints.org/2002/quad4web.html.

McDowell, M. J. (2001). Principle of organization: A dynamic-systems view of the archetype-as-such. *Journal of Analytical Psychology, 46*, 637-654.

McGilchrist, I. (2009). Reciprocal organization of the hemispheres. *Dialogues in Clinical Neuroscience, 12*, 503-614.

McGilchrist, I. (2010). The battle of the brain: The mind's great conflict spills over onto the world stage. *The Wall Street Journal*. Retrieved 2010-01-03.

Meares, R. (2005). *The metaphor of play: Origin and breakdown of personal being*. Routledge.

Meltzoff, A. (2007). Like me: A foundation for social cognition. *Developmental Science, 10*(1),

126-134.

Meltzoff, A. N, & Moore, M. K. (1977). Imitation of facial and manual gestures by human neonates. *Science, 198*, 74-78.

Merleau-Ponty, M., & Dreyfus, P. A. (1992). *Sense and non-sense (Studies in Phenomenology and Existential Philosophy)*. Northwestern University Press.

Mitchell, R. R., & Friedman, H. S. (1994). *Sandplay: Past, present and future*. Routledge.

Molnar, B. E., Buka, S. L., & Kessler, R. C. (2001). Child sexual abuse and subsequent psychopathology: results from the National Comorbidity Survey. *American Journal of Public Health, 91*(5), 753-760.

Monick, E. (1987). *Phallos: Sacred image of the masculine*. Inner City Press.

Montecchi, F. (1991). Hands that talk and analytical listening. *Journal of Sandplay Therapy, 8*(1), 25-67.

Moore, R., & Gillette, D. (1994). *King warrior, magician, lover: Rediscovering the archetypes of the mature masculine*. HarperCollins.

Murdock, M. (1990). *The heroine's journey*. Shambhala.

Nader, K., Schafe, G. E., & Le Doux, J. E. (2000). Fear memories require protein synthesis in the amygdala for reconsolidation after retrieval. *Nature, 406*, 722-726.

Nanni, V., Uher, R., & Danese, A. (2012). Childhood maltreatment predicts unfavorble course of illness and treatment outcome in depression: A meta-analysis. *American Journal of Psychiatry, 169*(2), 141-151.

Napier, J. (1980). *Hands*. Pantheon Books.

Narvaez, D. (2010). Moral complexity: The fatal attraction of truthiness and the importance of mature moral functioning. *Perspectives in Psychological Science, 5*, 163-181.

National Association of Social Workers. (2008). Code of ethics. http://www.socialworkers. org/pubs/code/code.asp.

Nemeroff, C. B., Heim, C. M., Thase, M. E., & Keller, M. B. (2003). Differential responses to psychotherapy versus pharmacotherapy in patients with chronic forms of major depression and childhood trauma. *Proceedings of the National Academy of Science, 100*(24), 14923-

14296.

Neumann, E. (1954). *The origins and history of consciousness*. Princeton University Press.

Neumann, E. (1963/1991). *The great mother*. Princeton University Press.

Neumann, E. (1973). *The child*. Shambhala.

Neumann, E. (1994). *The fear of the feminine*. Princeton University Press/Bollingen.

Newman, L., & Stevenson, C. (2005). Parenting and borderline personality disorder: Ghosts in the nursery. *Clinical Child Psychology and Psychiatry, 10*(3), 385–394.

O'Conner, K. J. (1991). *The play therapy primer: An integration of theories and techniques*. John Wiley & Sons Inc.

O'Kelly, M. (1982). Newgrange: Archeologie, art legend Cambridge University Press.

Orlinsky, D. E., & Howard, K. I. (1986). Process and outcome in psychotherapy. In S. Garfield & A. Bergin (Eds.), *Handbook of psychotherapy and behavior change* (3rd ed.). Wiley.

Otto, R. (1958). *The idea of the holy*. Oxford University Press.

Pallasmaa, J. (2010). *The thinking hand: Existential and embodied wisdom in architecture*. John Wiley & Sons Ltd.

Pallasmaa, J. (2011). *The embodied image: Imagination and imagery in architecture*. John Wiley & Sons Ltd.

Pallasmaa, J. (2012). *The eyes of skin: Architecture and the senses*. John Wiley & Sons Ltd.

Pan, Y., Cheng, X., Zhang, Z., Li, X., & Hu, Y. (2017). Cooperation in lovers: An fNIRS−based hyperscanning study. *Human Brain Mapping, 38*, 831–841. doi: 10.1002/hbm.23421

Panksepp, J. (1998). *Affective neuroscience: The foundations of human and animal emotions*. Oxford University Press.

Paracelsus (1979). *Paracelsus: Selected writings*. Princeton University Press.

Parker, K. J., Buckmaster, C. L., Schatzberg, A. F., & Lyons, D. M. (2004). Prospective investigation of stress inoculation in young monkeys. *Archives of Genetic Psychiatry, 61*(9), 933–941.

Pincus, D., Freeman, W., & Modell, A. (2007). A neurobiological model of perception:

Considerations for transference. *Psychoanalytic Psychology, 24*, 623–640.

Plato (2000). 플라톤의 티마이오스 (*Timaios*). (박종현, 김영균 역). 서광사.

Popous, M. P. (2007). Communication in early infancy: An arena of intersubjective learning. *Infant Behavior & Development, 30*, 258–266.

Porges, S. W. (1997). The polyvagal theory: Phylogenetic substrates of a social nervous system. *International Journal of Psychophysiology, 42*(2), 123–146.

Rajski, P. (2003). Finding god in the silence: Contemplative prayer and therapy. *Journal of Religion and Health, 42*(3), 181–190.

Risé, C. (1993). Development of the masculine in sandplay. *Journal of Sandplay Therapy, 3*(1), 101–109.

Rizzuto, A. –M. (2009). The talking cure and the analyst's intentions. *Psychoanalytic Review, 95*, 729–749.

Robertson, J., & Bowlby, J. (1952). Responses of young children to separation from their mothers. *Courrier of the International Children's Center, Paris II*, 131–140.

Rogers, S. L. (1982). *The shaman: His symbols and his healing power*. Charles C. Thomas.

Roloff, L. (2014). *Reflections on the spirit of story in sadnplay*. STA Website.

Ryce–Menuhin, J. (1992). *Jungian sandplay: The wonderful therapy*. Routledge.

Samuels, A., Sorter, B., & Plaut, F. (1986). *A critical dictionary of Jungian analysis*. Routledge.

Schore, A. N. (1994). *Affect regulation and the origin of the Self. The neurology of emotional development*. Lawrence Erlbaum Associates.

Schore, A. N. (2001). The effects of a secure attachment relationship on right brain development, affect regulation, and infant mental health. *Infant Mental Health Journal, 22*, 7–66.

Schore, A. N. (2003). *Affect regulation and the repair of the self*. Norton.

Schore, A. N. (2005). Attachment, affect regulation, and the developing right brain: Linking developmental neuroscience to pediatrics. *Pediatrics in Review, 26*, 204–211.

Schore, A. N. (2009). Attachment trauma and the developing right brain: Origins of pathological dissociation. In P. F. Dell & J. A. O'Neil (Eds.), *Dissociation and the dissociative disorders: DSM-V and beyond* (pp. 107-141). Routledge.

Schore, A. N. (2012). *The science of the art of psychotherapy*. Norton.

Schore, A. N. (2014). 애착, 신경과학과 모래놀이치료. 한국임상모래놀이치료학회 2014 국제학술대회 자료집.

Schore, A. N. (2022). Right brain-to-right brain psychotherapy: recent scientific and clinical advances. *Annals of General Psychiatry, 21*(46), 1-12. doi:https://doi.org/10.1186/s12991-022-00420-3

Schore, A. N., & McIntosh, J. (2011). Family law and the neuroscience of attachment. *Family Court Review, 49*, 501-512.

Schore, A. N. (2022), Right brain-to-right brain psychotherapy: recent scientific and clinical advances. *Annals of General Psychiatry, 21*, 46, 1-12.

Schwartz-Salant, N. (1998). *The mystery of human relationship: Alchemy and the transformation of self*. Routledge.

Shamdasani, S. (2014). On Jung's practice of the image: A lived through symbolic experience. A presentation of the conference of the Sandplay Therapists of America in Seattle.

Sharp, D. (1980). *The secret rave: Conflict and transformation in the life of Franz Kafka*. Inner City Books.

Sharp, D. (1991). *C. G. Jung lexicion: A primer of terms & concepts*. Inner City Books.

Shi, Z., Bureau, J., Easterbrooks, M., Zhao, X., & Lyons-Ruth, K. (2012). Childhood maltreatment and prospectively observed quality of early care as predictors of antisocial personality disorder. *Infant Mental Health Journal, 33*, 1-14.

Shuren, J. E., & Grafman, J. (2002). The neurology of reasoning. *Archives of Neurology, 59*(6), 916-919.

Sidoli, M. (2000). *When the body speaks: The archetypes in the body*. Taylor & Francis Inc.

Siegel, D. J. (1999). *The developing mind: How relationships and the brain interact to shape who we are*. The Guilford Press.

Siegel, D. J. (2007). *The mindful brain: Reflection and attunement in the cultivation of well-being*. W. W. Norton & Company, Inc.

Silgerg, J. (2021). The child survivor: Healing developmental trauma and dissociation. Routledge.

Solms, M. (1999, March). *The interpretation of dreams and the neurosciences*. Retrieved from http://www.psychoanalysis.org.uk/paper.htm.

Solms, M., & Turnbull, O. (2002). *The brain and the inner world: An introduction to the neuroscience of subjective relationship*. Other Press.

Sroufe, L. A. (1983). Infant−caregiver attachment and patterns of adaptation in the preschool: The roots of maladaptation and competence. In M. Permutter (Ed.), *Minnesota symposia on child psychology* (pp. 41−79). Erlbaum Associates.

Sroufe, L. A., Egeland, B., Carlson, E., & Collins, W. (2005). Placing early attachment experiences in developmental context: The Minnesota longitudial study. In K. Grossman, K. Grossmann, & E. Waters (Eds.), *Attachment from infancy to adulthood: The major longitudinal studies* (pp. 48−70). Guilford Press.

Stein, M. (1984/1992). Power, shamanism, and maieutics in the countertransference. In N. Schwartz−Salant & M. Stein (Eds.), *Transference, countertransference* (pp. 67−87). Chiron Publications.

Stein, M. (1998). *Jung's map of the soul: An introduction by Murray Stein*. Open Court.

Stein, M. (2006/2015). *The principle of individuation: Toward the development of human consciousness*. Chiron Publication.

Steinhardt, L. F. (2013). *On becoming a Jungian sandplay therapist: The healing spirit of sandplay in nature and in therapy*. Jessica Kingsley Publishers.

Stern, D. (2008). The clinical relevance of infancy: A progress report. *Infant Mental Health Journal, 29*(3), 177−188.

Stevens, A. (2003). *Archetype revisited: An updated natural history of the self*. Inner City Books.

Sutton, J. (2001). Review of Michel Jouvet, The paradox of sleep: The story of dreaming and Patricia Cox Miller, Dreams in late antiquity. http://cogprints.org/1361. Retrieved September 22, 2010.

Topper, M. D. (1987). The traditional Navajo medicine man: Therapist, counselor, and community leader. *Journal of Psychoanalytic Anthropology, 10*, 217–249.

Torrey, E. F. (1986). *Witch doctors and psychiatrists: The common roots of psychotherapy and its future*. Harper & Row.

Tronto, E. L. K. (2001). The human touch: An exploration of the role and meaning of physical touch in psychoanalysis. *Psychoanalytic Psychology, 18*(1), 37–54.

Turner, V. (1974). *Ritual process*. Penguin Books.

Ulanov, A. B. (1971). *The Feminine in Jungian psychology and in Christian theology*. Northwestern University Press.

Urban, E. (2005). Fordham, Jung and the self: a re-examination of Fordham's contribution to Jung's conceptualization of the self. *Journal of Analytical Psychology, 50*(5), 571–594.

Urban, E. (2022). *Michael Fordham's Model of Development*. Retrieved from https://www.thesap.org.uk/articles-on-jungian-psychology-2/michael-fordham/fordham-model-development

Valéry, P. (1956). Eupalinos, or the architect. In P. Valéry (Ed.), *The collected works of Paul Valéry* (Vol. 4, p. 110). Pantheon.

Van de Castle, R. L. (1994). *Our dreaming mind*. Ballantine Books.

Van der Kolk, B. A. (1996). *Traumatic stress: The effects of overwhelming stress on mind, body and society*. Guilford Press.

Van der Kolk, B., McFarlane, A. C., & Weisaeth, L. (2007). *Traumatic stress: The effects of overwhelming experience on mind, body, and society*. Guilford Publications.

Van Lancker, D., & Cummings, J. L.. (1999). Expletives: Neurolinguistic and neurobehavioral perspectives on swearing. *Brain Research Reviews, 31*, 83–104.

Van Lancker, D., & Cummings, J. L.. (2006). Where in the brain is nonliteral language? *Metaphor and Symbol, 21*, 213–244.

Volz, K. G., & von Cramon, D. Y. (2006). What neuroscience can tell about intuitive processes in the context of perceptual discovery. *Journal of Cognitive Neuroscience, 18*, 2077–2087.

Volz, K. G., Rübsamen, R., & von Cramon, D. Y. (2008). Cortical regions activated by the subjective sense of perceptual coherence of environmental sounds: A proposal for a neuroscience of intuition. *Cognitive Affective & Behavioral Neuroscience, 8*, 318-328.

von Franz, M. -L. (1970). *The problem of the Puer Aeternus.* Spring Publications.

von Franz, M. -L. (1970/1996). *Interpretation of fairytales.* Spring Publication.

von Franz, M. -L. (1970/2017). 영원한 소년과 창조성 (*Puer Aeternus*). (홍숙기 역). 한국융연구원.

von Franz, M. -L. (1972/1993). *The feminine in fairytales* (revised ed.). Shambhala.

von Franz, M. -L. (1974/1995). *Shadow and evil in fairy tales.* Shambhala publication Inc.

Franz, M. -L. (1980/2020). 연금술: 연금술적 상징주의에 대한 입문 (*Introduction to the symbolism of alchemy*). (이상익 역). 한국융연구원.

von Franz, M. -L. (1981). *Puer aeternus.* Sigo Press.

von Franz, M. -L. (1997). *Alchemical active imagination* (2nd ed.). Shambhala.

von Franz, M. -L. (1999). *The cat: A tale of feminine redemption.* Inner City Books.

Walker, S. (2013). *Jung and the Jungian myth.* Routledge.

Wallin, D. (2007). *Attachment in psychotherapy.* The Guilford Press.

Warfield, H. A. (2012). Quest for transformation: An exploration of pilgrimage in the counseling process. *VISTAS, 1-5.* http://www.counselingoutfitters.com/vistas/vistas12/Article_35.pdf.

Waters, E., Merrick, S., Treboux, D., Crowell, J., & Albersheim, L. (2000). Attachment security in infancy and early childhood: A twenty-year longitudinal study. *Child Development, 7*, 684-689.

Watt, D. F. (2003). Psychotherapy in an age of neuroscience: Bridges to affective neuroscience. In J. Corrigall & H. Wilkinson (Eds.), *Revolutionary connections: Psychotherapy and neuroscience* (pp. 79-115). Karnac.

Wehr, D. S. (1987). *Jung & feminism: Liberating archetypes.* Beacon Press.

Weinberg, B. (2010). The elements of sandplay therapy. 한국임상모래놀이치료학회 2010 동계 국제워크숍 자료집.

Weinberg, B. (2013). 신경과학과 모래놀이치료에서의 상징적 치료과정. 한국임상모래놀이치료학회 2013 국제학술대회 자료집.

Weinberg, B. (2014). 모래놀이치료에서의 의미 창조. 한국임상모래놀이치료학회 2014 하계 국제워크숍 자료집.

Weinrib, E. (1983/2004). *Images of the self*. Temenos Press.

Weinrib, E. (1991). Model of psyche. *Journal of Sandplay Therapy, 1*(1), 49-53.

Welling, H. (2005). The intuitive process: The case of psychotherapy. *Journal of Psychotherapy Integration, 15,* 19-47.

Wells, H. G. (2004). *Floor games: A father's account of play and its legacy of healing*. Temenos Press.

West, J. (2002). *Child-centered play therapy* (2nd ed.). Arnold.

Whitmont, E. (1969). *The symbolic quest*. Princeton University Press.

Wihelm, R. (1967). *The I Ching, or book of changes*. Princeton University Press.

Wikstrom, V., Saarikivi, K, Falcon, M., Makkonen, T., Martikainen, S., Putkinen, V., Cowley, B. U., & Tervaniemi, M. (2022). Inter-brain synchronization occurs without physical co-presence during cooperative online gaming. *Neuropsychologia, 74,* 108316.

Wilkinson, M. (2006). *Coming into mind: The mind-brain relationship: A Jungian clinical perspective*. Routledge.

Wilkinson, M. (2010). *Changing minds in therapy: Emotion, attachment, trauma, and neurobiology*. W. W. Norton & Company Ltd.

Winnicott, D. W. (1968). *The maturational processes and the facilitating environment: Studies in the theory emotional development*. International University Press.

Winnicott, D. W. (1971). *Playing and reality*. Tavistock.

Wolf, N. S., Gales, M. E., Shane, E., & Shane, M. (2001). The Developmental Trajectory from Amodal Perception to Empathy and Communication: The Role of Mirror Neurons in This Process. *Psychoanalysis Inquiry, 21*(1), 94-112. https://doi.org/10.1080/07351692109348925

Wyly, J. (1989). *The phallic quest: Priapus and masculine inflation*. Inner City.

Wyman, W. (1991). The body as a manifestation of unconscious experience. (unpublished paper)

Yang, B. -Z., Zhang, H., Ge, W., Weder, N., Douglas-Palumberi, H., Perepletchikova, F., Gelernter, J., & Kaufman, J. (2013). Child Abuse and Epigenetic Mechanisms of Disease Risk. *American Journal of Preventive Medicine, 44*(2), 101-107.

Yau, S. -T., & Nadis, S. (2010). *The shape of innerspace*. BasicBooks.

Yeoman, A. (1999). *Now or neverland: Peter Pan and the myth of eternal youth: A psychological perspective on a cultural icon* (Studies in Jungian psychology by Jungian analysts). Inner City Books.

Zhang, T. Y., & Meaney, M. J. (2010). Epigenetics and the environmental regulation of the genome and its function. *Annual Review of Psychology, 61,* 439-466, C431-C433.

Zhang, Y., Meng, T., Hou, Y., Pan, Y., & Hu, Y. (2018). Interpersonal brain synchronization associated with working alliance during psychological counseling. *Psychiatry Research Neuroimaging, 282,* 103-109.

Zhang, Y., Meng, T., Yang, Y., & Hu, Y. (2020). Experience-dependent counselor-client brain synchronization during psychological counseling. *eNeuro, 236,* 1-10.

Xiaoyan, D. & Zhang, Y. (2022). Interpersonal synchrony: A new perspective to elucidate the essence of working alliance in psychological counseling. *Advances in Psychological Science, 30*(9), 2078-2087.

서울신문(2014. 7. 30.). 모성애가 부성보다 강해? '이제는 옛말.'

연합뉴스(2013. 12. 27.). 소설 읽으면 뇌기능 활성화된다.

공공누리 http://www.kogl.or.kr

미국모래놀이치료학회 http://www.sandplay.org/about-sandplay/working-with-dora-kalff

북드럼 http://www.bookdrum.com/books/blood-meridian/1334/bookmark/160935.html

위키미디어 커먼스 https://commons.wikimedia.org

이융이언닷컴 https://e-jungian.com

Online Etymology Dictionary http://www.etymonline.com

찾아보기

내용

저자 소개

장미경(Jang Mikyung)

서울여자대학교 아동학과 졸업
숙명여자대학교 대학원 아동복지전공 석사, 박사
스위스 C. G. Jung Institut 융분석가 과정 졸업(융분석가)
캐나다 모래놀이치료학회 모래놀이치료 과정 수료
미국 University of North Texas 놀이치료 과정 수료
한국임상모래놀이치료학회장, 대한아동복지학회장
국제분석심리학회 및 한국분석심리학회 정회원
한국융분석가협회 정회원
국제모래놀이치료학회 슈퍼바이저 및 티칭 멤버
국제모래놀이치료학회 Research Committee, Chair
International Journal of Jungian Sandplay Therapy 편집위원장
현 남서울대학교 아동복지학과 및 남서울대학교 대학원 아동상담심리치료 전공 교수

<주요 저 · 역서 및 논문>
『자아발달과 원형: 정신 발달과정과 삶의 의미 창조』(역, 2016, 학지사)
『애착문제 해결을 위한 창의적 예술치료와 놀이치료』(공역, 2019, 학지사)
『집단놀이치료: 임상적 접근』(공저, 2023, 어가) 외 다수
『인간 본성과 삶의 이해를 위한 상징과 이미지 사전』(근간, 공역, 학지사)
「놀이의 신성성과 치유목적성」(공동, 2020, 상징과 모래놀이치료)
「모래놀이치료에서 치료자–내담자간 우뇌 간(inter-brains) 동시화(synchronization)
　현상에 관한 fNIRS 하이퍼스캐닝 연구」(공동, 2023 , 상징과 모래놀이치료)

분석심리학적

모래놀이치료 2판
Analytical Psychological SANDPLAY THERAPY (2nd ed.).

2017년 4월 10일 1판 1쇄 발행
2023년 4월 20일 1판 5쇄 발행
2024년 7월 10일 2판 1쇄 발행

지은이 • 장미경
펴낸이 • 김진환
펴낸곳 • (주) **학지사**
　　　　04031 서울특별시 마포구 양화로 15길 20 마인드월드빌딩 4층
대 표 전 화 • 02)330-5114　　팩스 • 02)324-2345
등 록 번 호 • 제313-2006-000265호

홈 페 이 지 • http://www.hakjisa.co.kr
인스타그램 • https://www.instagram.com/hakjisabook

ISBN 978-89-997-3138-9　93180

정가 29,000원

출판미디어기업 **학지사**

간호보건의학출판 **학지사메디컬** www.hakjisamd.co.kr
심리검사연구소 **인싸이트** www.inpsyt.co.kr
학술논문서비스 **뉴논문** www.newnonmun.com
교육연수원 **카운피아** www.counpia.com
대학교재전자책플랫폼 **캠퍼스북** www.campusbook.co.kr